"十二五"普通高等教育本科国家级规划教材

北京大学经济学教材系列

Industrial Organization

产业组织理论

黄桂田/编著

U0427408

北京大学出版社
PEKING UNIVERSITY PRESS

图书在版编目(CIP)数据

产业组织理论/黄桂田编著. —北京:北京大学出版社,2012.4
(北京大学经济学教材系列)
ISBN 978 – 7 – 301 – 20445 – 0

Ⅰ. ①产… Ⅱ. ①黄… Ⅲ. ①产业组织 – 经济理论 – 高等学校 – 教材
Ⅳ. ①F062.9

中国版本图书馆 CIP 数据核字(2012)第 051427 号

书　　　　名:产业组织理论
著作责任者:黄桂田　编著
责 任 编 辑:郝小楠
标 准 书 号:ISBN 978 – 7 – 301 – 20445 – 0
出 版 发 行:北京大学出版社
地　　　　址:北京市海淀区成府路 205 号　100871
网　　　　址:http://www.pup.cn
微信公众号:北京大学经管书苑(pupembook)
电 子 邮 箱:编辑部 em@pup.cn　总编室 zpup@pup.cn
电　　　　话:邮购部 010 – 62752015　发行部 010 – 62750672　编辑部 010 – 62752926
印 刷　　者:北京虎彩文化传播有限公司
经 销　　者:新华书店
　　　　　　730 毫米×980 毫米　16 开本　22.75 印张　415 千字
　　　　　　2012 年 4 月第 1 版　2024 年 1 月第 6 次印刷
印　　　　数:6001—6500 册
定　　　　价:42.00 元

未经许可,不得以任何方式复制或抄袭本书之部分或全部内容。
版权所有,侵权必究
举报电话:010 – 62752024　电子邮箱:fd@pup.cn

总　序

当今世界正经历百年未有之大变局，新一轮科技革命和产业变革深入发展，国际力量对比深刻调整，各种经济活动和经济现象不是趋于简单化，而是变得越来越复杂，越来越具有嬗变性和多样性。面对党的二十大擘画的新时代新征程宏伟蓝图使命，如何对更纷繁、更复杂、更多彩的经济现象在理论上进行更透彻的理解和把握，科学地解释、有效地解决经济活动过程中已经存在的和即将面对的一系列问题，不断回答中国之问、世界之问、人民之问、时代之问，是现在和未来的各类经济工作者需要高度关注的重要课题。

北京大学经济学院作为教育部确定的"国家经济学基础人才培养基地""全国人才培养模式创新实验区""基础学科拔尖学生培养计划2.0基地"以及北京大学经济学"教材研究与建设基地"，一直致力于不断全面提升教学和科研水平，不断吸引和培养世界一流的学生，不断地推出具有重大学术价值的科研成果，以创建世界一流的经济学院。而创建世界一流经济学院，一个必要条件就是培养世界一流的经济学人才。我们的目标是让学生能够得到系统的、科学的、严格的专业训练，深入地掌握经济学学习和研究的基本方法、基本原理和最新动态，为他们能够科学地解释和有效地解决他们即将面对的现实经济问题奠定基础。

基于这种认识，北京大学经济学院在近年来深入总结了人才培养各个方面的经验教训，在全面考察和深入研究国内外著名经济院系本科生、硕士研究生、博士研究生的培养方案以及学科建设和课程设置经验的基础上，对本院学生的培养方案和课程设置等进行了全方位改革，并组织编撰了"北京大学经济学教材系列"。

编撰本系列教材的基本宗旨是：

第一，学科发展的国际经验与中国实际的有机结合。在教学的实践中我们深刻地认识到，任何一本国际顶尖的教材，都存在一个与中国经济实践有机结合的问题。某些基本原理和方法可能具有国际普适性，但对原理和方法的把握则必须与本土的经济活动相联系，必须把抽象的原理与本土鲜活的、丰富多彩的经济现象相联系。我们力争在该系列教材中，充分吸收国际范围内同类教材所承

1

载的理论体系和方法论体系,在此基础上,切实运用中国案例进行解读,使其成为能够解释和解决学生遇到的经济现象和经济问题的知识。

第二,"成熟"的理论、方法与最新研究成果的有机结合。教科书的内容必须是"成熟"或"相对成熟"的理论和方法,即具有一定"公认度"的理论和方法,不能是"一家之言",否则就不是教材,而是"专著"。从一定意义上说,教材是"成熟"或"相对成熟"的理论和方法的"汇编",所以,相对"滞后"于经济发展实际和理论研究的现状是教材的一个特点。然而,经济活动过程及其相关现象是不断变化的,经济理论的研究也在时刻发生着变化,我们要告诉学生的不仅是那些已经成熟的东西,而且要培养学生把握学术发展最新动态的能力。因此,在系统介绍已有的理论体系和方法论基础的同时,本系列教材还向学生介绍了相关理论及其方法的创新点。

第三,"国际规范"与"中国特点"在写作范式上的有机结合。经济学在中国发展的"规范化""国际化""现代化"与"本土化"关系的处理,是多年来学术界讨论学科发展的一个焦点问题。本系列教材不可能对这一问题做出确定性的回答,但是在写作范式上,却争取做好这种结合。基本理论和方法的阐述坚持"规范化""国际化""现代化",而语言的表述则坚守"本土化",以适应本土师生的阅读习惯和文本解读方式。

为深入贯彻落实习近平总书记关于教育的重要论述、全国教育大会精神以及中共中央办公厅、国务院办公厅《关于深化新时代学校思想政治理论课改革创新的若干意见》,做好教材育人工作,我们按照国家教材委员会《全国大中小学教材建设规划(2019—2022 年)》《习近平新时代中国特色社会主义思想进课程教材指南》《关于做好党的二十大精神进教材工作的通知》和教育部《普通高等学校教材管理办法》《高等学校课程思政建设指导纲要》等文件精神,将课程思政内容尤其是党的二十大精神融入教材,以坚持正确导向,强化价值引领,落实立德树人根本任务,立足中国实践,形成具有中国特色的教材体系。

本系列教材的作者均是我院主讲同门课程的教师,各教材也是他们在多年教案的基础上修订而成的。自 2004 年本系列教材推出以来至本次全面改版之前,共出版教材 26 本,其中有 6 本教材入选国家级规划教材("九五"至"十二五"),9 本教材获选北京市精品教材及立项,多部教材成为该领域的经典,取得了良好的教学与学术影响,成为本科教材中的力作。

为了更好地适应新时期的教学需要以及教材发展要求,我们持续对本系列教材进行改版更新,并吸收近年来的优秀教材进入系列,以飨读者。当然,我们也深刻地认识到,教材建设是一个长期的动态过程,已出版教材总是会存在不够成熟的地方，总是会存在这样那样的缺陷。本系列教材出版以来，已有超过三分之一的教材至少改版一次。我们也真诚地期待能继续听到专家和读者的意见，以期使其不断地得到充实和完善。

十分感谢北京大学出版社的真诚合作和相关人员付出的艰辛劳动。感谢经济学院历届的学生们，你们为经济学院的教学工作做出了特有的贡献。

将本系列教材真诚地献给使用它们的老师和学生们！

北京大学经济学院教材编委会

目 录

产业组织理论

第一章 导论 ……………………………………………… (1)
  第一节 产业组织研究的对象 ………………………… (2)
  第二节 产业组织理论的产生和发展 ………………… (5)
  第三节 产业组织与微观经济学 ……………………… (11)
  第四节 中国经济转型与产业经济学 ………………… (13)

第二章 市场结构与经济福利 ………………………… (16)
  第一节 完全竞争与资源配置效率 …………………… (17)
  第二节 市场势力及其决定因素 ……………………… (19)
  第三节 市场势力与利润最大化 ……………………… (20)
  第四节 市场势力的测量 ……………………………… (22)
  第五节 市场势力与社会福利 ………………………… (23)

第三章 寡头市场中的竞争与战略 …………………… (26)
  第一节 古诺模型 ……………………………………… (27)
  第二节 伯特兰模型 …………………………………… (32)
  第三节 埃奇沃斯模型 ………………………………… (35)
  第四节 斯塔克尔伯格产量领导者模型 ……………… (39)
  第五节 价格领导者模型 ……………………………… (42)

第四章 差异化市场结构与企业战略 ………………… (48)
  第一节 线性城市：霍特林模型 ……………………… (49)
  第二节 塞罗普的圆形城市模型 ……………………… (55)

第五章 信息、市场与企业行为 ……………………… (62)
  第一节 质量信息非对称性下的逆向选择 …………… (63)
  第二节 文凭信号模型 ………………………………… (65)
  第三节 价格信息不对称下的市场均衡 ……………… (69)

第六章 广告 …………………………………………… (78)
  第一节 广告及其类型 ………………………………… (79)
  第二节 广告的理论分析 ……………………………… (84)
  第三节 广告的经验分析 ……………………………… (108)

目 录

产业组织理论

第七章　非合作性策略 ……………………………………… (127)

　　第一节　非合作性策略 ……………………………………… (127)

　　第二节　非合作性其他策略 ………………………………… (138)

　　第三节　非合作性策略的福利探讨 ………………………… (145)

第八章　合作性策略 ………………………………………… (151)

　　第一节　卡特尔的类型 ……………………………………… (151)

　　第二节　合作策略性行为的动力 …………………………… (152)

　　第三节　促成卡特尔形成的因素 …………………………… (153)

　　第四节　威胁卡特尔稳定性的主要因素 …………………… (153)

　　第五节　防止欺骗的方法 …………………………………… (155)

第九章　价格歧视与非线性定价 …………………………… (162)

　　第一节　价格歧视 …………………………………………… (163)

　　第二节　非线性定价 ………………………………………… (173)

　　第三节　反垄断、管制与价格歧视 ………………………… (180)

第十章　市场结构的度量与新经验产业组织 ……………… (186)

　　第一节　市场结构简述 ……………………………………… (186)

　　第二节　SCP 下的市场结构 ………………………………… (189)

第十一章　研究与开发 ……………………………………… (220)

　　第一节　研发概述 …………………………………………… (221)

　　第二节　创新激励与市场结构 ……………………………… (224)

　　第三节　专利 ………………………………………………… (228)

　　第四节　其他促进研发的政府政策 ………………………… (243)

　　第五节　企业研发的实证研究 ……………………………… (247)

第十二章　管制 ……………………………………………… (272)

　　第一节　管制理论与实践的演进 …………………………… (273)

　　第二节　管制政策 …………………………………………… (279)

　　第三节　转轨经济与管制 …………………………………… (288)

第十三章　反垄断 …………………………………………… (291)

　　第一节　反垄断政策发展史回顾 …………………………… (292)

目　录

产业组织理论

第二节　相关市场界定 …………………………………………（300）

第十四章　拍卖理论与运用 ……………………………………（313）

第一节　拍卖理论基础 …………………………………………（313）

第二节　单物品拍卖 ……………………………………………（321）

第三节　多物品拍卖 ……………………………………………（332）

第四节　拍卖理论的实际运用 …………………………………（337）

后记 ………………………………………………………………（353）

第一章

导 论

本章概要

什么是产业组织？产业组织理论与政策研究的是什么？解决哪方面的经济问题？产业组织理论是怎样演进和发展的？产业组织理论与政策对中国经济发展具有何种意义？诸如此类的问题的简单回答是本教材开篇应该做的工作。

学习目标

把握产业的分类，了解产业组织理论的发展进程，理解产业组织理论与政策的中国意义。

比尔·盖茨领导的微软公司全球知名，不仅因为它有遍布全球的产品，也不仅因为它拥有全球无数青年作为膜拜偶像的比尔·盖茨，而且因为在微软"帝国"如日中天的时候，在 1998 年 5 月卷入了一场轰动全球的跨世纪诉讼案。美国司法部和 19 个州联合指控微软公司违反了反托拉斯法，美国联邦地区法院法官杰克逊在长达 43 页的判决书中，指控微软公司通过不正当竞争手段，在其生产的视窗操作系统中安装源代码，排除竞争对手，捆绑销售 IE 浏览器，还根据"亲疏"关系实施分别定价策略，判决书认定这些行为危害了消费者、计算机制造商和其他公司的利益。不具备相关知识背景的人们，从中会引发出众多的疑问，例如，在市场经济条件下，为什么要反垄断？什么条件下会出现垄断？怎样判断一个行业是否出现了垄断？企业的哪些行为属于垄断行为？从市场绩效的角度，垄断会带来什么效果？从企业的角度，为什么企业会采取垄断策略？……或许，在微观经济学的学习中我们可以找到部分答案，但直接提供这些答案的是产业经济学。在市场经济发展过程中，类似的案例不断涌现，需要我们在理论上进行深刻的解释。

以中国有关行业为例，中国相当多的行业曾经出现过竞相降价战火，从彩电、空调器、洗衣机、微波炉，到计算机、手机等，这种竞相降价被人们称为"价格大战"，并引发了热烈的讨论。对于经济发展过程中的这一现象，如何进行理性

的解释,至少涉及这样一些问题:

(1) 在理论上,这些产业中的几个企业之间竞相降价,是属于正常的价格竞争还是属于恶意的价格竞争? 因为正常的降价促销策略是企业参与市场竞争的基本策略,而恶意竞争例如"掠夺性定价策略"则属于非正常的价格竞争。

(2) 判断某一企业的价格竞争是恶意的还是正常的,其标准是什么?

(3) 对于处在这些行业中的企业,如果某些企业首先发动降价促销或实施掠夺性定价策略,应该采取什么对策?

(4) 各企业实施的竞相降价策略将会或者已经产生什么样的绩效?

(5) 价格战产生的条件是什么? 在什么样的市场结构中会产生价格战?

(6) 政府应该以什么态度或采取什么对策对待价格战?

对这些问题的回答,就涉及产业组织理论与政策的一些基本问题。

第一节　产业组织研究的对象

产业经济学(Industrial Economics),或称产业组织理论(The Theory of Industrial Organization),是以"产业"为研究对象,主要研究产业内部、企业之间的组织结构和在一定的组织结构条件下企业的经营战略、产出决策、定价行为、非价格策略性行为等,以及由其行为带来的市场绩效。

上述说法可能还是过于理论化。联系到微软案,如果美国司法部对微软的起诉成立的话,也就是说有充分的证据证明微软存在垄断行为,这是因为微软在微机操作系统行业具有举足轻重的地位。因为该行业厂商数目少,市场集中度高,以至于微软可以凭借这种地位和市场势力,实施自身利润最大化的策略性行为,导致同行业的其他企业的利益受损,消费者权益受侵害,行业绩效因垄断势力的存在而降低。

产业经济学研究的主要领域是产业或市场。产业经济学中的"产业"与"市场"是等价的,简单地说,所谓产业是指生产和经营具有相互替代性产品的同类企业所组成的一个集合;所谓市场,就是由生产和经营具有相互替代性的产品或服务的企业作为卖方与购买该类产品或服务的买方组成的集合。如果不考虑买方,单纯从卖方的角度看市场,那么,市场就是由生产和经营具有替代性的产品或服务的同类企业组成的集合。

那么,产业是怎样分类的? 哪些企业是属于同一市场的供给主体?

产业及市场的界定,对于产业组织理论是十分关键的,因为只有界定了产业或市场的范围,才能确定一个产业或一个市场是由哪些企业组织起来的,也才能判断特定的产业及市场的集中程度、竞争状况等。如果产业或市场的范围界定得过宽,将相关程度很低的企业和产品划在某一产业或某一市场范围,那么,该产业或该市场的竞争程度就会被过度夸张,掩盖了市场的真实集中程度;反之,产业或市场划分过窄,将本来属于同一产业或同一市场的企业剔除出考察的范围,将会夸大该产业或该市场的集中程度。

在经济学领域,对于产业存在不同的定义和划分方法,例如在产业结构理论中,一般是比较宽泛的产业概念,即属于比较粗的划分方法,将具有一定联系的企业的生产经营活动归结在一起,就称为一个产业。例如,著名的三次产业划分法是按经济发展的次序,将与土地经营有关的农业称为第一产业,工业及建筑业称为第二产业,服务业称为第三产业。其中每一产业涵盖许多不同类型的产品。产业结构理论中还有其他的分类方法,例如,按生产要素的集约程度不同,可将一国或一地区的产业划分为劳动密集型产业、资本密集型产业、技术密集型产业等。

产业组织理论中的产业或市场,显然不能采用上述宽泛的、过粗的界定方法,它的界定与微观经济学中的产业或者市场的划分是相同的。一个产业是指生产经营同一类产品(或提供同一类服务)的厂商组成的集合。那么,哪一类企业是属于同一类企业? 哪一类产品或服务是属于同一类市场?

界定产业或市场的范围一般要考虑两个方面的因素:

1. 产品的可替代性

在微观经济学中,相关产品具有两种类型:

一种是替代品(substitutes),例如对于某一消费者而言,茶与咖啡就属于替代品,他对茶有偏好,或者习惯了喝茶,那么,他就会减少对咖啡的消费需求,甚至对咖啡根本没有需求。在这一消费者的消费需求中,茶就属于咖啡的替代品。

另一种是互补品(complements)。例如人们喝茶需要茶具,包括各种特定的茶杯,茶与茶杯就属于互补品。消费者要消费茶,就会带来对茶杯等茶具的需求。具有类似情况的还有咖啡与糖,如果某一消费者在饮用咖啡时习惯于放糖,那么,咖啡与糖就具有互补性质。

如果两种产品之间不具有上述两种相关关系,就属于无关品。

一种产品与另一种产品属于哪一类相关关系,可以用需求的交叉弹性(cross elasticity of demand)进行判断。需求的交叉弹性是反映或用于测度一种产品的需求量变动对于另一种产品价格变动反应的敏感性程度的。

设 X 与 Y 商品,需求的交叉弹性可以定义为:

$$E_c = (\Delta Q_x / \Delta P_y) \cdot (P_y / Q_x)$$

或者:

$$E_c = (\partial Q_x / \partial P_y) \cdot (P_y / Q_x)$$

若 $E_c > 0$，即交叉弹性为正值，则商品 X 与商品 Y 互为替代品，若商品 Y 提价或降价，商品 X 的需求量将会上升或下降，交叉弹性值越大，表明两种商品的可替代程度越高。

若 $E_c < 0$，说明两种商品具有互补性，随着 Y 商品的价格下降，X 商品的需求量会上升，反之，X 商品的需求量则下降。

若 $E_c = 0$，说明两种商品既不是替代品，又不是互补品，而是属于无关品。

根据需求的交叉弹性来确定市场或产业的范围，就是指具有正需求交叉弹性的商品为同一市场的商品，生产这些具有替代性商品的企业则构成一个产业。

2. 地域范围

在现实经济中，产业组织及其市场结构状况具有一定的地域性。在一定的地域范围内生产具有替代性的产品的企业所组成的集合才构成一个产业，这些产品在这个地域范围内就构成一个市场。如果一国的某类具有相互替代性的产品可以在全国范围内流通，那么，该国范围内生产具有相互替代性产品的企业就构成一个产业，交易这些产品的市场就是全国范围内的市场。如果在一国范围内存在区域性的市场分割，例如各省或各州存在法律上的市场准入限制，相关产品的替代性只在一定的地区表现出来，那么，在特定区域的具有替代性产品的生产经营活动就视为一个产业，由这些具有区域性交易范围限制的商品交易所形成的市场就是地区性市场。因为在区外的同类产品尽管对于消费者来说具有相同的效用，但是，由于产品分属于不同的区域，并且同类产品不能在区域间流通，就不构成相互替代的关系，因此，它们就不属于同一市场的产品，在分隔的区域中生产或经营这些产品的企业就不属于同一产业，它们不会产生竞争关系。

从上文可看出，在理论上定义产业或市场是相对容易的，而在实践中精确界定产业或市场的范围则相对困难，因而，对于一定的市场集中率如何准确界定，在经验分析中尤其是在反垄断的司法实践中是一大难题。例如，同类产品总是存在多种多样的差异性，即使是微小的差异性，也会导致产业或市场划分的困难，例如小轿车，有不同型号和不同档次，我们一般说小轿车的生产商构成了一个产业，但如果按理论上的标准进行严格分析，即使是小轿车，可能也可以细分为多种市场。如果说可口可乐与百事可乐可以划归同一类市场，那么，各种纯净水与上述两种产品能否归结为同一市场的产品呢？可能会产生争议。在经验分析中，往往很难将产业或市场划分得那么准确。在司法实践中，产业或市场划分的范围不同，带来的结果是不同的，甚至根本相反。

例如在教科书中经常引用的一个著名的反垄断司法实践案例，出现前后完全矛盾的判决结论，就是由市场划分范围的不同引起的。1947 年美国的杜邦公司被起诉,美国司法部认为杜邦公司的玻璃纸在市场上占有绝对份额,据此认为杜邦公司存在垄断经营行为,因而根据反垄断法对其提出诉讼,判决的结果是对其处以高额罚款。而杜邦公司应诉的根据是,玻璃纸只是"柔性包装材料"中的一种,其他柔性包装材料还有蜡纸、聚乙烯等。杜邦公司用证据证明玻璃纸与这些商品之间存在很强的需求交叉弹性,它们之间存在替代关系,是属于同一市场的产品。由于加进了这些产品,因而杜邦公司的玻璃纸在市场上的占有率显著下降,表明杜邦公司的玻璃纸在"柔性包装材料"市场并不具有垄断地位,最终杜邦公司胜诉。

这个案例说明,市场定义很重要。如果仅仅将玻璃纸作为单独的市场,不考虑替代品,杜邦公司在市场上的绝对市场份额无疑具有垄断性,但考虑到替代品的存在,杜邦公司并不实质占有"柔性包装材料"市场的绝对份额。在反垄断的司法实践中,为了避免歧义,一般对市场的范围进行特别的规定,例如欧盟委员会提出,以大约5%—10%的小而非暂时的价格变化所导致的对相关产品的需求的影响作为衡量相关产品是否属于同一市场的标准。美国的横向兼并指南则提出,当某一商品的价格上涨5%(a small but significant and nontransitory increase in price)时,如果消费者会部分转向其他替代商品,则这些替代商品就被视为与该商品处于同一市场。

以上的描述主要是使读者对产业、市场等产业经济学中的基本概念有一个基本的认识,避免与生活中或其他学科中使用的相同概念相混淆。例如,在日常生活中,所接触到的市场大多经营多种类型的产品,如农贸市场、作为商品买卖场所的各种不同类型的商场、超级市场等,但这些市场的概念与产业经济学中的市场概念是有显著差异的。

第二节　产业组织理论的产生和发展

在产业经济学发展史上,人们一般将产业经济学分为两个学派或两种分析框架,一是以哈佛大学的梅森(E. S. Mason)、贝恩(S. Bain)等人为代表的结构主义分析框架,他们提出并形成了"结构—行为—绩效"分析范式;二是以芝加哥大学为代表的以价格理论为基础的分析框架。前者注重从经验分析入手,后者则注重理论分析。

从亚当·斯密到马歇尔,西方经济学主流理论一直是以充分竞争型市场结构为基本理论假定的,认为通过市场的充分竞争机制可以实现资源的最优配置。然而,马歇尔在分析工业组织及其规模经济时,却导致了后来被人们称为"马歇尔冲突"的矛盾。马歇尔认为,"大规模生产的利益,在工业上表现得最为清楚"[1]。大规模生产能为企业带来规模效益,使得大规模企业的产品的单位成本下降,市场占有率上升,由此将导致市场结构中的垄断因素上升,而垄断的形成必然阻碍竞争机制在资源配置中作用的发挥,从而阻碍自由竞争。因而,自由竞争并不是市场经济发展的最一般特征,到 20 世纪 30 年代,经济学领域产生了不完全竞争理论。

1933 年,美国经济学家张伯伦(E. H. Chamberlin)和英国经济学家琼·罗宾逊(J. Robinson)分别出版了《垄断竞争理论》(*The Theory of Monopolistic Competition*)和《不完全竞争经济学》(*The Economics of Imperfect Competition*)。

张伯伦(1899—1967)针对主流经济学完全竞争和绝对垄断两个极端的假设条件,认为这两种市场条件是不符合实际的,实际的情况是,现实的市场是竞争与垄断的混合物,完全竞争或完全垄断只是两种特殊的市场结构。据称,基于上述认识,张伯伦从 1925 年就开始这一主题的研究,1933 年出版了著名的《垄断竞争理论》,自此以后,他不断地充实和修订它的内容,使之相继出了 8 版之多。张伯伦认为,在现实经济中,竞争和垄断不是截然分开的,实际的市场既不是纯粹竞争的,也不是纯粹垄断的,而是竞争和垄断的混合。竞争和垄断的混合,根源在于产品差别即产品的特异性。纯粹竞争与垄断竞争的区别就在于,纯粹竞争理论是建立在产品的完全同一性假定基础之上的,而垄断竞争则是以产品的特异性为假定条件。在现实经济中,即使是同类产品之间也存在差别性,产品差别可以是物质上的(如产品的质量、式样、规格、颜色、包装等),也可以是观念上的(如广告所造成的消费者主观上认为的差别等)。一方面,由于产品差别性使得任何一种产品的生产者(或卖者)都可能拥有对自己产品的垄断性,因此每一个生产者(或卖者)都可能成为垄断者;另一方面,每一种产品又都会受到替代产品的竞争,因此每一个生产者(或卖者)也都是竞争者。总之,现实经济中,大量存在的是"垄断的竞争者"和各种"垄断竞争"现象。在这种根源于产品差别性的垄断竞争条件下,产品的价格决定,企业的生产、营销策略以及与之相关的市场需求曲线、成本曲线等,都发生了不同于纯粹竞争的一系列重要变化。

经济理论发展过程中的一个著名的巧合是在张伯伦的《垄断竞争理论》出版仅几个月后,琼·罗宾逊(1903—1983)几乎以相同的题目出版了她的《不完全竞争经济学》。其主要观点是,在现实经济中,竞争本身就使得市场成为不完全的,而不完全的市场又导致了不完全竞争。琼·罗宾逊列举了造成竞争的不完全性的系列因素,类似于张伯伦提出的造成产品差别性的那些因素。琼·罗

---

[1] 马歇尔,《经济学原理》,商务印书馆 1964 年版,第 290 页。

宾逊也是将完全竞争作为特例而将不完全竞争作为一般现象对待的,她提出,传统的经济学总是首先分析完全竞争,而把垄断竞争当做一个特例。她的《不完全竞争经济学》则要反过来,先分析垄断,而把完全竞争当做一个特例。

虽然这一著名的巧合引发过是否存在后者剽窃前者、两本著作是否存在根本性差别的论争,但是,两本著作无疑起到了将部分经济学家的视线引入产业组织研究的范围的作用,从而使他们的作者成为产业组织理论的直接理论先驱。

之所以将不完全竞争理论视为产业组织理论的先驱,是因为只有将现实的市场看做是不完全竞争的市场形态,市场组织状况或者市场结构的形态对企业行为才可能产生影响。如果假定市场结构是属于完全竞争型的,那么,市场组织或者说市场结构就不会对企业行为及其市场绩效产生任何影响,因为在完全竞争市场条件下,生产和经营具有替代性产品的各个企业在市场上只是价格的接受者,而不是价格的制定者,因而每一企业的行为不可能影响市场价格,从而也不会影响其他企业的生产经营;并且,由于企业规模相当,各个企业的市场份额相当,各个企业的产量变化不会影响市场结构的变化。因而,在完全竞争市场假设条件下,研究产业组织和市场结构是没有意义的,产业组织理论则缺乏生存空间。

如果现实中的市场不是属于完全竞争型的市场结构,而是属于张伯伦论证的垄断竞争型、琼·罗宾逊意义上的不完全竞争型市场结构,那么,企业的行为就会影响市场结构的变动,或者,市场结构会影响企业的行为,并直接影响市场绩效。因而,只有现实的市场不属于纯粹竞争性的市场,经济学放弃了完全竞争性市场假设条件,市场结构或产业组织的研究才有意义。正因为如此,张伯伦和琼·罗宾逊的不完全竞争理论成为产业组织理论的先驱。

一、哈佛学派的 SCP 范式

20 世纪 30 年代,在哈佛大学,张伯伦和梅森开设了产业组织课程。1938年,以梅森为中心,由贝恩、凯森(C. Kaysen)、麦基(J. W. Mckie)、马卡姆(J. Markham)和阿德曼(M. Addman)等人以案例研究的方式,对若干行业的市场结构进行了经验研究。1957 年,梅森通过哈佛大学出版社出版了他自 1936 年以来的论文集《经济集中和垄断问题》。

1959 年,贝恩在前期研究的基础上,出版了《产业组织》(*Industrial Organization*, Harvard University Press)一书。该书被认为是第一本系统的现代产业组织经济学的经典著作,标志着产业经济学作为一个相对独立的理论体系的形成。该书在出版后的二十余年中,成为许多大学经济学专业的教科书或主要教学参考文献。由于贝恩的产业组织理论体系的基本逻辑是从市场结构推断市场绩效，因此创立了"结构—绩效"范式。

后来，谢勒(M. Scherer)出版了《产业市场结构和经济绩效》(1970年第一版，1980年第二版)一书，在贝恩的基础上提出了"结构—行为—绩效"(Structure—Conduct—Performance)三段范式，即SCP分析框架。

产业组织经济学的传统分析范式是"结构—行为—绩效"。按照传统的理论，结构、行为、绩效的关系是单向的，即市场结构决定厂商行为，厂商行为决定市场绩效。而产业组织经济学后来的发展则越来越注重结构、行为、绩效之间的双向关系和动态变化。例如，如果厂商作出适应性的反应，就会改变行为和市场结构；市场绩效也会导致结构和行为的变化。

市场结构，是指影响竞争和垄断性质及程度的市场方面的因素。厂商规模、产业集中度、进入和退出壁垒、产品差异性、政府管制等因素都决定着市场结构。由于这些因素的影响，可以把市场或产业组织简单地划分为四种类型，一是完全竞争型，它是由众多规模大体相当的企业组成的产业；二是完全垄断型，一家企业独占一个行业；三是垄断竞争型，一个行业虽然存在众多企业，但企业提供的产品或服务存在一定的差别性；四是寡头型，是指由少数势均力敌的企业组成的行业。

行为，是指厂商所作出的决策和活动方式。主要是指在不完全竞争条件下厂商的决策和策略性行为。因为在完全竞争市场结构中，企业只是价格的接受者，市场可以出清产品，任何企业都不可能实施策略性行为改变价格从中获利，也不可能通过相关策略使得它所占有的市场份额上升。只有在不完全竞争的市场结构条件下，厂商才有可能有动力实施策略性行为，包括定价策略、产品差别化策略、规模化和多样化策略、厂商间合谋等，以提高销售收入和净利润。

市场绩效，是指在一定的市场结构条件下由于企业的策略性行为所产生的后果，并通过相关具有价值判断性质的一些标准对这些后果进行评价。例如企业行为所产生的后果对效率、经济增长、就业、稳定、公平分配等的影响，以此得出企业行为及其后果是"好"还是"坏"，是否要实施政府干预的结论。

产业组织理论在最初之所以注重市场结构分析，甚至将市场结构与市场绩效直接挂钩，主要是基于自亚当·斯密以来的这样一个基本观念，只有竞争才能产生效率，实现资源的最优配置。任何市场势力都会导致市场效率的偏离。因而，从一定意义上，检测市场结构状况，几乎等价于检测市场效率的高低。可以说这种理念，是促使产业经济学一开始就以市场结构的分析为起点，形成"结构—行为—绩效"分析框架的指导思想。

在贝恩等人富有创建性的工作使得产业经济学作为一门相对独立的学科形成体系之后,尤其是随着 SCP 分析框架的形成,运用经验分析方法研究产业组织问题成为主流,20 世纪 60 年代中后期,随着经济计量学方法的广泛运用、电子计算机和经济计量学软件的迅速发展,在 SCP 框架下进行数据处理和回归分析,几乎成为产业组织问题研究的时尚,产生了大量的博士论文和学术成果。然而,从 20 世纪 70 年代后期开始,SCP 范式开始走向低潮。

二、芝加哥学派的价格理论分析框架

自 20 世纪 60 年代后期起,斯蒂格勒(J. Stigler)、德姆塞茨(H. Demsetz)、波斯纳(R. Posner)、麦吉(Y. Mcgee)等来自芝加哥大学的学者对当时被奉为正统的结构主义理论和论据进行了激烈抨击,并逐渐形成了一种新的核心。

他们对 SCP 分析框架即哈佛学派的批评集中反映在两个方面:

第一,SCP 框架主要运用经验统计和回归分析方法,所用的资料不准确,不具有代表性,并且缺乏理论基础和理论逻辑的一致性。

第二,政策含义不准确。他们认为,反垄断的人为政策以是否影响竞争为目标是不对的,而应以是否影响效率为标准。

早在 1958 年,斯蒂格勒回到芝加哥大学后就开始转向研究管制和产业组织,60 年代初,他发起了一个非正式的产业组织讨论会,云集了科斯(R. Coase)、弗里德曼(M. Friedman)、麦吉、凯塞尔(R. Kessel)、德姆塞茨、特尔泽(L. Telser)、波斯纳、帕希金(P. Pashigian)等众多一流经济学家。

众所周知,芝加哥传统的基本精神就是强调价格理论及其应用的重要性。芝加哥学派认为,产业组织及其反托拉斯问题应该通过价格理论的延伸来研究。在他们看来,问题的关键是市场的集中及其定价的结果是否提高了效率,而不是像哈佛学派那样只看是否损害了竞争。兼并未必反竞争,高利润率并不一定是反竞争定价的结果,而完全可能是高效率的结果。是绩效或行为决定了结构,而不是相反。由于芝加哥学派在产业组织理论研究中注重的是效率,因而也被称为“效率学派”。

芝加哥学派的思想对美国反托拉斯活动及政府管制政策产生了深远影响。在里根政府时期,不但有许多芝加哥学派的经济学家或赞成其思想的经济学家成为司法部的顾问,而且有的还担任了美国联邦贸易委员会主席、司法部反托拉斯局局长或最高上诉法院法官等要职。在这些人的影响下,司法部于 1982 年颁布了新的《兼并准则》。该准则偏重用效率原则来指导反托拉斯诉讼,放宽了判定商业活动反竞争的标准。美国的立法、司法和执法机构对兼并活动采取了 20 世纪以来最为放任的立场。例如,1982—1986 年间,美国联邦贸易委员会和最

高法院只对上报的 7 700 多个兼并中的 56 个采取了强制行动。

对于产业组织理论发展中的两种分析框架,我们的态度是,作为以学习和把握产业经济学的概貌为目的的学习活动,不能简单地肯定或否定其中的哪一种。即使 SCP 分析框架被视为传统,但也并没有退出历史舞台,人们在对一定的产业或一定的市场状态进行经验分析的时候,SCP 框架仍然是一个有生命力的分析框架。尤其是在反垄断实践中,仍然是以一定产业的市场结构尤其是某一公司的市场势力作为是否存在垄断力量的判断标志,在司法实践中仍然将结构—行为—绩效联系起来考虑问题。芝加哥框架产生以来几十年的发展,尤其是一批杰出经济学家的贡献,加强了产业组织的理论性和理论逻辑的一致性,使得产业经济学成为理论经济学中发展速度最快的学科之一,甚至引起了微观经济学在一些概念、分析方法及内容体系上的"革命"。它的政策含义对于政府的相关政策也产生了重要的影响。但是,它是否完全能够取代 SCP 框架,还值得探讨。例如,如果完全放弃市场结构分析和经验研究,怎样来衡量市场势力?政府究竟是否需要反市场势力?或者政府对何种程度的市场势力采取对策?诸如此类的问题是需要进一步研究的。

20 世纪 70 年代以来,被称为新产业组织理论的"可竞争市场理论"(Contestability Theory)逐步产生影响。主要贡献者是鲍莫尔(W. Baumol)、贝利(E. Bailey)、潘扎(J. Panzar)和威利格(R. Willig)等学者。1982 年鲍莫尔、贝利和威利格等人在《可竞争市场与产业结构理论》一书中系统阐述了可竞争市场理论。所谓的可竞争市场是指潜在进入者可自由进出的市场,在完全可竞争(perfectly contestable)市场中,潜在的进入威胁与在位企业之间的实际竞争一样可以有效地约束在位企业的价格和产量策略等行为,确保合意的、有效的经济绩效的实现。根据可竞争市场理论,在完全可竞争的市场中,即使是在偏离完全竞争的寡占市场甚至是垄断市场的结构下,"看不见的手"仍然可以有效地发挥配置资源的作用,生产成本最小化,不存在无效率生产,不存在超额利润,价格等于平均成本,社会福利最大化。基于此,可竞争市场理论提出了全新的政府管制主张。集中度高、价格歧视、多元化兼并、纵向与横向一体化等传统的经济绩效指示器在可竞争的市场中并不会引致政府管制和反托拉斯政策的需求。因此,政府应该尽可能地取消经济管制,特别是市场准入管制和价格管制。

现代产业组织理论与政策研究还在发展过程中,掌握这些理论及其发展动态,对于推动产业组织理论在中国的发展,是必须做好的功课。

第三节　产业组织与微观经济学

产业经济学或产业组织理论,与经济学的其他分支的差异性是很明确的,但与微观经济学却存在天然的联系,尤其是现代高级微观经济学与高级产业经济学,内容和方法上的相互交叉几乎很难将这两个学科分别开来。

产业经济学或产业组织理论是在微观经济学的基础上发展起来的,微观经济学所研究的是个体经济单位的经济行为,例如研究居民的经济行为、企业的经济行为。但各个个体的经济行为不是孤立的,而是相互影响的,因为这些个体的经济行为只有放在一定的经济条件下,例如特定的市场条件下,才能揭示出他们的行为特征,因而,微观经济学在研究居民和企业经济行为的时候不可回避地要考察市场结构,所以早期的微观经济学考察了完全竞争市场和完全垄断市场两种极端市场结构条件下的微观经济主体的行为特征,后来由于不完全竞争理论的产生和发展,微观经济学将不完全竞争条件下的两种市场结构(寡头市场和垄断竞争市场)纳入到它的内容体系中。而20世纪30年代起步的以研究市场结构为主要内容的产业经济学,主要探讨市场结构以及在一定市场结构条件下的个体经济行为尤其是企业经济行为及其市场绩效。因而,微观经济学与产业经济学具有天然的相关性。

在20世纪30年代作为经济学的一个分支而起步的产业经济学,在一定意义上虽然属于微观经济学研究领域的延伸和拓展,但与微观经济学还是存在一定程度的分工和差异性(尤其是SCP分析框架),主要表现在:

第一,微观经济学虽然关注市场结构,探讨在一定市场结构条件下的个体经济行为,但它研究的主要问题不是市场结构问题,例如在企业问题上,虽然要考察同行业的企业与企业之间的关系,但更主要的还是研究企业本身的行为。而产业经济学虽然要研究个体经济行为,尤其是企业行为,但更注重研究市场结构及其在一定市场结构条件下的企业与企业之间的策略、行为方式,尤其是在SCP框架中体现得更为明确。从这一角度可以说,微观经济学更关注个体行为本身,而产业经济学更重视个体之间的相关性。

第二,微观经济学作为基本理论层次的学科,事实上是属于现代经济学的母体和理论基础,而早期的产业经济学更具有经验研究的性质,有的经济学者将其看做是应用经济学。尤其是早期的SCP框架,运用统计、计量的方法观测市场结构及其相关变量,如卖方集中程度、进入条件与产品差异化程度,考察绩效的变量如超额利润、边际成本、平均成本等。因而微观经济学更强调理论逻辑的严密性,而早期的产业经济学则强调经验实证。

第三，微观经济学的主要任务是对市场经济条件下的个体经济行为提供理论解释，它的理论含义如果存在对现实经济发展的理论指向性意义的话，也是对微观经济活动主体例如企业和居民的经济活动提供理论指导，而产业经济学的任务则具有提炼政策含义的内容。微观经济学基本不涉及政府的政策应该怎样而不应该怎样的问题。但产业经济学具有明显的为政府政策提供服务的性质。它往往涉及什么样的市场结构属于偏离效率原则的价值判断问题，什么样的市场结构及其企业行为是需要政府干预的、政府应该如何干预，等等。

如果说产业经济学的 SCP 框架的确与微观经济学存在一定的差异，那么到 20 世纪 70 年代，随着以芝加哥学派为代表的新自由主义在产业经济学研究中形成主流，微观经济学与产业经济学的交叉和融合开始加强。这主要与产业经济学研究角度、研究方法及价值取向的变化有关。

第一，从研究角度看，芝加哥学派批评 SCP 框架只注重经验分析，缺乏理论逻辑的一致性和严密性，因而，他们一反过去的经验实证分析角度，回归理论演绎传统，强化了产业经济学研究角度的逻辑推理过程，而这一角度，正好是微观经济学的传统，因而，产业经济学研究角度的转变，尤其是强调产业经济学理论基础的分析思维，加强了产业经济学与微观经济学的交叉和融合。

第二，微观经济学以市场经济中的个体为研究对象，随着现代企业理论、博弈论等现代经济理论的发展，微观经济学更加注重在个体之间的相关关系中研究经济个体在市场中的经济行为。而产业经济学是以研究市场中的企业之间的关系为起点的，因而，随微观经济学研究内容的拓展和产业经济学理论化趋势的加强，不可避免地使得它们出现内容的交叉和融合。

第三，产业经济学起初是以提炼政策含义为出发点的，例如通过市场结构与企业行为及其市场绩效的实证分析，提炼出一定的市场结构导致市场绩效发生偏离的情况下政府应该采取什么样的矫正措施。而芝加哥学派将自由主义传统引入产业经济学的研究中，强化了价格理论，在理论含义上不是主张政府应该做什么，而是在理论上说明在市场结构调整上政府并不比价格机制做得更好、做得更有效率。这种价值取向与微观经济学不关注政策含义正好趋同。如果说微观经济学是以研究个体经济行为为出发点的，那么，芝加哥学派以来的产业经济学也是以企业的市场行为为逻辑起点。价值取向和逻辑起点的趋同促进了它们的融合。

因而，近几十年来，现代微观经济学与产业经济学的交叉和融合，使得在高级微观经济学和高级产业经济学教科书中，很难真正分清哪些是应该属于微观经济学的内容，哪些是属于产业经济学的内容。这种交叉和融合，无疑促进了这两门学科的发展，拓展了它们的视野，丰富了它们的内容。

第四节 中国经济转型与产业经济学

产业经济学的内容在中国的教学和研究中的发展状况显现出了鲜明的时代特征。

在计划经济时代,中国不存在真正意义上的产业经济学。由于在经济管理和经济分析中,将国民经济分为几个大的产业部门,因而,在大学经济类学科中,相应地设置了研究不同产业部门发展问题的应用学科,也可以说是不同产业的"产业经济学"。例如在学科划分和专业设置上,产生和发展了"农业经济学"、"工业经济学"、"商业经济学"等,相应地部分大学设置了"农业经济系"、"工业经济系"、"商业经济系"等。这些以一个产业为研究对象的部门经济学,不属于类似西方20世纪30年代产生和发展起来的"产业经济学",因为它基本不研究在不完全竞争市场的产业内部结构、行为、绩效问题,也不揭示企业之间的竞争、合作关系,更多的是研究该产业部门的地位、特征、如何发展等方面的问题,试图提炼出一个产业发展带有规律性的东西来,指导该产业的发展。

改革开放启动之后,中国经济调整面对的一个重要任务就是加强经济结构的调整,理顺在计划经济时代扭曲了的经济结构上的一系列矛盾。例如,在产业结构上,由于在发展经济尤其是工业化推进问题上存在片面认识,导致一系列的结构扭曲:在农业部门片面强调粮、棉、油等大宗农产品生产,忽视甚至扼杀其他方面的多种经营,导致农村经济结构畸形化;在工业部门,片面发展重工业,忽视其他工业的发展;在总体结构上,只是将物质生产部门看做是产业部门,使得按三次产业分类法衡量的产业结构极度失衡。如何调整中国长期被扭曲的产业结构,揭示出西方发达市场经济国家在工业化进程中经济结构演进的规律,借鉴一些后起的工业化国家在产业发展政策上的有益经验,通过政府的产业政策矫正结构偏差,就需要在理论上展开讨论。因而,研究以产业结构、产业之间关联关系、工业化进程与产业结构演进趋势、投入产出分析法等为主要内容的"产业经济学",就成为经济转轨时期中国经济学界的一个重要课题。20世纪80年代以来,相当一批学者倾注于产业结构的研究,取得了显著的成果,在一定程度上对于推动中国经济结构的转型发挥了作用。与此相对应,在大学经济类教学中,产业经济学的内容也就以"产业结构"的内容为主。

进入20世纪90年代,随着市场化程度的不断提高,同行业的企业之间的竞争不断加强,市场势力对市场竞争的影响开始发挥作用,由竞争机制引起的不完全竞争和由行政垄断引起的不完全竞争相互交织,构成经济活动的一种新的现象。例如在一些竞争性产业出现的竞相降价风潮,是属于正常的价格竞争,还是属于非常规的"价格战"？政府及其司法部门对于一些产业日益变化的市场结构以及不断加强的市场势力应该采取什么态度和对策？在一定的市场结构中，企业应该采取什么样的应对策略？作为消费者如何认识经济活动中过去不曾出现过的经济现象？诸如此类的一系列问题需要在理论上进行解释。与此同时，从20世纪90年代开始，一些经济学者对国外的产业组织理论进行了一些引进工作，翻译出版了一些产业组织理论的教材和著作。由此大学经济类学科中尤其是经济学专业和工商管理专业所开设的产业经济学，其内容开始发生变化，逐步加进了产业组织的内容。

中国经济体制改革的核心是引入市场竞争机制，打破各种垄断导致的低效率，发挥价格机制配置资源的基础作用。然而，经济活动中因产业组织方面的一系列问题要么存在各种垄断行为，要么存在低水平的过度竞争或不正当竞争，需要在产业组织层面进行理论和有针对性的对策研究。但产业组织理论与政策作为课程的教学不仅起步晚，而且在研究上严重不足，该领域几乎属于空白。现实发展对于产业组织理论与政策的教学和研究提出的要求亟待我们共同努力去完成。

本章小结

1. 产业经济学，或称产业组织理论，是以"产业"为研究对象，主要研究产业内部、企业之间的组织结构和在一定的组织结构条件下企业的经营战略、产出决策、定价行为、非价格策略性行为等，以及由其行为带来的市场绩效。

2. 按需求的交叉弹性划分，一个产业是指生产经营同一类产品（或提供同一类服务）的厂商组成的集合。

3. 产业组织有哈佛学派、芝加哥学派、新产业组织理论等。

4. 产业组织与微观经济学既有联系也有差别。

5. 产业组织理论与政策对中国市场经济发展具有特别重要的意义。

思考题

1. 经济活动过程中产业有哪些分类方法？简要说明产业组织理论的产业划分方法。

2. 如何理解哈佛学派与芝加哥学派的关系？

3. 谈谈产业组织理论与政策的中国意义。

进一步阅读文献

［1］Bain, J. (1956), *Barriers to New Competition*, Harvard University Press, Cambridge, MA.

［2］Demsetz, Harold(1973), Industry structure, market rivalry, and public policy, *Journal of Law and Economics*, 16, 1—9.

［3］理查德·施马兰德、罗伯特·D.威利格主编,李文溥等译(2009),产业组织经济学手册(第1卷),经济科学出版社.

参考文献

［1］Adams, William James (1974), Market structure and corporate power: the horizontal dominance hypothesis reconsidered, *Columbia Law Review*, 74, 1276—1297.

［2］Bain, J. (1956). *Barriers to New Competition*. Harvard University Press, Cambridge, MA.

［3］Demsetz, Harold(1973). Industry structure, market Rivalry, and public Policy, *Journal of Law and Economics*, 16, 1—9.

［4］Scherer, F. and Ross, D. (1990). *Industrial Market Structure and Economic Performance*. Houghton Mifflin, Boston, MA, third edition.

［5］Stigler, George J. (1957), Perfect competition, historically contemplated, *The Journal of Political Economy*, 65.

［6］理查德·施马兰德、罗伯特·D.威利格主编,李文溥等译(2009),产业组织经济学手册(第1卷),经济科学出版社.

［7］斯蒂芬·马丁著,史东辉等译(2006),高级产业经济学(第2版),上海财经大学出版社.

第二章

市场结构与经济福利

本章概要

　　为了理解市场结构即产业组织对资源配置效率、社会福利的影响,本章着重对比了两种特殊的市场结构,即完全竞争型市场结构和完全垄断型市场结构。通过对比,可以观察到两种市场结构的不同,导致企业的决策存在鲜明的差异,由此决定了两种市场类型的资源配置效率和社会福利是存在显著差别的。产业组织理论和政策的任务就是要鼓励有利于资源配置效率提高和社会福利增进的市场结构,防范和打击抑制市场效率的产业组织结构及其行为。

学习目标

　　　通过两种市场结构特征的对比,把握市场势力形成的条件,市场势力对资源配置效率和社会福利的影响,由此认识产业组织理论与政策的理论和现实意义。

　　市场势力是产业经济学的一个中心议题。从一定意义上说,如果产业组织结构中不存在市场势力,或者说,如果存在市场势力,但不会对资源配置效率产生影响,且不会引起社会福利的变化,那么,产业组织理论和产业组织政策就没有存在和发展的必要。正是由于有市场势力的存在并且其对资源配置效率和社会福利产生影响,才有研究产业组织状况的必要。

　　在这一章中,我们将福利经济学关于市场绩效的内容进行一些必要的复述,以便对市场结构、市场势力与市场绩效之间的关系有一个初步的了解。福利经济学衡量企业行为进而考察市场结构绩效所用的一个概念是社会福利(Social Welfare),它将企业的行为与社会福利的变化联系起来,借以检验什么样的企业行为会增进社会福利,什么样的企业行为会导致社会福利的下降。我们首先说明在竞争性市场结构中企业的行为及其结果,然后解释不完全竞争市场结构的特点、市场势力以及在不完全竞争市场结构中企业利用市场势力获得利润最大化而导致的社会福利下降。

第一节 完全竞争与资源配置效率

一、完全竞争的条件

完全竞争(Perfect Competition)市场被认为是完全没有市场势力的市场,任何企业产量的增加或者减少都不会对市场价格产生影响。完全竞争性市场之所以没有市场势力,是因为:

第一,产业缺乏集中度。市场中企业数目众多且规模小。每个卖者(或买者)提供(或需求)的产品数量都非常少,单个的卖者(或买者)都不能影响市场价格,市场价格完全由供求关系决定。

第二,产品具有同质性(Homogeneity)。产业内各个企业提供的产品不存在任何差别,完全同质的产品具有完全的替代性。

第三,完全信息条件。生产者和消费者掌握市场的全部信息,既了解市场上每个生产者的产品、技术和成本,也了解消费者的偏好和支付能力,企业生产销售活动以及消费者购买活动的信息完全对称。

第四,不存在进入和退出壁垒。新企业进入产业或原有企业退出产业有充分的自由,生产要素在产业间转移没有任何阻力。

二、竞争性市场结构中企业的长期均衡

完全竞争市场的特征保证了厂商和消费者都是价格接受者。因为消费者不关心供给者的情况,对价格拥有完全信息,厂商转向不同的消费者时不承担交易成本,并且任何将产品价格提到市场价格以上的厂商都会立即发现它的产品卖不出去。完全竞争市场中的厂商没有动力将价格定在市场价格以下,因为在当前价格下他就可以卖出所有他想卖的产品。因此,消费者认为价格在他们的控制能力以外,他们找不到愿意低于市场价格出售产品的厂商。

在完全竞争的市场中,代表性企业的长期均衡可以用图 2.1 直观地表示。如图 2.1 所示,完全竞争市场结构的长期均衡说明,在无任何市场势力的条件下,通过市场机制的自动调节,资源可以得到最有效率的配置。这是因为:

(1) 在竞争性行业长期均衡点(用上标 e 表示均衡点)上,每个企业提供的产量 Q^e 不仅位于其短期平均成本曲线(SAC)的最低点,而且也位于长期平均成本曲线(LAC)的最低点上。

(2) 按以上的结论类推,如果每个行业都属于完全竞争型行业结构,竞争性市场均衡价格等于长期边际成本,也等于短期边际成本,即 $P = LMC = SMC$,就

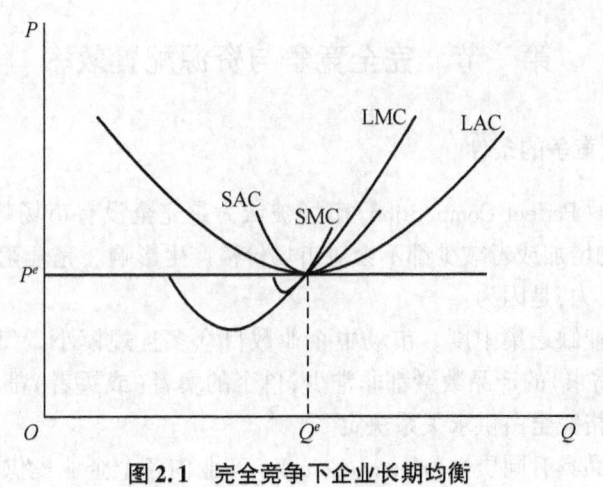

图 2.1　完全竞争下企业长期均衡

意味着社会所有可利用的资源能够在各个行业自由地流动,所有资源在各种用途上达到了最优配置状态。

(3) 从消费者的角度看,由于竞争性市场均衡价格等于长期平均成本的最低点,意味着市场价格已经降到生产者能够承受的最低点,如果价格继续下降至长期平均成本最低点以下,企业就会亏损。因此,在完全竞争性均衡价格水平购买产品对于消费者来说所支出的消费成本是最低的。

(4) 完全竞争型市场结构能够使消费者剩余、生产者剩余及总剩余最大化。消费者剩余(Consumer Surplus)是指消费者愿意为某一商品支付的价格与其在购买该商品时实际支付价格之间的差额。生产者剩余(Producer Surplus)是生产者愿意接受的产品销售价格与他出售商品时实际获得价格之间的差额。总剩余(Total Surplus)是生产或销售一定单位产品时生产者和消费者获得的生产者剩余和消费者剩余之总和。

因为长期均衡的性质很值得研究,所以完全竞争模型只是它的一个价值参照点。在一个竞争的经济中,均衡的资源配置是有效的,即不可能再配置资源以达到在不损害其他参与者的同时使某个市场参与者的状况得到改善的目的。这个产量水平的效率被称为配置效率,它要求多生产一单位产品的边际收益等于边际成本。如果边际收益大于边际成本,那么生产的产品就太少了;如果边际收益小于边际成本,那么生产的产品就太多了。在竞争均衡里面,价格即单位商品所付出的价值,等于社会生产最后一单位商品的边际成本。这就保证了厂商生产社会最优产量的产品。

竞争均衡也显示了生产的效率。在长期均衡中,每个公司都在长期平均成本曲线的最低点生产。产出是以最小成本的要素组合生产的。高成本的厂商也会被迫退出市场。

竞争均衡的第三个性质是,每个完全竞争厂商在长期内都获得零经济利润,因此只能获得它们的机会成本。

第二节　市场势力及其决定因素

产业组织理论以及产业组织政策几乎都是围绕市场势力这个中心议题而展开的。它所要解决的主要问题是:

第一,什么是市场势力? 如何判定市场势力的存在?

第二,市场势力对资源配置效率和社会福利产生什么样的影响?

第三,企业如何获得并且保持市场势力?

第四,政府的产业组织政策是否对市场势力发生作用? 其作用对资源配置效率及社会福利的影响是正面的还是负面的? 等等。

因而,市场势力是产业经济学中的一个核心命题。

那么,什么是市场势力呢? 如果对其进行简单定义,所谓市场势力,就是企业将其产品的市场价格提高到边际成本以上的能力。

一个企业将其产品的售价抬高到边际成本以上的能力主要依赖于其他供给者的替代程度。决定市场势力的因素主要包括以下三个方面:

1. 供给替代

供给替代的可能性依赖于消费者转向提供同类产品的供给者的程度。如果消费者不能够转买其他供给者提供的同类产品,某供给者可以方便地减少产品供给,那么,该供给者就拥有市场势力。

2. 产品的差别与消费者的偏好

对于不同企业来说,虽然它们的产品之间具有一定程度的可替代性,但如果某一企业提供的产品与同类产品相比在质量、外观、售后服务等方面存在客观的差别性,或者该企业提供的产品虽然不存在"客观上"的差别,但通过诱导性广告使得相当多的消费者在"主观上"认为该企业的产品是有特点的,导致消费者的消费偏好集中在该企业的产品上,那么,该企业就具有一定的市场势力。其市场势力的大小取决于其区别于其他企业产品的成功程度。

3. 同行业企业之间的竞争或合谋关系

提供同类产品的企业之间是竞争还是合谋是一个重要的(有时甚至是最重要的)决定市场势力的因素。如果它们之间的关系是属于竞争性的,为争夺市场份额而实施降价策略,轮番削价的结果就可能导致价格降到接近完全竞争状态的水平。如果一方采取降价策略而另一方置之不理,另一方就有可能失去已有的市场销售额。因此,它们之间的竞争程度越强,它们各自的市场势力就越小,甚至根本产生不了市场势力。与此相反的是,它们虽然提供同类产品,各企业之间的产品具有很强的相互替代性,但并不引发竞争,而是合谋,结成联盟共同限制产量和提高价格。共同提价而不是单独提价更可能有利可图,一旦形成这样的合谋关系,就会形成强大的市场势力。

其他因素还包括政府控制的资源配置导致的政府垄断势力、自然垄断行业不受任何干预导致的市场势力等。

我们可以以石油输出国组织(OPEC)为例,来形象地理解市场势力及其决定因素。

OPEC作为一个跨国性石油卡特尔集团,其成立的主要目的是控制世界石油价格。在1973—1974年,OPEC将油价从每桶3美元提升到每桶14美元,不断推动价格上涨,甚至在1979年使每桶石油的价格上涨到30美元以上。在20世纪90年代中期,世界每天对原油的需要量大约是6 900万桶,OPEC每天的生产能力大约是2 850万桶,而OPEC每天实际的产量大约在2 500万桶左右。显然,其实际产量在生产能力之下。如果按它的生产能力向世界市场进行原油供给,原油的价格大体在每桶10美元左右,按实际产量供给,其价格则在每桶16美元左右。

OPEC之所以有市场势力来支配世界石油市场的价格,主要是因为面对世界石油消费不断增长的需求,由于缺乏另外的石油开采者替代OPEC向世界石油市场补充供给,致使OPEC有条件通过人为地减少产量来抬高价格。当OPEC减少产量抬高价格时,虽然非OPEC国家可以增加产量,但它们增加的产量不足以弥补OPEC减少产量造成的世界石油市场的供给缺口。

第三节 市场势力与利润最大化

一个拥有市场势力的企业在经济学理论上被称为"价格的决定者"(Price Maker)。价格决定者的产量决策直接会影响市场价格。如果它希望卖出更多产品,就不得不降低价格,与此相反,如果它削减产量,就会引起市场价格的上扬。当然,这要取决于它所面对的需求曲线的形状。价格的决定者面对的需求曲线是向右下方倾斜的,如果它所面对的需求曲线是水平的,那么它就属于"价格的接受者"(Price Taker)了。

独家垄断企业拥有绝对的市场势力,它不用担心是否有另外的企业对它的价格策略作出反应。它的利润依赖于消费者的行为(需求函数)、企业的成本函数、价格和产量。

一、简单图示

垄断企业在一定的约束条件下怎样实现利润最大化呢？我们可以通过图 2.2 直观地进行分析。

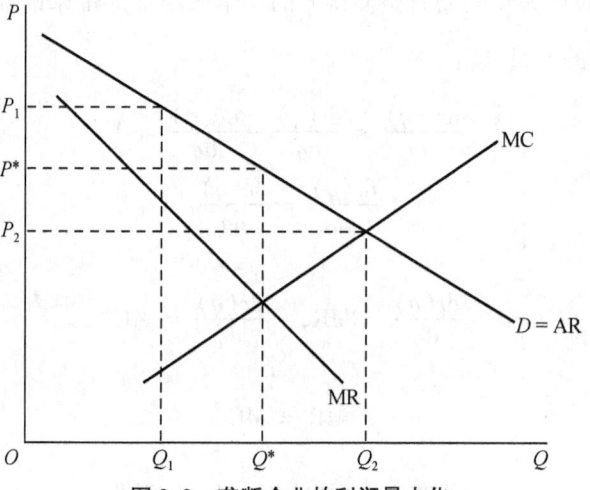

图 2.2　垄断企业的利润最大化

如图所示，市场需求曲线 D 也就是该垄断企业面对的企业的需求曲线，也是它的平均收益曲线 AR，边际收益曲线 MR 与边际成本曲线 MC 的交点所决定的价格为 P^*，产量为 Q^*。我们说这一产量是垄断企业利润最大化的产销量，为什么？

假设该企业选择小于 Q^* 的产量 Q_1，并且得到高于 P^* 的价格水平 P_1，此时边际收益高于边际成本（$MR-MC>0$），意味着该企业可能进一步增加产量来获得更多的利润。因此该企业不断增加产量，直至达到 Q^* 的产量水平（即直到最后增加的产量的边际利润为零）。Q^* 处的产量水平使得边际成本等于边际收益。因而，虽然在低于 Q^* 的产量 Q_1 达到了较高的销售价格 P_1，但 Q_1 不是利润最大化的产量水平。

那么，高于 Q^* 点的 Q_2 产量水平是否是利润最大化产量呢？因为与 Q_2 相对应的边际收益 MR 低于边际成本 MC，意味着减少产量将可以增加总利润，所以不断下调产量直至 Q^*，在 $MC=MR$ 处对应的产量 Q^* 和价格 P^* 可实现其利润最大化。

二、代数形式

用代数形式也可以推导出同样的结论。垄断者通过市场势力获取远远高于

竞争性条件下的垄断利润,其利润可以表示为:

$$\pi(q) = pq - c(q) = r(q) - c(q)$$

其中,$\pi(q)$为利润,$p(q)$为价格,q为产量,$c(q)$为成本,$r(q)$为总收益。

当 q 从 0 开始增加时,利润也相应增加,直至达到一个最大值,然后开始下降。因此,利润最大化的 q 就是使得 q 的一个微小增加带来的利润增加正好为 $0\left(\dfrac{d\pi(q)}{dq} = 0\right)$ 的产量,即:

$$\frac{d\pi(q)}{dq} = \frac{dr(q)}{dq} - \frac{dc(q)}{dq} = 0$$

$$\frac{dr(q)}{dq} = \frac{dc(q)}{dq}$$

因为

$$\frac{dr(q)}{dq} = MR, \quad \frac{dc(q)}{dq} = MC$$

所以,

$$MR = MC$$

第四节 市场势力的测量

企业是否拥有市场势力或是否通过市场势力获取利润最大化,关键在于定价水平。从理论上讲,不具有市场势力的企业其产品的价格等于边际成本,经济利润为零;对于拥有市场势力的企业来说,如果它借此获取正的经济利润,其价格要大于边际成本。因此,在理论上测量市场势力的方法就是考察价格与边际成本的偏离程度。

1934 年阿巴·勒纳(Abba Lerner)提出了测量市场势力的指标,被称为"勒纳指数"(Lerner Index),即

$$L = \frac{p - MC}{p}$$

该指数还可以用企业面对的需求弹性来表达。

因为

$$MR = \frac{d[p(q) \times q]}{dq} = p(q) + q \times \frac{dp(q)}{dq} = p(q)\left[1 + \frac{q}{p(q)} \times \frac{dp(q)}{dq}\right]$$

$$(2.1)$$

而需求的价格弹性为:

$$|\varepsilon| = -\frac{dq}{dp(q)} \times \frac{p(q)}{q}$$

所以式(2.1)可以变为：

$$MR = p(q) \times \left(1 - \frac{1}{|\varepsilon|}\right)$$

令边际收益等于边际成本，即 MR = MC，并且价格不用函数关系而直接用 p 表示，则

$$p\left(1 - \frac{1}{|\varepsilon|}\right) = MC$$

解得：

$$\frac{p - MC}{p} = \frac{1}{|\varepsilon|}$$

所以，

$$L = \frac{1}{|\varepsilon|}$$

也就是说，企业的市场势力与商品的需求弹性有关，弹性越小，市场势力越大，反之则相反。

勒纳指数的值总是在 0—1 之间，L 值越大，市场势力越大。在完全竞争状态中，因为 $p = MC$，所以 $L = 0$。

应该说勒纳指数只是一个理论上的检验值，现实活动中很难进行精确的计算，因为企业的边际成本是难以测定的。

第五节 市场势力与社会福利

按照自亚当·斯密以来的竞争有效理论，竞争性市场的价格等于边际成本，在此状态下资源得到最有效配置，社会福利达到最大化。而市场势力的存在，尤其是拥有市场势力的企业运用市场势力获取利润最大化，对社会福利会带来什么影响呢？

一、垄断配置无效率

一种极端的情况是行业的独家垄断。垄断企业凭借其垄断势力将价格定到边际成本以上，当然使得消费者的利益受损，也就是减少了消费者剩余，增加了生产者剩余。这类似于一个口袋的钱转移到另一个口袋，但总钱数没有发生变化，社会总剩余不变，也意味着社会福利不会受到影响。然而，垄断势力往往通过产量控制的手段达到抬高价格进而实现利润最大化的目的，产量控制和抬高价格不仅使消费者剩余减少，而且会导致社会总福利的下降，如图2.3 所示。

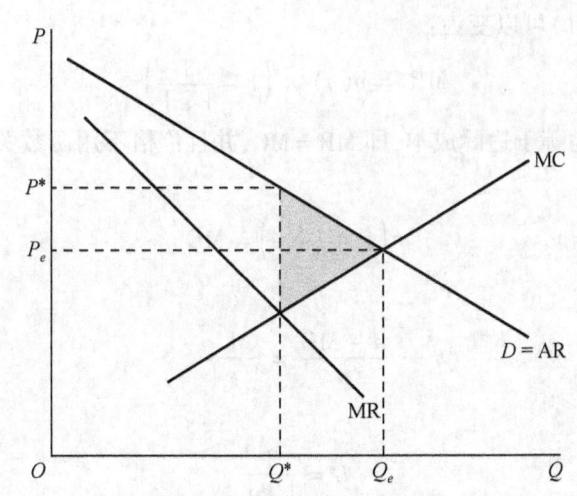

图 2.3　独家垄断导致的福利损失

从图中不难发现,在垄断条件下,垄断价格 P^* 远高于竞争性价格 P_e,而垄断产量低于竞争性产量。图中的阴影部分是社会福利净损失。

价格越高,市场势力所导致的社会福利损失也就越严重。垄断势力所导致的社会福利净损失还取决于市场需求的价格弹性以及市场规模。如果需求的价格弹性足够大,那么垄断厂商就不能制定任何高于边际成本的价格,因为只要价格上涨,哪怕是轻微的上涨,消费者就不会购买。随着市场需求弹性的下降,垄断厂商抬高价格的能力和净损失就会增长。另外,市场规模越大,与垄断势力相关的社会福利净损失就越大。

二、寻租活动

当然,在现实中,垄断造成的社会资源配置低效率不仅仅表现在以上方面。垄断者为获得垄断利润或为保持垄断势力,花费大量的钱财去游说政府官员,或者采取多种措施避免反托拉斯调查等,这一系列活动都会造成资源浪费。

Posner(1975)认为,独家垄断的社会成本应该相当于厂商所能获得的独家垄断利润。因为厂商把部分资源浪费在不会产生社会价值而旨在维护或获得独家垄断势力的活动上。无论是私人独家垄断还是政府管制造成的独家垄断都会产生租金。相关行为主体之间的竞争会导致寻租活动的支出总额等于预期垄断利润,从而造成租金浪费殆尽。

当然,租金耗尽是一个非常极端的结论,但是该论点本身还是很有意义的。厂商很可能动用本可用于其他更具生产性用途的资源来获得租金,寻租活动肯定会导致无效率的扭曲。至于扭曲的程度,则是一个实证经验问题。

本章小结

1. 完全竞争性市场没有市场势力,是因为产业缺乏集中度、产品具有同质性、完全信息条件、不存在进入和退出壁垒。

2. 决定市场势力的因素主要包括供给替代、产品的差别与消费者的偏好、同行业企业之间的竞争或合谋关系等。

3. 在理论上,测量市场势力的一种方法是考察价格与边际成本的偏离程度。

思考题

1. 假设某市场属于完全竞争市场,厂商的成本为 C,求均衡时的价格、平均成本、厂商利润。

2. 给定市场需求函数 $D = a - bP$,求此时市场的勒纳指数。

3. 给定市场需求函数 $D = a - bP$,厂商的单位成本为 C,求完全垄断市场均衡时的价格、厂商利润,并比较完全竞争市场的生产者剩余、消费者剩余、社会总剩余。

参考文献

[1] 弗兰克·H. 奈特著,安佳译(2006),风险、不确定性与利润,商务印书馆.

[2] 马西莫·莫塔著,沈国华译(2006),竞争政策——理论与实践,上海财经大学出版社.

[3] Stigler, George J. (1957), Perfect competition, historically contemplated, *The Journal of Political Economy*, 65.

[4] Lener, Abba P. (1934), The concept of monopoly and the measurement of monopoly power, *Review of Economic Studies*, 1, 157—175.

第三章

寡头市场中的竞争与战略

本章概要

　　本章介绍了寡头市场结构的特征,尤其是从不同角度即不同的假设条件出发,通过不同的寡头市场模型揭示寡头间的博弈引发的企业战略选择,以及由此导致的社会福利变化。寡头市场没有唯一的均衡解,是因为寡头市场特殊的产业组织结构,使得某一寡头的任何战略选择的变化都会对其他寡头的行为、对整个行业的绩效产生影响。

学习目标

　　熟练掌握各个寡头博弈模型的假设条件、模型推导过程以及结论的理论与政策含义,并能够改进这些基本模型用于对其他经济现象的理论分析。

　　寡头(Oligopoly)市场也称为寡头垄断市场,是指产业内一种商品的生产和销售主要由少数几家大厂商所控制的市场结构。在现实的经济运行中,寡头垄断是一种普遍存在的现象。例如,美国最大的四家谷类食品生产商销售了全美谷类早餐食品的90%;美国的汽车市场基本控制在通用、福特和克莱斯勒三大汽车公司手中;我国的移动通信市场基本上由中国移动和中国联通两大公司所控制。大多数国家的钢铁业、电器产品、汽车及电信业都控制在少数几家厂商手中。

　　在寡头市场中,寡头垄断厂商之间的行为是相互依存、相互制约的,这是寡头市场与完全竞争市场和完全垄断市场的最大差别。在完全垄断市场中,垄断者独家经营,根本没有竞争对手,其决策是独立进行的;在完全竞争市场中,由于每一个厂商的行为对市场价格和市场供求都不会产生实质性的影响,因而厂商之间的决策行为也具有相对的独立性。然而寡头市场则与二者不同,由于寡头市场上只有少数几个厂商,每一个厂商都占有相当大的市场份额,故每一个寡头的行为都会对市场产生举足轻重的影响,同时也会影响市场中其他各个厂商的行为目标和利益,寡头厂商之间是相互依存、相互制约的。一个寡头的策略性行为会引起其他寡头的策略变化,或者说,每一个寡头在进行决策时都要考虑其他寡头对该策略的反应。在这种情况下,寡头市场中厂商之间的相互关系就成为本章讨论的主题。

由于寡头间的策略行为的高度依赖性和不稳定性,因此,试图建立一个一般性模型来解释寡头的策略性行为是不可能的,这就导致了在经济学理论上发展起了多种寡头垄断模型。模型的结论之所以有差别,是因为各个模型对寡头间的特定行为假设存在差异,即不同的行为假定导致了不同的寡头博弈模型。本章主要介绍同质产品市场上五个最常见也是最基本的非合作寡头垄断模型:古诺模型(Cournot Model)、伯特兰模型(Bertrand Model)、埃奇沃斯模型(Edgeworth Model)、产量领导者模型——斯塔克尔伯格模型(Stackelberg Model)和价格领导模型。

第一节 古诺模型

法国数理经济学家奥古斯丁·古诺(Augustin Cournot)在其1838年出版的《财富理论的数学原理研究》一书中最早提出了后来被熊彼特(Schumpeter, 1954)称为"以后所有论述寡头垄断著作的支柱"[1]的古诺双寡头模型。

古诺最早提出双寡头垄断模型是基于对两个矿泉水供应商的研究:

让我们假设有这么两位业主,他们各自拥有一口质量相同、地理位置相似的矿泉,他们向同一市场供应泉水并相互竞争。在这种情况下,每一位业主提供的产品价格必然是相同的。假设p表示价格,$D = F(p)$为总销售量,D_1是来自业主1的销售量,D_2是来自业主2的销售量,则$D_1 + D_2 = D$。首先,如果我们忽略生产成本,那么,两位业主各自的收入将是pD_1和pD_2,同时他们将独立地追求这笔收入的最大化。[2]

在各自独立地进行决策的情况下,这两位业主追求利润最大化的相互策略性行为是什么?最终的市场均衡产量、价格和厂商利润又是多少?为了回答这些问题,我们首先提炼出古诺双寡头模型的前提假设。

一、古诺模型的基本假设

古诺模型的基本假设包括:

(1) 市场上只有两个追求各自利润最大化的同质厂商。

(2) 两厂商生产的产品是同质的、无差别的,且生产产品的成本为零。

---

① 熊彼特,《经济分析史》(第三卷),商务印书馆1994年版,第336页。

② 参考 Augustin Cournot, *Researches into the Mathematical Principles of the Theory of Wealth*, Chapter 7, 1838; English translation provided by Nathaniel T. Bacon, The Macmillan Company, 1897, pp. 79—80。

（3）两厂商皆采取相同的价格，且产品的需求函数为已知。假设市场反需求函数为 $p = a - q$，其中 $q = q_1 + q_2$，q_1、q_2 分别为厂商1、厂商2的产量水平，p 为产品的市场价格。

（4）两厂商都选择产量作为决策变量，每个厂商都把对方的产量作为既定的变量，以此来调节自己的产量水平。

二、古诺均衡的推导

在上述前提假设条件下，厂商1的利润为：

$$\pi_1 = pq_1 = \big[a - (q_1 + q_2) \big] q_1$$

在 q_2 给定的情况下，对 π_1 求极值的一阶条件为：

$$\frac{\partial \pi_1}{\partial q_1} = a - q_2 - 2q_1 = 0$$

从而可以得到厂商1获得利润最大化的产量水平：

$$q_1 = \frac{a - q_2}{2}$$

上式意味着给定厂商2的产出水平，厂商1就可以确定利润最大化的产出水平，这可以通过图3.1进行直观的解释。

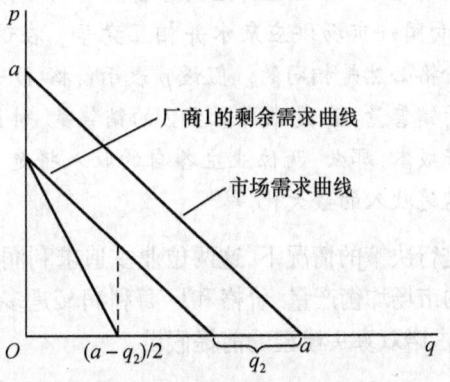

图3.1　古诺厂商面临的剩余需求

如图3.1所示，给定厂商2的产量 q_2，可以得到厂商1所面临的剩余需求曲线：把市场需求曲线向左平移 q_2 单位。厂商1对需求不能在厂商2提供的产量处得到满足的那些消费者拥有垄断地位，为了获得自身的利润最大化，厂商1在边际收益与边际成本相交处设定产量水平，即 $q_1 = \dfrac{a - q_2}{2}$。这一等式反映了厂商1的利润最大化产量与厂商2的产量之间的关系，也称为厂商1的最优反应

函数:

$$q_1 = R_1(q_2) = \frac{a - q_2}{2}$$

厂商 1 的最优反应函数表示在厂商 2 的各种产量水平上,厂商 1 根据利润最大化的原则所要生产的产品组合。也就是说,对于厂商 2 的每一个产量 q_2,厂商 1 都会作出最优反应,确定能够实现自身利润最大化的产量 q_1。

同理我们可以推导出厂商 2 的最优反应函数:

$$q_2 = R_2(q_1) = \frac{a - q_1}{2}$$

厂商 2 的最优反应函数表示在厂商 1 的各种产量水平上,厂商 2 根据利润最大化的原则所要生产的产品组合。也就是说,对于厂商 1 的每一个产量 q_1,厂商 2 都会作出最优反应,确定能够实现自身利润最大化的产量 q_2。

解方程组:

$$\begin{cases} q_1 = R_1(q_2) = \dfrac{a - q_2}{2} \\ q_2 = R_2(q_1) = \dfrac{a - q_1}{2} \end{cases}$$

可得:

$$\begin{cases} q_1 = \dfrac{a}{3} \\ q_2 = \dfrac{a}{3} \end{cases}$$

由此我们就推导出了古诺均衡条件下各厂商的产量,这从厂商的最优反应曲线图中可以得到直观的解释。我们根据厂商 1 和厂商 2 的最优反应函数画出古诺最优反应曲线图。

如图 3.2 所示,厂商 1 的最优反应曲线和厂商 2 的最优反应曲线相交于点

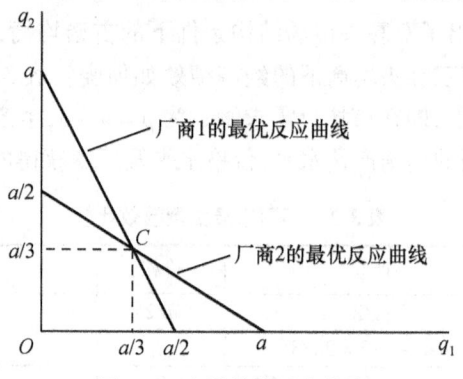

图 3.2　古诺最优反应曲线

C,这就是古诺均衡点,因为在 C 点,两个厂商都各自实现了利润最大化。

在古诺均衡条件下,两个厂商的产量都是 $a/3$;总产出水平为 $2a/3$;价格为 $a/3$;两个厂商的利润都是 $a^2/9$。

三、古诺博弈的动态学

在古诺模型的假设条件下,任何一个厂商一旦发现偏离了古诺均衡点,它都会自动调整然后回到该点。如图 3.3 所示,如果厂商 2 把产量定为 q_{2A},那么厂商 1 会在其最优反应曲线上的点 A 处生产,以实现利润最大化。如果厂商 2 进一步观察到厂商 1 在点 A 处生产,那么它将在其最优反应曲线上的点 B 处生产,以实现利润最大化。但是厂商 1 会进而选择在其最优反应曲线上的点 D 处生产,以实现利润最大化。这样一直持续下去,双方的产量都会收敛到代表古诺均衡的两条最优反应曲线的交点处 C 点。

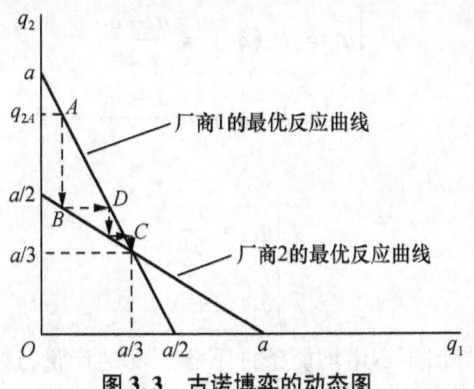

图 3.3 古诺博弈的动态图

四、古诺均衡的绩效分析

我们已经推导出了双寡头市场结构条件下的古诺均衡,并证明了该均衡的稳定性。那么,古诺双寡头均衡下的经济绩效如何呢?表 3.1 列出了相同市场需求和供给的条件下,即在市场反需求函数为 $p = a - q$,生产成本为零的前提假设下,不同市场类型的均衡产量水平、价格水平及厂商获得的经济利润。

表 3.1 不同市场类型绩效比较

市场类型	产量	价格	厂商利润
完全垄断	$a/2$	$a/2$	$a^2/4$
古诺双寡头	$a/3 + a/3 = 2a/3$	$a/3$	$a^2/9 + a^2/9 = 2a^2/9$
完全竞争	a	0	0

如表 3.1 所示,处于均衡状态时,古诺双寡头产量超过了垄断产量,但低于完全竞争下的长期均衡产量;与之相对应,均衡时的古诺双寡头价格低于垄断价格,但高于完全竞争下的长期均衡价格;厂商获得的利润总和低于垄断利润,但高于完全竞争下的利润水平(经济利润为零)。

五、多厂商古诺均衡

现在我们考虑多个古诺厂商的情形,其他基本假设不变。假设市场上有 n 个同质的古诺厂商($n > 2$),则市场的反需求函数为:

$$p = a - q = a - \sum_{j=1}^{n} q_j$$

厂商 i 的利润函数为:

$$\pi_i = pq_i = \left(a - \sum_{j=1}^{n} q_j \right) q_i$$

厂商 i 利润最大化的一阶段条件为:

$$q_i = \frac{a - \sum_{j \neq i} q_j}{2}$$

上式即为厂商 i 的最优产量反应函数。由于所有厂商都是同质的,则在均衡条件下,所有厂商的产量水平都相同,假设每个厂商的均衡产量水平为 q^*,代入上述反应函数,可以求得均衡条件下每一个厂商的产量水平为:

$$q^* = \frac{a}{n+1}$$

进而,市场的总产量为:

$$q = \frac{na}{n+1}$$

市场的价格水平为:

$$p = a - \frac{na}{n+1} = \frac{a}{n+1}$$

每个厂商获得的经济利润为:

$$\pi = \left(\frac{a}{n+1} \right)^2$$

由此可见,随着市场中厂商数目的增加,行业总产出越大,市场价格越低,厂商获得的经济利润也就越低。如果厂商的数目非常多,则每个厂商的产出、市场价格、行业总产出与厂商的盈利水平将接近完全竞争条件下的社会最优水平。

31

六、小结

综合上面的分析可知,在满足古诺模型基本假设的前提下,我们可以对古诺模型作出如下几点总结:

(1)古诺双寡头模型的均衡点为两厂商最优反应函数的交点,此时两厂商各自实现了最大利润。

(2)古诺双寡头模型的均衡点是稳定的,如果由于某种原因使某个厂商的产量偏离该点,那么随后厂商的决策会使之回到均衡点。

(3)在古诺均衡条件下,行业总产量超过了垄断产量,但低于完全竞争下的长期均衡产量;市场价格低于垄断价格,但高于完全竞争下的长期均衡价格。

(4)随着古诺模型中厂商数目的增加,古诺产量、市场价格和市场绩效将趋近于完全竞争下的长期均衡值。

第二节　伯特兰模型

古诺的研究显然超越了他所处的时代,以至于对同时代的人并没有产生什么影响。直到 45 年之后古诺的著作才逐步进入人们的研究视野,而这种进入则是以法国数理经济学家伯特兰(J. Bertrand)在 1883 年提出对古诺模型的批评和修正开始的。伯特兰认为,寡头市场上的厂商之间应该存在着激烈的价格竞争,因此古诺模型中假设厂商选择产出作为决策变量是不合适的,应该选择价格作为决策手段。由此,伯特兰提出了寡头市场中的价格博弈模型——伯特兰模型。

一、伯特兰模型的基本假设

伯特兰模型与古诺模型在前提假设上的唯一区别就是,在伯特兰模型中厂商选择价格而不是产量作为决策变量。因此,伯特兰模型的基本假设包括:

(1)市场上只有两个追求各自利润最大化的同质厂商。

(2)两厂商生产的产品是同质的、无差别的,且生产产品的成本[①]均为常数 c。

(3)产品的需求函数为已知。假设市场需求函数为 $q = a - bp$,其中 p 为产品的市场价格。

(4)两厂商都选择价格作为决策变量,厂商 1、厂商 2 的定价分别为 p_1、p_2。

---

① 厂商 1、厂商 2 的边际成本和平均成本均为常数 c,即 $MC_1 = MC_2 = AC_1 = AC_2 = c$。

二、伯特兰均衡的推导

在上述前提假设下,厂商 1 的利润函数为:
$$\pi_1(p_1, p_2) = (p - c) \cdot q_1(p_1, p_2)$$
其中 q_1 为厂商 1 所面对的需求函数,这一需求函数可以表示为:
$$q_1(p_1, p_2) = \begin{cases} a - bp_1, & p_1 < p_2 \\ \dfrac{a - bp_1}{2}, & p_1 = p_2 \\ 0, & p_1 > p_2 \end{cases}$$

从上式可知,当厂商 1 的定价 p_1 低于厂商 2 的定价 p_2 时,厂商 1 将获得整个市场份额,得到全部利润;当厂商 1 的定价 p_1 高于厂商 2 的定价 p_2 时,厂商 1 将失去所有市场,该厂商的利润也就为零;而当两个厂商的定价相同时,由于两厂商生产的产品同质,具有完全的替代性,因此两个厂商将均分市场份额。同理我们也可以得到厂商 2 的利润函数 π_2 和需求函数 q_2。

根据伯特兰的基本假设以及上面我们对厂商利润的分析,我们可以得到伯特兰均衡,其最后的解为 $p_1 = p_2 = c$,且这一均衡是稳定的。对此证明如下:

在伯特兰模型中,两个厂商生产的产品是同质的,具有完全的替代性,而且两个厂商生产成本的状况相同,在此情况下,如果两个厂商进行价格竞争,低价的厂商会拥有整个市场,而高价的厂商则会丧失整个市场。因此,每个厂商总有动力去积极地降价,价格竞争就成了两个厂商竞争的唯一手段,竞争的结果直到 $p_1 = p_2 = c$ 为止。

如图 3.4 所示,当市场上只有厂商 1 时,厂商 1 将按照利润最大化的原则将价格定在垄断价格 p_m 的水平上,相应的垄断产量为 q_m。在此条件下厂商 2 进入,为了争夺市场份额,厂商 2 将价格定在 p_1,由于厂商 2 的定价低于厂商 1 的

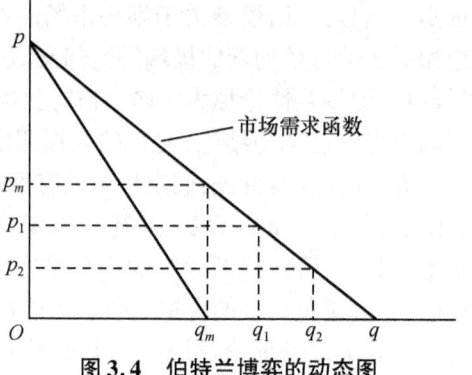

图 3.4 伯特兰博弈的动态图

定价,加上两个厂商的产品无差异,这就使得所有的消费者转移到购买厂商2的产品,此时厂商2的产量为q_1,厂商1则将失去所有的消费者。在此情况下,厂商1也会采取降价策略,将价格降至p_2,这时它将重新获得所有市场,而厂商2将失去所有市场。如此反复博弈下去,两者的价格最终降至$p_1 = p_2 = c$的水平,均分市场份额。当然,任何一家厂商都不会将其价格降至成本c以下,因为那样厂商就会亏损。

三、伯特兰模型的动态学

伯特兰均衡是稳定的,在$p_1 = p_2 = c$时,每个厂商获取一半的市场份额,厂商的利润为零,在此情况下,任何厂商都不能够通过改变价格去增加利润。以厂商1为例,当厂商1的定价高于c时,厂商2采取$p_1 > p_2 > c$的定价策略就能获得整个市场,而厂商1将会失去整个市场;当厂商1的定价低于c时,该厂商会得到负的利润。因此,$p_1 = p_2 = c$实际上已经使得每个厂商的利润最大化了,任何厂商都不会选择偏离这一均衡。

在伯特兰均衡的条件下,两个厂商的定价策略是$p_1 = p_2 = c$,此时每个厂商的产量都是$a/2$,并且都获得零经济利润。

四、伯特兰悖论

伯特兰均衡的含义在于,如果同行业中的两家厂商经营同样的产品且成本相同,那么它们之间的价格战必定使得每家厂商都按照$p = MC$的原则来定价,从而获取零经济利润。由此可见,伯特兰模型的均衡价格、均衡产量与完全竞争市场中的长期均衡价格、均衡产量完全一样,这显然与实际经验不符,因此伯特兰均衡通常也被称为伯特兰悖论(Bertrand Paradox)。

与古诺模型相比,伯特兰模型关于厂商选择价格而不是产量作为决策变量的假设似乎更贴近现实。但是,古诺模型关于寡头市场的经济绩效介于完全竞争与垄断之间的结论相对于伯特兰均衡的极端结论却又似乎更加符合人们的直觉。因此,人们有时候也将伯特兰悖论称为古诺—伯特兰悖论。

伯特兰模型之所以会得到这样的结论,与它的前提假定有关。从模型的假定来看至少存在以下两方面的问题:首先,假定厂商没有生产能力的限制。如果厂商的生产能力是有限的,每个厂商都无法供应整个市场,那么市场价格就不会降到边际成本的水平上。其次,假定厂商生产的产品是完全替代品。如果企业生产的产品不完全相同,也会避免直接的价格竞争。在这种情况下,围绕伯特兰悖论展开的研究成为此后寡头市场理论发展的一个重要主题。在下一节中,我们将探讨生产能力约束下的双寡头价格博弈,我们将证明在一定的生产能力约束条件下,伯特兰均衡与古诺均衡的结果是相同的。

第三节　埃奇沃斯模型

为了解决伯特兰悖论,爱尔兰经济学家弗兰西斯·埃奇沃斯在1897年发表的论文《关于垄断的纯粹理论》中,在伯特兰模型的基础上引入了厂商生产能力的约束,即两个厂商的生产能力是有限的,在一定的价格水平上,某个寡头厂商的产量不可能满足这一价格水平条件下的全部市场需求量,使得另一厂商仍能获得部分市场剩余。这一假设的加入,在一定程度上解决了古诺—伯特兰悖论。为了详细说明埃奇沃斯的观点,我们首先写出埃奇沃斯模型的基本假设条件。

一、埃奇沃斯模型的基本假设

(1) 市场上只有两个追求各自利润最大化的同质厂商。

(2) 两厂商生产的产品是同质的、无差别的,且生产产品的成本为零。

(3) 产品的需求函数为已知。假设市场需求函数为 $q = a - p$,其中 p 为产品的市场价格。

(4) 在价格为零时,两厂商中的任何一家至多能够满足一半的市场需求,假设两厂商的最大生产能力均为 k。

(5) 两厂商都选择价格作为决策变量。

二、埃奇沃斯价格博弈——$k = a/2$ 的例子

为了分析方便,我们不妨考虑厂商生产能力约束 $k = a/2$ 时的情形,也就是说,在价格为零时,两厂商中任何一家的最大生产能力恰好能够满足一半的市场需求。在此生产能力约束下,厂商1的剩余需求函数为:

$$q_1(p_1,p_2) = \begin{cases} \dfrac{a}{2}, & p_1 < p_2 \\[2mm] \dfrac{a-p_1}{2}, & p_1 = p_2 \\[2mm] a - \dfrac{a}{2} - p_1, & p_1 > p_2 \end{cases}$$

给定厂商2的价格,由于厂商1和厂商2的最大生产能力均为 $a/2$,如果厂商1把价格 p_1 定在厂商2的价格 p_2 之上,即 $p_1 > p_2$ 时,厂商1所将面临的剩余市场需求为 $\dfrac{a}{2} - p_1$;如果厂商1把价格 p_1 定为厂商2的价格 p_2,即 $p_1 = p_2$ 时,厂

商 1 将拥有一半的市场份额 $\dfrac{a-p_1}{2}$；如果厂商 1 把价格 p_1 定在厂商 2 的价格 p_2 之下，即 $p_1 < p_2$ 时，厂商 1 的市场销售量为 $a/2$。厂商 1 的剩余需求函数如图 3.5 所示。

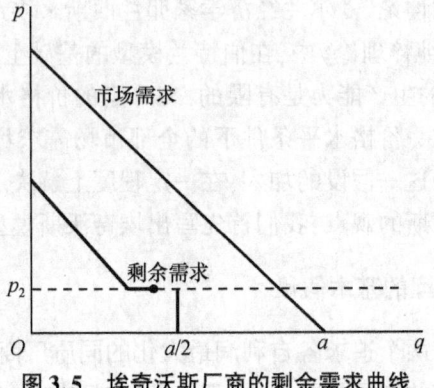

图 3.5　埃奇沃斯厂商的剩余需求曲线

厂商 1 通过选择自己的价格水平以实现利润最大化，即：

$$\operatorname*{Max}_{p_1} p_1 q_1(p_1, p_2)$$

当 $p_2 > \dfrac{a}{2}$ 时，厂商 1 选择 $p_2 > p_1 = \dfrac{a}{2}$，并获得垄断利润 $\dfrac{a^2}{4}$。

当 $p_2 \leqslant \dfrac{a}{2}$ 时，厂商 1 可以通过把价格定在略低于厂商 2 的价格水平以取得更多的市场销售额，即 $p_1 = p_2 - \varepsilon$（其中 ε 为任意小的一个正数），并获取经济利润 $(p_2 - \varepsilon)\dfrac{a}{2}$。

但是，当 $p_2 \leqslant \dfrac{a}{8}$ 时，厂商 1 的理性选择不是轻微降价，而是提高价格水平，并从剩余需求 $\dfrac{a}{2} - p_1$ 中获取经济利润 $p_1 \left(\dfrac{a}{2} - p_1 \right)$。此时，厂商 1 利润最大化的价格水平为 $p_1 = \dfrac{a}{4}$，获取的利润为 $\dfrac{a^2}{16}$，而如果厂商 1 选择轻微降价，其获取的经济利润 $(p_2 - \varepsilon)\dfrac{a}{2} < \dfrac{a^2}{16}$。

综上所述，给定厂商 2 的价格水平，厂商 1 的最优价格反应函数为：

$$p_1 = R_1(p_2) = \begin{cases} \dfrac{a}{2}, & p_2 > \dfrac{a}{2} \\[2mm] p_2 - \varepsilon, & \dfrac{a}{8} < p_2 \leqslant \dfrac{a}{2} \\[2mm] \dfrac{a}{4}, & 0 \leqslant p_2 \leqslant \dfrac{a}{8} \end{cases}$$

同理,我们可以求出厂商2的最优价格反应函数:

$$p_2 = R_2(p_1) = \begin{cases} \dfrac{a}{2}, & p_1 > \dfrac{a}{2} \\[2mm] p_1 - \varepsilon, & \dfrac{a}{8} < p_1 \leqslant \dfrac{a}{2} \\[2mm] \dfrac{a}{4}, & 0 \leqslant p_1 \leqslant \dfrac{a}{8} \end{cases}$$

我们可以通过图形直观地观察厂商的最优价格反应,如图3.6所示。

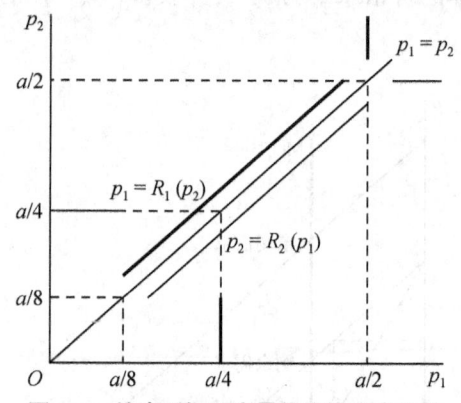

图3.6 埃奇沃斯厂商最优价格反应曲线

联立厂商1和厂商2的最优价格反应函数:

$$\begin{cases} p_1 = R_1(p_2) \\ p_2 = R_2(p_1) \end{cases}$$

求解上述方程组,我们可以得到,p_1 和 p_2 都在区间 $\left[\dfrac{a}{8}, \dfrac{a}{4}\right]$ 内波动。因为当 $p \geqslant \dfrac{a}{4}$ 时,两个厂商竞相降价,但是当其中的一个厂商把价格降到 $\dfrac{a}{8}$ 时,另一个厂商的最优价格选择为 $\dfrac{a}{4}$;此时,进入两个厂商新一轮的竞相降价的过程。这样,周而复始,市场上不存在均衡价格,市场价格在 $\left[\dfrac{a}{8}, \dfrac{a}{4}\right]$ 区间内波动。每个

厂商都至少获得 $\dfrac{a^2}{16}$ 的经济利润。

三、不同生产能力约束下的埃奇沃斯价格博弈

我们已经讨论了 $k = a/2$ 的情形,现在我们讨论一般化 k 时的埃奇沃斯价格博弈。在厂商最大生产能力为 k 的条件下,高价厂商面临的剩余需求函数为:

$$q_i = a - k - p_i$$

高价厂商最大化其利润,即:

$$\underset{p_i}{\text{Max}}\, p_i q_i = p_i(a - k - p_i)$$

一阶条件为:

$$p_i = \frac{a - k}{2}$$

即高价厂商选择的价格水平为 $\dfrac{a-k}{2}$,并获得 $\left(\dfrac{a-k}{2}\right)^2$ 的经济利润,如图 3.7 所示。

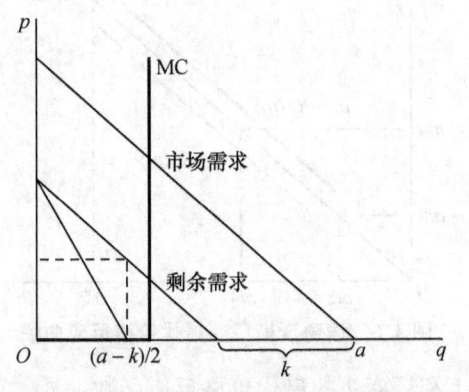

图 3.7　生产能力约束下的厂商剩余需求

那么,厂商在什么样的条件下选择高价策略,在什么的条件下选择低价策略呢?这取决于市场上另外一家厂商的价格水平。如果市场上另外一家厂商 j 的价格水平高于 $\dfrac{1}{k}\left(\dfrac{a-k}{2}\right)^2$,则厂商 i 选择低价策略,因为它这样做可以取得的销售量为 k,并获得比 $\left(\dfrac{a-k}{2}\right)^2$ 高的经济利润;但是当市场上另外一家厂商 j 的价格水平等于或者低于 $\dfrac{1}{k}\left(\dfrac{a-k}{2}\right)^2$ 时,则厂商 i 选择高价策略,并从剩余需求获得

$\left(\dfrac{a-k}{2}\right)^2$ 的经济利润。而如果它选择轻微降价策略,虽然可以取得更多的数量为 k 的销售量,但是由于价格低于 $\dfrac{1}{k}\left(\dfrac{a-k}{2}\right)^2$,其获得的经济利润反而低于 $\left(\dfrac{a-k}{2}\right)^2$,理性的厂商当然不会这么做。

由此可见,当生产能力约束为 k 时,市场价格在区间 $\left[\dfrac{1}{k}\left(\dfrac{a-k}{2}\right)^2,\dfrac{a-k}{2}\right]$ 内波动。观察这一波动区间,我们可以发现,厂商的生产能力 k 越大,埃奇沃斯市场价格就越低。极端地:

当 $k=a$ 时,$\dfrac{1}{k}\left(\dfrac{a-k}{2}\right)^2=\dfrac{a-k}{2}=0$,此时,寡头厂商价格博弈的均衡结果就是伯特兰均衡,市场价格等于边际成本。

当 $k=a/3$ 时,$\dfrac{1}{k}\left(\dfrac{a-k}{2}\right)^2=\dfrac{a-k}{2}=a/3$,此时,市场价格为 $a/3$,每个厂商的产量均为 $a/3$,并都获得 $a^2/9$ 的经济利润,这也是古诺均衡结果。换句话说,在生产能力为 $a/3$ 的约束下,伯特兰均衡与古诺均衡等价。

四、小结

埃奇沃斯模型在伯特兰模型的基础上引入了生产能力约束,在最大生产能力约束下,寡头市场中厂商价格竞争的结果不再是伯特兰悖论。在一定的生产能力约束下,市场上不存在均衡价格,市场价格根据不同的生产能力在不同的区间上波动,并且厂商的最大生产能力越小,市场价格就越高。当最大生产能力为特定水平时,寡头厂商进行价格博弈和进行产量博弈的结果是一样的,即伯特兰均衡与古诺均衡等价,从而解决了古诺—伯特兰悖论。

第四节　斯塔克尔伯格产量领导者模型

前面分析的几种寡头市场模型都假设厂商是同质的,也就是说,这些寡头厂商在市场上具有平等的地位,而且它们的决策是同时的。事实上,在现实的市场竞争中,厂商在市场中的地位往往具有差异性,可能存在着一些具有领导能力的厂商,而这些厂商的行为是无法用以上模型来说明的。在此情况下,德国经济学家海因里希·冯·斯塔克尔伯格(Heinrich von Stackelberg, 1934)提出了另外一种具有代表性的寡头市场模型——斯塔克尔伯格产量领导者模型。斯塔克尔伯格模型与古诺模型相比具有一定的共同点,即假设两个寡头厂商都选择产量作为决策变量,但与古诺模型不同的是,两个寡头在行业中的地位存在差异性,即一个厂商属于领导者(Leader),另一个厂商属于跟随者(Follower),或者说第一个厂商是先行动者,第二个厂商是后行动者。寡头市场地位的这种不对等就会引起双方决策次序的不对等,通常,跟随厂商首先观察到处于领导地位厂商的产量,然后根据这一产量确定其获得利润最大化的产量水平。这就像我们观看万米长跑竞赛时观察到的竞争者所采取的战略一样,有的竞赛者处于领跑的位置,而有的参赛者选择跟随战略,跟随者视领跑者的战略变化而变化。在现实经济运行中的一些行业内,由于历史的、制度的或法律的因素决定了某个厂商是先行者,而其他厂商在给定的关于领导厂商产出的信息基础上,自由选择它们的最优产出。比如,发明并开发了一项新产品的厂商自然就具有率先行动的优势。下面我们就对斯塔克尔伯格模型的基本假设和均衡状况作一下具体的分析。

一、斯塔克尔伯格模型的基本假设

斯塔克尔伯格模型的基本假设包括:

(1) 市场上只有两个追求各自利润最大化的厂商,两个厂商在市场中的地位是有差异的,假设厂商1为产量领导者,厂商2为跟随者。

(2) 两厂商生产的产品是同质的、无差别的,且生产产品的成本为零。

(3) 市场需求函数为已知。假设市场反需求函数为 $p = a - q$,其中 $q = q_1 + q_2$,q_1、q_2 分别为厂商1、2的产量水平。

(4) 两个厂商都选择产量作为决策变量,而产品的市场价格 p 是两个厂商总产量的函数。

二、斯塔克尔伯格均衡的推导

在斯塔克尔伯格模型中,由于两个寡头厂商在市场中所处的地位不同,因而存在着行动次序的区别。产量的决定依据以下顺序:领导者厂商首先自行决定获得利润最大化的产量,然后跟随者厂商根据领导厂商的产量来决定自己的产出水平。需要注意的是,领导厂商在决定自己产量的时候,充分了解跟随厂商将会如何行动,也就是说领导厂商可以知道跟随厂商的最优反应函数。由此可知,领导厂商所决定的产量将是一个以跟随厂商的反应函数为约束的利润最大化的产量。在斯塔克尔伯格模型中,领导厂商的决策不再需要自己的反应函数。

因此,运用逆向归纳法,先分析跟随厂商的反应函数,然后将这个反应函数纳入领导厂商的决策过程中,就可以得到领导厂商获得利润最大化的产量。斯塔克尔伯格模型的均衡推导过程如下:

由于厂商2是跟随者,它需要根据所观测到的厂商1的产量 q_1 来选择其最

优的产出水平。在给定 q_1 的条件下,厂商 2 的目标是:

$$\text{Max}_{q_2} \, q_2 p = q_2(a - (q_1 + q_2))$$

厂商 2 利润最大化的一阶条件为:

$$q_2 = \frac{a - q_1}{2}$$

上式意味着给定领导厂商的产量,跟随厂商的最优产量反应函数为:

$$q_2 = R_2(q_1) = \frac{a - q_1}{2}$$

作为理性产量领导者,厂商 1 当然会意识到一旦自己设定产出 q_1,跟随者的最优产出反应。那么,厂商 1 面对厂商 2 可能作出的最优反应,应该怎样决定自己的产量呢?就像处于领跑位置的竞赛者,面对处于第二位的竞争者采取的跟随战略,应该选择怎样的最优领跑战略呢?追求利润最大化的厂商 1 的目标是:

$$\text{Max}_{q_1} \, q_1 p = q_1(a - (q_1 + q_2))$$

$$\text{s.t.} \quad q_2 = \frac{a - q_1}{2}$$

一阶条件为:

$$q_1 = \frac{a}{2}$$

$$q_2 = \frac{a}{4}$$

这意味着,在斯塔克尔伯格均衡下,产量领导者的产量为 $a/2$,跟随者的产量为 $a/4$,市场均衡价格为 $a/4$,领导者和跟随者所获得的经济利润分别为 $a^2/8$ 和 $a^2/16$。

三、斯塔克尔伯格均衡的绩效分析

我们已经推导出了双寡头市场结构条件下的斯塔克尔伯格均衡,表 3.2 列出了相同市场需求和供给的条件下,即在市场反需求函数为 $p = a - q$,生产成本为零的前提假设下,不同市场类型的均衡产量水平、价格水平及厂商获得的经济利润。

表 3.2 斯塔克尔伯格均衡与其他绩效比较

市场类型	产量	价格	厂商利润
垄断	$a/2$	$a/2$	$a^2/4$
古诺双寡头	$a/3 + a/3 = 2a/3$	$a/3$	$a^2/9 + a^2/9 = 2a^2/9$
斯塔克尔伯格	$a/2 + a/4 = 3a/4$	$a/4$	$a^2/8 + a^2/16 = 3a^2/16$
完全竞争	a	0	0

如表 3.2 所示,处于均衡状态时,与古诺厂商相比,斯塔克尔伯格领导厂商的产出较高而跟随厂商的产出较少,斯塔克尔伯格的总产出比古诺产出多,但少于市场最优产出水平(完全竞争长期均衡)。相应地,斯塔克尔伯格均衡价格高于完全竞争市场价格,但低于古诺均衡价格。作为跟随者,厂商 2 获得的经济利润仅是领导厂商的一半,这说明寡头间在博弈产量时,先行动者具有相对优势,而追随者具有相对劣势。这一结论也从一定意义上说明,当一个行业的集中度达到一定水平时,在位者可能形成一定程度的进入壁垒,从而使得新进入该行业的厂商处于竞争劣势。

第五节　价格领导者模型

斯塔克尔伯格模型中的跟随者是产量跟随,如果先行动者确定价格,跟随者采取跟随价格战略,那么,寡头间的博弈将会产生什么样的结果呢?

一、价格领导者模型的基本思路

与斯塔克尔伯格模型一样,假定某一行业有两个寡头厂商,其中厂商 1 为领导者(先行者),厂商 2 为跟随者(后动者)。与斯塔克尔伯格模型不同的是,厂商 1 为价格的决定者,厂商 2 为价格的跟随者。

与斯塔克尔伯格模型的推理过程一样,领导者——厂商 1 在决定价格水平之前,将充分考虑跟随者对此作出的反应。因此,应先分析跟随者可能采取的对策,然后再分析领导者针对跟随者可能的反应采取的先动战略。

假定领导者——厂商 1 给定的产品价格为 p,跟随者作为价格的接受者也采取相同的定价战略。这是该模型的核心假定。如果跟随者——厂商 2 不接受厂商 1 的定价,而是以低于厂商 1 的价格销售产品,那么,整个市场需求就会偏向厂商 2,厂商 2 就不属于跟随者,而是属于伯特兰模型中的竞相降价的竞争者。如果厂商 2 以高于厂商 1 的价格水平定价,在特定条件下可能失去整个市场需求。因此,为了满足该模型的基本假定条件,跟随者只能是价格接受者。在此假定条件下,作为跟随者的厂商 2 只能选择一个产量水平,使其利润最大化,即:

$$\underset{q_2}{\text{Max}}[pq_2 - C_2(q_2)]$$

一阶条件为:

$$p = \text{MC}_2(q_2)$$

也就是说跟随者按其边际收益(MR_2)等于边际成本(MC_2)的原则决定产量,实现其利润最大化。假定按此最大化原则决定的跟随者的供给函数为

$S_2(p)$,那么,价格领导者——厂商 1 面对的剩余市场需求 $R(p)$ 则为市场总需求量 $D(p)$ 减去厂商 2 的供给 $S_2(p)$,即:

$$R(p) = D(p) - S_2(p)$$

对于厂商 1 来说,在决定价格 p 时,必须充分考虑到一旦将价格定为 p,自己将面对的剩余需求则为 $R(p)$。在此情况下,厂商 1 必须按利润最大化原则(即边际成本等于边际收益的原则)首先确定 q_1,然后解出 p。

我们可以通过图 3.8 直观地理解价格领导者模型。

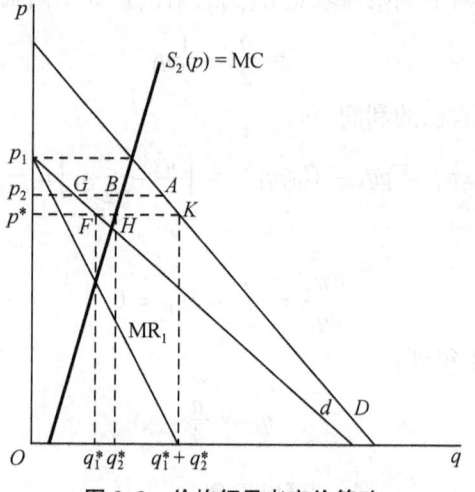

图 3.8 价格领导者定价策略

如图 3.8 所示,D 为市场需求曲线,$S_2(p)$ 为厂商 2 的供给曲线,假如价格领导者将价格定在 p_1,市场需求等于厂商 2 的供给,市场对厂商 1 的需求量等于零。若价格定在 p_2,则厂商 2 的供给量为 p_2B,从而厂商 1 的供给为 BA,在 p_2A 上取一点 G,令 $p_2G = BA$,则 G 为厂商 1 需求曲线 d 上的一点。如此类推,可推导出厂商 1 面对的需求曲线 d[即 $d = R(p) = D(p) - S_2(p)$]。当 d 确定后,就可推导出厂商 1 的边际收益曲线 MR_1。厂商 1 面对需求曲线 d 和边际收益曲线 MR_1,按其利润最大化原则确定产量和价格。当 P^* 为最优价格时,产量为 q_1^*。

二、价格领导者模型均衡的推导

那么,按各自利润最大化原则所得到的最后的均衡是什么结果呢? 假定市场需求函数为 $D(p) = a - p$,为了进行比较,假定两个寡头的成本函数完全相同,即 $C(q) = \frac{1}{2}q^2$。

按前面的思路,首先求出价格跟随者的供给函数,以便求出价格领导者在抉择时面对的剩余需求曲线。

作为价格跟随者的厂商 2 只是"价格的接受者"，所以，厂商 2 按 $MR_2 = MC_2 = p$ 的原则决定其供给函数。因为 $C(q_2) = \frac{1}{2}q_2^2$，所以 $MC_2 = q_2 = p$，即：

$$S_2(p) = q_2 = p$$

在厂商 2 的供给函数给定的情况下，价格领导者面临的剩余需求则为：

$$R(p) = D(p) - S_2(p) = a - 2p$$

由于厂商 1 面对的剩余需求是 $R(p)$，因此，厂商 1 面临的反需求函数为：

$$p = \frac{a}{2} - \frac{1}{2}q_1$$

厂商 1 最大化自己的利润，即：

$$Max\pi_1 = pq_1 - C_1(q_1) = \left[\frac{a}{2} - \frac{1}{2}q_1\right]q_1 - \frac{1}{2}q_1^2$$

一阶条件为：

$$\frac{\partial \pi_1}{\partial q_1} = \frac{a}{2} - 2q_1 = 0$$

由此，我们可以得到：

$$q_1 = \frac{a}{4}$$

把 $q_1 = \frac{a}{4}$ 代入 $p = \frac{a}{2} - \frac{1}{2}q_1$ 可以得到：

$$p = \frac{3a}{8}$$

因为 $S_2(p) = q_2 = p$，所以 $q_2 = \frac{3a}{8}$。也就是说，当价格领导者将价格确定为 $p = \frac{3a}{8}$ 时，两寡头的均衡产量分别为 $q_1 = \frac{a}{4}$ 和 $q_2 = \frac{3a}{8}$。

这表明在成本函数相同的情况下，价格领导者的收益将低于价格跟随者的收益。与产量领导模型相反，在成本相同的情况下，每个寡头都有激励成为价格跟随者而不是价格领导者。

本章小结

1. 寡头市场是指产业内一种商品的生产和销售主要由少数几家大厂商所控制的市场结构。在寡头市场中，寡头垄断厂商之间的行为是相互依存、相互制约的，这是寡头市场与完全竞争市场和完全垄断市场的根本区别。

2. 古诺模型是一种产量竞争模型,其均衡点为两厂商最优反应曲线函数的交点,此时两厂商各自实现了最大利润。这一均衡点是稳定的,如果由于某种原因使某个厂商的产量偏离该点,那么随后厂商的决策会使之回到均衡点。

3. 伯特兰模型与古诺模型在前提假设上的唯一区别就是在伯特兰模型中,厂商选择价格而不是产量作为决策变量。伯特兰均衡的含义在于,如果同行业中的两家厂商经营同样的产品且成本相同,那么它们之间的价格战必定使得每家厂商都按照 $p = MC$ 的原则来定价,从而获取零经济利润。

4. 埃奇沃斯模型在伯特兰模型的基础上引入了生产能力约束。在一定的生产能力约束下,市场上不存在均衡价格,市场价格根据不同的生产能力在不同的区间上波动,并且厂商的最大生产能力越小,市场价格就越高。当最大生产能力为特定水平时,寡头厂商进行价格博弈和进行产量博弈的结果是一样的,即伯特兰均衡与古诺均衡等价,从而解决了古诺—伯特兰悖论。

5. 斯塔克尔伯格模型假设两个寡头厂商在市场中所处的地位不同。处于均衡状态时,斯塔克尔伯格领导厂商的产出较高而跟随厂商的产出较少,这说明寡头间在博弈产量时,先行动者具有相对优势,而跟随者具有相对劣势。这一结论也从一定意义上说明,当一个行业的集中度达到一定水平时,在位者可能形成一定程度的进入壁垒,从而使得新进入该行业的厂商处于竞争劣势。

6. 价格领导者模型假设跟随者采取价格跟随战略,这与产量领导模型相反,在成本相同的情况下,价格领导者的收益将低于价格跟随者的收益,每个寡头有激励成为价格跟随者而不是价格领导者。

思考题

1. 假设某行业存在 n 个厂商($n > 2$),每个厂商的成本函数都相同,第 i 个厂商的成本函数为 $C(q_i) = cq_i$,其中 $i = 1,2,3,\cdots,n$。又假设寡头厂商所在行业的需求函数为 $p = a - bQ$,这里 $Q = q_1 + q_2 + \cdots + q_n = \sum_{i=1}^{n} q_i, a, b, c > 0$,且满足 $a > c$。

试证明:在古诺均衡条件下,市场需求弹性 $e_d = -\dfrac{dQ}{dp} \cdot \dfrac{p}{Q}$ 一定大于 $1/n$。

2. 假定市场反需求函数以及双寡头垄断厂商的成本函数分别为:

$$p = 100 - \frac{1}{2}(q_1 + q_2), \quad TC_1 = 5q_1, \quad TC_2 = \frac{1}{2}q_2^2$$

(1) 分别求出两个寡头垄断厂商的利润函数及最优反应函数;

(2) 求古诺均衡价格、均衡产量和两厂商获得的利润水平。

3. 假设厂商1与厂商2为双寡头垄断厂商,且生产同质产品。两厂商面临的共同需求曲线为 $p = 100 - (q_1 + q_2)$。厂商1的成本函数为 $TC_1 = 20q_1$,厂商2的成本函数为 $TC_2 = q_2^2 + 20q_2$。

(1) 在古诺模型假设下,求均衡时的市场价格、两厂商的产量水平及利润水平。

(2) 在斯塔克尔伯格模型假设下,假定厂商1为产量领导者,厂商2为产量跟随者,求均衡时的市场价格、两厂商的产量水平及利润水平。

4. 如果某行业是由1个价格领导企业和5个小企业组成,所有企业都生产同质产品。假定该行业的市场需求函数为 $q = 5250 - 250p$,价格领导企业的成本函数为 $C_1 = 0.001q_1^2 + 3q_1$,每个小企业的成本函数为 $C_2 = 0.01q_2^2 + 3q_2$。该行业按照价格领导者模式运行,试求:

(1) 领导企业和每个小企业的最优产量、市场均衡价格;

(2) 领导企业和每个小企业获得的利润。

进一步阅读文献

[1] Augustin Cournot(1897), *Researches into the Mathematical Principles of the Theory of Wealth*, Chapter 7, 1838; English translation provided by Nathaniel T. Bacon, The Macmillan Company.

[2] Bertrand, J. (1883), Review of "Theorie mathematique de la richesse sociale" and "Recherche sur les principles mathematiques de la Theorie des richesses", *Journal des Savants*, 48, 499—508.

[3] Edgeworth, F. (1897), La teoria pura del monopolio, Giornale Degli Economisti, 40,13—31.

[4] von Stackelberg, H. (1934), Marktform und Gleichgewicht, Vienna: Julius Springer.

参考文献

[1] Nicholson, Walter (1998), *Microeconomic Theory: Basic Principles and Extensions*, Chapter 19, Fort Worth, TX: The Dryden Press.

[2] Tirole, Jean (1988), *The Theory of Industrial Organization*, Chapter 5, 7, Cambridge, Mass.: MIT Press.

[3] 詹姆斯·M.亨德森、理查德·E.匡特著,苏通译(1988),中级微观经济理论——数学方法,第8章,北京大学出版社.

[3] H.范里安著,费方棫等译(1992),微观经济学:现代观点,第25章,上海三联书店.

[4] 张元鹏著(2007),微观经济学(中级教程),第12章,北京大学出版社.

[5] 平新乔著(2001),微观经济学十八讲,第九讲,北京大学出版社.

[6] Augustin Cournot (1897), *Researches into the Mathematical Principles of the Theory of Wealth*, Chapter 7, 1838; English translation provided by Nathaniel T. Bacon, The Macmillan Company.

[7] Bertrand, J. (1883), Review of "Theorie mathematique de la richesse sociale" and "Recherche sur les principles mathematiques de la Theorie des richesses", Journal des Savants, 48,499—508.

[8] Edgeworth, F. (1897), La teoria pura del monopolio, Giornale Degli Economisti, 40,13—31.

[9] von Stackelberg, H. (1934), Marktform und Gleichgewicht, Vienna: Julius Springer.

第四章

差异化市场结构与企业战略

本章概要

　　差异化战略是市场竞争中常见的一种战略。对于产业组织理论和政策,企业的差异化竞争战略是否会对市场结构产生影响?是否会产生市场势力进而影响资源配置效率和社会福利?为理解这一市场结构,产业组织理论发展了两个模型来揭示上述问题,以期对差异化战略的结果有一个理论上的解释。

学习目标

　　通过本章的学习,掌握线性市场模型和圆周市场模型的假设条件、推导过程及其结论的理论含义,并且能够运用和改进上述基本模型用于其他的经济现象的分析。

　　在第三章的基本寡占模型中,我们都假定市场上所有的厂商生产的产品是完全同质的,也就是说,消费者认为产品互为完全替代品。在实际的产业发展中,同一个市场或者说同一个产业中,不同厂商提供的产品可能具有一定的差异性,厂商可以据此将它的价格提高到比其他竞争对手高的水平而不致失去它的所有顾客,即厂商可以采取差异化战略降低市场的竞争程度以取得相应的利益。

　　产品差异化包括主观差异化和客观差异化两种。主观差异化是指消费者主观地认为同一市场中的产品是不完全替代品,比如某些消费者对某种品牌的产品具有特殊的偏好,尽管它与其他品牌的产品在客观上并不存在差异。客观差异化是指同一产业中不同厂商在工厂位置与销售地点、产品的附加服务和产品的品质等方面的不同。

　　本章中,我们将放松第三章关于产品同质的假设,研究差异化产品市场结构下的企业行为与经济绩效。我们假定市场上的产品仅在一维概念上有差别,即出售产品的商店的地址,消费者偏好于临近厂商出售的产品,并愿意为这些偏好产品支付溢价。我们研究这种差异化市场结构的目的是:第一,考察差异化市场结构导致市场绩效的变化;第二,分析厂商如何利用差异化战略取得市场优势。

第一节　线性城市:霍特林模型

在实际生活中我们可以看到,即使商品的价格有小幅度的变化,有些消费者仍然从以前的商店购买该商品。如果供应商逐渐提高商品的价格而它的竞争对手保持不变,其销量通常会逐渐减少而不是按以前我们假设中的突然减少为零。很多时候即使商品价格有小幅变化,买者仍然和提供该商品的卖者交易,这与竞争市场有很大的区别。我们推测可能由以下的一些原因所致:收入不是属于通常所讨论的任何一个类别,导致卖者面临的需求曲线不连续;社会不经济的价格体系导致没必要的运输,并使得用户偏离最优行为;竞争者之间在质量、地点等其他方面的差异。我们经常看到顾客选择一些离他们住所近的、运费少的商家,或因为对这些商家的经营方式比较喜欢等。这些顾客的行为使得该企业在某种程度上或在某个区域内成为准垄断者,即产生了一定程度上的市场势力。街角的小杂货店与中石油的差别在于,小杂货店的数量多且本质上具有一定的相似性。

这种顾客从一个商家到另一个商家的转移但随价格改变的不连续性被古诺等经济学家忽视。在他们的假设中,所有买者与价格最便宜的商家交易,这容易导致一种不稳定性。如果销量随价格的变化而连续变化,这种不稳定性可以消失。但如果我们使用这种连续的函数,就违反了一个市场只有一个价格的经典性假设,因为这个假设意味着商品在所有地方都是绝对标准化的,市场只是一个点而没有长度、宽度和厚度,这与物理学里面假设某个时候某个物体的某个点只有一个温度比较相似。在理论上市场某一时刻只有一个价格,但为了一些目的我们可以把市场延伸,所以在理论上我们把市场看做一个点,认为它只有一个价格,但事实上我们可以把它延伸。霍特林模型就是这种意义上的延伸,它认为产品也是有一定差异的,它用距离来表示这个产品的差异性,我们看看这个一维的差异能让我们的结论与前面有什么不同。

霍特林模型又称霍特林选址模型或霍特林空间模型,是霍特林(Harold Hotelling)在1929年提出用来解释厂商选择和定价行为的模型。

在产品完全同质的条件下,消费者对不同厂商提供的产品的偏好相同,决定其选择哪家厂商的唯一因素就是产品的价格。如果不同厂商的产品存在一定的差异性,消费者对不同产品存在不同的偏好,那也就意味着价格不是消费者选择哪家产品的唯一变量。霍特林模型说明,在存在产品差异的情况下,寡头市场的均衡价格不等于边际成本。

产品差异有多种形式,霍特林模型就是用地理位置的差异性来说明产品差异对市场均衡的影响。假定产品本身不存在差异,但对于消费者来说,由于供货地点的不同,存在不同的运输成本或购买的方便度。由于存在运输成本或购买时的方便程度的差异,消费者选择购买哪家厂商的产品时,不仅仅关心价格,而且也要关心运输成本或购买的方便度。为了推导出差异化下的市场均衡,我们首先给出霍特林模型的基本假设条件。

一、霍特林模型的基本假设

(1) 两个粮店分别位于街道的两端,粮店 1 在 $x=0$ 处,粮店 2 在 $x=1$ 处(见图 4.1)。消费者均匀地分布于这一区间。

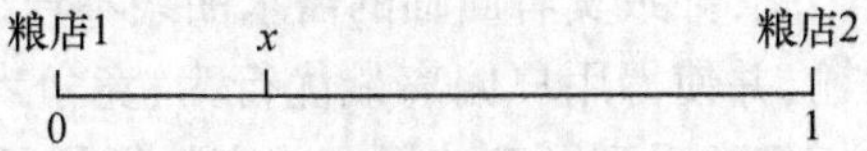

粮店1 x 粮店2

0   1

图 4.1　霍特林模型中的粮店

(2) 两个粮店出售同一种品质的大米,即两个粮店出售的大米在质量上对于消费者来说无差异。

(3) 每个粮店提供的单位产品成本为 c。

(4) 消费者承担购买大米的运输成本,消费者购买大米的运输成本与他离粮店的距离成正比,单位距离的运输成本为 t。按此推论,一个住在 x 处的消费者如果到粮店 1 购买大米,所花费的运输成本为 tx;到粮店 2 购买则花费 $t(1-x)$ 的运输成本。

(5) 消费者具有单位需求,即要么消费 1 个单位,要么不消费。

二、霍特林均衡的推导

两个粮店各自选择自己的价格水平 p_1、p_2。$D_i(p_1,p_2)$(其中 $i=1,2$)为对两个粮店的需求。为了得到两个粮店的需求函数,假定有一个在特定点的消费者,对他来说到粮店 1 与到粮店 2 购买大米是无差别的,即消费者到粮店 1 购买 1 单位大米所支出的运输成本加上价格与到粮店 2 购买 1 单位大米所支出的运输成本加上价格是等价的,也就是 x 点满足:

$$p_1 + tx = p_2 + t(1-x) \tag{4.1}$$

在这种情况下,以 x 点为分界线,居住在 x 点左边的居民,即靠近粮店 1 的消费者都到粮店 1 购买,居住在 x 点右边的居民都到粮店 2 购买。由于居民的分布密度为 1,且每个消费者只消费 1 个单位的大米,因此,位于 x 点的消费者到粮店 1 或到粮店 2 购买是无差异的,他的成本是等价的,我们在此设消费者对食品的有效保留价格为 v,则有:

$$v - p_1 - tx = v - p_2 - (1-x)t \tag{4.2}$$

可以解得：

$$x = \frac{p_2 - p_1 + t}{2t} \tag{4.3}$$

所以有：

$$D_1(p_1, p_2) = x = \frac{p_2 - p_1 + t}{2t} \tag{4.4}$$

$$D_2(p_1, p_2) = 1 - x = \frac{p_1 - p_2 + t}{2t} \tag{4.5}$$

两个粮店的利润分别为：

$$\pi_1 = D_1(p_1, p_2) \times (p_1 - c) = \frac{1}{2t}(p_1 - c)(p_2 - p_1 + t) \tag{4.6}$$

$$\pi_2 = D_2(p_1, p_2) \times (p_2 - c) = \frac{1}{2t}(p_2 - c)(p_1 - p_2 + t) \tag{4.7}$$

粮店 i 选择自己的价格 p_i 来最大化利润 π_i，两个一阶条件为：

$$\frac{\partial \pi_1}{\partial p_1} = \frac{1}{2t}(p_2 + c + t - 2p_1) = 0 \tag{4.8}$$

$$\frac{\partial \pi_2}{\partial p_2} = \frac{1}{2t}(p_1 + c + t - 2p_2) = 0 \tag{4.9}$$

联立上述两个一阶条件，得最优解为：

$$p_1^* = p_2^* = c + t \tag{4.10}$$

则每个粮店的均衡利润为：

$$\pi_1 = \pi_2 = \frac{t}{2} \tag{4.11}$$

二阶条件为 $\dfrac{\partial^2 w_1}{\partial p_1^2} = -\dfrac{1}{t} \leqslant 0$，说明最大化条件成立。

从上式可以看出，t 越大，即运输费用越大，粮店的利润越高，而运输费用与消费者距离粮店的路程相关。

当然，该模型不是为了说明运输费用与厂商利润的相关关系，而是为了说明产品的差异性与市场势力的相关性。如果将消费者位置的差异解释为产品的差异，并进一步将这个差异解释为消费者购买商品的运输成本，则运输成本越大，产品的差异越大，均衡价格从而均衡利润就越高。因为随着运输成本的上升，不同厂商出售的产品之间的替代性下降，每个粮店对附近的消费者的垄断势力加强，厂商之间的竞争减弱，消费者对价格的敏感度下降，从而每个粮店的最优价格更接近于垄断价格。

若 $t = 0$，所有消费者可以随意到任何一家粮店购买，也就意味着产品无差异,得到伯特兰均衡结果,厂商获得零经济利润。因此,厂商希望最大化产品差异,以获得最大的经济利润。"这些特定的商人为了做得更好(获得更多的利润),宁愿让交通尽可能困难,而不是通过组建援助社团和协会以改善路况。"[1]因为如果运输成本存在,某些消费者选择到粮店1处购买是明智的选择,另一些消费者选择到粮店2处购买,那么,两个厂商在各自细分了的市场范围内就具有市场势力,提高价格时不担心已经拥有的消费者选择另外的厂商。

三、两个厂商分别不在两端点的均衡

以上考察的是两厂商居于线形城市两端点的情况。事实上,两个厂商处于不同的位置,会导致不同的均衡。为讨论更一般的情况,我们考察两厂商可以处在线性城市的任何一点时的均衡(见图4.2)。

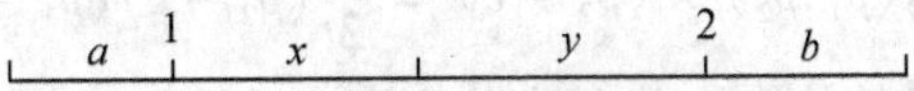

图4.2 霍特林模型中的城镇

如图4.2所示,假设在一长度为1的线性城市,粮店1位于距左端为 a 的位置,粮店2位于距右端为 b 的位置,即 $1-b$ 的位置。其中,$1-a-b \geq 0$,$a \geq 0$,$b \geq 0$,且消费者均匀地分布在线上,每个消费者购买食品的单位交通成本是 t。在通常情况下,可能有很多其他因素导致客户买另外的产品,在这里我们都用交通成本来替代。粮店1的价格为 p_1,粮店2的价格为 p_2,D_1 和 D_2 为两者分别出售的商品数量。

如果两个粮店分别处于这样的位置,线性交通成本就不容易处理,因为在一个粮店将价格降到恰好能吸引两个粮店之间的所有消费者时,它也能吸引住在对手另一边的消费者,这时厂商的需求函数是非连续性的,其利润函数是非连续和非凸性的。在这种情况下,价格竞争将不能得到很好的展现。因此,将交通成本假定为二次型的,即消费者的交通成本为 tZ^2。

1. 均衡的推导

令处于 x 位置的消费者到粮店1和粮店2购买1单位的大米所花费的成本是相等的。

若他到粮店1购买,其总成本为:

$$p_1 + t(x-a)^2 \tag{4.12}$$

若他到粮店2购买,其总成本为:

$$p_2 + t(1-b-x)^2 \tag{4.13}$$

---

[1] Hotelling, Harold(1929), Stability in Competition, *Economic Journal*, 39.

则有：

$$p_1 + t(x-a)^2 = p_2 + t(1-b-x)^2 \qquad (4.14)$$

可以解得：

$$x = a + \frac{p_2 - p_1}{2t(1-a-b)} + \frac{1-a-b}{2} \qquad (4.15)$$

由此，粮店 1 和粮店 2 的需求分别为：

$$D_1(p_1,p_2) = x = a + \frac{p_2 - p_1}{2t(1-a-b)} + \frac{1-a-b}{2} \qquad (4.16)$$

$$D_2(p_1,p_2) = 1 - x = b + \frac{p_1 - p_2}{2t(1-a-b)} + \frac{1-a-b}{2} \qquad (4.17)$$

解得均衡价格：

$$p_1^*(a,b) = c + t(1-a-b)\left(1 + \frac{a-b}{3}\right) \qquad (4.18)$$

$$p_2^*(a,b) = c + t(1-a-b)\left(1 + \frac{b-a}{3}\right) \qquad (4.19)$$

均衡利润为：

$$\pi_1 = \frac{t}{2}(1-a-b)\left(\frac{3+a-b}{3}\right)^2 \qquad (4.20)$$

$$\pi_2 = \frac{t}{2}(1-a-b)\left(\frac{3+b-a}{3}\right)^2 \qquad (4.21)$$

2. 特例 1

如果 $a = b = 0$，两个粮店分别位于两端，则

$$p_1^* = p_2^* = c + t \qquad (4.22)$$

$$\pi_1 = \pi_2 = \frac{t}{2} \qquad (4.23)$$

上述均衡就是我们前面推导的两厂商处于线性城市两端点时的均衡结果。

3. 特例 2——伯特兰均衡

如果 $a = 1 - b$，两个粮店位于同一位置，则

$$p_1^* = p_2^* = c \qquad (4.24)$$

$$\pi_1 = \pi_2 = 0 \qquad (4.25)$$

上述均衡就是伯特兰均衡结构，之所以出现这样的均衡结果，是因为两个粮店位于同一位置，这就意味着两个粮店所提供的产品是无差异的，是同质产品。在这样的条件下的博弈实际上就是同质产品下的双寡头价格博弈，即伯特兰博弈。

53

4. 两阶段博弈

我们假设每个企业只允许选择一个地址,那么(1) 两企业同时选择地址,相当于粮店1选择 a ;(2) 地址给定之后,两企业同时选择价格,粮店1的需求相当于 a 的变化。

考虑之前的利润方程:

$$\pi_i = p_i D_i$$

有 $\pi_i = [p_1^*(a,b) - c] D_1 [a, b, p_1^*(a,b), p_2^*(a,b)]$

第一阶段的均衡及粮店1、粮店2的利润分别相对 a、b 最大化。

对于一次成本的均衡,我们有

$$\frac{\partial \pi_1}{\partial a} = p_1 \left(\frac{\partial D_1}{\partial a} + \frac{\partial D_1}{\partial p_2} \frac{\partial p_2^*}{\partial a} \right) = p_1 \left(-\frac{1}{2} + \frac{1}{c} \times \frac{c}{3} \right) = -\frac{1}{6} p_1 < 0$$

说明 a 越小,利润越大,即厂商有向两边分散取得差异化的趋势,这是直接效应。

又有

$$D_1 = a + x = a + \frac{1}{2} \left[1 - a - b - \frac{2}{3}(a - b) \right] = \frac{1}{2} \left(1 + \frac{1}{3} a - \frac{1}{3} b \right)$$

所以,二阶段效应即策略效应为

$$\frac{\partial D_1}{\partial a} = \frac{1}{6} > 0$$

我们可以判断 $\partial \pi_1 / \partial a$ 小于0,即在第一阶段位置选择上,左边的粮店1总想往左边移动,右边的粮店2总想往右边移动,说明在位置选择上两者尽量扩大差异化。在第二阶段的价格竞争时,如果 a 在左边,则粮店1尽量往中心移动,以增加市场份额,而粮店2也尽量往中心移动,这样,差异化将下降。而研究结果表明,价格竞争的效果起支配作用,即在厂商进入的时候,它会选择具有差异化的产品,在第二次的价格博弈过程中,粮店1有往中心靠近的趋势,根据对称性,粮店2也有这个趋势,也即两个粮店在下阶段的博弈中具有某种趋同性。下面我们详细描述这个过程。

5. 线性模型下企业的行为和运动趋势

在此我们讨论一次成本的过程,按照前面的公式,我们有

$$p_1 = t \left(1 + \frac{a - b}{3} \right)$$

$$p_2 = t \left(1 - \frac{a - b}{3} \right)$$

$$\pi_1 = \frac{t}{2} \left(1 + \frac{a - b}{3} \right)^2$$

$$\pi_2 = \frac{t}{2}\left(1 - \frac{a-b}{3}\right)^2$$

从公式我们可以看到,价格和利润都直接和成本 c 相关。那么有些商人就会宁愿在道路上设置障碍而不是改善自身的组织和提高道路的可用性。如果他们在路上设置收费站限制交通,他们会获得更高的利润,当然,他们不会限制去供应商的交通,他们的目标其实是得到更多垄断势力。

现在我们假设粮店1的位置已经限定,粮店2可以自由选择位置,那么它会在哪建立自己的商店呢?最终它会选择 b,使得 π_2 最大化。我们不能用微分方法求这个 b 值,因为求出来的值可能超过1,或者得到的利润值可能是个最小值而不是最大值。但对 b 的较小值,这个利润随 b 的增大而增大。在其他条件允许的情况下,它将倾向于靠近粮店1。如果粮店1不在线的中间的话,粮店2选择接近粮店1,这将使得 b 大于 a。

粮店2向粮店1靠近的趋势,是以粮店1为代价的,这提高了粮店2的利润。按照前面的方程,如果粮店2使得 b 提高,q_2 和 p_2 都得到了提高,q_1 和 p_1 却减少,从 b 的角度来看,更大的竞争被更多的买者所抵消,但是危险也存在,那就是一个竞争对手可能会被很快消灭。中间的部分作为一个缓冲器,这个部分消失的时候我们得到了古诺模型,反之我们得到的是伯特兰模型。

第二节　塞罗普的圆形城市模型

在第一节中,我们讨论的是双寡头在特定的线性城市的差别化竞争均衡问题,其理论含义是,差别化导致市场势力。

但线性城市模型对于讨论进入问题等具有局限性,或者说它只能用于讨论寡头尤其是双寡头面对的问题。而对于存在大量的进入,尤其是垄断竞争市场结构问题,就具有局限性。因为它有两个端点,厂商的选择具有局限性。

塞罗普(Steven Salop, 1979)创立的圆形城市模型,有助于分析进入问题和垄断竞争均衡。

垄断竞争市场结构的主要特征是:

第一,各厂商提供的产品之间具有高度替代性但非完全性替代,即产品属于同类产品但具有差异性。

第二,厂商进入或退出市场是完全自由的。

一、塞罗普模型的基本假设

(1)假定消费者不是均匀分布在线性城市上,而是均匀分布在周长为1的圆形城市上,其分布的密度为1。之所以用圆形城市取代线性城市,是因为线性城市有起点和终点,即存在两个端点。这样,众多的垄断竞争厂商可以在这个圆周上自由地选择定位,而不是像在线性城市中只能面临有限选择。

(2) 假定消费者一次购买活动只购买一单位产品,其单位距离的交通成本为 t。

(3) 一个企业只许有一个地址。

(4) 厂商提供产品的边际成本为 c,固定成本为 f,除了考虑固定成本外,市场无任何进入壁垒。

(5) 进入到市场的有 n 家企业,第 i 家企业的定价为 p_i,面对的需求为 D_i。

二、塞罗普两阶段博弈

在上述基本假设条件下,塞罗普考察了两阶段的博弈:

第一阶段,潜在的进入者同时选择是否进入,以 n 表示进入企业的数目,这些企业并不选择企业的地址,而是一个个自动地坐落在等距离的圆周上,也就是最大化差异是事前给定的,如图4.3所示。

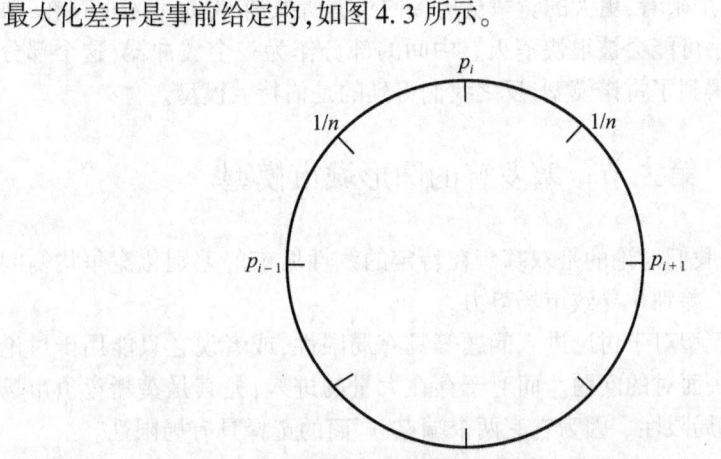

图4.3 塞罗普模型中的厂商分布

第二阶段,在企业地址给定的条件下,各企业在价格上展开竞争。

假定有 n 个企业进入市场,并且等距离地分布在圆周形城市中,它们之间展开竞争(如果 f 不构成足够的进入壁垒的话)。事实上,对于 i 企业来说,真正的竞争对手只有两个,即处在它左右两边的最相邻的两个企业。

如图4.4所示:

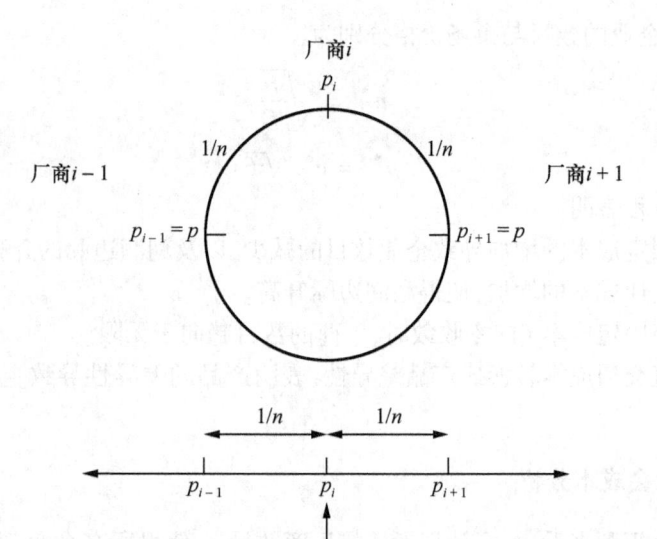

图 4.4 塞罗普模型中的价格博弈

假定距离企业 i 为 $x \in (0, 1/n)$ 的消费者,对于在企业 i 或在相邻的其他两个企业购买是无差异的,设消费者的保留价格为 v,即有

$$v - cx - p_i = v - p - t(1/n - x)$$

此时,企业 i 面对的需求是:

$$D_i(p_i, p) = 2x = \frac{p + \dfrac{t}{n} - p_i}{t}$$

假定固定成本为 f,边际成本为 c,厂商 i 选择价格以最大化利润:

$$\underset{p_i}{\text{Max}}\big[p_i q - (f + cq)\big] = (p_i - c)\left(\frac{p + \dfrac{t}{n} - p_i}{t}\right) - f$$

对 p_i 进行微分,并规定 $p_i = p$,因为企业 i 是任意选取的,得到:

$$p = c + \frac{t}{n}$$

由此可知,均衡价格是厂商数目 n 的减函数。市场中厂商越多,相互之间的竞争将越激烈,从而会导致价格下降。

如果市场进入条件是自由的,正利润将会吸引新的进入者,最终每个企业获得零利润,即:

$$(p - c)\,\frac{1}{n} - f = \frac{t}{n^2} - f = 0$$

57

所以,企业的数目与市场价格分别为:

$$n^* = \sqrt{\frac{t}{f}}$$

$$p^* = c + \sqrt{tf}$$

上述方程表明:

(1) 固定成本的增加导致企业数目的减少,以及利润边际的升高。

(2) 交通成本的增加,使得利润边际升高。

(3) 当固定成本 f 向零收敛时,厂商的数目趋向于无限。

(4) 将交通成本转换成产品差异性,表明产品的差异性导致企业利润边际的上升。

三、社会成本分析

从社会福利来看,社会计划者选择厂商数量 n,使得所有企业总固定成本和消费者的运输成本最小化,社会总成本为:

$$SC = nf + t\left(2n\int_0^{1/2n} x\,\mathrm{d}x\right)$$

将前面所求代入即为社会总成本

$$SC = nf + t/4n$$

对该式求一阶为零,求得达到最小化社会总成本时厂商数量为:

$$\frac{1}{2}\sqrt{t/f} = \frac{1}{2}n^*$$

从上可以看出,市场竞争导致社会企业数量过多,最好的规划条件下,厂商数量为完全竞争下市场数量的一半。

案例

宇龙酷派的差异化战略

中国手机厂商起步的时候,手机市场已经基本上成为国际品牌的天下了,那么中国手机厂商是怎样突围、生存和发展的呢?在此我们给出一个典型案例,介绍手机厂商宇龙差异化竞争的策略及其发展。

差异化起步

宇龙酷派最早是做 CDMA 起步的,2003 年,利用和中国联通多年的合作关系,宇龙联合中国联通推出了自主研发的智能高端手机,使用的是微软的

Windows CE 系统,这个系统的好处是易用,拓展性强。当时,宇龙作为手机生产商,面对诺基亚、摩托罗拉、三星这样拥有国际最强技术实力、资金实力、销售实力的厂商,是非常弱小的,但在 CDMA 智能手机这个细分市场上,宇龙的起步却算早的,有利于在这个竞争不强的市场上,抢占自己的一片业务。

差异化竞争

宇龙的手机劣势也是非常明显的,相比国际厂商的漂亮精致的外观,宇龙的高端智能手机体积庞大,显得很粗糙,但宇龙利用自己的技术实力,在全世界首次开发了双模双待的手机,节省了待机成本,使得这款拥有双模的手机和普通手机竞争有了优势。宇龙再接再厉,研发了自主技术双待功能,成为在技术上双模双待的专利拥有者,弥补了外观上的不足,吸引了一部分购买者。

在软件上,宇龙的手机增加了很多个性化的功能,如数据备份、保密等功能,适用于某些特殊需求。

差异化销售

宇龙酷派的差异化销售主要表现在联合运营商合作定制手机和行业的特别功能定做。根据运营商的定做和运营商合作,把运营商的服务集成到手机中,满足了运营商数据业务对手机的输出要求,从早前的联通世界风到现在和中国移动、中国电信联合推出最新的手机,宇龙将与运营商的合作发挥得淋漓尽致。

宇龙可以根据不同行业的特性,提供不同功能,为行业发展提供保证。如 2010 年上海世博会采购了一批宇龙手机,专供世博会的公安人员使用。世博会的公安人员一般是流动执法,需要先进的设备进行移动办公,公安人员的工作流动性也很大,只要把嫌疑人的身份证号码一输,户口档案就可以在手机上显示出来。

功能定制的关键在于强大的技术支持,它表现在短时间内满足客户需求的能力。强大的技术支持得益于公司对技术的偏执和努力。宇龙投入了大量的研发资金,保持很好的盈利状况,才能创造高附加值的产品,创造利润,形成良性循环。

差异化发展

2009 年,在 3G 时代,宇龙酷派开始并没有在联通的 WCDMA 网络这个最成熟的市场和国际巨头诺基亚、三星竞争,而是切入它们比较薄弱的中国电信 CDMA 网络,在这个市场诺基亚还在观望,不敢投入,只有三星一家跨国公司,宇龙把主要的精力投入到 CDMA 手机的研发中,推出双模双待

N900、N900＋等高端产品,成功树立质量和品牌高端的形象,又继续推出低端产品,覆盖整个产品线,迅速占领了市场。据公开信息,2010年前两个季度,在 CDMA-EVDO 市场上,宇龙占30%,仅次于三星,只比它低了1个百分点,这在国产手机历史上是史无前例的。

中国移动注意到了宇龙的技术领先优势,2010年年初,中国移动的董事长王建宙专门去深圳拜访了宇龙,鼓励他们推出更多的 TD-SCDMA 产品,弥补 TD 市场上终端的劣势,为中国自主协议的产业化作出贡献。在移动的 TD 市场上,宇龙和诺基亚、三星站在同一个起跑线上,而宇龙的双模双待技术世界领先,在品牌上也不甘落后,随后就和中国移动这个强力伙伴联合推出高端产品8910以及一系列产品线。

本章小结

1. 产品差异化包括主观差异化和客观差异化。
2. 霍特林模型是用地理位置的差异性来说明产品差异对市场均衡的影响。
3. 塞罗普用圆形城市模型来分析进入问题和垄断竞争均衡问题。

思考题

1. 若两个厂商在线性模型的端点,交通的单位成本为 t,成本为二次型,设线性城市的长度为1,试推导均衡价格(p_1^*, p_2^*)和均衡利润(π_1, π_2)以及需求(D_1, D_2)。

2. 在线性城市模型下,假设不变边际成本不一样,分别设为 c_1, c_2。

（1）计算反应函数 $p_i = R_i(p_j)$,并推断纳什均衡价格 $p_i(c_i, c_j)$ 和利润函数 $\pi_i(c_i, c_j)$。

（2）证明 $\partial^2 \pi / \partial c_i \partial c_j < 0$。

3. 我们以上面的二次成本为例,假设有 $0 \leqslant a \leqslant 1 - b \leqslant 1$,证明二次博弈的直接效应和间接效应分别为:

$$\partial D_1 / \partial a = 1/2 + \frac{p_2^* - p_1^*}{2t(1 - a - b)^2} = \frac{3 - 5a - b}{6(1 - a - b)}$$

$$\frac{\partial D_1}{\partial p_2}\frac{\mathrm{d}p_2^*}{\mathrm{d}a} = \left[\frac{1}{2t(1-a-b)}\right]\left[t\left(-\frac{4}{3}+\frac{2a}{3}\right)\right] = \frac{-2+a}{3(1-a-b)}$$

并讨论两种效应的方向及结果。

4. 在赛罗普模型下，假设有 n 个企业，若运输成本为 td^2（这里 d 代表消费者到他选定的商店的距离），厂商进入的固定成本为 f，试求出均衡状态下的价格 p 值和自由竞争情况下厂商的数量。

进一步阅读文献

[1] Eaton, B. C. (1976), Free entry in one-dimensional models: pure profits and multiple equilibria, *Journal of Regional Science*, 16(1), 21—34.

[2] WEISS, A. (1977), Spatial competion with two dimensions, Unpublished manuscript, Bell Laboratories.

[3] Bain, J(1956), *Barriers to new competition*, Cambridge, Mass.: Harvard University Press.

[4] Farrell, J. (1984), Symmetric equilibrium existence and optimality in differentiated product markets, Mimeo, Columbia University.

参考文献

[1] Hotelling, Harold(1929), Stability in competition, *Economic Journal*, 39, 41—57.

[2] Salop, S. (1979), Monopolistic competition with outside goods, *Bell Journal of Economics*, 10(1), 141—156.

[3] Spence, A. M. (1976), Product selection, fixed costs and monopolistic competition, *Review of Economic Studies*, 43(2), 217—235.

[4] Lerner, A. P. and Singer, H. W. (1937), Some notes on duopoly and spatial competition, *Journal of Political Economy*, 145—186.

[5] 泰勒尔(2002)，产业组织理论，中国人民大学出版社.

[6] Mankiw, G. and M. Whinston(1986), Free entry and social inefficiency, *RAND Journal of Economics*, 17(1), 48—58.

[7] Stahl, K. (1982), Consumer search and the spatial distribution of retailing, *Journal of Industrial Economics*, 31, 97—144.

第五章

信息、市场与企业行为

本章概要

市场经济中的市场势力的形成和运用在很大程度上是由于卖方尤其是买方信息不充分或信息不对称导致的。本章揭示了质量信息不对称和价格信息不对称所导致的市场失灵和市场势力问题。

学习目标

把握不完全信息产生的原因及其经济后果;熟练掌握揭示质量信息、价格信息不对称的模型假设、推导过程以及结论的理论含义和政策含义;把握揭示解决信息不对称问题的理论模型及现实对策。

本章主要研究关于消费者的有限信息问题。与建立在消费者完全信息基础上的标准经济模型不同,在具有有限信息的消费品市场上,完全竞争条件下的一些理想的均衡结果会消失。本章将重点讨论:(1) 消费者对产品质量具有有限信息条件下的市场效果如何? (2) 如何解决有限质量信息问题? (3) 消费者对价格具有有限信息条件下的市场效果如何? (4) 如果有部分消费者具有完全信息,而另一些只有有限信息,完全信息均衡是否能够获得? 等等。

在现实经济活动中,市场交易信息具有不完全性和分布的非对称性。这种情况主要是由以下几个方面的原因造成的:

(1) 信息可靠性不同。并不是所有来源的信息都是准确的,一度正确的信息也会因为过时而变得不准确。

(2) 收集和处理信息是有成本的。一旦收集和处理信息的成本超过了其收益,消费者收集信息就无利可图了。例如,跑好几家商店去寻找价格最低的一瓶矿泉水就不值得。

(3) 人的有限理性。消费者用简化规则去加工信息是有效率的。因为加工成本很高,消费者仅"理性地"使用他们收集到的信息中的一些。消费者选择加工信息到边际收益等于加工更多信息的边际成本点。

（4）消费者缺乏足够的知识去正确加工可以得到的所有产品的信息。

第一节　质量信息非对称性下的逆向选择

市场作为买卖双方交易活动及场合的集合,各种信息充斥其中。而对于能否成功交易而言,质量是理所当然的最重要的信息之一,只有当质量信息充分且在买卖双方之间分布对称时,交易才能无障碍地顺利进行。但遗憾的是实际中,产品的质量信息在市场中的分布常常是非对称的,并且通常卖者所拥有的产品信息要比买者丰富。这种质量信息在买卖双方之间的非对称分布通常会造成两种结果,一是市场交易乃至均衡可能不会发生,二是即便均衡存在,相比于质量信息充分且对称分布的情况而言也是低效率的。

对此问题,Akerlof(1970)进行了深入研究,并提出了非常经典的"柠檬市场模型"(Lemons Model)。Akerlof(1970)证明,当买方具有关于产品质量的完全信息而消费者具有有限信息时,市场可能不存在,或者可能仅出售最低质量的产品。

一、只有两种质量类型的柠檬市场

我们用 Rasmusen(2007)的一个简单例子来说明。

假定存在一个旧车市场,有两种质量类型的车,即高质量和低质量的车,用 α 表示车的质量,其中,高质量 $\alpha = 60$,低质量 $\alpha = 20$。每一种质量类型的旧车在市场上的概率分布均为 $\frac{1}{2}$,即: $P(\alpha = 60) = P(\alpha = 20) = \frac{1}{2}$,$P(\cdot)$ 为概率函数。

假定买者、卖者从质量为 α 的汽车中所获得的总效用分别为 $V(\alpha)$、$U(\alpha)$,并且买卖双方对车的评价等于汽车的质量,即 $V(\alpha) = \alpha = U(\alpha)$。如果没有交易发生,则买卖双方的效用向量为(0,0)。

因此,如果在价格 p 的水平上成交,则买者的净效用为:

$$\pi_b = V(\alpha) - p = \alpha - p$$

卖者的净效用为:

$$\pi_s = p - U(\alpha) = p - \alpha$$

此时如果质量信息是充分并且对称的,也就是买者能够真实鉴别旧车的质量,那么,市场的均衡价格为高质量下 $p_{\alpha=60} = 60$;低质量下 $p_{\alpha=20} = 20$。如果购买者不能鉴别质量,但只知道其概率分布,其期望质量为: $E(\alpha) = \frac{1}{2} \times 60 + \frac{1}{2} \times 20 = 40$。

63

所以买者愿意支付的最高价格不会超过 $p=40$，那么很明显，在此价格下高质量车的卖主的净效用为：$\pi_{s,\alpha=60}=40-60<0$，因此它将不会出售车，而选择退出市场。

此外，此时低质量旧车的卖主的净效用为：$\pi_{s,\alpha=20}=40-20>0$，因此只有低质量车的卖主愿意出售旧车。

在此机制下，既然会出现只有低质量的车才会出售的情况，理性的买方自然会推断出这种后果。由于理性的买主在推测到市场上只有劣质车存在的时候，其出价不会高于 $p_{\alpha=20}=20$，因而，$p=40$ 不是均衡价格，$p=20$ 是唯一的均衡价格。这就出现了"劣车驱逐良车"的现象。

对这个问题的有意思的补充思考是，有没有可能存在两个阶段，即 t 和 $t+1$ 阶段，这样在 t 阶段，由于质量信息分布不对称，使得只存在劣质车市场，优质车被驱逐出市场，那么在 t 阶段劣质车出售完毕后，由于市场将劣质车出清，从而到了 $t+1$ 阶段时，会不会出现市场上出售的都是优质车，从而使优质车的概率分布为 1 的情形？事实上这种情形是不存在的，因为如果存在这种情形的话，那么劣质车的卖主也可以在 t 期作出不销售的决定，而等到 $t+1$ 期以次充优，牟取更高的利润。这样，在 $t+1$ 阶段就不一定会使优质车的概率上升到 1；并且如果确实存在这种划分的话，那么很有可能 t 阶段所有的劣质车卖者都选择等待，结果 $t+1$ 期优、劣质车的概率仍然各是 $\frac{1}{2}$。

二、旧车类型的连续分布及其市场均衡

以上第一种情况是旧车市场只有两种质量类型的车，但若考虑到不仅仅只有两种旧车，而是有多种类型，这些车的质量在区间 $[20,60]$ 中连续分布，即：$\alpha\sim U(20,60)$，从而相应的概率密度函数为：

$$f(\alpha)=\frac{1}{60-20}=\frac{1}{40}$$

很明显，此时买者的预期质量为：

$$E(\alpha)=\frac{20+60}{2}=40$$

根据上一小节所述，此时的期望价格也是 40。既然如此，那么如果买者出价 $p=40$，只有 $\alpha\leq40$ 的卖主才愿意出售，而 $\alpha>40$ 的卖主将退出市场。

在此情况下，就意味着进入了新一轮的劣品驱逐良品。因为此时市场上旧车的平均质量将由 40 降到 $E(\alpha)=\frac{20+40}{2}=30$，从而理性的买方一旦预期到这种情形，其支付意愿将从 40 降到 30。但在价格为 30 时，只有 $\alpha\leq30$ 的卖主愿

意出售,所有 $\alpha > 30$ 的车将退出市场,从而留在市场上的车的平均质量进一步下降为 $E(\alpha) = \dfrac{20+30}{2} = 25$。又一轮劣品驱逐良品的循环开始。

如此周而往复,会出现如下的逐级劣品驱逐良品的情形:

$$E(\alpha) = 40$$
$$\Rightarrow p = 40$$
$$\Rightarrow E(\alpha) = 30$$
$$\Rightarrow p = 30$$
$$\Rightarrow E(\alpha) = 25$$
$$\Rightarrow p = 25$$
$$\vdots$$
$$\Rightarrow p = 20$$

也就是说,劣品驱逐良品的最终结果是旧车市场上只存在 $\alpha = 20$ 的最次品,只有最低质量的车成交,其余所有的车皆退出市场,因而最终的唯一均衡价格是 $p = 20$。

进一步地看,由于质量 α 是连续均匀分布的,因此 $\alpha = 20$ 这一点的概率为 0(在连续分布条件下,对于任何具体的实数,其概率均为 0),这意味着整个市场消失了。

旧车市场模型的理论含义是:在质量信息不充分和信息分布非对称性条件下,将会出现市场的逆向选择。这也是市场失灵的表现。

第二节　文凭信号模型

一、文凭信号显示模型

在劳动力市场上,也存在信息的不对称问题。例如,关于劳动力的聘用问题。潜在的雇员知道自己的能力大小,而雇主则不太清楚这一潜在雇员的有关能力的信息,不仅如此,潜在雇员还存在隐瞒信息或夸大信息的激励,在此情况下,怎样解决由信息不对称所导致的逆向选择问题呢?

在质量信息不对称的条件下,会出现"劣品驱逐良品"的逆向选择问题。而 Spence(1973)提出了一个"文凭信号显示模型",用以说明在信息不对称条件下,如何解决 Akerlof 提出的逆向选择问题。下面我们通过一个数值模型来阐明这种思想。

模型阐述如下:

(1) 假定应聘者的劳动生产率有两种可能性,分别为低劳动生产率,记为 $\alpha=1$;高劳动生产率,记为 $\alpha=2$。并且劳动生产率的高低为应聘者的私有信息,雇主并不知道具体的某个应聘者究竟是 $\alpha=1$ 还是 $\alpha=2$。

(2) 假定劳动力市场是完全竞争的,从而在均衡条件下,工资等于预期的劳动生产率,企业的预期利润为零,即 $\alpha=2$ 的高生产率应聘者对企业的贡献为 $y=2$,$\alpha=1$ 的低生产率应聘者对企业的贡献为 $y=1$。与之相对应的是,雇主对 $\alpha=2$ 的高生产率应聘者的工资支付为 $W=2$,对 $\alpha=1$ 的应聘者支付的工资为 $W=1$。

根据我们的假设,由于质量信息的分布不对称,因而雇主没有办法来识别谁是高劳动生产率的应聘者,谁是低劳动生产率的应聘者。这就有可能会产生 Akerlof 所指出的无效率的逆向选择问题,在此情况下,Spence(1973)认为雇主可以借助于一些信号来识别应聘者的劳动生产率,而文凭则是属于这样一类的比较可信的信号。之所以说文凭可以作为一种甄别信号,是因为对于受教育者来说,要获取文凭就需要成本投入,这种成本既包括学费等物质方面的投入,也包括努力等精神方面的投入。但是此处我们不作过细的区分,统一以一个文凭获取的成本函数来表示。此处假设为获取学士学位,其成本函数为:

$$c(i,\alpha) = \frac{i}{\alpha}, \quad i=0,1; \quad \alpha=1,2$$

其中,i 是一个指示变量,$i=0$ 表示应聘者不接受本科教育,$i=1$ 表示接受本科教育并获取相应的学士文凭。这一成本函数的构造方式意味着应聘者的劳动生产率越高,在获取文凭时所花费的成本越低。

此时我们假定雇主的工资给予模式是:当应聘者拥有学士学位文凭时支付的工资为 $W=2$;应聘者不拥有学士学位文凭时支付的工资为 $W=1.1$。

这样在雇主工资给予模式确定,并且这一模式为公开共有信息的情况下,应聘者将根据此模式,在其效用最大化的激励下选择是否去获得学士文凭。

我们假定应聘者的效用函数为:

$$U(W,c) = W - c(i,\alpha) = W - \frac{i}{\alpha}$$

我们分 $\alpha=1$ 和 $\alpha=2$ 两种情况来分析这个效用最大化问题。

第一,对于 $\alpha=1$ 的低劳动生产率应聘者而言:

如果他选择获得学士学位,即 $i=1$,那么他将会获得 $W=2$ 的高工资,此时其所获得的效用为 $U(W,c) = W - \frac{i}{\alpha} = 2 - \frac{1}{1} = 1$。

如果他不选择接受本科教育,即 $i=0$,那么他将会获得 $W=1.1$ 的低工资,此时其所获得的效用为 $U(W,c) = W - \dfrac{i}{\alpha} = 1.1 - \dfrac{0}{1} = 1.1$。

由于 $1.1 > 1$，即 $U(\alpha=1, i=0) > U(\alpha=1, i=1)$，也就是说此时对于 $\alpha=1$ 的低劳动生产率应聘者而言，选择不接受本科教育是最优的，这使得低劳动生产率的应聘者最终选择不接受本科教育，也即表现出来的信息是低劳动生产率的应聘者不会有学士文凭。

第二，对于 $\alpha=2$ 的高劳动生产率应聘者而言：

如果他选择获得学士学位，即 $i=1$，那么他将会获得 $W=2$ 的高工资，此时其所获得的效用为：

$$U(W,c) = W - \frac{i}{\alpha} = 2 - \frac{1}{2} = 1.5$$

如果他不选择接受本科教育，即 $i=0$，那么他将会获得 $W=1.1$ 的低工资，此时其所获得的效用为：

$$U(W,c) = W - \frac{i}{\alpha} = 1.1 - \frac{0}{2} = 1.1$$

由于 $1.5 > 1.1$，即 $U(\alpha=2, i=1) > U(\alpha=2, i=0)$，也就是说此时对于 $\alpha=2$ 的高劳动生产率应聘者而言，选择接受本科教育是最优的，这使得高劳动生产率的应聘者最终选择接受本科教育并获得学士学位，也即表现出来的信息是高劳动生产率的应聘者有学士文凭。

综合前两部分的分析，我们就获得了这样的一一对应：高劳动生产率的应聘者必定会选择获取相应文凭，并且具有相应文凭的应聘者必定是高劳动生产率的应聘者；低劳动生产率的应聘者必定会选择不接受相关学位教育，并且不具有相应文凭的应聘者必定是低劳动生产率的应聘者。因此可以说，文凭作为一个包括雇主和应聘者在内所有参与者都可观测到的信号，同本来只为应聘者个人所知而不为雇主所知的劳动生产率这一质量信息建立了完美的对应关系，使得雇主可以通过对文凭信号的观察来甄别应聘者劳动生产率的高低，从而避免了因质量信息分布不对称所可能带来的逆向选择问题。

当然，需要指出的是，雇主的工资给予模式对文凭能否发挥良好的甄别信号作用有重要影响，雇主在确定工资水平时应当考虑教育成本的相应区分，只有确定一个与相应级别的文凭成本相匹配的工资水平时，某一级别的文凭才能成为真正的甄别信号。否则可能造成如下两种结果：一是如果工资水平低于相应文凭的获取成本，那么所有应聘者都不会选择获取文凭；二是如果工资水平没有拉开档次，文凭也不会成为良好的甄别信号。

总之，这一模型的基本理论含义是：能力强的应聘者要尽量通过一些可信的方式表达自己是属于能力高的群体,以同能力低的应聘者区分开,避免被逆向选择。

二、作为质量信号的定价

文凭信号显示模型的启示是:在市场质量信息不对称的情况下,为防止逆向选择以及劣品驱逐良品悲剧的发生,生产优质产品的厂商应通过花费一定代价的方式努力传达关于自身产品是高质量的信息,让消费者能够理性地鉴别。

根据这一模型,质优的厂商可以通过价格显示产品质量。

假定在一定时期内,已有部分的消费者完全知道商品的质量信息。消费者的效用为:$U = \alpha i - p, i = 0, 1$。这里 i 表示指示变量,$i = 1$ 表示产品质优,对应的生产成本 $C_1 > 0$;$i = 0$ 表示产品质次,对应的生产成本 $C_0 \in [0, C_1]$。并且我们假定 $\alpha > C_1$,这意味着从社会的角度看,生产优质产品是社会所需的。

假定在市场上有两类消费者,但消费者的数量标准化为 1,这并不失一般性。其中 q 部分消费者拥有完全信息,而 $1 - q$ 部分拥有有限信息。并且拥有完全信息的 q 部分消费者如果发现 $i = 1$,就愿意支付 α 去购买,即物有所值;当他们发现 $i = 0$ 时,就拒绝购买。另外的 $1 - q$ 部分的消费者在购买之前不了解产品质量的高低,只有当他们购买之后才能知道。如果有信息的消费者 q 购买(每个消费者购买 1 个单位的商品),则意味着该商品是优质品。

假定厂商的定价 $p \in [0, \alpha]$,如果它生产的是高质量的产品,由于成本为 C_1,那么厂商将从掌握完全信息者身上获取的利润为 $\pi = q(p - C_1)$;如果厂商生产的是低质量产品,那么消费者 q 就不会购买,厂商自然也就没有利润。下面我们再考虑没有完全信息的 $1 - q$ 部分的消费者,分析他们的行为对厂商决策的影响。

(1)假定 $1 - q$ 部分掌握不完全信息的消费者不购买:

在此情况下,厂商所面对的市场需求者仅仅是 q,因此只要 $p \geq C_1$,则厂商的最优选择就是提供 $i = 1$ 的高质量产品。否则产品无人购买,厂商的利润为零。

(2)假定 $1 - q$ 部分掌握不完全信息的消费者也购买:

如果厂商选择生产高质量的产品,即 $i = 1$,那么厂商相应的利润函数为:

$$\pi_{i=1} = q(p - C_1) + (1 - q)(p - C_1) = p - C_1$$

如果厂商选择生产低质量的产品,即 $i = 0$,那么厂商相应的利润函数为:

$$\pi_{i=0} = (1 - q)(p - C_0)$$

这样,如果在 $1 - q$ 部分掌握不完全信息的消费者也购买的情况下,要使厂商也选择生产高质量的产品,那么需要:

$$\pi_{i=1} = p - C_1 \geq \pi_{i=0} = (1 - q)(p - C_0)$$

即：

$$qp \geqslant C_1 - (1 - q)C_0$$

也就是在此情形下，只有满足上式，厂商才有激励去生产高质量的产品。

事实上，从不等式 $qp \geqslant C_1 - (1-q)C_0$ 中我们还可以分析出如下两个有意思的问题：

第一，只有当产品价格 p 足够高时，厂商才有动力去改进产品质量。因为当价格高时，厂商若提供 $i=0$ 的低质量产品，那么将会由于信息掌握充分者不购买而产生利润损失。从这个意义上讲，可以说当社会存在着 q 部分的信息掌握充分者时，对于信息掌握不充分的 $1-q$ 部分的消费者来说，价格高是一个高质量的信号。

第二，掌握充分信息的消费者比例 q 越高，那么厂商越有激励提供 $i=1$ 的高质量产品。这里暗含的意思是，这说明提高产品信息透明度，使得越来越多的消费者对于产品信息掌握得更多，可以有效地防止假冒伪劣，提升产品质量。

这也许为政府干预市场提供了一个理由，政府可以督促企业披露更多的产品信息，或者利用其他一些方式通过使更多的消费者成为信息掌握充分者来促进生产效率的提升。在现实中解决质量信息的主要做法包括：质量担保、责任法、名誉或商誉、质量标准或证书等。

第三节　价格信息不对称下的市场均衡

完全竞争市场的条件之一是充分信息条件。在信息不充分条件下，会导致市场价格偏离竞争性价格均衡。消费者缺乏对价格的信息会使厂商拥有市场势力。

比如，假定某一地区有许多商店出售相同的商品。如果一家商店将价格提高到其他商店的价格水平之上，而且所有的消费者都知道，那么该商店就会丧失它的所有生意。因此，这家商店没有任何市场势力，市场价格等于完全信息的竞争性价格 p^c。

相反，假定一些或者全部消费者不知道其他商店的价格较低，即消费者对价格具有有限信息。那么，一家商店就可以提高价格而不丧失所有的市场份额（Diamond，1971）。商店面对向下倾斜的需求曲线，拥有一定的市场势力。

一、旅游者—陷阱模型

我们都有一个经验感受，旅游区的产品比其他地方的价格要高很多，即使旅游区有众多厂商，也不会形成竞争性价格。为什么？为了回答这一问题，我们首先假定：

（1）所有厂商成本相同，销售的商品同质。

（2）所有消费者的需求函数相同。

（3）导游书或导游者只给出价格的一般分布，即各种价格有多少厂商收取，而不告诉每个厂商的确切价格。

（4）旅游者每到一个商店所需支付的搜寻成本为 C，它反映了旅游者的时间和支出（乘车成本等）。

如果某一旅游者去了两个商店，则搜寻成本为 $2C$。

如果在第二个商店购买了某一纪念品，则总支出为 $p+2C$。一个纪念品至少花费 $p+C$，因至少要到一个商店才能购买到该纪念品。假定厂商的数目是固定的，有 n 个商店。

如果所有的商店都定价在完全信息条件下的竞争价格，那么，是否会出现偏离的商店呢？在所有的商店收取 p^c 价格水平的条件下，某一商店考虑到 C 存在，即搜寻成本存在，它尝试提价，将价格提至 $p^*=p^c+\varepsilon$，其中 ε 是一个很小的正数。由于旅游者到任何一个商店是随机分布的，不幸来到该商店的旅游者是否接受该价格？如果 $p^*<p^c+C$ 或者说 $\varepsilon<C$，那么，该不幸的旅游者选择在该商店购买为最优，只有当 $\varepsilon\geqslant C$ 时，该旅游者才会去寻找另一家商店。

这样，只要该商店提价幅度 $\varepsilon<C$，那么，$p^*=p^c+\varepsilon$ 就有市场需求。如果该商店提价成功，其他商店也会采取这样的战略。于是，旅游区的所有商店都会将价格提到 $p^*=p^c+\varepsilon$。

那么，p^* 是否会是均衡价格？当所有商店收取 p^* 时，假设某一家厂商将价格提到 $p^{**}=p^*+\varepsilon=p^c+2\varepsilon$。只要 $\varepsilon<C$，不幸的旅游者撞进该商店再去另一商店是不值得的，因而该商店提价成功。如此类推，在某一时期 p^{**} 成为所有商店收取的价格。p^{**} 也不是均衡价格，这个过程持续下去，一直到价格提升为 p^m 水平（垄断价格）。

当市场价格为 p^m 时，有没有商店降价呢？如果降价的幅度 $\varepsilon<C$，则消费者没有动力去寻找这家商店。只有 $\varepsilon>C$，消费者才有动力去寻找第二家商店。这里还有一个条件，就是商店的数目足够少，致使消费者很容易找到这家降价的商店，即花费 C 可以找到，否则，就没有动力去寻找。所以，当 n 个商店存在时，p^m 是均衡价。

旅游者—陷阱模型表明：价格信息的不充分和分布的非对称性会导致市场势力和垄断均衡。

二、旅游者—本地人模型

在旅游者—陷阱模型中，所有的购买者都属于信息不灵通的购买者。在旅游者—本地人模型中,购买者分为两类,一部分属于本地人,即信息灵通的购买者;另一部分属于外地人,属于信息不灵通者。在此情况下,我们讨论市场价格的决定问题。

假设:

(1) 在市场上有 L 个消费者,其中 αL 是本地人(信息灵通者),$(1-\alpha)L$ 是旅游者(信息非灵通者)。

(2) 只要价格不高于 p^u,想要购买该产品的消费者就只购买 1 个单位的商品。p^u 为消费者最高支付意愿。

(3) 有 n 个厂商。

1. 本地人占多数的情形

如果本地人占多数,旅游者占少数,则在这种情形下,一家厂商提价高于 p^c 水平,将不会获利,如图 5.1 所示。

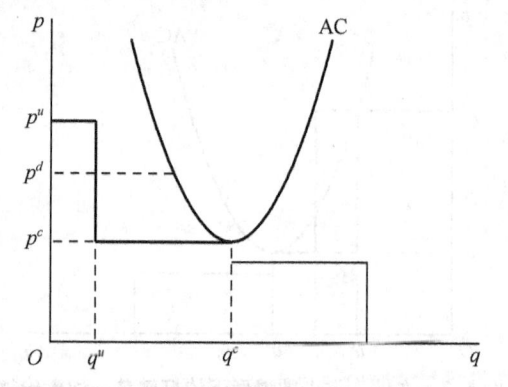

图 5.1 本地人占多数情形下的单一价格市场

厂商面临的需求曲线包括四部分。第一部分,如果该厂商将价格定在 p^u 的水平以上,那么,它的销售量为零。因为所有购买者的支付意愿在其以下的价格水平。第二部分,如果该厂商将价格定在低于 p^u 但高于 p^c 的任一价格水平,当有的厂商定价为 p^d 时,本地人不会到该商店购买,不幸来到该商店的旅游者按该定价购买(假定旅游者是随机购买的),那么,该商店的销售额为 $q^u = (1-\alpha)\dfrac{L}{n}$ 个单位。在此情况下,由于定价低于平均成本,该厂商会出现亏损,因而该种定价属于非理性的。第三部分,如果该厂商将价格定在 p^c 水平,那么,本地人会购买,随机来到该商店的旅游者也会购买,故该厂商的销售额为 $q^c = \dfrac{L}{n}$。第四部分,如果该厂商将价格定在 p^c 以下,那么,所有的本地人会前来购买,此外,随机来到该商店的旅游者也会购买,因而它的销售额为 $\alpha L + (1-\alpha)\dfrac{L}{n}$。但这一定价不会付诸实施,因为价格低于平均成本,利润为负。

以上讨论表明,如果有足够的信息灵通的消费者,厂商将会在完全信息条件下的竞争均衡价格水平定价。厂商提高其价格没有意义,因为那样做的话它将亏损:在 q^u,它的平均成本高于价格。

这表明:扩大消费者的价格信息,将使价格趋于完全竞争性价格。当具有足够多的信息灵通的消费者时,收费高于 p^c 的商店将会因为失去太多的生意而亏损。

2. 本地人占少数的情形

与本地人占多数的情形相反,如果有相对较少的信息灵通消费者,厂商如何定价呢? 我们假设厂商的需求曲线和成本曲线如图 5.2 所示。

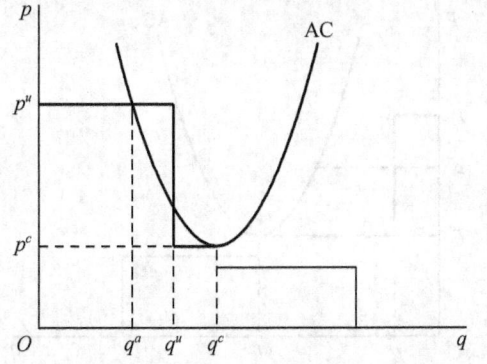

图 5.2　本地人占少数情形下的打破单一均衡价格

令 q^a 代表平均成本等于 p^u 的数量,即 $\mathrm{AC}(q^a)=p^u$,如果 $q^u=(1-\alpha)\dfrac{L}{n}=(1-\alpha)q^c>q^a$ 或者 $\alpha<1-\dfrac{q^a}{q^c}$,那么,该厂商提价高于 p^c 水平会有激励,将价格提到 p^u 水平会使厂商赚取利润。因为在 p^c 点利润为零,而在 p^u 点有正利润,厂商具有提价动机。也就是说,若有相对较少的本地购买者(信息灵通者),即 α 相对较小,竞争均衡价格将会被打破。形成一个单一价格均衡所需要的信息灵通的消费者数量,取决于平均成本曲线的形状和消费者愿意支付的最高价格。

如果 n 家厂商都收取 p^u,那么,这是否是唯一的均衡呢? 显然不是。因为存在降价的激励。若一家厂商将价格降到低于 p^u 的任一处,则可以获得所有本地人(信息灵通者)的购买量,从而增加销售量。

那么,是否存在超过双价格均衡的多价格均衡?

72

假定有一个三价格均衡:一些厂商收取 $p_1 = p^u$,另一些收取 p_2,$p^u > p_2 > p^c$,其余收取 $p_3 = p^c$。收取 p_2 的厂商对本地人没有销售量,因为市场上还存在一个低于 p_2 的价格 p_3。对于旅游者(信息不灵通者),在他们随机分布的条件下,收取 p_2 的厂商有可能与收取 p^u 的厂商具有相同的旅游者,但所得的利润少于收取 p^u 的厂商,因为 $p_2 < p^u$。因而,定价 p_2 的厂商要么抬高价格至 p^u,要么降低价格至 p^c。也就是说,一家厂商收取少于 p^u 而多于 p^c 的价格没有意义。

根据相同的推理,可以否定具有更多的价格均衡。这样,唯一可能的均衡是双价格均衡。

如果有一个双价格均衡,低价格厂商收取 p^c,而高价格厂商收取 p^u,所有本地消费者都在低价格厂商处购买,而旅游者随机购买。低价格厂商所占有的市场份额大于高价格厂商占有的市场份额。所有厂商获取相同利润,即 $p^u = \mathrm{AC}(q^u)$,$p^c = \mathrm{AC}(q^c)$,利润为零,否则,会有提价动机。我们结合图 5.3 来说明这一点。

如图 5.3 所示,$\mathrm{AC}(p^u) = q^u$,$\mathrm{AC}(p^c) = q^c$,其中,p^u 是消费者的最高支付意愿,p^c 为最低生产成本。如果一家商店把商品的价格定为 p^u,则只有旅游者随机购买,其面临的销售量为:

$$q(p^u) = q^u = (1 - \alpha)\frac{L}{n}$$

如果商店把价格定为 p^c,则本地人和旅游者都随机购买,假设把价格定为 p^c 的厂商比重为 β,则每个低价商店的销售量为:

$$q(p^c) = q^c = \frac{\alpha L}{n\beta} + (1 - \alpha)\frac{L}{n}$$

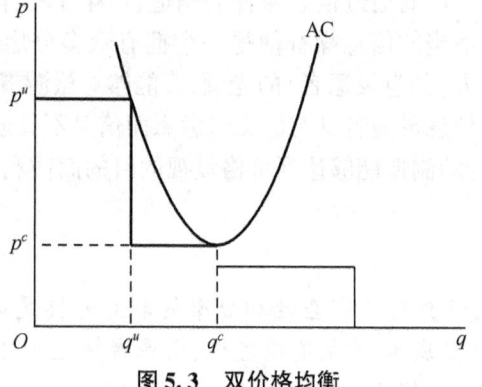

图 5.3 双价格均衡

联立以上两式,我们有:

$$n^* = \frac{(1 - \alpha)L}{q^u}$$

$$\beta^* = \frac{\alpha q^u}{(1-\alpha)(q^c - q^u)}$$

综合上面的分析,当需求曲线与平均成本曲线满足图5.3的条件时,或者说当市场可以自由进入、商店的数量为 $n^* = \dfrac{(1-\alpha)L}{q^u}$ 时,市场上存在双价格均衡。其中,有 βn^* 个低价商店收取的价格 p^c 等于最低成本;而 $(1-\beta)n^*$ 个高价商店收取 p^u。两种商店的经济利润都为零。所有信息灵通的消费者和一些信息不灵通的消费者在低价商店购买,只有信息不灵通的旅游者在高价商店购买。

三、有限信息下的垄断定价

从上面的分析可以看出,当消费者的信息不充分时,厂商可以收取高价,并在一定程度上形成垄断势力。因此从厂商利润最大化的角度考虑,厂商会有制造信息"噪音"的冲动,以增加消费者的搜寻成本。事实上,厂商也通常通过对同一种产品变换不同的名称或者品牌,或者在不同的分店收取不同的价格,从而制造信息"噪音"。

当然,厂商对制造信息"噪音"和降低信息"噪音"存在着权衡(Salop,1977)。一方面,厂商制造信息噪音会增加消费者的搜寻成本,而这些搜寻成本只会增加消费者实际购买商品的价格但不直接使厂商受益,更有甚者噪音过度会导致搜寻成本过高而使得消费者退出市场。另一方面,通过制造信息噪音可以使得厂商能够把具有不同搜寻成本的消费者区别出来,从而允许厂商通过价格歧视而受益。信息灵通的消费者将会搜寻到较低的价格而付低价,信息不灵通的消费者付高价。厂商通过信息噪音的制造,产生了一个类似于旅游者——本地人模型的市场。适当的信息噪音使得一个拥有众多分店(或品牌)的地方垄断者既获得了本地人(信息灵通者)的光顾,又能够对旅游者(信息不灵通者)收取高价。尤其是在信息灵通者具有低支付意愿而信息不灵通者具有高支付意愿的情况下,信息噪音的制造能够达到价格歧视的目的而使利润增加。

本章小结

1. 市场交易信息具有不完全性和分布的非对称性是因为:信息可靠性不同、收集和处理信息有成本、人的有限理性、消费者缺乏足够的知识去正确加工可以得到的所有产品的信息。

2. Akerlof提出的"柠檬市场模型"证明,当买方具有关于产品质量的完全信息而消费者具有有限信息时,市场可能不存在,或者可能仅出售最低质量的产品。

3. Spence 提出了"文凭信号显示模型",用以说明在信息非对称条件下,如何解决 Akerlof 提出的逆向选择问题。

4. 消费者缺乏对价格的信息会使厂商拥有市场势力。

思考题

1. 本题是关于质量信息分布不对称条件下的逆向选择问题的,改编自 Tirole 的 *The Theory of Industrial Organization* 一书中关于鲁滨逊和星期五的故事。

我们假定故事产生自地主和富农之间。地主有一头奶牛,富农打算购买这头奶牛。我们以奶牛的日均产奶量 α 表示奶牛的质量。地主和富农均知道 $\alpha \sim U(0, \bar{\alpha})$,但奶牛的 α 值具体为多少仅是地主的私有信息。这时地主和富农的思考方式分别如下。

地主:如果继续养着奶牛,自己会获得收益 $\beta_1 \alpha$;如果以价格 p 出售,会获得收益 p。

富农:如果奶牛由我来养,会获得收益 $\beta_2 \alpha$,但必须先要支付给地主价格 p 把奶牛买过来。如果以 $E(\alpha)$ 表示我对奶牛的质量预期,那么我的目标函数应该是 $\beta_2 E(\alpha) - p$。

其中 $\beta_2 > \beta_1$ 是公开共有信息。那么请问,存不存在地主和富农都同意的价格 $p \leqslant \beta_1 \bar{\alpha}$ 来实现奶牛的交易?根据你的判断说明此时是否出现了逆向选择或者说次品问题。

2. 本题是关于文凭信号模型的,来源于 Spence(1973)的经典文章。

假设雇主所面对的劳动力市场根据劳动生产率的不同划分为两部分,组 1、组 2 中的劳动力的生产率 g 分别为 $g_1 = 1, g_2 = 2$,两组分别占总人口的 q_1 和 $1 - q_1$。在这种情形下,必须要付出一定的成本才能获得的教育程度或者说文凭就成为一种可以利用的潜在信号,并且以 $y \geqslant 0$ 表示,具体值会受个人选择的影响。Spence(1973)假定生产率比较低的组 1 成员获取 y 单位的文凭所需要付出的成本是 y,生产率较高的组 2 成员获取 y 单位的文凭所需要付出的成本是 $\frac{y}{2}$。雇主的判断模式如下:

$$P(g = 1 | 0 \leqslant y < y^*) = 1$$
$$P(g = 2 | y \geqslant y^*) = 1$$

其中,P 表示雇主的条件信念概率,$y^* > 0$ 表示信念转折点。

以 W 表示工资,雇主将会给予他所认为的高生产率者以高工资,反之亦然,这样即有下式:

$$W(0 \leqslant y < y^*) = 1$$
$$W(y \geqslant y^*) = 2$$

这样有如下几个问题:

(1) 在上述模型中,劳动者对 y 的两个可能选择是什么?

(2) 请分析组 1、组 2 成员在每一种 y 值选择下的收益。(提示:两组两个选择,共四种情况。)

(3) 此时,如果文凭能够成功地发挥信号甄别作用以避免逆向选择的发生,则需要信念转折点 y^* 满足什么条件?

3. 在一个旅游者—本地人模型中,假设共有 1 000 个消费者,其中本地人占 2.5%,旅游者占 97.5%。如果每个消费者具有向下倾斜的线性需求曲线:$q = 46 - p$,厂商具有 U 形的平均成本函数:$AC = q^2 - 20q + 110$。求均衡的价格、数量以及高价格和低价格厂商的数量。

进一步阅读文献

[1] George A. Akerlof(1970), The market for"Lemons": quality uncertainty and the market mechanism, *The Quarterly Journal of Economics*, 84(3),488—500.

[2] Michael Spence(1973), Job market signaling, *The Quarterly Journal of Economics*, 87(3),355—374.

[3] Salop, S. and Stiglitz, J. E. (1977), Bargains and ripoffs: a model of monopolistically competitive price dispersion, *Review of Economic Studies*, 44(3), 493—510.

参考文献

[1] Eric Rasmusen(2007), *Games and Information: An Introduction to Game Theory*, Malden, MA; Oxford: Blackwell Pub.

[2] George A. Akerlof(1970), The market for"Lemons": quality uncertainty and the market mechanism, *The Quarterly Journal of Economics*, 84(3),488—500.

[3] Jean Tirole (2002), *The Theory of Industrial Organization*, Cambridge, Mass. : MIT Press.

[4] Michael Spence(1973), Job market signaling, *The Quarterly Journal of Economics*, 87(3),355—374.

[5] Diamond, Peter(1971),A model of price adjustment, *Journal of Economic Theory*, 3, 156—168.

[6] Stiglitz, J. E. (1979), Equilibrium in product markets with imperfect information, *American Economic Review*, 69, 339—345.

[7] Salop, S. and Stiglitz, J. E. (1977), Bargains and ripoffs: a model of monopolistically competitive price dispersion, *Review of Economic Studies*, 44 (3), 493—510.

[8] George J. Stigler (1961), The economics of information, *Journal of Political Economy*, 69(3), 213—225.

[9] Steven Salop(1977), The noisy monopolist: imperfect information, price dispersion and price discrimination, *Review of Economic Studies*, 44(3),393—406.

第六章

广告

本章概要

广告本来是销售信息的发布,目的是让客户知道相关信息,以便扩大市场销售量。但广告对经济福利的影响则是值得研究的。从产业组织的角度,什么样的市场结构更会导致企业做广告?广告是否会形成市场势力?广告能否实质性地影响资源配置效率和社会福利的变化?

学习目标

了解广告的资源配置效应和社会福利效应。

广告不仅是一个营业额巨大的产业,而且在整个国民经济中也占据了一定地位,如表 6.1 所示。

表 6.1 历年广告营业额

年度	2000	2001	2002	2003	2004	2005	2006	2007	2008
营业额(亿元)	712	794	903	1 078	1 264	1 416	1 573	1 740	1 899
增长率(%)	14.57	11.54	13.62	19.44	17.23	12	11.1	10.68	9.11
占 GDP 比重(%)	0.808	0.843	0.88	0.918	0.79	0.777	0.751	0.706	0.632

资料来源:《中国广告年鉴 2009》。

不但整个经济的广告费用多,而且具体产业的广告花费也相当多,如表 6.2 所示。

表 6.2 2008 年广告费用前十名的产业

产业	房地产	药品	食品	汽车	化妆品
广告费用(亿元)	234.3	158.2	147.6	138.1	114.0
产业	服务业	医疗服务	家用电器	保健食品	信息产业
广告费用(亿元)	107.1	95.2	87.9	86.8	68.2

资料来源:《中国广告年鉴 2009》。

广告本身具有悠久的历史,但是对广告的经济学分析并不久远。因为在19世纪的大部分时间里,主流经济学主要局限于完全竞争理论的构建,完全竞争理论在充分信息假设条件下是无法解释为什么需要广告的,正如庇古(1924)所言:"在单纯的竞争理论下找不出广告的意义,因为按照这些理论的前提假设,在任何既定的市场价格下,任何销售者都能销售出其所愿意销售的数量。"此外,完全竞争理论下,关于消费者偏好固定以及对产品的价格、质量等完全信息的假设也是"排斥"了广告的存在的。

经济学对广告进行正式的关注是20世纪初,始于马歇尔(1890,1919),他对广告进行了很有见地的划分和初步的涉猎;张伯伦(1933)将销售成本引入了经济理论,从而将广告的经济学分析推进了一大步。但广告的经济学分析的大发展则是20世纪下半叶的事情,这期间产生了大量的、丰富的广告经济学文献。

第一节　广告及其类型

一、广告的多种分类标准

现实经济生活中的广告不但数量众多,而且种类繁杂,即便是分类的标准也存在多个,据不完全统计,广告至少有如表6.3所示的几种分类方式。

表6.3　广告的分类标准

按覆盖范围分	全球性广告,全国性广告,地区性广告
按媒体分	报纸广告,杂志广告,广播广告,电视广告,网络广告,邮寄广告,招贴广告,路牌广告等
按制作理念分	理性诉求广告,感性诉求广告,观念诉求广告
按产品生命周期分	开拓期广告,竞争期广告,维持期广告
按效益产生速度分	速效性广告,迟效性广告
按广告对象分	有选择对象广告,无选择对象广告
按直接目的分	营利性广告,非营利性广告
按内容分	经济广告,文化广告,社会广告

本书中所主要研究的是经济广告,通常也是旨在营利的广告。实际上即便是经济广告又可以细分为有形商品广告、无形劳务广告以及观念信誉广告等。下面我们就主要从经济学的角度对广告进行一下区分。大致说来,主要包括说服型广告、信息型广告以及补充型广告三类。

二、产品的划分

在对广告进行经济学分类之前,我们首先对产品进行一下必要的区分。

(1) 搜寻品(search good):消费者在购买之前就可以鉴别出产品质量和性能的商品。这类产品通常具有这样一个特点:它们的主要性质、特点可以通过视觉、触觉等的感觉而被消费者所感知,如某些家具和服装等。

(2) 经验品(experience good):消费者在使用和消费过程中才能鉴别出产品质量和性能的商品。这类产品的特点是只有在消费者真实地消费了该产品的物质形态后才能判断该产品的质量,简单讲就是"你要知道梨子的味道,你就得亲口吃一吃"[①]。

(3) 信用品(credence good):消费者在使用和消费后也不能鉴别出产品质量和性能的商品。例如许多医疗护理服务就属于这一类。

其中,搜寻品和经验品相区分的概念是由 Nelson(1970,1974)提出的,他认为广告的内容取决于消费者能否在购买之前确定产品的质量。而信用品的概念则是由 Darby 和 Karni(1973)提出的。

之所以如此区分产品的不同类型,正是因为要从经济学的角度来对广告进行分类。通常而言,对于搜寻品,广告会提供其直接信息,这类产品的广告通常会提供能体现产品质感特点的照片等,即便在一些情况下,产品的某些物理性质不能被直接观察,但可以被准确描述,例如芝麻糊等产品为了体现其也能被糖尿病人食用,通常会在广告中加上一句"不含蔗糖"甚至"不含糖"。

与之形成鲜明对比的是,对于经验品而言,由于其质量仅在消费后才能得知,因此广告传递信息的重点就放在了广告本身,甚至一些广告仅提到厂商的名字,试图为厂商进而为其生产的产品建立某种声誉。这类广告的一个基本策略就是通过广告的频繁出现以及相关的费用支出来使消费者形成这样一种信念:没有好产品的厂商是不会花这么大的代价来做广告的,因而这样的厂商和产品的知名度以及质量是可靠的。当然,实际上则未必。

三、广告的经济学划分

根据对产品类型的区分以及厂商对不同产品采取的广告策略,经济学对广告进行了如下划分。

1. 说服型广告(Persuasive advertising)

这一术语在概念上的奠定要归功于 Braithwaite(1928),在他看来,说服型广

[①] 毛泽东,《实践论》,人民出版社 1976 年版。

告是一种"销售成本"(selling cost),其目的就是试图改变消费者对产品的评价,即"说服"消费者对广告品的评价更高些。

从图形上看,说服型广告可以将消费者的需求曲线外移,如图 6.1 所示。

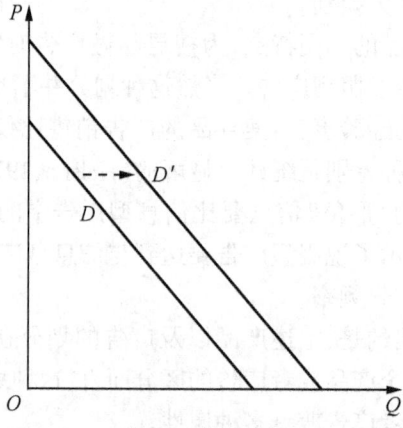

图 6.1 说服型广告对需求曲线的影响

从图 6.1 可以看出,需求曲线 D 反映了真实的消费者需求,而 D′ 则是受了说服型广告影响之后的消费者需求,既然曲线 D 才是真实的,那么说服型广告的这种效果无疑是"扭曲"了消费者的决定。这实际上就意味着,说服型广告的一个重要影响是诱使消费者购买"过多"的产品,既然如此,那么做广告本身所花费的资源对于社会来讲自然是一种浪费。

除了 Braithwaite,张伯伦也对广告的说服型观点有所发展,他指出说服型广告具有"进入阻碍效应"(entry-deterrence effect);Robinson(1933)也认为广告具有"反竞争"(anti-competitive)的作用。此外,Kaldor(1950)将对说服型广告的研究推进了一大步,他区分了广告对社会福利影响的直接和间接效应。总的来看,在规范分析上,经济学文献大都对说服型广告持否定态度。

2. 信息型广告(Informative advertising)

所谓的信息型广告是旨在客观提供商品信息,描述产品特征和介绍销售地点、价格等信息给消费者的广告,它将会产生促进竞争的结果。这意味着广告是竞争的标志以及信息传递的重要方式。

这种观点最早出现在马歇尔和张伯伦的著作中,但真正的大发展则是 20 世纪 60 年代以后的事情,在此过程中芝加哥学派发挥了重要作用。

将说服型广告和信息型广告对比来看会更有助于概念的理解。信息型广告可能会比较直白地列举出产品的特点、性质,甚至会将产品的这些特点、性质与别的产品比较,例如服装类广告会描述自己的衣服经过了怎样的选材、多少刀裁剪、多少针缝制、多少道工序等很客观的信息来让消费者充分感受产品的质量、特点等属性。与之形成鲜明对照的是,说服型广告通常会或明或暗地试图让消费者相信类似于"这个产品是年轻与活力一代的选择"的信念,而实际上这种产品与其替代产品并无多大差别。

通常而言,鉴于产品的不同特点,为搜寻品做广告时常采用信息型广告,为经验品做广告时常采用说服型广告。当然这种划分并不是绝对的。不过依然有一个值得注意的有趣的经验事实:搜寻品的广告销售比仅有经验品的广告销售比的三分之一,并且这种差别是统计上显著的(Nelson,1974)。一种可能的解释是说服型广告所使用的"形象"信息要比信息型广告中的"事实"信息更容易被人忘记,这实际上也暗示了说服型广告要达到与信息型广告一样的效力,就要有比信息型广告更高的广告频率。

但有一点需要指出的是,上述产品以及广告的划分在理论虽然有比较确定的边界,但具体到某一个产品或者广告的区分而言,这种划分的边界并不是确定的,甚至同一个产品或者广告兼具多种属性。

3. 补充型广告(Complementary advertising)

补充型广告的观点最早也是由芝加哥学派提出的,Telser(1964)做出了开创性的工作,Stigler 和 Becker(1977)对其作出了更加完善的表述。

补充型广告不会影响消费者偏好的稳定性,它是通过作为广告品消费补充的方式进入到消费者的偏好之中的。它与前两者在逻辑上是存在区别的,说服型广告是"改变"(change)消费者的效用函数,信息型广告是通过自己包含的"事实"信息来"影响"(affect)消费者的效用。而补充型广告的观点不但认为广告中可以包含信息并通过信息影响消费者,而且认为还可以通过其他方式影响消费者。例如,当消费者关注商品的社会信誉时,广告就可以通过塑造产品的社会信誉来影响消费者的消费决策。

以上的文字描述可能有些微妙,我们以符号语言对其作一个重新阐述。

我们假设给消费者带来效用的物品是一个由市场上的商品、广告以及其他诸如时间等投入品共同构成的复合物品。为简便起见,我们认为只有市场上的商品和广告两种投入品构成了这种能够给消费者带来效用的复合物品。比方说消费者以 P_x 的价格购买了 X 数量市场上的商品,该商品相应的广告付出为 A。这样在一定的技术条件下,消费者实际上获得的复合物品数量为 $C = C(A,X)$。设 Y 为该消费者消费的其他复合物品的数量,P_y 为其价格。这样该消费者的效用函数为 $U = U(C,Y)$。给出消费者预算约束 I,这样就可以在下面的消费者效用最大化模型中体现出补充型广告的意义所在,为了更直接地体现这一点,不妨假设 $C = C(A,X) = g(A)X$。

$$\max_{X,Y} U = U(C,Y)$$
$$\text{s.t.} \quad I = P_x X + P_y Y$$
$$C = g(A)X$$
$$(U_c, U_y, g(A), g'(A), X, Y) > 0$$

4. 经济学分类下的社会福利问题

上述经济学对广告的三类划分通常会涉及如下四个事关社会福利的问题：

（1）市场势力与广告规模经济问题。就说服型广告而言，经济学家通常会认为广告会造成品牌忠诚度或者消费者对特定品牌的依赖，从而使得规模报酬递增得以实现；此外他们还认为广告会增强在位者的市场势力，从而有可能产生阻碍新厂商进入以及高价格的问题。但与之形成鲜明对照的是，经济学家认为由于信息型广告可以传递价格、质量等客观"事实"信息，因此有助于市场绩效的提高，例如有助于新厂商的进入、更有效率的生产、实现更低的价格以及更好的质量等。

（2）广告的进攻性。马歇尔认为一些广告是非常具有进攻性的，主要体现在它们可以使消费者在品牌上作出重新选择。这样就产生一个问题，如果这些品牌之间的实际差距其实很小，那么这种进攻性的广告可能是过多了。但是马歇尔以及其他一些经济学家也认为对于信息型广告而言，其作用更多的可能是建设性的，是为了把信息传递给消费者而付出的一种必要的竞争成本。

（3）联合供给的问题。Kaldor 曾经强调，由于广告通常是联合供给的，因此对于广告而言，并不存在一个消费者可以直接表达其支付意愿的独立市场。这样，如果是广告的供给者直接从广告的补充效应获益，那么很可能意味着广告的供给是过多的。但是也有经济学家认为，对于补充型广告而言，消费者作出决策时将会把广告考虑在内，或者更进一步认为，消费者可以直接从广告中获益，那么从社会福利分析的角度讲，广告的供给可能不是过多，而是过少了。

（4）消费扭曲问题。广告特别是说服型广告可能会改变消费者的偏好并扭曲消费数量，这样相比于广告前的水平，就很有可能会引起消费者剩余的损失。但是从信息型广告的角度看，由于大多数的广告都直接或者间接的是信息型的，因此并不会引起消费者偏好的扭曲。而从补充型广告的角度看，观点可能会更激进些，因为从这种角度看即便不是信息型广告，也只有包含了广告的需求曲线才是合理的评价标准，既然如此，自然也就不存在广告扭曲消费的问题了。

第二节　广告的理论分析

一、Dorfman-Steiner 模型

在广告的实证理论分析方面，作出开创性突出贡献的是 Dorfman 和 Steiner (1954)，他们的那篇经典文献中提出了第一个关于广告的正规化模型。虽然 Schmalensee(1972)曾作了进一步的深入研究，但是鉴于 Dorfman 和 Steiner 在他们的理论里不但阐述了具有内生性的广告最优量的决定因素，而且提出了可以促使广告理论本身发展的一般性框架。下面我们还是将着重阐述 Dorfman-Steiner 模型。

1. Dorfman-Steiner 模型

关键假设：消费者会对广告作出有关产品购买数量的反应。

这里须指出的是 Dorfman-Steiner 模型之所以主要是一个实证理论分析模型，而不适合作规范分析，正是因为这个模型把消费者会对广告作出合适反应作为前提假设，而并没有指出为什么这样假设。

为了阐述的方便，我们把做广告的主体均称为厂商。Dorfman-Steiner 模型的简单阐述如下：

此处只考虑某个特定的厂商，该厂商只生产一种产品，其价格为 P。

厂商做广告的数量为 A。这个 A 可以理解为散发传单的数量、网站上广告图片的大小以及电视或者广播广告的时间等量的概念。并且假定每一单位广告的投放成本为 α。

厂商所生产产品的需求函数为 $Q(P,A)$，并且有 $(P,A) \geqslant 0, Q > 0, Q_A > 0 > Q_P$。

厂商的生产成本为 $C(Q(P,A)), C' > 0$。

厂商的目标是利润 π 最大化。根据以上模型描述，可以得到利润最大化模型如下：

$$\max_{A,P}\pi = PQ(P,A) - C(Q(P,A)) - \alpha A$$

为了保证存在唯一的利润最大化解，我们假定上述利润函数为严格凹函数，这保证了最优化求解时的二阶条件成立。作为一个简单的利润最大化问题，根据标准的解法，我们需要先求出其一阶条件：

$$\text{FOC：} \pi_A = PQ_A - C'Q_A - \alpha = (P - C')Q_A - \alpha = 0 \tag{6.1}$$

$$\pi_P = Q(P,A) + PQ_P - C'Q_P = (P - C')Q_P + Q = 0 \tag{6.2}$$

根据隐函数定理，由(6.1)式可得到 $A = A_M(P)$，表示任意既定价格水平下

所对应的利润最大化时的广告数量;同理根据(6.2)式可得到 $P = P_M(A)$,表示任意既定广告数量下所对应的利润最大化时的价格水平。

由于厂商在实现利润最大化时需要同时决定 P_M、A_M,即 (P_M, A_M)。综上可以得到利润最大化解:$(P_M, A_M) = (P_M(A), A_M(P))$。

我们还可以对这些条件作进一步的推导,会得到一些很有意思的结论。以 ε 表示弹性,根据弹性定义会有:

需求的广告弹性:

$$\varepsilon_A = \frac{\Delta Q/Q}{\Delta A/A} = \frac{A}{Q}\frac{\Delta Q}{\Delta A} = \frac{A}{Q}\frac{\partial Q}{\partial A} = \frac{AQ_A}{Q}$$

需求的价格弹性:

$$\varepsilon_P = -\frac{\Delta Q/Q}{\Delta P/P} = -\frac{P}{Q}\frac{\Delta Q}{\Delta P} = -\frac{P}{Q}\frac{\partial Q}{\partial P} = -\frac{PQ_P}{Q}$$

这样,根据 $\varepsilon_A = \dfrac{AQ_A}{Q}$,我们可以对(6.1)式作如下变换:

$$Q_A = \frac{\alpha}{P - C'} \rightarrow \frac{AQ_A}{Q} = \frac{A\alpha}{(P - C')Q} \rightarrow \frac{A\alpha}{(P - C')Q} = \varepsilon_A \qquad (6.3)$$

根据(6.3)式可以得到:$P - C' = \dfrac{A\alpha}{\varepsilon_A Q}$,将此式带入(6.2)式,可以得到 $\dfrac{A\alpha Q_P}{\varepsilon_A Q} + Q = 0$,对此式可进行如下变换:

$$\varepsilon_A = -\frac{A\alpha Q_P}{Q^2} \rightarrow -\frac{\varepsilon_A Q}{PQ_P} = \frac{A\alpha}{PQ} \rightarrow \frac{\varepsilon_A}{-PQ_P/Q} = \frac{A\alpha}{PQ} \qquad (6.4)$$

又因为 $\varepsilon_P = -\dfrac{PQ_P}{Q}$,代入上式,可以最终得出:

$$\frac{\varepsilon_A}{\varepsilon_P} = \frac{A\alpha}{PQ} \qquad (6.5)$$

根据一开始对变量的定义,可以推知 $A\alpha$ 即厂商所付出的广告费用,PQ 为厂商的销售额。两者之比 $\dfrac{A\alpha}{PQ}$,我们赋之以一个新的术语,叫广告强度(advertising intensity)。

由于上面的数学推导过程是建立在 $(P_M, A_M) = (P_M(A), A_M(P))$,即厂商利润最大化的基础上,因此,我们实际上推出了一个看起来简单但又十分重要的关系,即可以实现厂商利润最大化的广告强度取决于广告与价格的需求弹性之比。[①]

实际上,上述的 Dorfman-Steiner 模型只是给我们提供了一个对广告进行一般性分析的框架,可以在这个最具一般性的模型的基础上进行进一步的深入研究,例如可以结合广告类型划分、具体化需求函数等方式来进一步分析该模型。

2. Dorfman-Steiner 模型的拓展和深化

正如上文所说,Dorfman-Steiner 模型是一个相当一般化的广告模型,之所以如此,其中最重要的一点就在于没有对厂商的产品需求函数 $Q(P,A)$ 具体化。这样我们可以通过进一步构造 $Q(P,A)$ 来对 Dorfman-Steiner 模型进行拓展和深化,并且通过不同的 $Q(P,A)$ 构造方式来对不同类型的广告进行分析。

(1) $Q(P,A)$ 的构造方式 1

构造方式 1 主要用来描述说服型广告。这里我们不但假设广告会对消费者对相关产品的评价产生影响,而且假定这种影响的程度因人而异,即在不同的消费者之间存在差异,我们以 θ 指代不同消费者的类型来表示这种差异。依然假定厂商的广告量为 A,$g(A)$ 为广告带来的效用,产品价格为 P,这样如果消费者 θ 购买 1 单位的产品,其将获得的效用表示如下:

$$\theta g(A) - P, \quad g(0) = 1, \quad g'(A) > 0$$

消费者的数量为 $N > 0$,消费者的类型 $\theta \sim U[0,1]$。

消费者只有在 $\theta g(A) - P > 0$,即 $\theta > \dfrac{P}{g(A)}$ 时才会购买该产品,因此该产品的需求函数为:

$$Q(P,A) = N\left(1 - \frac{P}{g(A)}\right)$$

根据需求函数的表达式可知,

$$\varepsilon_P = -\frac{PQ_P}{Q} = -P\frac{-N/g(A)}{N\left(1 - \dfrac{P}{g(A)}\right)} = \frac{P}{g(A) - P}$$

这样可以推导出:

$$\frac{\mathrm{d}\varepsilon_P}{\mathrm{d}A} = -\frac{Pg'(A)}{(g(A) - P)^2} < 0$$

这样实际上阐述了关于说服型广告的一个观点,随着广告投放量的增加,需求的价格弹性逐渐降低。

---

① 更深层次的探讨可以参考 Nerlove 和 Arrow (1962)、Friedman (1983)、Gould (1970) 以及 Schmalensee (1972)的相关文献。

我们可以作进一步的推导得出其他一些比较有意思的结论。根据(6.2)式以及隐函数定理可知,在厂商利润最大化时有:

$$P - C' = -\frac{Q}{Q_P}$$

$$\frac{\mathrm{d}P_M(A)}{\mathrm{d}A} = -\frac{\partial \pi_P / \partial A}{\partial \pi_P / \partial P}$$

我们只关心$\frac{\mathrm{d}P_M(A)}{\mathrm{d}A}$的符号,因此定义$s(\cdot)$为符号运算函数来提取相应自变量的正号或者是负号。

由于前面我们已经假定目标函数π为严格凹函数,因此其相应的海塞矩阵为负定矩阵,即$\begin{bmatrix} \pi_{PP} & \pi_{PA} \\ \pi_{AP} & \pi_{AA} \end{bmatrix}$负定,因此$(\pi_{PP}, \pi_{AA}) < 0, -\partial \pi_P / \partial P > 0$。

从而,$s\left(\frac{\mathrm{d}P_M(A)}{\mathrm{d}A}\right) = s(\partial \pi_P / \partial A)$。

又因为

$$Q_A = \frac{NPg'(A)}{g^2(A)} > 0$$

$$Q_P = -\frac{N}{g(A)} < 0$$

$$Q_{PA} = \frac{Ng'(A)}{g^2(A)}$$

$$\frac{\partial \pi_P}{\partial A} = -C''Q_A Q_P + (P - C')Q_{PA} + Q_A$$

$$= -C''Q_A\left(-\frac{N}{g(A)}\right) - \frac{Q}{Q_P}\frac{Ng'(A)}{g^2(A)} + Q_A$$

$$= C''Q_A\frac{N}{g(A)} + \frac{N[g(A) - P]g'(A)}{g^2(A)} + Q_A$$

$$= \frac{N[C''Q_A + g'(A)]}{g(A)}$$

所以利润最大化时,

$$s\left(\frac{\mathrm{d}P_M(A)}{\mathrm{d}A}\right) = s(\partial \pi_P / \partial A) = s\left(\frac{N(C''Q_A + g'(A))}{g(A)}\right) = s(C''Q_A + g'(A))$$

(6.6)

又因为当$A > 0$时,$(Q_A, g') > 0$,所以上式的符号取决于C''。

情形1:如果厂商生产的边际成本不变或者递增,即$C'' \geqslant 0$,则$C''Q_A + g'(A)$

为正,从而 $\dfrac{dP_M(A)}{dA}>0$,这其实阐述了说服型广告的另一个观点,即产品的价格伴随广告投放量的增加而上涨。

情形2:当然从(6.6)式也可以看出,并不是没有随着广告的投入量的增加而产品价格下降的可能性,当 $C''<0$ 且达到一定程度时,从经济学的角度讲就是当生产的规模经济达到一定程度时,广告投放量的增加才能带来产品价格降低的效果。

如果我们求出反需求函数,则会得到另外一些比较有意思的结论。

根据 $Q(A,P)=N\left(1-\dfrac{P}{g(A)}\right)$,可得到反需求函数 $P(A,Q)=g(A)\left(1-\dfrac{Q}{N}\right)$。

所以,$P_{AQ}=\dfrac{\partial P_A}{\partial Q}=-\dfrac{g'(A)}{N}<0$。这实际上指出了说服型广告的又一个规律:随着产品数量的增加,广告对需求曲线的外移作用逐步降低,如图 6.2 所示。

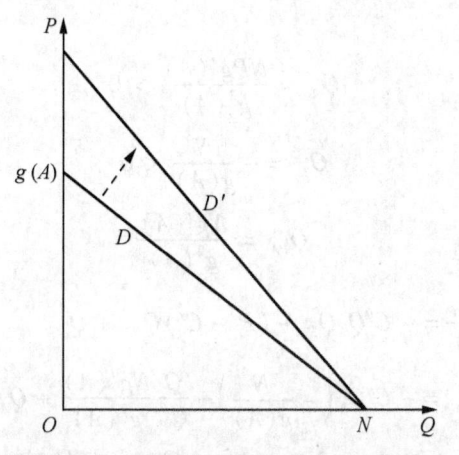

图6.2　说服型广告对需求曲线的影响

(2) $Q(P,A)$ 的构造方式2[①]

构造方式2主要用来分析说服型广告,在这个模型中,我们依然假定有 N 个消费者,并且认为 N 是相当大的。此外,假定每一个消费者拥有相同的产品需求函数 $q(P)$,并且 $q'(P)<0,P\in[0,\bar P],d(\bar P)=0$。

这里的建模思路是,广告如同普通产品一样是可作明确的单位划分的,而且每一单位的广告只能被确定的某个消费者所获得,并且消费者之间获得该单位

---

① 这里借鉴了 Butters (1977) 的"Equilibrium Distributions of Sales and Advertising Prices"。

广告的概率是无差异的。如果消费者没有获得广告,因而没有关于产品的信息,那么消费者就不会购买厂商的产品。这样,如果厂商投放的广告量为 A,则某个消费者不会获得任一单位广告的概率为:

$$\left(1 - \frac{1}{N}\right)^A$$

根据 $\lim_{x \to \infty}\left(1 + \frac{1}{x}\right)^x = e$,可知当 N 足够大时,$\left(1 - \frac{1}{N}\right)^A \approx e^{-\frac{A}{N}}$。

综上,我们可以得出此时的产品需求函数为:

$$Q(A, P) = N(1 - e^{-\frac{A}{N}})q(P) = g(A)q(P)$$

其中,$g(A) = N(1 - e^{-\frac{A}{N}}) \geq 0$。易知 $g(0) = 0$;$g' = e^{-\frac{A}{N}} > 0$;$g'' = -\frac{e^{-\frac{A}{N}}}{N} < 0$。

下面我们从这个模型出发来研究一些信息型广告的规律。

与说服型广告相比,信息型广告通常不会出现随着广告投放量的增加而导致需求曲线的价格弹性降低的现象。[①] 证明如下:

$$\varepsilon_P = -\frac{PQ_P}{Q} = -\frac{Pg(A)q'(P)}{g(A)q(P)} = -\frac{Pq'(P)}{q(P)}$$

$$\frac{d\varepsilon_P}{dA} = \frac{d(-Pq'(P)/q(P))}{dA} = 0$$

与说服型广告相比,信息型广告的投放数量对产品价格的影响也有不同。根据(6.2)式以及隐函数定理可以知道,在厂商利润最大化时有:

$$P - C' = \frac{-Q}{Q_P}$$

$$\frac{dP_M(A)}{dA} = -\frac{\partial \pi_P / \partial A}{\partial \pi_P / \partial P}$$

由于前面我们已经假定目标函数 π 为严格凹函数,因此其相应的海塞矩阵为负定矩阵,即 $\begin{bmatrix} \pi_{PP} & \pi_{PA} \\ \pi_{AP} & \pi_{AA} \end{bmatrix}$ 负定,因此 $(\pi_{PP}, \pi_{AA}) < 0$,也即 $-\partial \pi_P / \partial P > 0$。

从而,$s\left(\frac{dP_M(A)}{dA}\right) = s(\partial \pi_P / \partial A)$。

又因为

$$Q_A = e^{-\frac{A}{N}}q(P) > 0$$

---

① 事实上,信息型广告对这一点常有更强的表述,即在差异化产品市场,广告投放量的增加会使得需求曲线的价格弹性上升。这里我们不作更深入的研究。

$$Q_P = g(A)q'(P) < 0$$

$$Q_{PA} = e^{-\frac{A}{N}}q'(P)$$

$$\frac{\partial \pi_P}{\partial A} = -C''Q_A Q_P + (P - C')Q_{PA} + Q_A$$

$$= -C''Q_A Q_P + \frac{-g(A)q(P)}{g(A)q'(P)}e^{-\frac{A}{N}}q'(P) + e^{-\frac{A}{N}}q(P)$$

$$= -C''Q_A Q_P - e^{-\frac{A}{N}}q(P) + e^{-\frac{A}{N}}q(P) = -C''Q_A Q_P$$

综上可得：

$$s\left(\frac{\mathrm{d}P_M(A)}{\mathrm{d}A}\right) = s(\partial \pi_P/\partial A) = s(-C''Q_A Q_P) = s(C'') \tag{6.7}$$

也就是说,此时广告的投放量对产品价格的影响取决于成本函数的二阶导数,也即边际成本是递增、递减还是不变。

当 $C'' = 0$ 时,也即厂商的边际成本不变时,广告的投放量不影响产品的价格。而这个结论很明显与说服型广告的相关结论不同。

进一步地,如果 $C'' < 0$,即厂商的边际成本降低时,广告投放量的增加会降低产品的价格。

接下来我们也来分析一下它的反需求函数,看一下能从其中得到什么有意思的结论。

由 $Q(A,P) = g(A)q(P)$,可得 $P = q^{-1}\left(\dfrac{Q}{g(A)}\right)$,当然我们假定这个反函数是可导的,根据反函数的求导法则,可得：

$$P_A = \frac{1}{q'}\frac{-Qg'}{g^2}$$

$$P_Q = \frac{1}{q'}\frac{1}{g}$$

所以,

$$P_{AQ} = \frac{\partial P_A}{\partial Q} = -\frac{\partial q'/\partial Q}{q'^2}\frac{-Qg'}{g^2} + \frac{1}{q'}\frac{-g'}{g^2}$$

$$= -q''\frac{1}{q'}\frac{1}{g}\frac{1}{q'^2}\frac{-gqg'}{g^2} + \frac{1}{q'}\frac{-g'}{g^2}$$

$$= \frac{q''qg'}{q'^3 g^2} - \frac{g'}{q'^2 g^2} = \frac{g'(q''q - q'^2)}{q'^3 g^2}$$

易知,$g' > 0$,$q'^3 g^2 < 0$。因此,如果 $q''q - q'^2 < 0$,那么 $P_{AQ} > 0$,也即此时我们得出了与说服型广告相反的结论,随着产品数量的增加,广告对需求曲线的外移作用逐步增强,从图像上看,我们将得到图6.3。

90

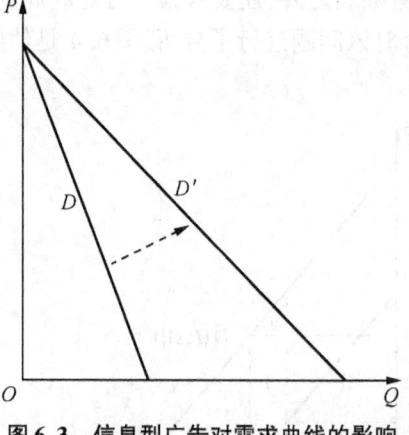

图6.3　信息型广告对需求曲线的影响

其实关于这一点,我们可以作这样的直观的经济学理解:如果初始产品的消费数量 Q 比较大,那么实际上也意味着 $d(P)$ 也比较大,这实际上暗示着此时产品的价格 P 应该比较小。这样一旦增加广告的投放量,就将会有新的需求量比较大的消费者进入,那么相比于 Q 较小、P 较大时,将会对价格形成相对的、比较大的上涨压力。

上述两个模型,虽然前者主要针对说服型广告,后者主要针对信息型广告,但根据补充型广告的定义,它们都兼容于补充型广告的内涵,也可以用来说明补充型广告。

二、广告的福利效应

在前文对广告的类型进行经济学划分时,我们分散地提到了社会福利等规范分析的问题,但都仅限于语言上的描述,是不完善、不系统的。鉴于我们在前一小节刚刚完成了基于 Dorfman-Steiner 模型对不同类型广告的理论建模,这样我们就可以相关模型为契机,对不同类型的广告研究其社会福利影响,进行规范分析。

1. 说服型广告的规范分析:Dixit-Norman 方法

关于说服型广告,前面已经提到,通常认为它会改变消费者偏好。既然它会改变消费者的需求,那么此时进行规范分析,很自然地就产生了一个问题:我们究竟以广告前还是广告后作为福利分析评价的标准。Braithwaite(1928)对此问题进行了第一次比较正式的探讨,并将广告前作为标准,得出的结论是在广告出现后,如果产品价格上涨或者是保持不变,那么消费者的福利将会受到损害。

不过这种分析是不完善的,因为规范分析应当从社会总体福利的角度出发,因此除了要分析消费者福利之外,还要考察广告对利润的影响。基于这种思路,Dixit 和 Norman(1978)对该问题进行了分析,图6.4 是他们进行分析的一个主要的基本工具。

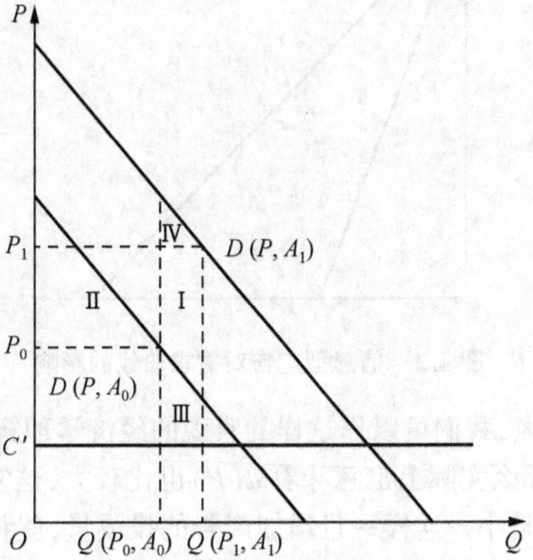

图6.4　说服型广告的规范分析

如图所示,曲线 $D(P,A_0)$ 是初始的需求曲线,由于说服型广告具有改变消费者偏好的作用,因此当广告水平由 A_0 上升至 A_1 时,需求曲线将外移至 $D(P,A_1)$,此外,Dixit 和 Norman 还假定广告会使价格由 P_0 上升至 P_1,从而产品的销售量将会由 $Q(P_0,A_0)$ 变为 $Q(P_1,A_1)$。这样 $\Delta A = A_1 - A_0 > 0$;$\Delta P = P_1 - P_0 > 0$。此外,为了简化,我们假定厂商生产的边际成本不变,即 $C'' = 0$。

这样就会有两种解释:

① 如果 $A_0 = 0$,那么初始需求曲线 $D(P,A_0)$ 实际上代表的是没有广告时的需求曲线,$D(P,A_1)$ 代表的就是广告出现后的需求曲线,这样就可以对有无广告两种状态的比较作规范分析了。

② 如果 $A_0 > 0$,那么就可以用来对广告已经存在,但广告投放量变化的情况进行规范分析。

但无论哪一种情形,本节都将称 $D(P,A_0)$ 为前需求线,$D(P,A_1)$ 为后需求线。在福利分析的标准上,本节称与前、后需求曲线对应的分别是"前标准"和"后标准"。

首先,我们应用前标准进行分析,相关变量都以"0"为下标表示前标准下的分析。

按照 Braithwaite 的思路,既然假定广告会引起更高的产品价格,说服型广告又会扭曲消费者的需求,那么这就意味着说服型广告会促使消费者以更高的价格来购买那些他本不需要的产品,如图 6.4 中区域 Ⅰ 所示。此外,消费者对本来所要购买的产品也需要支付更高的价格,如图中区域 Ⅱ 所示。因此,在前标准下,对于消费者剩余而言有如下等式:

$$\Delta CS_0 = -(\text{Ⅰ} + \text{Ⅱ}) < 0$$

而对于生产者剩余而言,有如下等式:

$$\Delta PS_0 = \text{Ⅰ} + \text{Ⅱ} + \text{Ⅲ} > 0$$

因此,对于生产者的利润而言有如下等式:

$$\Delta \pi = \pi(P_1, A_1) - \pi(P_0, A_0) = \Delta PS_0 - \alpha \Delta A = \text{Ⅰ} + \text{Ⅱ} + \text{Ⅲ} - \alpha \Delta A$$

为了简化起见,我们假定广告产业的边际成本不变,并且广告产业的成本、收益与社会的成本、收益一致。这样我们就获得了前标准下整体社会福利的变化值,以 ΔW_0 表示如下:

$$\Delta W_0 = \Delta CS_0 + \Delta \pi = -(\text{Ⅰ} + \text{Ⅱ}) + \text{Ⅰ} + \text{Ⅱ} + \text{Ⅲ} - \alpha \Delta A = \text{Ⅲ} - \alpha \Delta A$$

虽然我们无法直接对上述表达式进行分析,但是现在我们来考虑广告的投放数量有一个微小增加的情形。这意味着价格 P 和数量 Q 也会出现一个微小的改变,这样区域 Ⅰ 的大小就成为二阶无穷小,因此可以忽略不计,我们将会得到上式的近似表达式:

$$\Delta W_0 \approx \Delta \pi - D(P_0, A_0) \Delta P \tag{6.8}$$

这样可以确定的是说服型广告使得消费者为原本要购买的产品付出了更高的价格,很显然,这除了相应地使厂商获得更大的利益外,并没有其他的社会福利含义。

并且由于(6.8)式可得出:

$$\Delta \pi - \Delta W_0 \approx D(P_0, A_0) \Delta P > 0$$

因此可以说,在前标准下,说服型广告的作用是:广告投放量的一个微小增加所带来的价格上涨会导致厂商私人利益的增加超过社会利益。

现在我们来考虑后标准的情况。其实方法是一样的,相关变量都以"1"为下标表示后标准下的分析。

我们依然使用图 6.4 作分析,其中区域 Ⅳ 表示在后标准下,消费者在新购买的产品上所能获得的消费者剩余。这样我们将会得到:

$$\Delta CS_1 = \text{Ⅳ} - \text{Ⅱ}$$

$$\Delta \pi = \text{Ⅰ} + \text{Ⅱ} + \text{Ⅲ} - \alpha A$$

$$\Delta W_1 = \Delta CS_1 + \Delta \pi = \text{Ⅳ} - \text{Ⅱ} + \text{Ⅰ} + \text{Ⅱ} + \text{Ⅲ} - \alpha A = \text{Ⅳ} + \text{Ⅰ} + \text{Ⅲ} - \alpha A$$

$$\Delta W_1 - \Delta W_0 = \text{Ⅳ} + \text{Ⅰ} + \text{Ⅲ} - \alpha A - \text{Ⅲ} + \alpha A = \text{Ⅳ} + \text{Ⅰ}$$

现在,我们也来分析当广告量微小增加时的情形,由于此时 P、Q 也是微小增加,因此此时Ⅰ和Ⅳ都是二阶无穷小,它的一个直接影响是 $\Delta W_1 - \Delta W_0$ 也是二阶的,并且有:

$$\Delta W_1 \approx \Delta\pi - D(P_0, A_0)\Delta P \qquad (6.9)$$

对比(6.9)式和(6.8)式可以发现,无论是从前标准还是后标准的角度看,说服型广告投放量的增加都会造成厂商私人利益的增加超过整体社会利益的增加。

下面我们来考虑这样一种情况:

$$A_0 = A_M - \Delta A < A_M = A_1, \quad A_M \text{ 为利润最大化时的广告投放量}$$

并以 $P_M(A)$ 表示任何既定水平下使得利润最大化的价格,这也是理性厂商在既定广告水平下会采取的最佳定价策略,因此我们只需要分析此时的情形。这样在广告会带来价格上涨的假定下,我们有下式:

$$P_0 = P_M(A_M - \Delta A) < P_M(A_M) = P_M = P_1$$

根据(6.1)式和(6.2)式可知,在利润最大化点附近,当 (P_0, A_0) 的广告投放量进行微小变动至 (P_1, A_1) 时,对厂商利润没有影响,也即此时 $\Delta\pi = 0$。这样根据(6.8)式和(6.9)式可以得到,无论是在前标准还是后标准下都有:

$$\Delta W_1 \approx \Delta\pi - D(P_0, A_0)\Delta P \approx - D(P_0, A_0)\Delta P < 0$$

这说明在存在广告的情况下,即便是在厂商利润最大化的水平上,如果减少广告投放,社会福利反而会增加。这也就是说,会带来价格上涨的说服型广告对于社会而言存在投放过多的问题。

如果这个结论是成立的,那么我们对当前的广告泛滥应该深刻反省一下。但需要指出的是,Dixit 和 Norman 这种几何图形分析法存在诸多问题,其中最主要的两个问题:一是先验地认为广告的投放会引起价格的上涨;二是他们关于社会福利的度量方法也存在不少争议。

2. 信息型广告的规范分析

前面已经指出 Dixit-Norman 的分析方法存在一些问题,就此经济学家还提出了一些其他的分析方法。与 Dixit-Norman 方法和第一个说服型广告模型相对应,这一部分的方法主要是针对信息型广告和补充型广告而言,即与前述第二个模型相对应。本部分的分析方法主要得益于 Kotowitz 和 Mathewson(1979)以及 Shapiro(1980)所作的分析,在他们看来,广告之所以会引起需求曲线的外移,主要是由于广告使得更多的消费者了解了产品,从而购买了产品,这有一个重要的含义:广告为社会福利所带来的好处的一部分来自于新进入消费者的消费者剩余。此外,Fisher 和 Mcgowan(1980)进一步强调,即便是在第一种模型下,广告也有可能因为消费者看重广告给产品带来的社会声誉而对社会福利有更大的正向提升。因此可以预期的是,本部分介绍的分析方法将会带来如下两个结论:一是如果广告的后果并不造成产品价格的上涨,那么从社会的角度看,广告的投放是不足的;二是即便广告造成了产品价格的上涨,从社会的角度看,广告的投放量也有可能是不足的。

(1) 价格非递增型广告的分析

首先我们需要定义一下社会福利的计算方法,如下所示:

$$W(P,A) = \pi(P,A) + \int_P^{R(A)} Q(P,A)\,\mathrm{d}P \tag{6.10}$$

其中,$R(A)$ 为广告投放量 A 的函数,且 $Q(R(A),A) = 0$。这样根据(6.10)式可以看出一旦价格、广告组合由 (P_0,A_0) 变化至 (P_1,A_1),那么消费者福利的变化将由曲线 $Q(P,A_0)$ 在 $(P_0,Q(P_0,A_0))$ 时的消费者剩余与曲线 $Q(P,A_1)$ 在 $(P_1,Q(P_1,A_1))$ 时的消费者剩余相比较决定。

与 Dixit 和 Norman 的分析相一致,当前的分析也从使得厂商利润最大化的 (P_M,A_M) 开始,考察当广告的投放量在某个水平 A 的邻域内变动时的情形,很明显厂商会采取相应的定价 $P_M(A)$ 以保证自己的利润最大化。这样根据(6.10)式我们将会得到:

$$\frac{\mathrm{d}W(P_M(A),A)}{\mathrm{d}A}\bigg|_{A=A_M} = \left\{ \begin{aligned} &\frac{\mathrm{d}\pi(P_M(A),A)}{\mathrm{d}A} + \int_{P_M(A)}^{R(A)} Q_A(P,A)\,\mathrm{d}P + \\ &Q(R(A),A)R'(A) - Q(P_M(A),A)P_M'(A) \end{aligned} \right\}\Bigg|_{A=A_M}$$

$$\tag{6.11}$$

根据(6.1)式和(6.2)式,广告对于厂商的利润没有一阶效应,也即

$$\left\{ \frac{\mathrm{d}\pi(P_M(A),A)}{\mathrm{d}A} \right\}\bigg|_{A=A_M} = 0$$

此外根据前面的模型设定可知 $Q(R(A),A) = 0$,因此(6.11)式可转化为:

$$\frac{\mathrm{d}W(P_M(A),A)}{\mathrm{d}A}\bigg|_{A=A_M} = -Q(P_M,A_M)P_M'(A_M) + \int_{P_M}^{R(A_M)} Q_A(P,A_M)\,\mathrm{d}P$$

$$\tag{6.12}$$

与(6.9)式比较一下就可以看出,(6.12)式的右边第一项即 Dixit-Norman 分析中的福利变化项,很明显这一项的符号取决于广告对价格将会产生什么样的影响。第二项则是较 Dixit-Norman 法的新增项,很明显这一项的符号是正的。

这样我们就证明了前述第一个结论,如果 $P_M'(A_M) \leqslant 0$,也即如果广告对价格的作用是非递增的,那么厂商将广告的投放量增加至其最优水平以上将有利于社会福利的增加。也就是说,此时如果广告是价格不变或者价格递减的,那么

广告的投放是不足的。从直觉上讲,由于广告对价格的影响是非递增的,因此广告的增加所带来的消费者福利不会为厂商所侵占,从这个角度看厂商的广告投放自然是不足的。

现在我们结合信息型广告来考察这个问题,根据前面阐述的关于信息型广告的模型可知此时:$Q(P,A) = G(A)d(P)$,$R(A) = \bar{P}$。而根据(6.7)式,在厂商边际生产成本不变或者递减情况下,伴随广告投放量的增加,广告对价格的影响是非递增型的;也就是在一定条件下,信息型广告的投放量是不足的。[①]

上述在价格不变或递减的情况下广告投放量不足的结论对于补充性广告而言自然也是成立的。[②] 但是需要指出的是,与信息型广告不同的是,补充型广告认为除了传递信息外,广告的作用还包含塑造社会声誉等非实质信息的内容,这使得广告投放量的增加有可能会造成价格的上涨。一旦出现这种情形,我们就无法立即从(6.12)式中得出明确的结论。这是我们下面要解决的问题。

(2) 价格递增型广告的分析

我们用两种方法来研究这个问题。

首先从计算福利变化的角度来分析。我们来考虑 $Q(P,A)$ 的构造方式1的情形,此时有:

$$Q(P,A) = N\left(1 - \frac{P}{g(A)}\right), \quad R(A) = g(A)$$

此外我们还需要假定边际成本固定为 $c \in (0, g(0))$。这样根据(6.2)式可以解出:

$$P_M(A) = \frac{g(A) + c}{2}$$

因此,$P_M'(A_M) = \dfrac{g'(A_M)}{2} > 0$,很明显这时广告是价格递增型的。

并且,$Q_A(P,A) = \dfrac{NPg'(A)}{g^2(A)} > 0$。

这样根据(6.12)式可得下式:

$$\left.\frac{dW(P_M(A),A)}{dA}\right|_{A=A_M} = -Q(P_M,A_M)P_M'(A_M) + \int_{P_M}^{R(A_M)} Q_A(P,A_M)dP$$

$$= -N\left(1 - \frac{P_M}{g(A_M)}\right)\frac{g'(A_M)}{2} + \int_{P_M}^{g(A_M)} \frac{NPg'(A_M)}{g^2(A_M)}dP$$

---

① Kotowitz 和 Mathewson(1979)以及 Shapiro(1980)的早期研究是在边际成本不变的条件下进行的。

② 具体可参见 Nichols(1985)以及 Becker 和 Murphy(1993)对此所作的研究。

$$= -\frac{Ng'(A_M)}{2} + \frac{NP_M g'(A_M)}{2g(A_M)}$$

$$+ \frac{Ng^2(A_M)g'(A_M)}{2g^2(A_M)} - \frac{NP_M^2 g'(A_M)}{2g^2(A_M)}$$

$$= \frac{Ng(A_M)P_M g'(A_M) - NP_M^2 g'(A_M)}{2g^2(A_M)}$$

$$= \frac{Ng(A_M)P_M g'(A_M)\left(1 - \dfrac{P_M}{A_M}\right)}{2g^2(A_M)} > 0$$

由于此时广告投放量的增加会引起产品价格的上涨,因此会产生导致福利下降的 Dixit-Norman 效应;但是另一方面,根据上面的推导我们也可以发现此时还有增强福利的效应。并且在 $Q_A(P,A)$ 的构造方式 1 下,这种增强效应会占主要方面,也就是说,即便广告投放量增加会引起产品价格上涨,但这样不但对社会福利无损,而且会促使整体的社会福利增加。

下面我们从另一个角度来考察这个问题。[①] 与前面的分析不同,我们这里采用反需求函数 $P(Q,A)$,并且有 $P_A > 0 > P_Q$,因此厂商的利润函数也变为:

$$\pi(Q,A) = P(Q,A)Q - C(Q) - \alpha A$$

我们依然假设利润最大化的二阶条件满足。相应地,此时厂商利润最大化的一阶条件如下:

$$\pi_Q = P_Q Q + P - C' = 0 \tag{6.13}$$

$$\pi_A = P_A Q - \alpha = 0 \tag{6.14}$$

这样,根据(6.13)式可以得到 $Q_M(A)$,根据(6.14)式可以得到 $A_M(Q)$。因此,该利润最大化的解可以表示为 (Q_M, A_M),其中 $Q_M = Q_M(A_M)$,$A_M = A_M(Q_M)$。

此时社会福利函数可以表示为:

$$W(Q,A) = \int_0^Q P(x,A)\,\mathrm{d}x - C(Q) - \alpha A \tag{6.15}$$

我们现在依然来研究在厂商利润最大化的 (Q_M, A_M) 处,广告投放量进行微小变动时对社会福利的影响,如下式所示:

$$\frac{\mathrm{d}W(Q_M(A),A)}{\mathrm{d}A}\bigg|_{A=A_M} = \int_0^{Q_M} P_A(Q,A_M)\,\mathrm{d}Q + \left[P(Q_M,A_M) - C'(Q_M)\right]Q_M'(A_M) - \alpha$$

$$\tag{6.16}$$

下面我们需要作两个重要的假定:① 虽然广告的作用是价格递增的,但是

---

① 这里参考了 Spence(1975)和 Tirole(1988)的分析。

随着产品需求量 Q 的增加,这种递增作用是逐渐降低的,即 $P_{AQ} < 0$。② 在厂商利润最大化的 (Q_M, A_M) 处,广告投放量的一个微小增加不会降低利润最大化时的产出,即 $Q'_M(A_M) \geq 0$。在这两个假定下,根据(6.16)式可得:

$$\frac{\mathrm{d}W(Q_M(A), A)}{\mathrm{d}A}\bigg|_{A=A_M}$$

$$= \int_0^{Q_M} P_A(Q, A_M)\mathrm{d}Q + [P(Q_M, A_M) - C'(Q_M)]Q'_M(A_M) - \alpha$$

$$①\begin{cases} = [P(Q_M, A_M) - C'(Q_M)]Q'_M(A_M) - \alpha \\ \quad + [P_A(Q, A_M)Q]\Big|_0^{Q_M} - \int_0^{Q_M} P_{AQ}(x, A_M)\mathrm{d}x \\ > [P(Q_M, A_M) - C'(Q_M)]Q'_M(A_M) - \alpha + P_A(Q_M, A_M)Q_M \end{cases}$$

$$②\big\{ = -P_Q(Q_M, A_M)Q_M Q'_M(A_M)$$

$$③\big\{ \geq 0$$

上式中①处使用了条件 $P_{AQ} < 0$;②处使用了(6.13)式和(6.14)式的条件;③处使用了条件 $Q'_M(A_M) \geq 0$ 和 $P_Q < 0$。这样我们就可以得出如下结论:如果满足 $P_{AQ} < 0$ 和 $Q'_M(A_M) \geq 0$ 两个条件,那么即便广告投放量的增加会引起产品价格上涨,对于社会福利而言,广告的投放依然是不足的。

我们重新考察一下 $Q(P, A)$ 的构造方式 1,可以发现它与刚才的分析正好吻合,恰能满足这些条件。构造方式 1 中的反需求函数及其一些导数如下:

$$P(A, Q) = g(A)\left(1 - \frac{Q}{N}\right)$$

$$P_Q = -\frac{g(A)}{N} < 0$$

$$P_{AQ} = -\frac{g'}{N} < 0$$

在边际成本固定为 c 的条件下,根据隐函数定理,由(6.13)式可知:

$$Q'_M(A_M) = -\frac{\partial \pi_Q / \partial A}{\partial \pi_Q / \partial Q}\bigg|_{Q=Q_M, A=A_M}$$

$$= -\frac{\partial\left(-\dfrac{g(A)}{N}Q + g(A)\left(1 - \dfrac{Q}{N}\right) - c\right)\Big/ \partial A}{\partial\left(-\dfrac{g(A)}{N}Q + g(A)\left(1 - \dfrac{Q}{N}\right) - c\right)\Big/ \partial Q}\Bigg|_{Q=Q_M, A=A_M}$$

$$= \frac{-\dfrac{2g'}{N}Q + g'}{\dfrac{2g}{N}} \Bigg|_{Q=Q_M, A=A_M} = \frac{-2g'Q + Ng'}{2g} \Bigg|_{Q=Q_M, A=A_M}$$

$$= \frac{Ng'\left(g - \dfrac{2Qg}{N}\right)}{2g^2} \Bigg|_{Q=Q_M, A=A_M} = \frac{Ng'(A_M)c}{2g^2(A_M)} > 0$$

需要指出的是,虽然构造方式 1 主要是用来描述说服型广告,但是对于补充型广告也是适用的,尤其是当广告能够有助于产品的社会声誉增加时这一结论将会显得更加明显,而这常常正是补充型广告的一大主要作用。

3. 广告与价格

前面的理论分析主要是从实证和规范分析两方面来对广告进行阐述,并没有对广告与其他因素之间的关系进行专门论述,下面我们将主要研究广告与价格的关系。

与前面对单一厂商分析不同的是,本部分的分析主要在多个厂商进行竞争的产业结构中展开。这样,一家厂商广告投入的增加有可能会掠夺其他同行的业务并导致同行利润的降低。因此虽然在单个厂商的情形下,有可能因为厂商无法将因增多广告投放而增加的消费者剩余据为己有,而导致从社会的角度看广告投放是不足的,但是鉴于多个厂商情况下广告投放量的增加有可能产生商业掠夺效应,因此此时广告的投放对于社会的意义是过多、过少还是最优变得更为不确定。我们对广告与价格关系的论述正是要围绕这个主题来进行。

(1) 同质产品的情形

对这个问题的经典分析来源于 Butters(1977),这是最早的多厂商模型下对信息型广告的均衡分析。

该模型假定各厂商生产的产品同质,生产的边际成本均固定为 c。假定有 N 个消费者。广告以每单位 α 的成本在所有消费者之间随机分布,每单位广告只能被一个消费者所获得,并且只有消费者"收到"广告时才会知道该厂商的存在以及价格等信息。每个消费者都拥有相同的单位需求函数,假设每个消费者从其购买的一单位价格为 P 的产品中获得的剩余为 $R - P$。同时为了确保生产是具有社会价值的,还需要假定 $R > c + \alpha$。

在多厂商的模型下存在三种消费者:未得者、俘获者以及可选者。其中未得者是指由于没有收到任何广告,因此也不知道任何厂商,从而不会作出购买决策,自然也就不会得到效用的消费者。俘获者是指只收到了来源于某家特定厂商的广告的消费者,因此这部分消费者可视为被特定厂商"俘获"了,并且这些消费者只有在该厂商产品的价格不高于 R 时才作出购买决策。可选者是指那些从不止一个厂商获得广告的消费者,因而这部分消费者拥有更多的选择性,只要低于 R,他就可以选择价格最低的产品进行购买,当然如果这些不同厂商的产品价格也一样,那么这部分消费者将作出随机抉择。

下面我们以 $\Phi \in [0,1]$ 来表示某一消费者至少收到一条广告的概率,因此在 N 足够大时,某个消费者一条广告也收不到的概率是:

$$1 - \Phi = \left(1 - \frac{1}{N}\right)^A \approx e^{-\frac{A}{N}}$$

因此如果要保证所有消费者中有比例 Φ 至少得到一条广告,厂商所需要投放的广告数量为:

$$A = N\ln\frac{1}{1 - \Phi}$$

因此,为保证 Φ 比例的消费者至少得到一条广告,将会在广告上花费的社会成本为:

$$\text{ASC}(\Phi) = \alpha N\ln\frac{1}{1 - \Phi} \tag{6.17}$$

现在我们来考虑定价的问题。[①] 为简便起见,我们来研究厂商和消费者均足够多的情形,这意味着对于整个市场而言,每一单独厂商均可以忽略,并且无法对市场产生决定性影响。正如 Butters 所指出的,此时厂商广告所传递的定价 $P \in [c + \alpha, R]$ 所产生的期望利润为 0。以 $x(P)$ 来表示消费者收到传递价格 P 的广告时购买该广告产品的概率,很明显,这也是该消费者没有收到报价低于 P 的广告的概率。实际上,$x(P)$ 正是均衡状态时每一个厂商所面临的向下倾斜的需求曲线,之所以有异于完全竞争的水平需求曲线,是因为厂商可以通过广告传递信息来制造产品之间的差异;但之所以预期利润为 0,是因为投放广告会有相应的成本来抵消本应有的垄断利润。既然厂商在 $P \in [c + \alpha, R]$ 时的预期利润为 0,因此会有:

$$(P - c)x(P) - \alpha = 0$$

根据上式可以得到:

$$x(c + \alpha) = 1 > \frac{\alpha}{R - c} = x(R)$$

这样我们就大致描述了 Butters 所阐述的第一个关于信息型广告的垄断竞争结构下的均衡模型的主要方面。现在我们来考察其规范含义。

从社会计划者的角度看,一个新的消费者由于知道了某个厂商的存在而加

---

① Butters 证明在厂商数量有限的情况下在任意纳什均衡下厂商将采用混合策略,如有兴趣可以参考相关文献。

入购买者的行列,社会收益为 $R-c$,但这也会相应产生成本,根据(6.17)式可知为吸引一个消费者的购买而为之付出的社会成本为:

$$\frac{\text{ASC}(\varPhi)}{N} = \alpha\ln\frac{1}{1-\varPhi}$$

这样对于社会计划者而言将会有最优化问题:

$$\max_{\varPhi}\varPhi(R-c) - \alpha\ln\frac{1}{1-\varPhi}; \quad \text{FOC}:R-c-\frac{\alpha}{1-\varPhi^*} = 0$$

可以解出,最优的 $\varPhi$ 为:

$$\varPhi^* = 1 - \frac{\alpha}{R-c}$$

但是值得注意的是,在市场均衡下,如果消费者收到的广告的报价为 R,并且消费者接受了这样一个最高价格,购买了相应的商品,那么必然意味着该消费者没有收到任何其他广告,我们将这个概率表示为 $1-\varPhi^e$,则有:

$$1 - \varPhi^e = x(R) = \frac{\alpha}{R-c}$$

对照上述两式可得:

$$\varPhi^* = \varPhi^e$$

从直观的角度看,如果厂商将广告传递的报价定为最高值 R,只有当消费者没有收到其他任何广告时厂商才能获得 $R-c$ 的私人收益。此时固然由于 $R-P=0$,所有的消费者剩余完全丧失,但是根据 $\varPhi^* = \varPhi^e$ 可知此时也是从社会的角度看最优的水平。换句话说,厂商通过最高定价攫取了所有的消费者剩余,并且没有对同行产生商业掠夺效应,将会实现社会利益最大化。这实际上意味着从社会的角度看,此时广告的垄断竞争水平是最优的。[①]

这是一个值得注意的发现。虽然这一结论在更一般的情形下未必成立,但是它指出了广告,尤其是信息型广告的投放未必在市场均衡中就是扭曲的,也有可能本身就是社会最优的,这需要视不同的条件(如产品同质、单位需求等)而定。从这个角度讲,这个结论是值得注意的。

Butters 模型还可以从多个角度进行拓展,如有兴趣可以参见 Stegeman (1991)、Robert 和 Stahl(1993)、Stahl(1994)、McAfee(1994)以及 Roy(2000)等人的论述,这里不再一一详述。

(2)差异产品的情形

Grossman 和 Shapiro(1984)提出了一个包含横向产品差异的广告分析的空间竞争模型,在他们的模型中不但厂商置于一个圈上,而且厂商的数量本身是内

---

① 进一步的解释可参看 Tirole(1988, Section 7.3.2)的相关论述。

生的,有点复杂。为了简便起见,我们将主要阐述 Tirole(1988)的一个简化的空间竞争模型,它虽然比较简单但并不影响对主要问题的说明。

模型描述如下:

空间是一个长度为单位 1 的线段,其中厂商以及消费者的位置以 $x \in [0,1]$ 表示。

有两个厂商 1、2 位于一条长度为 1 的线的两端,为方便起见,厂商 1、2 的位置分别记为 $x = 0, x = 1$。两者的产品定价分别为 P_1、P_2。厂商生产的边际成本均固定为 c。

许多消费者均匀分布于该线上。每一个消费者对于 1 单位的理想产品都有一个保留价格 R,并且 R 是足够大的以至于只要消费者收到广告就会作出购买决策。此外,由于存在空间上的运输距离,因此消费者还面临着产品运输所带来的成本,每单位设为 d;并且假定运输总成本函数为二次的,即当处于 x 处的消费者购买厂商 1 的产品时所付的运输成本为 dx^2,前往厂商 2 购买产品时的运输成本则为 $d(1-x)^2$。

厂商生产的产品在物理属性本身上可以是有差异的或者是无差异的(本模型中我们假设为无差异的),但是由于在空间上存在与消费者距离的不同,进而由这种距离的不同将会产生不同的传递成本,从而使得原本无差异的产品出现了差异化,在本模型中,这种差异化的程度可以用运输的单位成本 d 表征,很明显 d 越大则产品之间的产异化程度也就越大,反之则越小。

关于广告,同 Butters 模型假定相类似:消费者只有收到厂商的广告才会知道该厂商的存在以及产品价格;并且每一条广告在消费者之间的分布是随机的。如果厂商 i 需要广告覆盖 Φ_i 比例(很明显,Φ 越大则需要的广告投放量越大)的消费者,则假定需要付出的成本为:

$$\mathrm{AC}(\Phi_i) = \frac{a\Phi_i^2}{2}, \quad a > \frac{d}{2}$$

如同 Butters 模型一样,这里也存在上述三类消费者。并且假定两个厂商的广告投放行为相互独立,则如果厂商 1、2 分别投放一定水平的广告以分别保证 Φ_1、Φ_2 的消费者被覆盖,那么一条广告也没有收到的未得者的比例为 $(1-\Phi_1)(1-\Phi_2)$;仅收到厂商 1 的广告而没有收到厂商 2 的广告的厂商 1 的俘获者的比例为 $\Phi_1(1-\Phi_2)$,同理厂商 2 的俘获者比例为 $(1-\Phi_1)\Phi_2$;同时收到两个厂商的广告的可选者的比例为 $\Phi_1\Phi_2$,并且假定可选者的比例充分大以至于厂商之间会为了这部分共同的需求而竞争,事实上只要广告的成本不太大这一情形就会出现。

对于位于 x 处的可选者而言,如果要使他在两个厂商之间所作的选择无差异则有：

$$P_1 + dx^2 = P_2 + d(1-x)^2$$

解此方程可得：$x = \dfrac{P_2 - P_1 + d}{2d}$。

因此，厂商 1、2 面临的需求分别为 $\dfrac{P_2 - P_1 + d}{2d}$ 和 $\dfrac{P_1 - P_2 + d}{2d}$。

这样，厂商 1、2 所面临的总需求如下所示：

$$Q_1(P_1, P_2, \Phi_1, \Phi_2) = \Phi_1(1 - \Phi_2) + \Phi_1 \Phi_2 \frac{P_2 - P_1 + d}{2d}$$

$$Q_2(P_1, P_2, \Phi_1, \Phi_2) = \Phi_2(1 - \Phi_1) + \Phi_1 \Phi_2 \frac{P_1 - P_2 + d}{2d}$$

这里需要指出的是，根据上述需求曲线可以发现这个模型是针对信息型广告的，这可以通过考虑一个简单的情形来证明。

当 $P_1 = P_2 = P$，$\Phi_1 = \Phi_2 = \Phi$ 时，厂商 1 的需求弹性为：

$$\varepsilon_P^1 = -\frac{\partial Q_1 / Q_1}{\partial P_1 / P_1} = -\frac{\partial Q_1}{\partial P_1} \frac{P_1}{Q_1} = \frac{\Phi_1 \Phi_2}{2d} \frac{P_1}{\Phi_1(1 - \Phi_2) + \Phi_1 \Phi_2 \dfrac{P_2 - P_1 + d}{2d}}$$

$$= \frac{\Phi_2 P_1}{2d(1 - \Phi_2) + \Phi_2(P_2 - P_1 + d)} = \frac{\Phi P}{2d - \Phi d}$$

从而，

$$\frac{\partial \varepsilon_P^1}{\partial \Phi} = \frac{\partial \dfrac{\Phi P}{2d - \Phi d}}{\partial \Phi} = \frac{P(2d - \Phi d) - (-d)\Phi P}{(2d - \Phi d)^2} = \frac{2dP}{(2d - \Phi d)^2} > 0$$

既然需求的价格弹性随着 Φ 的增加而增加，自然意味着需求价格弹性也随着广告投放量的增加而增加，而这正是信息型广告的性质，因此我们说这个模型主要是关于信息型广告的。

我们现在假设，在这个双寡博弈模型下，两个厂商都是独立地决定自己的价格 P 以及广告覆盖面 Φ，这样厂商 1 将面对如下利润最大化问题：

$$\max_{P_1, \Phi_1} \pi_1 = (P_1 - c)Q_1(P_1, P_2, \Phi_1, \Phi_2) - AC(\Phi_1)$$

根据对称性可知两个厂商在各自利润最大化时有 $P_1^e = P_2^e = P^e$，$\Phi_1^e = \Phi_2^e = \Phi^e$，并且此时将会实现双寡均衡（因此字母的右上均以 e 标识之）。下面我们来求解上式。[①]

---

① 此处 SOC 是显然成立的，详细证明此处不赘述。

$$\text{FOC:} \frac{\partial \pi_1}{\partial P_1} = Q_1 + (P_1 - c)\left(\frac{-\Phi_1 \Phi_2}{2d}\right) = 0$$

$$\frac{\partial \pi_1}{\partial \Phi_1} = (P_1 - c)\left(1 - \Phi_2 + \Phi_2 \frac{P_2 - P_1 + d}{2d}\right) - a\Phi_1 = 0$$

将 $P_1^e = P_2^e = P^e$、$\Phi_1^e = \Phi_2^e = \Phi^e$ 代入 FOC 中可解得:

$$P^e = \sqrt{2ad} + c \qquad\qquad (6.18)$$

$$\Phi^e = \frac{2\sqrt{d}}{\sqrt{2a} + \sqrt{d}} \qquad\qquad (6.19)$$

这样将(6.18)式和(6.19)式代入到目标函数中将会得到两个厂商均衡时各自的利润:

$$\pi^e = \frac{2ad}{(\sqrt{2a} + \sqrt{d})^2} \qquad\qquad (6.20)$$

为了说明上述值的意义,我们需要与没有广告但信息完全时的情形相比较,此时厂商 1 需求函数以及面对的利润最大化问题如下所示:

$$Q_1^c(P_1, P_2) = \frac{P_2 - P_1 + d}{2d}$$

$$\max_{P_1} \pi_1^c = (P_1 - c)Q_1^c(P_1, P_2)$$

$$\text{FOC:} \frac{\partial \pi_1^c}{\partial P_1} = Q_1^c + (P_1 - c)\left(\frac{-1}{2d}\right) = \frac{P_2 - 2P_1 + d + c}{2d} = 0$$

同样根据对称性可知,均衡时有 $P_1^{ce} = P_2^{ce} = P^{ce}$,代入到上式可以得出均衡时:

$$P^{ce} = d + c$$

$$\pi^{ce} = \frac{d}{2}$$

首先,我们来看一下(6.18)式,由于 $a > \frac{d}{2}$,很明显 $\sqrt{2ad} + c > d + c$,即广告下的均衡价格要大于没有广告存在时的均衡价格。之所以如此,是因为与完全信息从而不需要广告存在的情形相比,空间上信息、产品传递时存在的成本差别,不但会造成产品差异化,而且会造成需求的价格弹性降低。然而这并不是说广告会造成价格上升,事实上在我们的模型假设下,没有广告则意味着没有厂商信息和产品价格信息等传递到消费者那里,那么消费者根本就不知道厂商的存在而无法实现交易,这时可以视做价格无穷大。[①] 事实上结合(6.18)式和(6.19)式可以发现,如果广告的成本 a 降低,那么在广告投放量增加的同时,均衡价格是下降的。

其次,我们再来看一下(6.19)式,有如下不等式:

$$\frac{\partial \Phi^e}{\partial a} = - \frac{\sqrt{2d}a^{-1/2}}{(\sqrt{2a} + \sqrt{d})^2} < 0$$

$$\frac{\partial \Phi^e}{\partial d} = \frac{\sqrt{2a}d^{-3/2}}{2(\sqrt{2a/d} + 1)^2} > 0$$

因此,可以看出均衡广告水平将会随着广告成本 a 的降低而增加,随着产品差异化程度的提升也即 d 的上升而上升。这实际上意味着产品的差异化程度越大,将会导致越高的广告均衡水平。因此,在 Crossman-Shapiro 模型中,广告是内生的,是产品的差异化引起了广告行为。[②]

最后,我们来看一下(6.20)式,有如下不等式:

$$\frac{\partial \pi^e}{\partial a} = \frac{\partial \frac{2ad}{(\sqrt{2a} + \sqrt{d})^2}}{\partial a} = \frac{\partial \frac{1}{(1/\sqrt{2a} + 1/\sqrt{d})^2}}{\partial a} = 2\left(\frac{1}{\sqrt{2a}} + \frac{1}{\sqrt{d}}\right)^{-3}(2a)^{-\frac{3}{2}} > 0$$

$$\frac{\partial \pi^e}{\partial d} = \frac{\partial \frac{2ad}{(\sqrt{2a} + \sqrt{d})^2}}{\partial d} = \frac{\partial \frac{1}{(1/\sqrt{2a} + 1/\sqrt{d})^2}}{\partial a} = \left(\frac{1}{\sqrt{2a}} + \frac{1}{\sqrt{d}}\right)^{-3}(d)^{-\frac{3}{2}} > 0$$

这意味着,均衡时厂商的利润水平将会随着产品的差异化程度 d 的提升而增加,这并不令人感到意外。但是广告成本 a 的增加会导致均衡时厂商利润的增加,这一点乍看起来是令人吃惊的,但实际上即便是从直观感觉上也是可以理解的。如果其他条件不变,a 增加,那么通常厂商会减少广告的投放,由于 Crossman-Shapiro 模型是关于信息型广告建模的,因此广告投放的减少意味着需求的价格弹性降低,因此提高了厂商的议价能力,厂商可以通过提价的策略来增加自己的盈利,这里利润之所以随着 a 的增加而增加,正是因为这样一种效应占据了主导地位。

综合(6.19)式和(6.20)式,可以看出该模型对广告和厂商利润之间的关系的看法,既不是广告投放决定了厂商的利润,也不是厂商的利润决定了广告水平,而是两者同时被一些外生的变量所共同决定,就本模型而言是由 d 和 a 决

---

① 更详细的论述可参见 Stigler(1961) 和 Ozga(1960),他们认为消费者的信息不充分会导致更高的价格,而广告却由于会传递信息而降低价格。

② 需要指出的是这个结论恰与 Comanor 和 Wilson(1967,1974)的经验解释相反,他们认为是广告引起了产品的差异化问题。

定,即产品的差异化程度以及广告成本决定。

不过从规范分析的角度看,该模型最重要的启示在于指出了市场所形成的广告水平有可能是不足或者是过多的。这是由于此时广告投放增加将会产生多种效应,主要的有如下三种。

① 新增消费效应:如果新增的一单位广告为一个原本的未得者所获得,由于消费者的需求曲线是向下倾斜的,这意味着厂商无法侵占新增消费者所购买的产品而获得消费者剩余,此时厂商增加一单位的广告投放所带来的社会收益大于厂商的私人收益,这时从社会的角度讲,广告自然是不足的。

② 消费匹配效应:如果新增的一单位广告为原本的俘获者获得,并且该俘获者的位置恰好距增加广告投放的厂商更近些,理性的消费者会更改最初的决策而选择更近的厂商进行购买,没有机制会使得因消费者优化决策而带来的利益增加将会被厂商完全攫取,从这个角度讲,广告的投放也是不足的。

③ 商业掠夺效应:厂商可以通过增加广告的投放来掠夺同行的业务从而增加自己的获利,这种行为我们前面称之为商业掠夺,这只不过是同一个业务在不同厂商之间的分配,而对社会收益没有影响,但是厂商将为之付出代价,这也是社会的代价,很明显这种商业掠夺效应与马歇尔(1919)所阐述的广告的进攻性概念相类似,因此这种效应会造成广告投放过多。

还有许多模型属于该模型的拓展,很多类似的模型也阐述了相似的问题,如果有兴趣,可以参看 Rogerson(1988)以及 Bester 和 Petrakis(1995)等人的相关论述。

(3) 非价格广告

对这类不(主要)传递价格信息的广告的经典分析来源于 Bagwell 和 Ramsey(1994)对现代零售市场的研究。他们发现这个市场有两个突出的特点:一是在许多零售领域广泛存在大、小厂商并存的现象,而那些大厂商又通常有一些共同的特点,如更高的销售量、更大的广告费用支出、更低的价格以及在先进销售技术上更大的投资①;二是在这些零售厂商之间存在通过非价格广告进行的竞争,例如大家常见到的、常听到的电视或者收音机广告很少包含或者根本就没有价格等实质性信息。正是观察到这些特征事实,Bagwell 和 Ramsey 才提出了关于零售厂商的新模型,并提供了零售厂商非价格广告模型的均衡解释。

这个零售模型的描述相对比较简单,其中有一个垄断厂商,预期有 $N>0$ 个消费者,并且每个消费者有一个正的、向下倾斜的个人需求曲线 $q(P)$。该垄断

---

① 先进销售技术包括电子扫描检测等先进信息系统以及自有仓库和卡车等构成的更有效的运输体系等。

厂商的定价为 $P \geq 0$,销售技术的投资水平为 $K \geq 0$,资金价格为 $r > 0$。由于先进的销售技术将会带来销售成本的降低,因此零售厂商单位产品的销售成本为 $c = c(K)$,且满足 $c'(K) < 0, P - c > 0$。

这样厂商面对如下利润最大化问题:

$$\max_{P,K} \pi(P,K,N) = (P - c(K))Nq(P) - rK$$

我们假定上式的二阶条件成立,将会有一阶条件如下:

$$\text{FOC}: \pi_P = Nq(P) + (P - c(K))Nq'(P)$$

$$= N[q(P) + (P - c(K))q'(P)] = 0$$

$$\pi_K = -c'(K)Nq(P) - r = 0$$

这样会得出可以实现厂商利润最大化的价格 $P_M(N)$ 和投资 $K_M(N)$,相应的最大化利润为:

$$\pi^*(N) = \pi(P_M(N), K_M(N), N)$$

$$= [P_M(N) - c(K_M(N))]Nq(P_M(N)) - rK_M(N)$$

基于上述一阶条件以及最大化利润的表达式,我们来作这样几个有意思的推导:

$$\frac{d\pi^*(N)}{dN} = \frac{d[(P_M - c(K_M))Nq(P_M) - rK_M]}{dN}$$

$$= (P'_M - c'K'_M)Nq(P_M) + (P_M - c(K_M))q(P_M)$$

$$+ (P_M - c(K_M))Nq'P'_M - rK'_M$$

$$= P'_M N[q(P_M) + (P_M - c(K_M))q']$$

$$+ (-c'Nq(P_M) - r)K'_M + (P_M - c(K_M))q(P_M)$$

$$= (P_M - c(K_M))q(P_M) > 0$$

$$\pi_{KN} = -c'(K)q(P) > 0$$

$$\pi_{KP} = -c'(K)Nq'(P) < 0 \tag{6.21}$$

前面我们已经假定二阶条件满足,或者说是海塞矩阵负定,因此 $\pi_{KK} < 0$,这样基于一阶条件、根据隐函数定理以及求导的链式法可以得到:

$$K'_M(N) = -\frac{\pi_{KN}}{\pi_{KK}} > 0 \tag{6.22}$$

$$P'_M(K) = -\frac{\pi_{KK}}{\pi_{KP}} < 0$$

$$P'_M(N) = P'_M(K)K'_M(N) < 0 \tag{6.23}$$

这样 Bagwell 和 Ramsey 就构建了一个美妙的协调经济,因为当厂商的预期

消费者数量 N 增加时：① 我们可以预期由于市场的扩大，垄断厂商的利润可能会增加，而(6.21)式证明了在这个模型下确实如此，简单地说，预期消费者数量的增加会带来厂商利益的增加；② 根据(6.22)式可以发现，消费者数量 N 的增加，还会带来垄断厂商用于提升销售技术的投资增加，而 $c'(K) < 0$，这就意味着消费者数量的增加会带来垄断厂商单位产品销售成本的下降，从而有可能刺激销售量的提升；③ 根据(6.23)式可以看出，随着消费者数量 N 增加，产品的销售价格将会下降，很明显这会对消费者产生更大的吸引力，因为产品价格的下降对于消费者而言通常是有利的。总之，消费者数量的增加将对厂商与消费者同时产生利好，这样我们就可以说 Bagwell 和 Ramey 构建了一个协调经济。

根据这个模型，广告并不一定需要传递价格等实质性信息，只要广告可以吸引更多的消费者，即 $N'(A) > 0$，那么由于垄断厂商预期广告的出现或者是广告投放量的增加会带来消费者数量的增加，从而厂商会增加用于提升销售技术的投资，并最终会实现单位销售成本的降低以及产品价格的下降。因此从这个角度讲，消费者会受非价格广告的影响正是其理性选择的体现，这会带来消费者、厂商双方利益的共同增进，是一种双赢状态。

需要指出的是，我们虽然是在垄断的市场结构下得出这个结论，但实际上这一点在多厂商的市场结构下依然成立，只要厂商预期自己增加广告投放会带来市场份额的提升即可。[①]

这样我们从广告与价格的关系角度阐述了几个简单的模型，事实上经济学家对这个问题的研究还有很多，如果有继续研究的兴趣可以参考后面所列的进一步阅读文献和参考文献。

第三节　广告的经验分析

经济学对广告的分析除了大量的理论模型之外，还有为数众多的经验分析，由于这些文献的数量如此之多，以至于我们无法完全阐述，实际上这样做也无必要，下面我们将分几个主题，简要阐述一些主要的经验研究文献。我们将主要阐述广告的直接影响和间接影响两方面的经验研究，其中直接影响主要包括广告销售量、品牌忠诚度与市场份额稳定性的影响以及关于广告规模经济的研究；间接影响包括对产业集中度、利润、进入壁垒、价格、质量等影响的研究。

---

① 关于非价格广告的分析，Bagwell 和 Ramsey 还有更深入的论述，如有兴趣可参阅 Bagwell 和 Ramey (1994a)以及 Bagwell 和 Ramey (1994b)。

1. 广告的直接影响

我们这里所说的广告的直接影响,主要就是对于投放广告的厂商而言,广告对其当前以及未来的销售量的影响、对其他厂商销售量的影响,以及与之相伴随产生的消费者品牌忠诚度的问题;另外一个与销售量相关的直接影响就是广告的规模经济。对这些问题,下面将一一进行阐述。

(1) 销售量

在20世纪70年代初就出现了大量研究销售量、市场份额与广告之间关系的文献,不过正如Schmalensee(1972)所指出的,早期的大多数研究都存在严重的局限性。

关于广告与销售量关系的经验研究的重大突破来自于Lambin(1976)的开创性努力,在Lambin的研究中使用了大量的销售、质量、价格以及广告数据,这些数据来自于20世纪60年代至70年代之间的8个西欧国家,包含了16个产品种类107个品牌,这使得Lambin有丰富的数据可以作深入的研究,并且得出了许多有意思的结论。他发现品牌广告对于品牌当前的销售量和市场份额有显著的、正向的影响。但是使用滞后分布模型所作的研究却发现,无论是对当前还是未来的销售量的影响,相对来说广告的作用可能都是有限的,而产品的价格与产品的质量的作用可能更大一些。此外,他还指出厂商的销售量与同行的广告投放量呈负向关系,并且某厂商品牌广告投放量的增加很有可能会引起同行增加广告投放以应对之。事实上,Lambin的研究并不能有效地支持广告提升需求的观点,不过他倒是更多地证明了随时间的推移,其他厂商的广告反应弹性通常是正的,也就是说广告有可能会引起同业者之间的竞争,这暗示了广告可能具有进攻性。这些发现在随后的其他一些研究中都得到了不同程度的发展,如Palda(1964)、Peles(1971)、Telser(1962)以及Brown(1978)等。

这方面的另一项重要研究来自于Clarke(1976),他在考察了各种滞后分布研究之后提出了"数据区间偏误"(data-interval-bias)的问题。他发现很多研究使用的是年度数据,但实际上广告对销售量的影响很可能在一个更短的时期内就发生了"折旧",这样在经验研究中估计相关折旧率时很可能会出现偏误。在使用了更短周期的数据后,Clarke(1976)认为广告对销售量的累积影响将只能维持3—15个月,这种影响通常在一年或更短的时间内就折旧完毕,因此可以说广告对销售量的影响不过是一种短期影响。在此之后,很多文献也从短周期数据出发,得出了相似的结论,相关研究可以参见Granger和Schmalensee(1980)、Boyd和Seldon(1990)、Seldon和Doroodian(1989)等人的文章。

但是这依然有一个问题,正如Nelson(1974)所指出的那样,虽然广告可以影响短期的销售量,但在长期销售量等因素会更多地取决于产品质量等因素。

而且由于生产高质量产品的厂商更有可能投放更多的广告,因此没有充分考虑质量等因素的经验研究很可能会高估广告对未来销售量的影响。对此,Landes和 Rosenfield(1994)进行了研究,他们使用了来自 CompuStat 的 1982—1986 年间 417 家厂商的数据,最终证明在不考虑质量等厂商特定因素的情况下,滞后分布方法确实会高估广告对销售量影响的持久性。类似的观点在 Thomas(1989)、Kwoka(1993)的研究中也有所体现。

除了关于影响的持续时间的实证研究外,关于广告对销售量影响的实证研究的第二个重要方面就是对广告进攻性的实证研究,简单地说就是某厂商的广告行为会不会影响其他厂商的销售量,进而会不会引起其他厂商的报复。Metwally(1975,1976)通过对澳大利亚某产业领导品牌的研究发现,不但广告的反应弹性是正的,而且发现存在显著的抵消效应(cancellation effect),这说明随着时间的推移厂商广告对销售量所带来的正面作用,将由于会遭致同行的报复行为而出现相互抵消的现象。Alemson(1970)通过对澳大利亚烟草行业的研究发现,进入者希望通过广告获得市场份额,会引起在位者通过广告投放来保持自己的市场份额的"报复"行为,最终的结果会导致相互抵消效应的出现。类似的观点还可以在 Cubbin 和 Domberger(1988)以及 Thomas(1999)等人的研究中发现。

第三个主要的研究方向是关于广告对整个产业销售量的影响。一方面,Cowling 等(1975)的研究表明在英国烟草业中两者之间存在正向关系;Seldon 和 Doroodian(1989)的研究表明在美国烟草业中两者也存在正向关系,此外还有 Nerlove 和 Waugh(1961)对美国橘子产业以及 Kwoka(1993)对美国汽车产业的研究均发现广告与产业销售量之间存在正向关系。但是另一方面,Baltagi 和 Levin(1986)、Hamilton(1972)、Schmalensee(1972)的研究却认为在美国烟草市场上并不存在这种正相关,Cowling 等(1975)的研究表明美国速溶咖啡市场也不存在这种正向关系。因此可以简单地说,在一些产业确实存在广告可以增加整个产业基本需求的现象,但是并不是所有的产业都会出现这种正相关。

总之,这方面的经验研究主要得出了如下三个结论:① 厂商当期的广告确实会伴随着销售量的上升而上升,但是这个效应通常是短期的;② 从本质上来说,广告通常是具有进攻性的,由于一个厂商增加广告投放通常会减少同行的销售量或者市场份额,因此通常会引起同行也增加广告投放以抵消这种效应;③ 广告对整个产业的基本需求的影响模糊不清,并且会因产业的不同而不同。

(2)品牌忠诚度与市场份额稳定性

对这个问题的实证研究主要集中于两个方面,一是通过估计品牌的市场需求函数来考察当广告的投放量增加时消费者是不是出现更多的惰性倾向,或者是研究随着广告强度的增加会不会出现产品的价格弹性降低的现象;二是通过考察广告与市场份额稳定性之间的关系来推断品牌忠诚的程度。

在前一个研究方面,Lambin 通过对消费者惰性的度量来描述品牌忠诚度,在滞后分布模型中,Lambin(1976)认为可以用对消费者惰性的度量来解释相关滞后系数,而且他发现在大多数的产业中均存在这种显著的惰性效应,但是Lambin 并没有发现在品牌惰性和品牌广告强度之间存在显著的、正向的关系。然而,根据 Kwoka(1993)、Landes 和 Rosenfield(1994)以及 Thomas(1989)的研究,与品牌忠诚度相伴随更多的是品牌特异性的产品质量等因素,而不是广告。此外,Lambin(1976)指出自己的研究对于广告降低需求弹性给予了微弱的支持。事实上,在 20 世纪 70 年代后期,关于广告对需求弹性影响的研究出现了长足进步,但是正如 Boulding、Lee 和 Staelin(1994)所指出的那样这些研究都存在一些重要缺陷,他们使用了 PIMS(Profit Impact of Market Strategies)数据,研究发现当期的广告会降低厂商所面对的未来的需求价格弹性。

前面已经提到第二个主要的研究领域是研究广告与市场份额稳定性之间的关系,Telser(1964)认为广告与市场份额稳定性是相关的,很多研究也支持这一观点,如 Ferguson(1967)对酒行业的研究,Backman(1967)关于非耐用消费品的研究,Alemson(1970)对澳大利亚烟草业的研究以及 Reekie(1974)关于英国食品、化妆品等特定行业的研究。不过从较新的文献所作的研究来看,还是支持Telser(1964)观点的更多些,如 Hirschey(1981)、Eckard(1987,1991)、Sass 和Saurman(1995)等人的研究都从自己的研究角度提供了或多或少的支持证据。

但是需要指出的是,由于数据的限制,我们还不能对这个结论表示过多的认可,因为这些研究并没有提供强有力的证据表明广告可以持续地提升品牌忠诚度或者市场份额的稳定性。

(3)广告规模经济

概括地讲,广告规模经济主要来源于两个方面:一是广告的存量越大,广告对销售量的边际效应可能也就越大;二是随着广告投放数量的增加,广告的单位成本可能会降低。

首先,我们来考察规模经济的第一个可能来源。对此不但直觉上广告对销售量的边际效应有可能递增或降低,而且 Chamberlin(1933)和 Ozga(1960)也早就指出在广告对销售量的边际影响中存在相互冲突的效应。

在经验研究当中,很多研究是将销售量对广告进行回归,但是提供的证据却说明广告的效应受到了递减回报的影响。类似的观点广泛地见于 Simon(1969)、Telser(1962)、Lambin(1976)、Albion 和 Farris(1981)、Arndt 和 Simon(1983)以及 Berndt(1991)。Simon 曾经对这些研究总结到,没有任何一条强有力的证据表明广告会带来递增报酬的先验信念是正确的。

需要指出上述研究的回归方法是在保持其他投入量不变的情况下说明了加倍的广告却没有带来加倍的销售量。但是正如 Comanor 和 Wilson(1974,1979)所强调的那样,规模经济通常也许是伴随着所有投入的同比例增加。如果广告的规模经济只有在其他营销和生产投入同比例增加的情况下才能实现,那么这一观点有可能是十分重要的。Brown(1978)以及 Seldon、Jewell 和 O'Brien(2000)等人从这个角度进行了研究,但是得出的结论也是不确定的。

另外一些经验研究更多地强调品牌之间的异质性。比较典型的研究来自于Boyer 和 Lancaster(1986),他们对 11 种产品 174 个品牌进行了研究,认为以比较小的广告支出份额来实现不成比例的大的品牌市场份额的假设鲜能获得数据支持。言外之意是说明这个角度的研究也无法证明广告的规模经济。甚至在Thomas(1989)的研究中,有证据表示在烟草和软饮料行业是存在广告规模不经济的。

以上的经验研究总的来看,即便存在广告规模经济也不大可能来源于前一个方面,现在我们来看关于后一个方面的研究。随着广告投放量的增加广告投放的单位成本降低的第一个可能的主要原因是,广告费用安排更青睐大型客户。在这个问题上曾经出现过一场激烈的争论,尤其是在 20 世纪 60 年代。比较典型是争论是,Blake 和 Blum(1965)曾经经验性地观察到电视广播网上广告的公开费用表随着数量增加将会出现显著的折扣;但是 Blank(1968)并不认为如此,他强调在公开的价格表和实际支付的价格表之间是存在较大差别的,而且他通过使用 1965—1966 年的数据发现,由于大型客户是在收视率更高的节目投放广告,因此大型客户反而通常会为广告支付更高的单位成本。

第二个可能的主要原因是较之于局域电视广告,大型广告客户更喜欢在全国电视平台上做广告。事实上,这一点的争议也比较多,Porter(1976)就认为在获得相同的广告覆盖面上,通过全国电视平台做广告要比通过局域电视平台做广告存在一个显著的成本优势;但是 Peterman(1979)的经验研究却表明两者之间的差距远没有 Porter(1976)所认为的那么大。此外需要指出的是,Scherer 和Ross(1990)的研究发现,即便这种成本优势存在,也会由于全国电视平台比较缺乏灵活性,而局域平台在适应局域市场上具有天然的优势,从而抵消这种成本优势。

可以看出,这两种有明确思路的经验研究都没能给广告规模经济带来足够的支持,但是仍有其他一些文献试图通过其他途径来为广告的规模经济寻找间接证据。如 Comanor 和 Wilson(1967,1974)、Mueller 和 Rogers(1980,1984)等人的研究,但是依然无法为广告的规模经济提供足够的证明。

因此综合以上经验研究,我们只能暂时总结出以下几条还并不牢固的结论:

一是总的来看,大部分的经验研究表明一旦广告投放量超过了一定水平,那么将会出现规模报酬递减,并且这个水平将随产业的不同而不同,实际上很多产业的这个水平是相当低的;二是通过对电视广告费率表的研究,证明存在有利于大型广告客户的差异化价格证据不足;三是虽然直接证据不足,但是却有一些间接证据暗示着广告规模经济也许存在。

2. 广告的间接影响

这一部分我们主要介绍广告同集中度、利润、进入壁垒、价格以及质量之间关系的经验研究。

(1) 集中度

Kaldor 和 Silverman(1948)最早进行了关于广告与集中度关系的经验研究,他们研究了1938年的118个产业,以占行业市场80%比重的厂商数目表示集中度,他们的研究发现在8厂商集中度的行业中广告强度最高,当厂商的数目超过9或者低于4时广告强度会出现明显下降,因此广告强度同集中度之间存在倒U形关系。而 Schnabel(1970)对 Kaldor 和 Silverman 所使用数据进行的重新研究发现,大规模广告投放同寡头垄断的产业结构是相关的。

对此问题进行研究的另一个方面是通过回归分析以及对产业集中度的标准度量(如CR4)的方法,这个方面有两种研究思路,首先是采用行业间的数据来考察广告强度与产业集中度之间的关系。Telser(1964)最早从这个角度进行了经验研究,但是发现两者之间的关系是微弱的。事实上,在 Comanor 和 Wilson (1974)、Guth(1971)、Lambin(1976)和 Schnabel(1970)等人的经验研究中也均没有发现广告强度和集中度之间存在计量上的显著关系;即便 Ornstein 和 Lustgarten(1978)的经验研究表明虽然这种关系在计量上是显著的,但在经济上并不是显著的,也就是说现实的经济中这种关系非常微弱。不过有意思的是,Nelson(1975)通过对 Telser(1964)所使用数据的重新研究发现,在非耐用经验品以及耐用品上广告强度与集中度之间确实不存在显著的关系,但是在搜寻品上,广告强度与集中度之间存在显著关系。

这一方面研究的第二条思路是,采用某个存在不同品牌或不同地域等市场划分的特定行业数据进行研究。比较典型的研究来自于 Edwards(1973),他的回归数据是来自23个不同的大都会地区的36家大型银行,他定义的集中度为一地区前三大银行存款占该地区银行总存款的比率,不过 Edwards 的经验研究再一次表明在广告强度和集中度之间不存在显著关系。类似的还有 Vernon (1971)以及 Sass 和 Saurman(1995)等人所作的研究,其结论也基本上持否定态度。

另外一些研究是从时期变化的角度来考察广告是否是集中度变化的决定因

素之一,也是采用产业间的数据。Mueller 和 Hamm(1974)研究了 1947—1970 年间美国的 166 个产业,他们发现在一定条件下,广告强度与 CR4 的变化之间存在显著的正向关系。Mueller 和 Rogers(1980,1984)通过多元回归分析所作的研究认为,1947—1977 年间,对于解释美国消费品行业的 CR4 变动而言,电视广告发挥了不但显著而且较大的作用。这看起来好像支持了说服型广告会增强市场势力的观点。

但需要指出的是,上述的研究实际上暗含着也许是电视广告这种特定形式的广告实现了这种正向关系,就此实际上还存在许多得出相反结论的研究,例如 Lynk(1981)观察到在美国那些大幅度提升电视广告比例产业的集中度有下降的倾向,他认为这是由于电视广告使得广告传递信息的成本降低从而诱使更多的新厂商进入原产业,从而降低产业集中度。这又有点像信息型广告的一些特征。更有意思的是,在 Eckard(1991)对美国烟草电视广告禁令的时间序列的分析中,他发现在没有发布禁令前,美国烟草业的集中度实际上是呈下降趋势的,但在禁令发布后美国烟草业的集中度却反而呈上升趋势。

以上我们介绍的都是从广告对产业集中度产生影响的角度进行的研究,但是实际上,两者之间很可能存在相互影响的关系,即产业集中度也可能会影响广告的投放量。事实上,经济学家早在 20 世纪 70 年代就开始强调这方面的研究。不过 Cable(1972)、Cowling 等(1975)、Cable(1975)、Greer(1971,1973)、Martin(1979)、Sutton(1974)、Strickland 和 Weiss(1976)、Weiss 等(1983)等人的经验研究表明这种关系很可能是更为复杂的一种函数关系,而不是简单的线性关系。但是早期的研究也没有足够的证据表明这是一种二次关系,这一点可参见 Brush(1976)、Mann 等(1973)、Ornstein(1977)、Ornstein 和 Lustgarten(1978)等人的研究;甚至根据 Reekie(1975)的研究,这两者之间的正向关系假定也只能获得很少的支持。

但是随后的一些研究发现两者之间可能是存在二次关系的。如 Buxton 等(1984)使用 51 个英国产业的研究数据,并将广告强度视为因变量,分析结果发现广告强度与产业集中度之间存在显著的二次关系。类似的还有 Uri(1987)的研究,他发现两者之间存在倒 U 形的函数关系。不过对这种倒 U 形关系并没有确定的解释,如有兴趣可参见 Greer(1971)等人的论述。

总之,广告同产业集中度之间的关系是复杂的。首先正如 Telser(1964)所指出的那样,没有足够的证据表明在广告和集中度之间存在线性的、正向的关系;其次,有一些经验研究认为两者之间的关系是二次的,还有一些研究发现在消费品制造业中,电视广告的出现同随后的产业集中度上升之间存在联系,但是到现在为止,关于这些经验关系的解释还并不能令人满意。

114

（2）利润

Comanor 和 Wilson(1967,1974)通过对美国消费品制造业的研究发现,在广告强度和利润之间存在较强的正相关。得出类似结论的经验研究还有很多,例如 Ravenscraft（1983）、Connolly 和 Hirschey（1984）、Gomes（1986）、Peterson（1992）等人使用美国数据进行的研究;Cowling 等（1975）、Geroski(1982)、Khalilzadeh-Shirazi(1974)以及 Nickell 和 Metcalf(1978)等人使用英国数据所作的研究;Jones 等(1973,1977)等人使用加拿大数据以及 Caves 和 Uekusa(1976)等人使用日本数据所作的研究均发现类似的正向观点。但这并不是说不存在得出相反结论的经验研究,例如 Salinger(1984)的研究发现广告并没有给利润带来显著的、正向的作用。但是,就目前大多数的研究而言,确实普遍认为广告强度同利润之间是存在正向关系的,这样基于当前的经验研究,我们姑且认为这是一个特征事实。

围绕上述特征事实展开的经验研究基本上可以划分为两个部分。第一个研究主题即广告与利润的这种关系会不会因为产业的不同而出现显著不同。根据 Weiss 等(1983)所作的研究,相比于消费品制造业而言,在生产资料制造业中广告强度对利润的作用要弱些。Domowitz 等(1986)的研究也支持了这一判断。此外,Esposito 和 Esposito(1971)、Jones 等(1977)以及 Miller(1969)还对此有更深层次的研究。

事实上两者之间的关系因产业的不同而不同,不但是在生产资料制造业和消费品制造业之间存在较大区别,即便同是消费品制造业,不同的细分产业之间也存在不同。Copeland(1923)、Chamberlin(1933)以及 Porter(1974,1976)将消费品又分为便利品（convenience goods）和非便利品（non-convenience goods）,其中便利品是指那些诸如牙膏、肥皂等价格较低、消费者经常购买的消费品,非便利品指的是那些诸如家具、汽车等价格较高且消费者不经常购买的消费品。Porter(1974,1976)通过对 42 个美国消费品产业的研究发现:对于便利品而言,广告是决定利润的重要因素;但是对于非便利品而言,广告对利润的解释能力显著降低了。

还有一些经济学家是从区分消费品制造业以及直接与消费者打交道的零售与服务业的角度进行研究的。比较典型的研究来自于 Boyer(1974),他研究了包含消费品制造商与零售、服务业部门的数据,除了再一次验证了在消费品制造业中广告与利润呈显著的正相关关系,最重要的是他发现在零售与服务业中广告对利润的影响不但是是弱的,而且是负的。

另外一些研究是从重新审视以往研究所使用的数据度量方法上展开的。比方说关于广告量和利润率的度量,如果广告的效果是可持续的,并且存在一个随时间推移而影响逐渐降低的折旧率问题,那么用当期的会计利润率和当期的广告投放量作回归就不合适。不过根据 Weiss(1969)的研究,即便认为广告的效力是持续的,在相关折旧率为每年 33% 的假设下,广告强度与利润之间仍然存在正向关系。并且 Comanor 和 Wilson(1974)使用更高折旧率的经验研究也证实了这一点。但是,如果折旧率相当低,就会出现相反的另一种情形,例如 Bloch(1974)对所有厂商使用统一年均 5% 的折旧率发现,广告对真实利润率并不存在一个统计上显著的影响;Ayanian(1975)使用一个较 Bloch(1974)略高但是在产业间变化的折旧率所进行的研究,也发现了类似的情形。但是需要指出的是,在前面广告对销售量的影响部分我们已经指出,广告的影响力很可能是在较短期内就折旧完毕,这意味着折旧率应该比较高。

还有一些研究关注广告与利润的正相关是不是反映出两者实际上是同时决定的,或者说是从内生性的角度来进行考察。相关的论述可以参见 Schmalensee(1972, 1976, 1989)、Gomes(1986)、Kwoka 和 Ravenscraft(1986)以及 Porter(1979)等人的研究,然而由于这方面的研究还没有足够丰富和完善,我们对此就不再展开介绍,这主要是由于内生性问题几乎是难以克服的,即便是 Comanor 和 Wilson(1974)、Connolly 和 Hirschey(1984)、Geroski(1982)、Martin(1979)、Strickland 和 Weiss(1976)所使用的联立方程方法也无法完全解决这个问题,这一点正如 Schmalensee(1989)所解释的,从长远来看,所有的行为以及结构变量都是内生的。

综上所述,目前关于广告与利润的经验研究可以总结如下:首先,许多经验研究表明对于消费品制造业而言广告与利润之间存在正相关关系;在消费品制造业内部,相比于非便利品而言,便利品制造业中这种正向关系更强。其次,在生产资料制造业中广告与利润的关系弱些,但是在零售与服务业中广告与利润呈现负相关关系。最后,对广告与利润关系的经验研究存在度量问题以及内生性问题。

(3)进入壁垒

一部分关于广告对进入壁垒影响的研究认为广告会增强进入壁垒。比较有代表性的研究来自于 Orr(1974),他研究了加拿大 1963—1967 年 71 家厂商的数据,新厂商的进入以每年厂商数量的增加来衡量,并将其对一组变量进行回归,结果发现对于消费品制造业而言,广告强度对进入壁垒具有显著的增强效应,但在生产资料制造业中却没有。相似的结论还见于 Duetsch(1975)、Gorecki(1976)、Harris(1976)、Masson 和 Shannon(1982)、Schwalbach(1987)以及 Shapiro 和 Khemani(1987)等人的研究中。甚至在医疗服务市场上也有类似的情形,Rizzo 和 Zeckhauser(1990)的研究发现,对于经验丰富的内科医生而言广告的潜在报酬最高,这实际上意味着在这个行业中广告可能会提升进入壁垒。

不过另一些经验研究的结论却是截然相反的,即广告会降低进入壁垒。Alemson(1970)、Ferguson(1967)、Hirschey(1981)、McDonald(1986)和 Telser(1962)等人的研究均表明广告会降低进入壁垒,并且有助于新产品创新。[1] 不过更具代表性的研究来自于 Kessides(1986),他使用了1972—1977年间美国266个制造业的行业间数据,结论表明在大多数的产业中广告会有助于新厂商进入,即降低进入壁垒。

还有一类经验研究是通过问卷调查研究的方式进行的。Smiley(1988)以及 Bunch 和 Smiley(1992)对近三百个美国企业管理人员进行了调查,主要考察他们用于阻止新厂商进入的常用策略,结果发现相比于限制价格等策略,通过广告建立产品集中度是更为常用的阻止新厂商进入的策略。不过,Utton 和 Waterson(1998)对英国数据的研究发现只有不多的一部分管理人员将广告视为阻止新的竞争对手的策略,更多的是作为推出新产品的重要方式。不过可以确定的是,广告确实是一个重要的经营策略;差别在于是作为用来提升对手进入困难的策略,还是作为用来促进自己新产品进入市场的策略。

综合起来看,现有的关于广告与进入壁垒之间关系的研究得出了相互对立的观点,有些研究认为广告将会提升进入成本从而提升进入壁垒,但是也有些研究认为广告是有利于新厂商、新产品进入的。这可能意味着现实中两者之间的关系是复杂的,并且随着产业的变化而变化。

(4) 价格

首先关注的是制造商的广告对零售价格的影响。Borden(1942)、Backman(1967)、Nickell 和 Metcalf(1978)、Scherer 和 Ross(1990)、Tremblay 和 Tremblay(1995)等人的研究均表明,同样的产品类别,广告做得多的通常比广告做得少的贵些。但是,Steiner(1973)、Albion(1983)、Reekie(1979)、Farris 和 Albion(1987)以及 Nelson(1978)从制造商广告对零售商的利润影响的角度,Steiner(1978)、Pashigian 和 Bowen(1994)等人从制造商对零售商的规模和功能的影响的角度,涉及了关于制造商广告对零售商价格的分析,结果却发现这两者之间的关系可能是复杂的,而并非看起来的那么简单明了。

除了上述的研究之外,还有关于零售广告对零售价格的影响的研究。Benham(1972)对此问题进行了经典研究。在20世纪60年代,美国各个州关于眼镜业的法律规定差别较大,总的来看,大体可以划分为如下三种:一些州禁止所有类型的广告;一些州在禁止价格型广告的同时允许非价格广告的存在;还有一

---

① Backman(1967)、Eckard(1991)、Farris 和 Buzzell(1979)、Lambin(1976)以及 Leffler(1981)等人的研究中也发现广告强度同新产品创新之间是正相关的。

些州根本不禁止广告。这种州与州之间的法律差别为评估零售广告对零售价格的影响提供了难得的自然实验机会。Benham(1972)对此的研究发现,与那些没有任何法律限制的州相比,对所有广告都禁止的州的眼镜价格显著地高出;而禁止价格广告却不禁止非价格广告的州的眼镜价格仅仅高出一些。并且非价格广告与低价格之间的关系是显著的;价格广告与价格下降之间的关系也是显著的。另外一个比较典型的研究来自于 Cady(1976)对1970年美国处方药零售市场的研究,表明零售价格与广告限制之间存在显著的、正向的关系。类似的发现还可以在 Maurizi 和 Kelly(1978)、Feldman 和 Begun(1978、1980)以及 Schroeter、Smith 和 Cox(1987)等人的研究中发现。

虽然关于广告对价格影响的研究看似有比较一致的发现,但是有一个问题需要指出:有可能对广告的限制以及相关价格本身就是某些潜在因素的共同反映,因此广告限制和价格都是内生变量。对此问题, Glazer(1981)、Milyo 和 Waldfogel(1999)等人从不同角度进行了研究。

总的来看,当前广告对价格的经验研究主要可以分成如下几个方面:一是制造商广告对零售价格的影响是复杂的;二是存在大量的研究表明零售广告会降低产品的零售价格。但是需要指出的是这并不代表关于广告对价格的影响已经获得了定论,事实上,较新的研究发现广告品和非广告品之间的价格差别可能还需要进行进一步的深入研究。

(5) 质量

概括地看,关于广告与产品质量关系的经验研究表明,在一些情形下,广告与产品质量是正相关的,但是在另外一些情形下,这种正向关系并不存在。

较典型的研究来自于 Archibald 等(1983),他们采用了运动鞋产业的178个品牌的数据,对广告投放水平和产品质量之间的关系进行了研究,其中产品质量的度量是根据相关杂志的公开评级确定的,并发现在公开评级出版后,广告水平同产品质量之间的关系大大增强了。但是 Caves 和 Greene(1996)的研究却发现,在不同品牌之间广告与质量之间通常不相关。

Tellis 和 Fornell(1988)从产品生命周期的角度对广告与产品质量之间的关系进行了研究。他们使用的数据来自于1970—1983年间的749个消费者产品样本,不过对厂商产品质量的度量是以自评为基础的,结果发现广告、市场份额以及盈利性都同产品质量正相关,并且这种正向关系在产品生命周期的后期表现得尤为明显。此外, Marquardt 和 McGann(1975)、Rotfeld 和 Rotzoll(1976)以及 Kirmani 和 Rao(2000)等人的研究中均发现在广告与质量之间呈现正向关系。

对于这种现象, Homer(1995)、Kirmani 和 Wright(1989)以及 Kirmani(1990,1997)对之进行了研究,发现消费者在面对制造商的巨额广告费用支出时可能会产生这样一种感觉:如果厂商敢于为产品投入大量的广告,那么说明它们对自己的产品质量很有信心。当然,如果厂商广告的投放到过多的程度,那么消费者可能会认为这说明厂商对自己的产品质量没有信心才试图通过过多的广告实现产品的销售。

还有一部分经验研究是专门考察零售部门的广告与质量之间的关系的。对这个问题比较有意思的研究来自于 Kwoka(1984),他对眼科检查的质量与广告之间的关系进行了研究之后,发现在存在广告的情况下,对于那些做广告的厂商而言,在降低了价格的同时,质量也下降了;而那些没有做广告的厂商不但价格下降了(虽然程度小了点),而且质量提高了。并且他指出,从整个市场的角度看,较之于那些不存在广告的市场而言,存在广告的市场的平均质量水平提高了;不过,Parker(1995)对此表示了异议。

总之,当前的经验研究还不能对广告与产品质量存在系统正相关的假定提供足够充分的证据;但是有一点是可以明确的,当广告向消费者提供直接信息时,两者之间很可能出现正向关系;并且对零售、服务业的研究表明,做广告的厂商的产品质量较低,不做广告的厂商的产品质量反而较高。

本章主要从经济学的角度对广告进行了分析,主要是从理论分析和经验分析两个方面进行的,本章开始首先考察了经济学上对广告的划分。经济学上对广告的划分主要有说服型广告、信息型广告以及补充型广告三种,不过文献中最常见的划分方法是将广告划分为说服型与信息型两种。而之所以对广告进行这样的划分,部分是因为产品可以划分为搜寻品、经验品与信用品三种,不同的产品对应着不同的广告,但是这种对应并不是绝对的。

在对广告进行了分类之后,我们首先从理论上考察了广告。这一部分分别是从广告本身的实证与规范分析,以及广告与价格的关系两个角度进行的。其中实证分析主要阐述了 Dorfman-Steiner 模型及其拓展和深化;规范分析阐述了主要用于说服型广告规范分析的 Dixit-Norman 方法以及信息型广告在价格非递增型和价格递增型两种情况下的规范分析。对广告与价格的分析则主要是从同质型产品、差异型产品以及非价格广告三个方面展开的。以上就是本章对广告的理论分析的主要内容,当然经济学文献对广告的理论分析远远不止这些,还有关于广告与质量、广告与进入壁垒等的理论分析,但是这些部分的技术难度已经超出了本书的范围,如果有兴趣可以参考阅读本章所附的进一步阅读文献。

如前所述,对广告进行经验分析的文献多得不胜其数,无法一一细述,本章主要从广告的直接影响和间接影响两个方面,对比较经典和重要的文献进行了简要介绍。其中广告的直接影响主要是指广告对销售量的影响,具体包括彼此相关的广告对销售量、品牌忠诚度与市场份额稳定性以及广告规模经济三个方面;广告的间接影响的经验研究主要介绍了关于广告对产业集中度、利润、进入壁垒、价格、质量影响的经验研究。每一个部分都介绍了对于这些问题的一些比较典型的分析与一些经典文献的发现。当然这里还需要指出的是,本章所介绍的文献只是一些有比较典型意义的文献,并不能涵盖所有对广告进行研究的文献,也没有涵盖对广告进行经验研究的文献的所有主题。

最后,希望本章的相关介绍能够有助于读者从经济学的角度来思考我们每个人的日常生活中也许是最常见的经济现象之一的广告,形成关于广告经济学的初步理解;并为有兴趣对此问题进行深入研究者打下比较坚实的初步基础。

拓展阅读

世界广告史发展的三个时期①:

1. 原始广告时期

原始广告时期是世界广告发展史上的第一个重要时期。这是一段相当漫长的岁月,从远古时代一直到 18 世纪中叶,都是广告史上的原始广告时期。主要的广告形式包括了口头叫卖、实物陈列、音响广告、招牌、幌子,以及传单等简单印刷广告等。比如说古希腊、古罗马时期,一些沿海城市的广告已有叫卖、陈列、音响、文图、诗歌和商店招牌等多种,适应在当时已算比较发达的城市商业,这些早期的广告不仅有推销商品的经济广告、文艺演出、寻人启事等,还有用于竞选的政治广告。而 15 世纪中后期,印刷广告逐渐在欧洲大陆产生和发展,我国的宋代也出现了印刷广告。但当时印刷媒体的发行量都很小,影响面也很小,远远没有达到大众化的程度。

2. 现代广告时期

广告历史发展的第二个时期是现代广告时期,这一时期的时间范围是从18 世纪中叶到 20 世纪中后期。这一时期的广告生存形态和广告活动方式建立在工业经济的基础上,得益于社会经济的发展、生产关系的变革和媒介大众化,广告传播的数量、速度、范围和形式都得到大发展,并进一步从传播现象发展为一种职业乃至形成一个成熟的独立的产业,广告观念、理论和广告管理、广告教育都得到大发展,广告大师辈出,世界广告中心形成,各国广告发展出现不平衡。

---

① 姚曦、蒋亦斌,"世界广告史的历史分期与分期依据",《广告研究(理论版)》,2006 年第 2 期。

3. 信息与经济全球化时期(20世纪中后期至今)

随着以信息化、数字化和全球化为特征的新经济上升为社会经济主导，广告产业发展成为一门综合性的信息产业。广告传播活动也出现了信息化、全球化和集团化的特征，提供整合信息传播，参与到产品开发、生产和营销的全过程中去，并依赖于现代通信技术、计算机信息处理技术和网络媒体，面对越来越零细化的消费者市场。在消费市场、企业生存环境发生变化的新时期，广告传播的观念和理论也面临着适时的创新和突破。表6.4列示了2008年按媒体分我国的主要广告类型。

表6.4 2008年我国不同媒体广告营业额前五名

	电视	报纸	广播	期刊	互联网网站广告
本年营业额(亿元)	501.5	342.67	68.34	31.02	18.38
同比增长率(%)	13.22	6.36	8.79	17.23	10.21
占全部比重(%)	26.4	18.04	3.6	1.63	1.46

资料来源:《中国广告年鉴2009》。

本章小结

1. 从经济学的角度，可以将广告划分为说服型广告、信息型广告以及补充型广告三种。

2. 关于广告的实证分析，主要介绍了 Dorfman-Steiner 基本模型及其拓展和深化。

3. 关于广告的规范分析，分别对说服型广告、信息型广告进行了理论模型分析，并对广告与价格的关系进行了分析。

4. 对广告的经验研究，是从直接影响和间接影响两方面展开的。

思考题

1. 请表达你对广告的第一感觉是怎么样的，是欢迎、无所谓还是反感？又为什么有这种感觉，请举出具体的例子。

2. 找出三家你感兴趣的中国企业的经典广告词，并找出这些企业近三年内的广告费用投入占当年销售额的比例。

3. 关于补充型广告的计算题。有关条件如下：

$$U = CY, \quad I = 100, \quad P_x = 1, \quad P_y = 2,$$

$$g(A) = \begin{cases} 1, & A = 0 \\ 2A, & A > 0 \end{cases}, \quad C = g(A)X$$

请分别计算没有广告和广告数量 $A = 2$ 时，该消费者对 X、Y 的最佳消费组合，以及从消费中所得到的效用。你能从结果中得到什么启示？

4. 关于 $Q(P,A)$ 的构造方式 1 的计算题。有关条件如下：

$$Q(P,A) = N\left(1 - \frac{P}{g(A)}\right), \quad N = 100, \quad g(A) = 3A, \quad C = 4Q, \quad \alpha = 1$$

请求出厂商利润最大化时的 (P,A)；验证 (6.5) 式；计算 (6.16) 式，并简单说明一下你能从中得到什么启示。

5. 关于 $Q(P,A)$ 的构造方式 2 的计算题。有关条件如下：

$$Q(A,P) = N(1 - e^{-\frac{A}{N}})q(P), \quad N = 100$$

$$q(P) = 10 - P, \quad C = 4Q, \quad \alpha = 1$$

请求出厂商利润最大化时的 (P,A)，验证 (6.5) 式；计算 (6.12) 式，并简单说明一下你能从中得到什么启示。

6. 关于"广告与价格"中"差异产品的情形"下的计算题。有关条件如下：

$$c_1 = 3, \quad c_2 = 3, \quad d = 1$$

请分别计算 $\alpha = 1$ 和 $\alpha = 2$ 两种情况下，均衡时厂商的 P、Φ、π，并比较两种广告成本下均衡时的 P、Φ、π 有什么变化。

7. 通过本章的学习，并结合实际的生活感受，谈一下你对现实中广告供给过多还是过少的看法，并可以从对销售量、产品价格、消费者乃至社会利益的影响等角度简单谈一下为什么这样看。

进一步阅读文献

[1] Archibald, R. B., Haulman, C. H., and C. E. Moody, Jr. (1983), Quality, price, advertising and published quality ratings, *Journal of Consumer Research*, 9, 347—356.

[2] Bagwell, K. and G. Ramey (1994), Coordination economies, advertising, and search behavior in retail markets, *American Economic Review*, 84(3), 498—517.

[3] Bagwell, K. and G. Ramey (1994), Advertising and coordination, *Review of Economic Studies*, 61, 153—172.

[4] Becker, G. S. and K. M. Murphy (1993), A simple theory of advertising as a good or bad, *Quarterly Journal of Economics*, 942—964.

[5] Benham, L. (1972), The effect of advertising on the price of eyeglasses, *Journal of Law and Economics*, 15(2), 337—352.

[6] Dorfman, R. and P. O. Steiner (1954), Optimal advertising and optimal quality, *American Economic Review*, 44(5), 826—836.

[7] Fisher, F. M. and J. J. McGowan (1979), Advertising and welfare: Comment, *The Bell Journal of Economics*, 10, 726—729.

参考文献

[1] Albion, M. S. and P. W. Farris (1981), *The Advertising Controversy: Evidence on the Economic Effects of Advertising*, Boston, MA: Auburn House Publishing Company.

[2] Alemson, M. A. (1970), Advertising and the nature of competition in oligopoly over time: A case study, *The Economic Journal*, 80, 282—306.

[3] Archibald, R. B., Haulman, C. H., and C. E. Moody, Jr. (1983), Quality, price, advertising and published quality ratings, *Journal of Consumer Research*, 9, 347—356.

[4] Arndt, J. and J. Simon (1983), Advertising and economies of scale: critical comments on the evidence, *Journal of Industrial Economics*, 32(2), 229—242.

[5] Ayanian, R. (1975), Advertising and rate of return, *Journal of Law and Economics*, 18, 479—506.

[6] Backman, J. (1967), *Advertising and Competition*, New York: New York University Press.

[7] Bagwell, K. and G. Ramey (1994), Coordination economies, advertising, and search behavior in retail markets, *American Economic Review*, 84(3), 498—517.

[8] Bagwell, K. and G. Ramey (1994), Advertising and coordination, *Review of Economic Studies*, 61, 153—172.

[9] Baltagi, B. H. and D. Levin (1986), Estimating dynamic demand for cigarettes using panel data: The effects of bootlegging, taxation and advertising reconsidered, *The Review of Economics and Statistics*, 68, 148—155.

[10] Becker, G. S. and K. M. Murphy (1993), A simple theory of advertising as a good or bad, *Quarterly Journal of Economics*, 942—964.

[11] Benham, L. (1972),The effect of advertising on the price of eyeglasses, *Journal of Law and Economics*,15(2), 337—352.

[12] Berndt, E. R. (1991), Causality and simultaneity between advertising and sales, appearing as Chapter 8 in E. R. Berndt (1991), *The Practice of Econometrics: Classic and Contemporary*, Reading: Addison-Wesley.

[13] Bester, H. and E. Petrakis (1995), Price competition and advertising in oligopoly, *European Economic Review*, 39, 1075—1088.

[14] Blake, H. M. and J. A. Blum (1965), Network television rate practices: a case study in the failure of social control of price discrimination, *Yale Law Journal*, 74(8), 1339—1401.

[15] Blank, D. M. (1968), Television advertising: the great discount illusion, or tonypandy revisited, *Journal of Business*, 41, 10—38.

[16] Bloch, H. (1974), Advertising and profitability: a reappraisal, *Journal of Political Economy*, 82(2), 267—286.

[17] Borden,N. H. (1942), *The Economic Effects of Advertising*, Chicago: Richard D. Irwin, Inc.

[18] Boulding, W. , Lee, O-K. , and R. Staelin (1994), Marketing the mix: do advertising, promotions and sales force activities lead to differentiation? *Journal of Marketing Research*, 31, 159—172.

[19] Boyd, R. and B. J. Seldon (1990), The fleeting effect of advertising: empirical evidence from a case study, *Economics Letters*, 34, 375—379.

[20] Boyer, K. D. and K. M. Lancaster (1986), Are there scale economies in advertising? *Journal of Business*, 59, 509—526.

[21] Braithwaite, D. (1928), The economic effects of advertisement, *Economic Journal*, 38, 16—37.

[22] Brown, R. S. (1978), Estimating advantages to large-scale advertising, *The Review of Economics and Statistics*, 60, 428—437.

[23] Brush, B. (1976), Influence of market structure on industry advertising intensity, *Journal of Industrial Economics*, 25, 55—67.

[24] Butters, G. (1977), Equilibrium distributions of sales and advertising prices, *Review of Economic Studies*, 44(3),465—491.

[25] Bunch, D. S. and R. Smiley (1992), Who deters entry? Evidence on

the use of strategic entry deterrents, *The Review of Economics and Statistics*, 74(3), 509—521.

[26] Buxton, A. J., Davies, S. W. and B. R. Lyons (1984), Concentration and advertising in consumer and producer markets, *Journal of Industrial Economics*, 32(4), 451—464.

[27] Cable, J. (1972), Market structure, advertising policy, and intermarket differences in advertising intensity, in *Market Structure and Corporate Behavior*, K. Cowling (ed.), London: Gray-Mills Publishing, 107—124.

[28] Cady, J. F. (1976), An estimate of the price effects of restrictions on drug price advertising, *Economic Inquiry*, 14, 493—510.

[29] Caves, R. E. and M. Uekusa (1976), *Industrial Organization in Japan*, Washington, D. C.: Brookings Institute.

[30] Caves, R. E. and D. P. Greene (1996), Brands' quality levels, prices and advertising outlays: empirical evidence on signals and information costs, *International Journal of Industrial Organization*, 14, 29—52.

[31] Chamberlin, E. (1933), *The Theory of Monopolistic Competition*, Cambridge, MA: Harvard University Press.

[32] Clarke, D. G. (1976), Econometric measurement of the duration of advertising effect on sales, *Journal of Marketing Research*, 13, 345—357.

[33] Comanor, W. S. and T. A. Wilson (1967), Advertising, market structure and performance, *The Review of Economics and Statistics*, 49, 423—440.

[34] Comanor, W. S. and T. A. Wilson (1974), *Advertising and Market Power*, Cambridge, MA: Harvard University Press.

[35] Comanor, W. S. and T. A. Wilson (1979), The effect of advertising on competition: a survey, *Journal of Economic Literature*, 42, 453—476.

[36] Connolly, R. A. and M. Hirschey (1984), R&D, market structure and profits: a value-based approach, *The Review of Economics and Statistics*, 66(4), 682—686.

[37] Copeland, M. T. (1923), Relation of consumers' buying habits to marketing methods, *Harvard Business Review*, 1, 282—289.

[38] Cowling, K., Cable, J., Kelly, M. and T. McGuinness (1975), *Advertising and Economic Behavior*, London: The Macmillan Press, Ltd.

[39] Cubbin, J. and S. Domberger (1988), Advertising and post-entry oligopoly behavior, *Journal of Industrial Economics*, 37(2), 123—140.

[40] Dixit, A. and V. Norman (1978), Advertising and welfare, *The Bell Journal of Economics*, 9(1), 1—17.

[41] Domowitz, I. , Hubbard, R. G. and B. C. Petersen (1986), Business cycles and the relationship between concentration and price-cost margins, *RAND Journal of Economics*, 17(1), 1—17.

[42] Domowitz, I. , Hubbard, R. G. and B. C. Petersen (1986), The intertemporal stability of the concentration-margins relationship, *Journal of Industrial Economics*, 35, 13—34.

[43] Dorfman, R. and P. O. Steiner (1954), Optimal advertising and optimal quality, *American Economic Review*, 44(5), 826—836.

[44] Duetsch, L. L. (1975), Structure, performance, and the net rate of entry into manufacturing industries, *Southern Economic Journal*, 41, 450—456.

[45] Eckard, E. W. , Jr. (1987), Advertising, competition, and market share instability, *Journal of Business*, 60(4), 539—552.

[46] Eckard, E. W. , Jr. (1988), Advertising, concentration changes, and consumer welfare, *The Review of Economics and Statistics*, 70(2), 340—343.

[47] Eckard, E. W. , Jr. (1991), Competition and the cigarette TV advertising ban, *Economic Inquiry*, 29, 119—133.

第七章	

非合作性策略

本章概要

　　为争夺更有利的行业地位,获取更多的市场份额,形成或保住市场势力,企业可能实施"损人利己"的策略性行为。那么,什么样的市场结构容易产生这种行为? 这种行为对市场结构、行业绩效和社会福利等产生什么样的影响? 诸如此类的问题是产业组织研究的内容之一。

学习目标

　　把握揭示非合作性策略的几个基本模型及其改进,了解现实中非合作性策略的具体形式。

第一节　非合作性策略

一、非合作性策略概述

　　非合作性策略是企业为了自身利润最大化所采取的提高自身竞争地位的一些行为。与合作性策略不同的是,在非合作性策略中每一厂商仅考虑如何提升自己的利润水平,而不惜采取令竞争对手处于不利地位的策略,即"损人利己"行为。

　　非合作性策略行为不可能发生在完全竞争市场。在完全竞争市场上,有无数的买者和卖者,市场上的每一个企业都是价格接受者。企业不能通过自己的任何行为改变价格,也没有任何策略提高自己的利润。因此,在完全竞争市场上,非合作性策略不能带来任何收益,企业不会采取任何非合作性策略。

　　非合作性策略也不会发生在无潜在进入者威胁的垄断市场上。在没有潜在进入者的垄断市场上,只有一个卖者,企业既没有任何竞争对手,也没有潜在竞争对手带来的任何压力。因此,企业也不会采取任何非合作性策略。

　　只有在寡头垄断市场或者有潜在进入者的垄断市场,企业才有激励采取非合作性策略。在寡头垄断市场上,有为数不多的卖者,每个企业的利润不仅取决于自己的行为还取决于竞争对手的行为。企业可以通过调整价格、产量等非合作性策略,提高自己的利润。在有潜在进入者的垄断市场上,在位者有潜在竞争者带来的压力,因此有激励采取措施阻止潜在进入者的进入,甚至不惜花费高额代价,使自己能继续保持垄断地位,在未来获得高额利润。

产业经济学理论对于非合作性策略的研究主要集中在两方面,即行为和绩效。什么样的行为能成功地影响竞争对手获取资源?企业的非合作性策略对社会福利有怎样的影响?过去,传统产业经济学理论关注的非合作性策略行为主要是企业之间的产量竞争和价格竞争。本章第一节将着重介绍在位企业通过调整价格(或产量)阻止潜在竞争者进入的策略。随着经济发展和市场竞争的扩大,企业之间的非合作性策略已经不局限于此,还包括提高竞争对手的成本、纵向限制、产品预告等,因此本章第二节将介绍部分较新的非合作性策略及相关案例。在本章第三节将对非合作性策略对社会整体福利的影响进行初步探讨。

二、贝恩模型

自贝恩开创对企业之间非合作性策略的研究以来,进入壁垒一直是产业经济学的研究重点。理解进入壁垒的含义,我们首先需要理解产业经济学含义上的"进入"。进入是指某一产业出现了新的生产商。当某一产业的经济利润大于零时,就会激励其他企业进入市场,形成潜在的进入者。然而新的厂商进入市场,将降低在位企业的市场价格,损害在位企业的利润。

新企业进入市场将和在位企业瓜分市场份额,并加剧市场竞争,造成产品的价格下降。因此,新企业的进入往往会降低在位企业的利润。在位企业会采取各种措施阻挠新企业的进入。一个市场的进入壁垒的高低往往取决于在位企业面对潜在的竞争者时维持自己垄断地位的能力。早期进入阻止模型是由贝恩等人提出的。贝恩认为进入壁垒是指在位者获得超额利润的能力,主要由四个方面的原因构成:规模经济、在位者的绝对成本优势、在位者产品差别优势和对进入者的资本要求。斯蒂格勒则强调,进入壁垒是指新进入者必须承担且在位者不必承担的那部分成本(von Weizsäcker, 1980)。如果新企业较容易进入市场,则说明市场上的进入壁垒较低;反之,若进入壁垒较高,则在位企业较容易获得垄断利润。

贝恩模型认为,在位厂商获取的高利润将诱致潜在进入者的进入;而存在潜在竞争者时,在位厂商将选择高于垄断水平的产出和相应价格阻止潜在竞争者进入市场。早期的进入阻止理论认为,潜在的进入者相信,如果自己进入市场,在位厂商也不会调整产量和价格。因此在位厂商可以通过这种策略消除新尝试的进入。

假定市场存在两个阶段,$t=0$ 阶段只有一个厂商;$t=1$ 阶段潜在的竞争者可以选择进入或者不进入市场。在位厂商与潜在进入者的平均成本函数相同。消费者向在位企业购买商品或向新进入市场的企业购买商品是无差异的。在贝恩模型中,在位厂商处于领导者地位,而新进入市场的厂商处于追随者地位。也就是说,如果在位厂商生产 Q_i 单位(并且在新厂商进入后仍将维护这个产量),那么新厂商将面对行业需求曲线减去 Q_i 所得到的需求曲线。潜在的进入者相信自己进入市场以后,在位企业仍保持产量不变,因而它的剩余需求曲线等于行业总需求曲线减去 Q_i 单位,如图 7.1 所示。

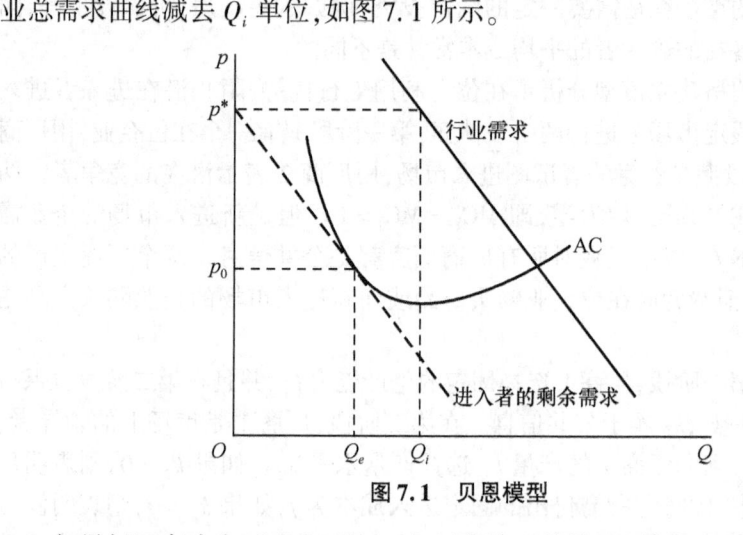

图 7.1 贝恩模型

如果新厂商决定不进入,那么,老厂商将以价格 P^* 销售 Q_i 单位产品。如果新厂商进入该行业,并且产量为 Q_e,那么行业的总产出则为 Q_i+Q_e,价格水平为 P_0。因为老厂商将其产量定在 Q_i,新厂商生产 Q_e 单位时,价格 P_0 恰好等于它的平均成本。此时,新厂商进入或不进入该行业是等价的。在其他条件相同的情况下,在位企业的限制性价格越低,进入者的剩余需求越少,所能获得的利润就越少,进入就更加困难。

在位厂商将产量定在 Q_i,导致新厂商面临的剩余需求曲线正好低于或等于它的平均成本曲线,那么新厂商就无从生产出能够使它盈利的数量。也就是说,潜在的阻止进入价格 P_0 阻止了新厂商的进入。事实上,老厂商不必生产 Q_i 单位产品来阻止进入发生,它只需让潜在进入者相信,如果它进入,老厂商将生产 Q_i 单位产出。

这一模型的关键在于,模型的假设条件是,潜在的进入者相信即使自己进入,在位企业仍保持 Q_i 的产量。然而,当潜在竞争者进入市场后,在位企业利润最大化的理性选择是按古诺竞争方式生产。因此,如果新厂商知道在位企业的成本和自己相同,新厂商就有理由相信如果自己进入市场,在位企业在追求自身利润最大化的目标下,不会选择 Q_i 的产量,而会选择古诺竞争下的均衡产量,这时新厂商的进入就将是有利可图的,在位厂商的威胁并不可信。

三、斯塔克尔伯格模型

在上文介绍的贝恩模型中,在位厂商和潜在的进入者的平均成本相同,在位者仅仅依靠信息不对称带来的优势阻止潜在的进入者。然而,在现实经济中,企业进入一个新的市场往往需要一定的固定投资,例如购买厂房、机器设备等,因此在位厂商和潜在的进入者的平均成本常常是不同的。

斯塔克尔伯格建立模型分析了在位者利用先行优势,阻止潜在进入者进入市场的策略。假定市场上进行两阶段博弈,第一阶段只有一个在位企业,用厂商 1 表示;第二阶段潜在的竞争者试图进入市场,用厂商 2 表示潜在的竞争者。两个企业的边际成本相同,均为零,即 $\text{MC}_1 = \text{MC}_2 = 0$。但是新进入市场的企业需要支付固定成本 f。成本函数对所有厂商而言都是公共信息。两个厂商生产的产品是同质的,消费者向在位企业购买商品或向新进入市场的企业购买商品是无差异的。

在博弈的第一阶段,厂商 1 选择固定的生产能力 k_1,并且在第二阶段也保持固定的产量水平 k_1,k_1 属于公共信息。在第二阶段,厂商 1 是市场上的领导者,厂商 2 根据观察到的厂商 1 的产量 k_1 选择产量水平 k_2。如果 $k_2 > 0$,则表明厂商 2 进入行业中,此时它所需付出的固定进入成本为 f;如果 $k_2 = 0$,则表明没有进入行业中,此时厂商 2 不需要支付固定成本 f。假设该行业具有线性需求函数 $p = 1 - q$,贴现率为 1。

厂商 2 的利润函数为:

$$\pi_2(k_1, k_2) = \begin{cases} k_2(1 - k_1 - k_2) - f, & \text{如果 } k_2 > 0 \\ 0, & \text{如果 } k_2 = 0 \end{cases}$$

厂商 2 利润最大化的目标函数是 $\max\{k_2(1 - k_1 - k_2) - f, 0\}$。如果厂商 2 进入市场的预期利润大于零,则会进入市场,生产利润最大化的产量 k_2^*;否则厂商 2 不会选择进入市场,$k_2 = 0$。当厂商 2 进入市场时,厂商 2 的利润为:

$$\pi_2(k_1, k_2) = k_2(1 - k_1 - k_2) - f$$

利润最大化的一阶条件是:

$$\frac{\partial \pi_2(k_1, k_2)}{\partial k_2} = 1 - k_1 - 2k_2 = 0$$

令 $k_2(k_1)$ 是厂商 2 的反应函数,则有:

$$k_2(k_1) = k_2^* = \frac{1 - k_1}{2}$$

代入厂商2的利润函数,则有:

$$\pi_2^*(k_1, k_2^*) = (k_2^*)^2 - f = \frac{(1 - k_1)^2}{4} - f \tag{7.1}$$

下面从进入市场的固定成本f出发讨论厂商2的选择:

1. $f = 0$,即厂商2没有进入成本

根据(7.1)式可知,无论厂商1第一阶段选择什么样的投资水平,厂商2总能得到一个非负的利润。因此,厂商2在第二阶段总会选择进入,厂商1无法采取任何策略阻止厂商2进入市场。

厂商1第一阶段的利润为:

$$\pi_{11} = (1 - k_1)k_1$$

厂商1第二阶段的利润为:

$$\pi_{12} = (1 - k_1 - k_2^*)k_1$$

厂商1两阶段的总利润为:

$$\pi_1 = (1 - k_1)k_1 + \delta(1 - k_1 - k_2^*(k_1))k_1$$

将$k_2^* = \frac{1 - k_1}{2}, \delta = 1$代入厂商1的利润函数,可得:

$$\pi_1(k_1, k_2^*(k_1)) = \frac{3}{2}k_1(1 - k_1) \tag{7.2}$$

(7.2)式的一阶条件为:

$$\frac{\partial \pi_1(k_1, k_2^*(k_1))}{\partial k_1} = \frac{3}{2}(1 - 2k_1) = 0$$

$$k_1^* = \frac{1}{2}$$

由此,得到:

$$k_2^* = \frac{1}{4}$$

$$\pi_{11}^* = \frac{1}{4}, \quad \pi_{12}^* = \frac{1}{8}, \quad \pi_1^* = \frac{3}{8}, \quad \pi_2^* = \frac{1}{16}$$

2. $f > 0$,即厂商2需要支付进入成本

厂商1将可能事先选择投资量k_1^b阻挠厂商2进入。厂商2被阻挠的条件是:

$$\pi_2^*(k_1, k_2^*) = \frac{(1 - k_1)^2}{4} - f < 0$$

即：

$$k_1 > k_1^b = 1 - 2\sqrt{f} \tag{7.3}$$

令 k_1^b 为阻止进入的最低投资水平。

讨论以下三种情况：

第一，进入封锁。如果 $k_1^* \geq k_1^b$，在这种情况下，在位厂商不需要维持过剩生产能力，只要选择垄断产量就可以自然地阻挠潜在的竞争者进入。将 $k_1^* \geq k_1^b$、$k_1^* = \frac{1}{2}$ 代入(7.3)式得：$f \geq \frac{1}{16}$，即 $f \geq \frac{1}{16}$ 时，在位厂商只需要保持垄断产量就能对潜在的进入者实施进入封锁。这种情况的经济含义是当进入某一行业的固定资本投入要求很高时，市场的进入壁垒自然就形成了，在位厂商可以较容易地保持垄断地位。例如，航空运输、铁路运输、电力等行业，由于进入成本极大，使得在位企业较容易保持垄断地位。

第二，有效阻挠。进入阻止的产量 k_1^b 随着固定成本 f 的下降而上升；当 $f < \frac{1}{16}$ 时，厂商1按垄断产量生产已经无法有效阻止厂商2的进入了，厂商1只能通过扩大产量来实现对厂商2的阻挠，即 $k_1^b > k_1^*$。

如果厂商1选择阻止厂商2进入市场的产量 k_1^b，那么厂商1第一阶段的利润为：

$$\pi_{11}^b(k_1^b) = k_1^b(1 - k_1^b)$$

厂商1第二阶段的利润为：

$$\pi_{12}^b(k_1^b, 0) = k_1^b(1 - k_1^b)$$

因此厂商1选择阻挠的两阶段总利润为：

$$\pi_1^b(k_1^b, 0) = 2k_1^b(1 - k_1^b) \tag{7.4}$$

其中 $k_1^b = 1 - 2\sqrt{f}$，代入(7.4)式得：

$$\pi_1^b(f) = 4\sqrt{f} - 8f \tag{7.5}$$

如果厂商1不阻止厂商2进入，根据上文的分析，我们可以知道，当厂商1选择由(7.2)式决定的产量 $k_1^* = \frac{1}{2}$ 时，厂商1第二阶段将获得容忍利润：

$$\pi_{12}^d = \frac{1}{8}$$

厂商1在第一阶段仍可以获得垄断利润：

$$\pi_{11}^d = \frac{1}{2} \times \left(1 - \frac{1}{2}\right) = \frac{1}{4}$$

因此，厂商1选择容忍的总利润为：

132

$$\pi_1^d = \pi_{11}^d + \pi_{12}^d = \frac{3}{8} \tag{7.6}$$

厂商 1 在第一阶段策略性地选择 k_1^b（其中 $k_1^b > k_1^*$），如果阻挠利润 π_1^b 大于容忍利润 π_1^d，那么厂商 1 仍能通过阻止厂商 2 进入市场来增加自己的利润，厂商 1 仍可以实现对厂商 2 的有效阻挠。

由（7.5）式和（7.6）式得，厂商 1 有效阻止厂商 2 的条件是：

$$\pi_1^b(f) > \pi_1^d,\ 即\ 4\sqrt{f} - 8f > \frac{3}{8};$$

解得当 $\frac{1}{64} < f < \frac{1}{16}$ 时（舍去 $f \geqslant \frac{1}{16}$ 的解），有 $\pi_1^b(f) > \pi_1^d$，此时厂商 1 能对厂商 2 实施有效阻止。

第三，非有效阻挠。如果厂商 1 选择 k_1^b 能够达到阻挠厂商 2 的目的，但是阻挠的总利润 π_1^b 小于容忍利润 π_1^d，那么此时厂商 1 对厂商 2 的阻止将是不理性的。厂商 1 追求自身利润最大化的理性选择是容忍厂商 2 进入市场。

由（7.5）式可知，当 $f < \frac{1}{16}$ 时，$\pi_1^b(f) = 4\sqrt{f} - 8f$ 是 f 的单调递增函数（一阶导数大于零），随着 f 下降 $\pi_1^b(f)$ 也下降。因此当 $f < \frac{1}{64}$ 时，$\pi_1^b(f) < \pi_1^d$，此时厂商 1 不能对厂商 2 实施有效阻止。

在斯塔克尔伯格模型中，进入壁垒的大小是由固定成本 f 的大小决定的。在固定投资要求很低的行业，市场的进入壁垒很低，在位企业难以通过任何策略阻止潜在的竞争者进入市场。例如，小食品加工行业由于进入市场所必需的固定成本要求很低，因此在位企业难以有效实施对潜在竞争者的阻止策略，市场上的生产者数量往往较多。

四、米尔格罗姆—罗伯茨限制性定价模型[①]

与之前介绍的贝恩模型和斯塔克尔伯格模型相比，米尔格罗姆—罗伯茨限制性定价模型考虑了竞争对手之间的不确定性因素。米尔格罗姆—罗伯茨限制性定价模型的基本思想是：潜在的竞争者不知道在位企业的生产成本，在位者试图用低价格来告诉其他企业自己是低成本的，进入是无利可图的。

假定市场上存在两个阶段，在第一阶段，在位企业是一个垄断者（用厂商 1 表示），厂商 1 选择第一阶段的价格；在第二阶段，潜在竞争者（用厂商 2 表示）

---

① 本书关于本模型的分析部分参考了张军，《高级微观经济学》，清华大学出版社 2005 年版，第 165—169 页。

选择进入或不进入。如果厂商 2 选择进入,在第二阶段市场按古诺方式竞争;如果厂商 2 不进入,厂商 1 继续保持垄断地位。

厂商 1 的边际成本为常数,该边际成本可能是一个较高的值(c_1^H),也可能是一个较低的值(c_1^L)。如果厂商 1 选择价格 p_1,当市场上仅有唯一的一个卖者(厂商 1)时,它的短期利润为 $M_1^\theta(p_1)$,$\theta = H, L$。用 p_m^θ 表示类型 θ 的垄断价格,$M_1^\theta = M_1(p_m^\theta)$ 表示在位者(厂商 1)依据自己的类型最大化短期垄断利润,其中,$p_m^H > p_m^L, M_1^H < M_1^L$。

在第一阶段,厂商 1 知道自己的成本类型,而厂商 2 只知道厂商 1 的边际成本不是一个高值(c_1^H),就是一个低值(c_1^L),但并不知道具体值是多少。并且,厂商 2 知道,厂商 1 是高成本企业的概率为 x,是低成本企业的概率为 $1 - x$。为了简单起见,假定在第二阶段厂商 2 进入后就能立即知道厂商 1 的成本情况。因此第二阶段如果存在双寡头竞争,那么价格独立于第一阶段的价格 p_1。我们用 D_1^θ 和 D_2^θ 分别代表厂商 1 为类型 θ 时厂商 1 和厂商 2 在第二阶段发生双寡头竞争时的利润。两个企业共同的贴现因子为 δ。

在完全信息条件下,当且仅当厂商 1 是高成本时,厂商 2 才会选择进入,也就是说有 $D_2^L < 0 < D_2^H$。因为厂商 1 希望自己保持垄断地位($M_1^\theta > D_1^\theta, \theta = H, L$),所以,厂商 1 显然希望厂商 2 认为自己是低成本的。问题的关键在于,厂商 1 没有办法直接达到这个目的,即使厂商 1 真正属于低成本。

间接的办法就是通过制定一个较低的价格(p_1^L),传递信号表明自己是低成本企业。当然,即使厂商 1 是属于高成本的,它也可能希望将价格定为 p_1^L。因为在第一阶段的利润损失可能在第二阶段被作为一个垄断者获得的收益补偿。这是否意味着当厂商 2 观察到厂商 1 定价为 p_1^L 时就不会进入呢?并不一定。因为一个理性的潜在进入者知道在位企业总是会采取对自己有利的定价方式,甚至用"撒谎"来达到目的。厂商 2 不一定会据此推断厂商 1 就一定属于低成本。同样的道理,厂商 1 也会预料到,如果自己在第一阶段选择价格 p_1^L,厂商 2 也不一定相信自己就属于低成本厂商。

在这种模型中,有两类可能的均衡:

第一类是分离均衡。在第一阶段,在位企业是低成本时的定价和它是高成本时的定价是不同的,因此,第一阶段的定价就向潜在的进入者显示了完全的成本信息。

第二类是混同均衡。在第一阶段的定价是独立于成本的,因而潜在的进入者无法从第一阶段的定价中推断出在位企业的成本信息。

1. 分离均衡

分离均衡的存在需要满足两个必要条件:第一,在第一阶段,高边际成本(H)的在位者不愿选择类型 L 的均衡价格 p_1^L;低边际成本(L)的在位者也不愿选择类型(H)的均衡价格 p_1^H。第二,在第二阶段,潜在的竞争者观察到第一阶段的价格为 p_1^L 时不会进入市场,而观察到第一阶段的价格为 p_1^H 时会进入市场。

首先,分析高边际成本类型的在位者的选择。高边际成本的厂商1(即类型 H 的企业)在第一阶段可以选择垄断价格 p_m^H。当厂商1在第一阶段选择垄断价格 p_m^H 时,由于厂商2可以观察到这是一个较高的价格,因此厂商2相信厂商1不会是低成本企业,所以在第二阶段进入市场。在第二阶段市场按双寡头竞争,各厂商获得寡头竞争利润。在这种情况下,厂商1的总利润为:$M_1^H + \delta D_1^H$,即第一阶段的垄断利润加上第二阶段寡头利润的贴现值。

在第一阶段,高边际成本的在位者也可以通过"撒谎"的方式阻止潜在的竞争者进入市场。令低成本在位者在第一阶段选择的价格为 p_1^L。如果高成本在位者也按低成本厂商定价选择 p_1^L,从而阻止进入者的进入,它的总利润是:$M_1^H(p_1^L) + \delta M_1^H$。因此,只有当下列条件满足时,高成本在位者才不会选择低成本在位者的均衡价格 p_1^L。

$$M_1^H + \delta D_1^H \geq M_1^H(p_1^L) + \delta M_1^H$$

即:

$$M_1^H - M_1^H(p_1^L) \geq \delta(M_1^H - D_1^H) \tag{7.7}$$

也就是说,高成本在位者在第一阶段选择一个较低的价格 p_1^L 导致的第一阶段的利润减少额要大于第二阶段保持垄断地位得到的利润增加额的贴现值,高成本在位者在第一阶段才不会选择隐瞒自己的真实成本。

其次,考虑低成本在位者的选择。如果低成本在位者在第一阶段选择 p_1^L,并且这个价格能够有效阻止潜在的竞争者进入,它的两阶段总利润为:$M_1^L(p_1^L) + \delta M_1^L$。如果低成本在位者在第一阶段选择垄断价格 p_m^L,即使这个价格不能阻止潜在竞争者进入,在位企业至少能够得到 $M_1^L + \delta D_1^L$。也就是厂商1在第一阶段制定一个垄断高价,诱致厂商2在第二阶段进入市场,使厂商1在第一阶段得到的利润为 M_1^L,在第二阶段得到的利润为双寡头垄断利润的贴现值 δD_1^L。因此,只有当下列条件成立时,p_1^L 才是低成本在位者的均衡价格:

$$M_1^L(p_1^L) + \delta M_1^L \geq M_1^L + \delta D_1^L$$

即:

$$M_1^L - M_1^L(p_1^L) \leqslant \delta(M_1^L - D_1^L) \qquad (7.8)$$

也就是说,低成本在位者在第一阶段选择一个较低的价格 p_1^L 导致的第一阶段的利润减少额要小于第二阶段保持垄断地位得到的利润增加额的贴现值,低成本在位者在第一阶段才有激励选择价格 p_1^L。

不等式(7.7)、(7.8)实际上定义了一个区间 $p_1^L \in [\tilde{\tilde{p}}, \tilde{p}]$,构成了一个分离均衡价格。在这里我们考虑一个更强的条件:$\tilde{p} < p_m^L$。这不是构成分离均衡的必要条件,但这个条件却是合理的。$\tilde{p} < p_m^L$ 意味着低成本类型的在位企业要使潜在的进入者相信自己是低成本的,不得不在第一阶段损失部分利润,即选择一个比垄断价格低的价格。假定高成本在位者选择 p_m^H,低成本在位者选择 $p_1^L \in [\tilde{\tilde{p}}, \tilde{p}]$。下面分析潜在竞争者的策略,如图7.2所示。

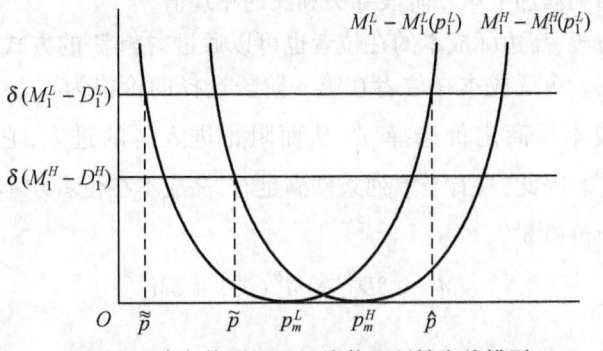

图7.2 米尔格罗姆—罗伯茨限制性定价模型

当潜在竞争者观察到第一阶段价格 p_m^H 时,认为在位者是高成本的概率为1,因为这是高边际成本的在位企业的理性选择。因此潜在的竞争者进入市场是有利可图的,选择进入市场。当潜在的竞争者观察到第一阶段价格 p_1^L 时,进入者认为在位者是低成本的概率为1,因为这是低边际成本的在位企业的理性选择。这时潜在的竞争者选择不进入市场。

把这一冗长的分析归纳起来存在一个唯一合理的分离均衡:

高成本在位者的垄断价格为 p_m^H,从而导致进入;低成本在位者选择价格 $p_1^L \in [\tilde{\tilde{p}}, \tilde{p}]$。我们给出的是一个价格区间,这意味低成本类型的在位者有多种选择可实现分离均衡。我们可以在此区间内找到一种最优的选择。显然,我们有 $\max\{M_1^L(p_1) \mid p_1 \in [\tilde{\tilde{p}}, \tilde{p}]\} = M_1^L(\tilde{p})$。因此,$\tilde{p}$ 是低成本类型在位者在第一阶段的最优价格选择,尽管任何满足 $p_1^L \in [\tilde{\tilde{p}}, \tilde{p}]$ 的价格选择都是合理的。

潜在的竞争者观察到第一阶段价格 p_m^H 时,在第二阶段选择进入市场;潜在的竞争者观察到第一阶段价格 $p_1^L \in [\tilde{p}, \check{p}]$ 时,在第二阶段不进入市场。

分离均衡具有以下经济含义:

第一,尽管市场信息不对称,在位者可以操纵价格,但潜在的竞争者并不会被在位者愚弄。潜在的竞争者仍可以通过第一阶段的价格推断出在位者的成本类型。这种结果和信息对称的情况是一致的。

第二,低成本在位者可以成功地阻止在信息对称情况下不会发生的进入,但实施进入阻止意味着低成本在位者第一阶段要放弃一部分利润,选择一个低于垄断价格的定价。

第三,分离均衡意味着在信息不对称的情况下,限制性定价并不一定损害社会福利。这是因为,分离均衡第二阶段的市场结果和完全信息条件下的市场结果一样;而在分离均衡第一阶段,低成本在位者为了成功传递成本信息,不得不选择低于垄断价格的定价,从而增加社会福利。

2. 混同均衡

从前面的分析中,我们知道在分离均衡中,在位企业第一阶段的价格能有效地传递自己的成本信号。然而,在混同均衡中,在位者在第一阶段的定价是独立于成本的。因此潜在的进入者无法从第一阶段的定价判断在位者的成本类型,只知道是高成本企业的概率为 x,是低成本企业的概率为 $1-x$。第二阶段厂商 2 进入市场的期望利润为 $xD_2^L + (1-x)D_2^H$。

如果 $xD_2^L + (1-x)D_2^H > 0$,表明即使厂商 2 没有得到任何更多的关于厂商 1 的成本的信息,它的期望利润仍大于零,潜在的进入者就会选择进入。在此情况下,如果在位者属于高成本企业,在第一阶段的定价为 p_m^H;如果在位者属于低成本企业,在第一阶段的定价为 p_m^L。这种定价方式就向厂商 2 提供了成本信息。因此这种情况下,不存在混同均衡策略。因此实现混同均衡策略的必要条件是 $xD_2^L + (1-x)D_2^H \leqslant 0$。

$xD_2^L + (1-x)D_2^H \leqslant 0$ 表明如果厂商 2 没有得到任何更多的关于厂商 1 的成本的信息,它的期望利润小于零,潜在的进入者就不会选择进入。对在位企业而言,要实现混同均衡策略意味着第一阶段的定价不能传递任何关于成本的信息。也就是说,无论是高成本在位者还是低成本在位者都不能按自己的成本类型订立垄断价格。令 p_1 为成功阻止潜在竞争者进入市场的混同策略价格。当在位者选择价格 p_1 时,潜在的进入者不进入市场;若在位者选择其他价格,潜在的进入者进入市场。因此,p_1 对于低成本在位者必须满足条件:

$$M_1^L(p_1) + \delta M_1^L \geqslant M_1^L + \delta D_1^L$$

即:

$$M_1^L - M_1^L(p_1) \leqslant \delta(M_1^L - D_1^L) \tag{7.9}$$

对高成本在位者则要满足：

$$M_1^H(p_1) + \delta M_1^H \geqslant M_1^H + \delta D_1^H$$

即：

$$M_1^H - M_1^H(p_1) \leqslant \delta(M_1^H - D_1^H) \tag{7.10}$$

我们可以得到 p_1，使得 $p_1 \in [\tilde{p}, \hat{p}]$ 同时满足(7.9)式和(7.10)式的条件(如图7.2所示)。从理论上看，满足条件 $p_1 \in [\tilde{p}, \hat{p}]$ 的价格是在位企业的混同均衡价格。无论在位企业的成本高低，在位企业都选择 $p_1 \in [\tilde{p}, \hat{p}]$ 的价格。而潜在的进入者观察到这一价格时，不进入市场；否则，潜在的进入者进入市场。

特别地，我们考虑这样一种情形，对低边际成本在位企业而言，利润最大化的选择为 $\max\{M_1^L(p_1) \mid p_1 \in [\tilde{p}, \hat{p}]\} = M_1^L(p_m^L)$，因此低成本在位企业选择自己利润最大化的价格 p_m^L。高成本在位企业为了成功实现"浑水摸鱼"，也不得不选择价格 p_m^L。因此，在位企业的混同均衡策略是，无论自己的成本高低都选择 p_m^L。当在位企业选择 p_m^L 时，潜在的进入者无法得到更多的信息，难以判断在位企业的成本类型，它的期望利润 $xD_2^L + (1-x)D_2^H \leqslant 0$，因此潜在的竞争者不进入市场；当在位企业选择 $p_1 \neq p_m^L$ 时，潜在的竞争者判断在位企业是高成本的，因此选择进入市场。

第二节　非合作性其他策略

在第一节中，本书介绍了在位企业阻止潜在进入者进入市场的三个经典模型。本节主要介绍市场上的在位企业之间的行为。这时在位企业的动机不再是阻止潜在的进入者进入市场，而是降低市场上已经存在的对手的利润，甚至诱导竞争对手退出市场。

一、掠夺性定价模型[1]

掠夺性定价模型是指在位企业针对已经在市场上的竞争对手而采取的非合作性策略。与米尔格罗姆—罗伯茨限制性定价模型有很多相似假设。假定厂商1两种可能的边际成本：高边际成本 c_1^H 和低边际成本 c_1^L，厂商1知道自己的成本类型，但是厂商2不知道厂商1的成本类型，认定厂商1的成本为 c_1^H 的概率是

---

[1]　本书关于本模型的讨论部分参考了斯蒂芬·马丁著，史东辉等译，《高级产业经济学(第2版)》，上海财经大学出版社2006年版，第257—259页。

x,厂商 1 的成本为 c_1^L 的概率是 $1-x$;同时,厂商 1 知道厂商 2 以概率 x 进行推测。厂商 2 的成本为 c_2。需要注意的是,掠夺性定价模型假定在第一阶段厂商 1 和厂商 2 都存在于市场中;当第一阶段结束时,厂商 2 可以自由决定继续留在市场上或者退出市场。

假定在信息对称的情况下,如果厂商 2 知道厂商 1 是低成本类型的企业,那么厂商 2 的理性选择是在第一阶段结束以后退出市场;如果厂商 2 知道厂商 1 是高成本类型的企业,那么厂商 2 的理性选择是在第一阶段结束以后继续留在市场上,即如下不等式成立:$D_2^L < 0 < D_2^H$,其中 $D_i^\theta (\theta = H, L, i = 1,2)$ 表示厂商 1 的成本类型为 θ 时,厂商 i 在古诺均衡下的期望利润。

与限制性定价模型相似,厂商 1 调整第一阶段的产量和价格使厂商 2 相信自己是低成本的,以获得第二阶段的垄断利润。类似地,在分离均衡中,低成本的厂商 1 选择一个较高的产量使得高成本厂商无法模仿,从而使自己和高成本厂商区分开来。但是,掠夺性定价模型的复杂之处在于,厂商 1 第一阶段的产量和价格不仅由自己的成本函数决定,还需要考虑厂商 2 在第一阶段的产量。

考虑掠夺性定价的一种简单的情形,假设市场上的价格由 $p = 1 - q$ 决定,其中 $q = q_1^\theta + q_2$,$q_1^\theta (\theta = H, L)$ 表示两种类型的厂商 1 的产量,q_2 表示厂商 2 的产量。用 M_1^θ 表示厂商 1 的垄断利润。

在第一阶段厂商 2 的期望利润为 $x[1 - (q_1^H + q_2) - c_2]q_2 + (1 - x)[1 - (q_1^L + q_2) - c_2]q_2$,由利润最大化的一阶条件得到,厂商 2 期望利润最大化的反应函数为:

$$q_2 = [1 - c_2 - x q_1^H - (1-x) q_1^L]/2 \qquad (7.11)$$

在一个分离均衡中,q_1^L 必须足够大,以至于高成本类型的厂商 1 无法效仿,即:

$$[1 - (q_1^H + q_2) - c_1^H]q_1^H + \delta D_1^H > [1 - (q_1^L + q_2) - c_1^H]q_1^L + \delta M_1^H \quad (7.12)$$

其中,q_1^H 是高成本类型的厂商 1 在第一阶段的"理性选择"。通过最大化第一阶段利润 $[1 - (q_1^H + q_2) - c_1^H]q_1^H$,由利润最大化的一阶条件,求解得:

$$q_1^H = (1 - q_2 - c_1^H)/2 \qquad (7.13)$$

将(7.11)式代入(7.13)式,得到:

$$q_1^H = [1 + (1 - x) q_1^L + c_2 - 2 c_1^H]/(4 - x) \qquad (7.14)$$

由(7.12)式至(7.14)式,我们可以得到第一阶段的均衡产量 q_1^H、q_1^L、q_2。在分离均衡中,低成本的厂商 1 为了让厂商 2 相信自己是低成本的,选择的产量

q_1^L 总是比简单的一阶段古诺竞争中的产量要高一些。由(7.14)式我们可以知道，q_1^H 是随着 q_1^L 的增加而单调递增的，因此 q_1^H 也要高于简单的一阶段古诺竞争中的产量。相应地由(7.11)式可知，q_2 是随着 q_1^H、q_1^L 的增加而单调递减的，因此 q_2 低于简单的一阶段古诺竞争中的产量。

这个结论的经济含义是：在第一阶段，厂商2知道低成本类型的厂商1将扩大产量以传递成本类型的信号，并且猜测厂商1有 $1-x$ 的概率是低成本的，因此厂商2的理性选择是减少自己的产量。由于厂商在第一阶段会选择一个较低的产量，高成本类型的厂商扩大自己的产量能获得更高的利润，因此高成本厂商仍有激励扩大自己的产量，尽管它并不需要表明自己的成本类型。可见，在信息不对称的情况下，厂商增加产量，一方面可以诱导竞争对手退出，另一方面可以迫使竞争对手降低产量。

更一般地，即使厂商在第一阶段结束后总是不会选择退出市场，厂商都有激励让其他厂商相信自己是低成本的，迫使其他厂商在第二阶段减少产量。在此模型的基础上，掠夺性定价模型还有更多扩展，例如，在第一阶段结束后，厂商面临的选择由"退出"或"留下"扩展为是否接受掠夺者的兼并等。在这些模型中，厂商能成为掠夺者的原因都在于厂商掌握了更多信息，在竞争中具有优势。

二、提高竞争对手的成本

前文介绍的掠夺性定价模型中掠夺者的目的在于降低竞争对手的收益。掠夺者也可通过提高竞争对手的成本来达到同样的目的。提高竞争对手的成本可促使竞争对手退出市场。即使竞争对手并不退出，随着成本的提高，竞争对手将减少产量，掠夺者可以迅速提高价格或市场份额，使自己获得更高的利润。相比掠夺性定价模型而言，提高竞争对手的成本更具有可操作性。因为此时掠夺者并不需要掌握更多信息就可以提高竞争对手的成本。而掠夺性定价模型中，只有在掠夺者掌握了更多的信息的情况下，才可能实施掠夺性定价。

提高竞争对手成本的方法有多种。常见的一种情况是，掠夺者可以与投入要素的供应商（尤其是低成本的供应商）签订排他性的契约，例如：掠夺者可以通过签订契约要求供应商只能以更高的价格向竞争对手出售某种必需的投入要素。显而易见的是，掠夺者游说要素供应商签订这类契约也是需要付出代价的。

假设市场上有两家企业，它们按古诺模型的方式竞争，假定它们的边际成本为 c_1、c_2，市场价格为 $p = 1 - (q_1 + q_2)$，其中 q_1、q_2 代表两家企业的产量。在古诺均衡中有：

$$\pi_i = \left[1 - (q_1 + q_2) - c_i \right] q_i, \quad i = 1, 2$$

由利润最大化的一阶条件得到两个企业的反应函数为：

$$q_i = \frac{1 - q_j - c_i}{2}, i, j = 1, 2, \text{且} i \neq j (\text{以下相同}), \text{联解,得:}$$

$$q_i = \frac{1 - 2c_i + c_j}{3} \tag{7.15}$$

$$\pi_i = \frac{(1 - 2c_i + c_j)^2}{9} $$

$$\frac{\partial \pi_i}{\partial c_i} = \frac{-4(1 - 2c_i + c_j)}{9} = \frac{-4q_i}{3} \tag{7.16}$$

$$\frac{\partial \pi_j}{\partial c_i} = \frac{2(1 - 2c_j + c_i)}{9} = \frac{2q_j}{3} \tag{7.17}$$

由(7.16)式和(7.17)式可知,当 $q_j > 2q_i$ 时, $\left| \dfrac{\partial \pi_j}{\partial c_i} \right| > \left| \dfrac{\partial \pi_i}{\partial c_j} \right|$。由(7.15)式,也存在当 $c_j < \dfrac{5c_i - 1}{4}$ 时, $\left| \dfrac{\partial \pi_j}{\partial c_i} \right| > \left| \dfrac{\partial \pi_i}{\partial c_j} \right|$ 成立。这意味着,如果企业 j(掠夺者)的规模足够大或者成本足够小,那么它从提高竞争对手的成本中获得的利润就大于竞争对手由此损失的利润额。因此掠夺者愿意付出比竞争对手降低成本所付出的更多的代价来提高竞争对手的成本。[①]

掠夺者提高竞争对手的成本的方式还有很多。同一行业内企业的成本往往是相关联的,掠夺者为了提高竞争对手的成本甚至不惜牺牲自己的成本。例如,如果掠夺者的生产技术的劳动密集度小于竞争对手,那么掠夺者就可以通过提高行业的工资使竞争对手承担更高的成本。

三、纵向扩张

企业的纵向扩张分为前向扩张和后向扩张两种类型。其中,前向扩张主要指企业对下游产品的控制,后向扩张主要指企业对上游必需投入品的控制。

后向扩张的情况与前文分析通过与投入要素品的供应商签订合约以提高竞争对手的成本的情况类似。企业通过对上游企业的控制,使得某些必需的投入要素成为排他性资源,或者针对竞争对手提高这种投入品的价格,使下游产业中非一体化的竞争对手处于劣势,从而缩小竞争者的产量,甚至迫使部分竞争者退

---

① 关于这部分内容更详细的讨论可参考 Salop 和 Scheffman (1983);对本模型的分析,本书参考了理查德·施马兰德、罗伯特·D. 威利格主编,李文溥等译,《产业组织经济学手册(第 1 卷)》,经济科学出版社 2009 年版,第 494 页。

出市场。优势企业则进一步提高自己的市场份额。

当企业拥有稀缺资源时前向扩张也能通过同样的方式,提高下游竞争对手的成本,增加进入壁垒。例如,当上游企业生产的产品是某种稀缺的必需品时,上游企业可以将收购下游企业作为出售原材料的条件,以更高的价格向集团以外的企业出售下游产品等。这种情况往往发生在采矿业、冶炼行业等对稀缺资源依赖度较高的行业。而制造业企业向零售业进行的纵向扩张往往主要不是出于掠夺的目的。在这类竞争激烈且产品差异化程度低的行业中,交易成本的节约、税收的节约等因素是纵向扩张的主要原因。

当上游企业具有较大的垄断势力时,前向扩张不仅能影响竞争对手的成本,企业还有能力提高最终产品的价格。如果上游企业属于竞争性行业,由于前向扩张节约了成本,最终产品的价格往往会降低。

案例

艰难生存的民营加油站

1999 年国务院办公厅转发原国家经贸委《关于清理整顿小炼油厂和规范原油成品油流通秩序的意见》,规定国内各炼油厂生产的成品油全部交由中石油、中石化的批发企业经营,其他企业不得批发经营,各炼油厂一律不得自销。两大集团利用纵向一体化优势,在石油流通领域的垄断地位逐步形成。近年来,各新闻媒体纷纷报道民营加油站无奈地被中石油、中石化两大集团收购,留下的多数惨淡经营、艰难维系。民营加油站主要面临两方面的问题:其一,油源难寻。近年来,民营加油站"油荒"的问题时断时续,由于中石油、中石化两大集团对民营加油站供油紧张,使民营加油站时常出现"无油可卖"的尴尬局面。其二,油价"批零倒挂",市场上不时出现批发价低于零售价的情况。中石油、中石化两大集团尚可通过集团内部核算平衡收益,民营加油站却面临着"卖得越多,赔得越多"的问题。

四、产品相容性改变[1]

在软件、电信服务等网络经济行业,产品相容性也是影响企业利润的重要因素。直观地理解,如果一个企业生产的软件不能与市场上其他企业提供的软件兼容,那么消费者将减少对这种软件的使用,这种软件的生产商甚至不得不退出市场。

---

[1] 更详细的讨论见 Farrel 和 Saloner(1986)。

在这些产品的相容性对消费者的效用有较大影响的行业,企业之间的产品相容性高低将决定企业的利润高低,两个企业的收益矩阵具有如下形式:

企业2

		技术 A	技术 B
企业1	技术 A	a_{11},b_{11}	a_{12},b_{12}
	技术 B	a_{21},b_{21}	a_{22},b_{22}

假定两种技术之间互不兼容。当企业之间的市场占有率、盈利能力相当时,则有 $a_{11}>a_{21}$,$a_{22}>a_{12}$,以及 $b_{11}>b_{12}$,$b_{22}>b_{21}$。这个假设意味着,企业 1 和企业 2 的理性选择是同时选择技术 A 或同时选择技术 B,在这样的情况下,企业之间往往容易达成一致,它们改变产品相容性的激励也较小。

但是,当企业之间的市场占有率和盈利能力不同时,市场上的领导者却能通过降低自己的产品与其他企业的产品之间的相容性来从中获得好处。尽管产品的相容性降低同时降低了大企业和小企业的产品的适用范围,却使得消费者从小企业产品那里获得的效用降低得更多。这是因为消费者使用市场占有率更高的产品能得到更高的效用,而选择普及率低的产品则可能遇到诸多不便。这将降低新进入市场的消费者对小企业的产品的需求。同时,那些已经使用小企业产品的老客户的福利也将受到损害。重新设定两企业的收益矩阵值。假设企业 2 是市场上的领导者,占据了大量的市场份额,此时企业 2 支付额变为 $b_{11}<b_{12}$,$b_{22}<b_{21}$。企业 1 是市场上的追随者,市场份额较少,和大企业保持一致能给它带来更高的利润,因此企业 1 的支付额仍满足 $a_{11}>a_{21}$,$a_{22}<a_{12}$。在这种情况下,即使市场上的追随者愿意与领导者保持产品相容性的高度一致,但是市场上的领导者仍有激励改变产品的相容性,使自己占有更大的市场份额。

案例

"飞信"的吸引力

2007 年 6 月,中国移动推出了"飞信"业务,即融合语音(IVR)、GPRS、短信等多种通信方式,覆盖三种不同形态(完全实时、准实时和非实时)的客户通信需求,实现互联网和移动网间的无缝通信服务,使用"飞信"业务的客户之间不但可以免费从电脑给手机发短信,而且不受任何限制,能够随时随地与好友语聊,并享受超低语聊资费。这项业务仅限于中国移动客户使用,对中国联通和中国电信的客户并不兼容。中国移动是中国电信服务行业市场份额最大的企业。据工信部的统计,2008 年,中国移动占据了新增市场份额的

93%;2009年,受电信重组的影响,中国移动的市场份额大幅下降,但仍占有68%的新增市场份额。中国移动"飞信"业务的推出给中国移动用户带来了方便。随着"飞信"业务的普及,中国联通、中国电信客户也逐渐地感受到诸多不便。例如,无法接收到中国移动客户向好友群发的短信通知;无法参与使用中国移动的好友之间的实时聊天等。尽管中国移动在资费上并不具有优势,但由于其占有大量的市场份额,再加上推出了与其他电信运营商不兼容的新业务,使得许多新进入市场的消费者有激励选择中国移动的产品;甚至一些老客户也不得不忍受转换成本,更换产品。此后,中国电信、中国联通也推出了类似的服务——天翼 Live 和即时通。这两家市场份额相对较小的企业提供的产品对其他产品的相容性高于中国移动提供的产品。例如,中国电信天翼 Live 和 MSN 之间可相互收发即时消息;中国联通即时通业务每月可供客户向其他企业用户发送一定数额的免费短信。

五、产品预告

在上文提到的网络经济行业,除了改变产品相容性外,企业还可以通过提前发布新产品预告的竞争方式,减少竞争对手的利益。正如上文所分析的,由于广泛的市场占有率将提升消费者对该产品的效用,因此消费者往往愿意"随大流"地选择这种产品。即使新技术带来了产品质量改进,消费者也宁愿追随老技术。[1]

在这种情况下,企业提前宣布将晚些时候发布新产品,就给尚未购买老产品的消费者继续等待的机会。企业通过这种预告,降低了现有产品的市场占有率,使得新产品能被消费者采用。这种提前预告往往会带来"奥斯朋效应",即由于消费者对新技术的等待而造成了现阶段产品销售有一个空档。对那些在现阶段市场占有率低的企业而言,这样做是极有利的,因为竞争对手更多地承担了现阶段的损失。而某些特定行业现阶段市场占有率高的企业为了长期保持自己的领导者地位,也可能提前发布新产品。在软件行业,因为软件升级换代的边际成本较低,软件企业可以通过承诺未来低价甚至免费为购买老产品的客户升级来避免"奥斯朋效应",减少现阶段的损失。因此,这一策略在电脑软件行业很常见。例如,微软公司常常提前发布新的操作系统预告,甚至提前发布新的操作系统的试用版本。

---

① 更详细的论述见 Farrel 和 Saloner(1986)。

第三节　非合作性策略的福利探讨

由于企业实施非合作性策略的方式多种多样,因此难以找到一个唯一的标准对非合作性策略的社会福利进行评价,对非合作性策略的绩效评价也是不充分的。

一种普遍的经济学观点认为,如果市场允许自由进入或者退出,则能实现经济的最优状态。因此,在有进入壁垒存在的市场,鼓励企业进入能够增进社会总体福利。企业的非合作性策略似乎对社会整体福利而言是有害的。

冯·威克泽对进入壁垒的福利效应进行了开创性研究,将福利分析引入到"进入壁垒"中,指出如果市场上的进入壁垒是由规模经济或者产品本身的差异造成的,这时进入壁垒不仅不会损害社会总体福利,还会增加社会总福利。[①]

考虑一个简化的模型,反需求函数为:$p = A - Q$,其中 Q 为需求的数量。市场上代表性厂商的成本函数为 $C = k + aq + \frac{1}{2}bq^2$,其中 k、a、b 为非负常数。q 为代表性厂商的产量。代表性厂商的边际成本为 $\mathrm{MC} = a + bq$。假设所有厂商的边际成本相同,则总产量为 $Q = nq$。因此有 $\mathrm{MC} = a + b\dfrac{Q}{n}$。

考虑社会总福利最大化时的理想状态,$p = \mathrm{MC}$,得到:

$$Q = \frac{n}{b+n}(A-a), \quad p = \frac{b}{b+n}(A-a) + a, \quad q = \frac{A-a}{b+n}$$

社会总福利等于消费者剩余和所有厂商利润之和,即社会总福利

$$S = \int_0^Q P(Q)\,\mathrm{d}Q - nC(q) = AQ - \frac{1}{2}Q^2 - n\left(k + aq + \frac{b}{2}q^2\right)$$

整理得:$S = (A-a)^2 Q - \frac{1}{2}\left(1 + \frac{b}{n}\right)Q^2 - nk$。

将 $Q = \dfrac{n}{b+n}(A-a)$ 代入,整理后得:$S = \dfrac{1}{2}(A-a)^2 \dfrac{n}{b+n} - nk$。

由社会福利最大化的一阶条件得到:$\dfrac{\mathrm{d}S}{\mathrm{d}n} = \dfrac{1}{2}(A-a)^2 \dfrac{b}{(b+n)^2} - k = 0$,即

$$(b + n^*)^2 \approx \frac{(A-a)^2}{k} \frac{b}{2} \tag{7.18}$$

---

①　本问题的更多论述见 von Weizsäcker(1980)。

代入产量的表达式,得:

$$Q^* = \frac{n^*}{b + n^*}(A - a) \tag{7.19}$$

其中,n^*、Q^*为保证社会总福利最大时的企业数量和市场上的总产量。

假设市场上的企业按照古诺方式竞争,企业能自由进入或退出市场,则单个厂商的利润函数为$\pi = p(Q)q - (k + aq + \frac{1}{2}bq^2)$。

利润最大化的一阶条件为:

$$\frac{\mathrm{d}\pi}{\mathrm{d}q} = p + q\frac{\mathrm{d}p}{\mathrm{d}q} - a - bq = p - a - (b + 1)q = 0, \quad \frac{\mathrm{d}p}{\mathrm{d}q} = -1$$

即$A - nq - a - (b + 1)q = 0$。

解得:$Q = \frac{n}{b + 1 + n}(A - a)$,$p = \frac{b + 1}{b + 1 + n}(A - a) + a$,$q = \frac{A - a}{b + 1 + n}$。代入厂商的利润函数得到:$\pi = \frac{b + 2}{2}\left(\frac{A - a}{b + 1 + n}\right)^2 - k$。

企业能自由进入(退出)市场意味着:当$\pi > 0$时,新的企业会进入市场;当$\pi < 0$时,个别在位企业会退出市场。因此,市场实现均衡的条件是$\pi = 0$,即:

$$\pi = \frac{b + 2}{2}\left(\frac{A - a}{b + 1 + n}\right)^2 - k = 0$$

$$(b + 1 + n^e)^2 \approx \frac{(A - a)^2}{k}\frac{b + 2}{2} \tag{7.20}$$

另n^e为按古诺方式竞争时,市场上自由进入(退出)实现的均衡的企业数量。代入产量表达式,得到:

$$Q^e = \frac{n^*}{b + n^* + 1}(A - a) \tag{7.21}$$

比较(7.18)式和(7.20)式、(7.19)式和(7.21)式可知,b较小时,存在$n^e > n^*$,$Q^* > Q^e$。b的大小表示企业边际成本递增的速度快慢。因此,较小的条件在实际经济中是容易满足的。例如,如果$A - a = 10$,$k = 5$,$b = 0.05$,那么$n^* = 1$,$n^e = 3$,$Q^* = \frac{10}{1.05}$,$Q^* = \frac{30}{4.05}$。考虑更为极端的$b = 0$的情况,即自然垄断的情况,此时满足社会福利最大化的$n^* = 1$。

这个结果意味着,相比社会总福利最大的最优化配置而言,自由进入(退出)市场的结果导致了过多的企业存在。社会需要由较少的企业提供更大的产量。由于新的进入者进入市场减少了市场上已有的企业的产量,会带来社会福利的损失。此时,市场上的领导者若实行一个适度的进入阻止策略对社会整体福利也是有利的。

然而,在一个行业的固定成本较小,即不存在规模经济的情况下,进入壁垒的存在并不能改进福利。曼昆和温斯顿对此进行了更详细的分析,认为在这些行业中,企业的非合作性策略与社会的整体福利无关。当存在市场势力时,新的企业的进入是源于"商业僭取"效应,即进入者的部分利润来自于在位企业的利润的转移,并不影响社会福利的增长。

本节所介绍的模型仅针对贝恩模型所提出的进入壁垒的四个因素展开了分析。然而,随着经济的发展,企业的非合作性策略的方式更为隐蔽,从价格掠夺向非价格掠夺转变。这些非合作性策略的福利性质并未得到充分的展开。正如前文案例中所提及的,我们很难判断中国移动"飞信"业务的发展究竟给社会整体带来了更多福利,还是更多损失。

本章小结

1. 进入市场所要求的最低固定成本投资决定了在位企业阻止潜在竞争者的能力。如果市场所要求的最低固定投资较大,在位企业可以通过调整产量和价格限制潜在的竞争者进入市场。

2. 信息对企业来讲是极为重要的。具有信息优势的企业不仅可以通过限制性定价限制潜在的竞争者进入市场,还可以通过掠夺性定价等方式迫使市场上的竞争对手减少产量,甚至退出市场。

3. 企业还可以通过提升竞争对手的成本、纵向扩张等方式使竞争对手处于不利的状况。

4. 在具备网络经济特征的行业,市场上的领导者通过产品创新改变自身产品的兼容性能迅速扩大自身的市场份额,提高利润。现实经济活动中的非合作性策略是很常见的。这些策略往往具有隐蔽性和复杂性。

思考题

1. 假设市场存在两阶段,第一阶段只有企业 1 生产产品。在第一阶段结束以后,企业 2 可以选择进入或是不进入市场,进入市场的固定成本为 F。市场的反需求函数总是 $p = 8 - Q$(在第一阶段,$Q = q_1$;在第二阶段,$Q = q_1 + q_2$)。在位者和潜在的进入者的边际成本都为 0,它们按斯塔克尔伯格模型描述的方式竞争。

求:F 至少为何值时,企业 1 才能对企业 2 实施有效封锁?(有效封锁意味着企业 1 选择垄断产量时,就可以阻止企业 2 进入市场。)

2. 市场上有两家企业,劳动是它们唯一的投入要素。企业 1 的生产函数为 $Y_1 = L_1$,企业 2 的生产函数为 $Y_2 = 3L_2$。市场上的反需求函数为 $p = 10 - Q, Q = q_1 + q_2$。行业内的工资水平为 w,是外生的,由企业和工会谈判决定。假定两家企业按古诺方式竞争。

(1) 求解每个企业的古诺均衡产量(q_1^*, q_2^*)和利润(π_1^*, π_2^*)。

(2) 由(1)的结果,计算 $\dfrac{\mathrm{d}\pi_1^*}{\mathrm{d}w}$、$\dfrac{\mathrm{d}\pi_2^*}{\mathrm{d}w}$。

(3) 结合本章内容,分析(2)中结果的经济含义。(提示:企业 2 可能采取怎样的措施增加自己的利润?这一措施会对竞争对手带来影响吗?)

3. 假设市场存在两阶段,第一阶段只有一个在位企业 1 生产产品。在第一阶段结束以后,企业 2(唯一的潜在进入者)可以选择进入或是不进入市场。如果潜在的进入者进入市场,则第二阶段两个企业按古诺方式进行竞争。进入市场的固定成本为 $K = 10$。市场的反需求函数总是 $p = 10 - Q$(在第一阶段,$Q = q_1$;在第二阶段,$Q = q_1 + q_2$)。

假设潜在的竞争者的边际成本为 $c_2 = 1$,这是所有企业都知道的共同信息。在位企业的边际成本是随机的,$c_1 = 1$ 或 $c_1 = 2$。在位企业知道自己的成本。潜在的竞争者进入市场以前不知道企业 1 的成本,只能以 x 的概率判断企业 1 的边际成本为 $c_1 = 1$,并以 $1 - x$ 的概率判断企业 1 的边际成本为 $c_1 = 2$。一旦潜在的竞争者进入市场,它便能立刻知道在位者的成本。假定不考虑贴现。

(1) 证明:只有当在位者是高成本时,潜在的进入者进入市场的利润才为正。

(2) 假设潜在的竞争者采取这样的策略:

当观察到 $q_1 = 7.5$ 时,相信在位者是低成本的,即 $x = 1$,潜在的竞争者不进入市场;否则,认为在位者是高成本的,即 $1 - x = 1$,潜在的竞争者进入市场。

证明:a. 对低成本在位者而言($c_1 = 1$),第一阶段的理性选择是生产产量 $q_1 = 7.5$;

b. 对高成本在位者而言($c_1 = 2$),第一阶段的理性选择是生产垄断产量 $q_1 = 4$。

c. 在这种情况下,企业 2 的判断是合理的吗?

(3) 如果在位者无论成本高低都选择同一个产量 q',潜在的进入者是否会进入市场? 为什么? (根据潜在进入者的期望利润进行分析。)

4. 请举出一个经济活动中企业之间采取非合作性策略的案例,并结合本章内容加以分析。

进一步阅读文献

[1] Milgrom, P. and Roberts, J. (1982), Limit pricing and entry under incomplete information: an equilibrium analysis, *Econometrica*, 50,443—460.

[2] Salop, S. C. and Scheffman D. T. (1983), Raising rivals' costs, *The American Economic Review*,73,267—271.

[3] Farrel, J. and Saloner, G. (1986), Installed base and compatibility: innovation, product preannouncements, and predation, *American Economic Review*,76 (5),940—995.

[4] von Weizsäcker, C. C. (1980), A welfare analysis of barriers to entry, *The Bell Journal of Economics*, 11(2),339—420.

参考文献

[1] Adams, William James (1974), Market structure and corporate power: the horizontal dominance hypothesis reconsidered, *Columbia Law Review*,74,1276—1297.

[2] Bain, Joe S. (1954), Economies of scale, concentration, and the condition of entry in twenty manufacturing industries, *The American Economic Review*, 44, 15—39.

[3] Besen, S. M. and Farrell, J. (1994), Choosing how to compete: strategies and tactics in standardization, *American Economic Association*, 8(2),117—131.

[4] Baumol,W. J. and Willig, R. D. (1981),Fixed costs, sunk costs, entry barriers, and sustainability of monopoly, *The Quarterly Journal of Economics*, 96 (3), 405—431.

[5] Farrel, J. and Saloner, G. (1985), Standardization, compatibility, and innovation, *The RAND Journal of Economics*,16(1),70—83.

[6] Farrel, J. and Saloner, G. (1986), Installed base and compatibility: innovation, product preannouncements, and predation, *American Economic Review*,76

(5),940—995.

[7] Mankiw,N. G. and Whinston, M. D. (1986), Free entry and social inefficiency, *The RAND Journal of Economics*,17,48—58.

[8] Michael, H. R. (1998), Anticompetitive vertical integration by a dominant firm, *The American Economic Review*, 88(5),1232—1248.

[9] Milgrom, P. and Roberts, J. (1982), Limit pricing and entry under incomplete information: an equilibrium analysis, *Econometrica*, 50,443—460.

[10] Ordover, J. A. and Willig, R. D. (1981), An economic definition of predation: pricing and product innovation, *The Yale Law Journal*, 91(1),8—53.

[11] Ordover, J. A. and Willig, R. D. (1983), Predatory systems rivalry: a reply, *Columbia Law Review*, 83(5), 1150—1166.

[12] Ordover, J. A. and Willig, R. D. (1983), Antitrust for high-technology industries: assessing research joint ventures and mergers, *Journal of Law and Economics*, 28(2),311—333.

[13] Salop, S. C. and Scheffman D. T. (1983), Raising rivals' costs, *The American Economic Review*,73,267—271.

[14] Spence, A. M. (1977), Entry, capacity, investment and oligopolistic pricing, *The Bell Journal of Economics*, 8(2), 534—544.

[15] von Weizsäcker, C. C. (1980), A welfare analysis of barriers to entry, *The Bell Journal of Economics*, 11(2),339—420.

[16] Willig, R. D. (1976), Consumer's surplus without apology, *The American Economic Review*,66(4),589—597.

[17] Willig, R. D. (1981), Social welfare dominance, *The American Economic Review*, 71(2), 200—204.

[18] 理查德·施马兰德、罗伯特·D. 威利格主编,李文溥等译(2009),产业组织经济学手册(第1卷),经济科学出版社.

[19] 斯蒂芬·马丁著,史东辉等译(2006),高级产业经济学(第2版),上海财经大学出版社.

第八章	合作性策略

本章概要

同行业企业间如果不是展开竞争,而是相互勾结,实施合作性策略,对产业组织会产生什么样的影响?是否影响资源配置效率和社会福利?本章对合作性策略进行了揭示。

学习目标

把握合作性策略具备的条件和影响因素,理解合作性行为的负面效应。

在第七章中,我们讨论了寡头间的竞争及非合作策略性行为,与此相反,在某种条件下,只要合作带来的预期收益大于竞争带来的收益,厂商就有可能选择合作而不是竞争。

通过限制市场产出与抬高市场价格来增加集体利润与个体利润的行为就是合作策略性行为。合作策略性行为的典型形式是卡特尔。同意通过协议统一协调活动的厂商结成的联盟叫做卡特尔(Cartel)。即使没有明确协议,市场中的厂商也可能形成某种默契,协调它们的行动使得共同利益最大化——默契合谋或串谋。

第一节　卡特尔的类型

卡特尔是一种企业联盟,这些联盟的企业同意一致行动,通过规定产品产量、确定商品价格等方面的协议,从而极大化联盟利益,进而增加各加盟成员的利益。卡塔尔大体有以下五个类型:

(1)价格卡特尔。这是最常见和最基本的卡特尔形式。卡特尔维持某一特定价格:垄断高价、在不景气时的稳定价格或者降价排挤非卡特尔企业。

(2)数量卡特尔。卡特尔对生产量和销售量进行控制,以降低市场供给,最终使价格上升。

（3）销售条件卡特尔。对销售条件如回扣、支付条件、售后服务等在协定中进行规定的卡特尔。

（4）技术卡特尔。典型形式是专利联营，即成员企业相互提供专利、相互自由使用专利，但不允许非成员企业使用这些专利的卡特尔。

（5）辛迪加。一种特殊的统一销售卡特尔，参加辛迪加的企业，在生产上和法律上仍然保持自己的独立性，但是丧失了商业上的独立性，销售商品和采购原料由辛迪加总办事处统一办理，其内部各企业间存在着争夺销售份额的竞争。

第二节　合作策略性行为的动力

假设一个寡头行业有两个厂商，每个厂商的产量为 q_i，成本为 $c_i(q_i)$，$i=1,2$，市场需求曲线为 $p=a-bq$。每个企业以产量作为决策变量以实现利润最大化。

如果两个寡头厂商展开非合作博弈，即进行古诺博弈。

每个厂商最大化其利润，即：

$$\max \pi_i(q_1,q_2) = q_i p(q_1,q_2) - C_i(q_i)$$

其一阶条件为：

$$\frac{\partial \pi_i}{\partial q_i} = p(q_1+q_2) + q_i p'(q_1+q_2) - C_i'(q_i) = 0$$

令 $C_i'(q_i) = c$，并且 $p = a - bq$ 则：

$$\frac{\partial \pi_1}{\partial q_1} = a - b(q_1+q_2) - bq_1 - c = 0$$

$$\frac{\partial \pi_2}{\partial q_2} = a - b(q_1+q_2) - bq_2 - c = 0$$

解得：

$$q_1^* = q_2^* = \frac{1}{3b}(a-c)$$

$$\pi_1 = \pi_2 = \frac{1}{9b}(a-c)^2 \tag{8.1}$$

现在考虑两厂商合谋的情形。

$$\max \pi = q(a-bq) - C_1 - C_2$$

一阶条件为：

$$\frac{\partial \pi}{\partial q} = a - 2bq - c = 0$$

即：

$$q_m^* = \frac{1}{2b}(a - c)$$

$$\pi_1^m = \pi_2^m = \frac{1}{8b}(a - c)^2 \qquad (8.2)$$

比较(8.1)式和(8.2)式,合谋比竞争更有动力,因为:$\pi_i < \pi^m$。

第三节　促成卡特尔形成的因素

一、提高行业价格的能力

只有在预计卡特尔会提高价格并能维持在高水平的情况下,厂商们才有动力加入卡特尔。卡特尔所面临的需求弹性越小,它就越能提高价格,从而利润越多。如果卡特尔的需求曲线是无弹性的,即是一条相对垂直的曲线,则提高价格会使利润显著上升;相反,如果潜在的卡特尔面临的是一条有弹性的需求曲线,提高价格将使利益下降。

二、对严厉惩罚的较低预期

由于在一些国家将合谋操纵价格的行为视为非法,因而,一旦发现有合谋行为,将实施法律制裁。只有当成员预期不会被发现合谋或者被发现后不致遭受到严厉处罚时,才有积极性参与卡特尔。

三、较低的组织成本

卡特尔是否能够组建并得到长期发展,要视其组织成本的高低而定。第一种组织成本是组建成本,说明越复杂,组建卡特尔的成本越高。有利于组建成本控制的因素包括:涉及的厂商数目较少,行业高度集中;所有的厂商生产的产品几乎无差异;行业协会的存在性;等等。第二种组织成本就是维护卡特尔协议的执行成本,防止卡特尔成员相互欺骗的成本。

第四节　威胁卡特尔稳定性的主要因素

一、市场集中度与行业中厂商的数目

在厂商数目较少和市场集中度较高时,将有利于合谋的稳定性。

假设在生产同类产品的行业中,有 n 个企业面对同样不变的边际成本。如

果 n 个厂商达成合谋协议组建卡特尔,或即使未明确达成协议但形成了某种默契合谋,则市场价格为垄断价格,每个企业获取垄断价格并平等地分享市场。每个企业的阶段利润即在合谋期的利润为 $\frac{\pi^m}{n}$。企业数量的增加,即 n 的扩大会减少每个企业的利润,从而也减少了削价受罚的成本。因而当 n 增加时,企业有动力削价而不遵守协议。从反面说明,n 越少,每家企业分享的垄断利润越多,就越有动力遵守垄断协议。厂商的数目及其市场集中度与合谋的稳定性有关。从另一方面说明,n 越少,每家企业分享的垄断利润越多,就越有动力遵守垄断协议。厂商的数目及其市场集中度与合谋的稳定性有关。

经验证据也支持以上观点,卡特尔在集中性行业更可能成功。据有关研究,美国司法部价格操纵案例中 42% 的四厂商集中度超过 75%;在另外的 34% 的案例中,这一比率在 51% 到 75% 之间,因此,76% 的案例中集中度超过了 50%。

二、产品的同质性

卡特尔成员生产的产品如果是同质的,则有利于卡特尔的稳定;否则,就会威胁卡特尔的存在。例如,某两个厂商在 t 期产品完全同质,并形成默契合谋,将价格定在垄断价格水平,两厂商分享市场并分享垄断利润。如果在 $t+1$ 期,厂商 1 通过技术更新使产品品质提高了,而厂商 2 的产品与 t 期相同。在这种情况下,厂商 1 由于产品差别化,在同样的价格水平下,市场份额显著上升。相对而言,厂商 2 的市场份额下降,厂商 2 在 $t+1$ 期为了保住市场份额,就要降低价格,这样就会打破在 t 期的均衡。

三、成本的不对称性

在 t 期,卡特尔成员的单位成本相同,并结成卡特尔,而在 $t+1$ 期厂商 1 的单位成本下降,那么,在 $t+1$ 期如果降低价格,预期所获得的利润增量大于惩罚成本,厂商 1 就有动力违背卡特尔价格协议。

可行的安排是:卡特尔在 $t+1$ 期重新缔约,划分市场份额,让高成本厂商减少供应量,让低成本厂商扩大供应量。

四、市场需求波动

需求的基本稳定是维持合谋的基本条件之一。如果市场需求波动频繁并且波动幅度大,那么:第一,难以维持产量协议;第二,组织成本上升,需要不断调整协议。

五、订货的批量

买方一次性订货批量越大,履行合作协议越困难。

第五节　防止欺骗的方法

为了防止卡特尔成员厂商进行毁灭卡特尔的秘密削价(或者扩大产量)的行为,需要能够觉察对价格垄断协议的违反并防止其再次发生。

一、分割市场

有些卡特尔通过分配给每一厂商一定的购买者或地理区域而成功地防止了欺骗,因为这使得欺骗很容易被发觉。弗拉斯和格里尔(Fraas and Greer, 1977)发现26%的价格操纵案例涉及市场分配方案;波斯纳(Posnar, 1970)发现7.8%的反托拉斯案例涉及客户的分配,14.6%涉及区域的划分,1.8%涉及产品市场的分割。西班牙和意大利的汞卡特尔就采取了地理分区的办法:西班牙供应美国,意大利供应欧洲。

案例

我国电信业在改组之前就是一种市场划分卡特尔的形态,具体说来是划分产品类型和划分地域市场并存的形态。自20世纪90年代电信业经历了多次改组之后形成的中国移动、中国联通、中国电信、中国网通等六家基础电信产业和4 000多个提供增值服务的企业相竞争的市场格局,其实是市场分割卡特尔。1998年,中国邮电电信总局分拆为中国电信和中国邮政。1999年,中国电信继而分拆为中国电信和中国移动、中国网通,此为第一次大重组。在这场分家中,中国电信作为老大哥,继承了母体原中国电信的服务称号。第二次是2002年5月,国务院对中国电信进行了南北拆分重组,北方九省一市划归中国网通,形成北网通南电信两大固网运营商。2008年5月三部委发起的第三次重组,以建立三家全业务运营商的电信业结构为目标。

二、固定市场份额

如果能够观察到各成员市场份额的变化,一旦某成员市场份额增加,采取报复,那么,就可以采取固定市场份额的做法来防止欺骗。如果有厂商降低价格,它的市场份额将上升,其他厂商就会加以报复。所有厂商都预期到这一反应,这样就没有厂商有增加自己产量的动机,因为那样做的收益低于被报复之后的利润损失。

三、使用最惠国待遇条款

所谓销售合同中的最惠国待遇条款是指,在销售合同中向买方保证,卖方不会以更低的价格销售给其他购买者,否则向全体买方给予补偿。比如出售大型汽轮发电机的两家主要销售者——通用电气公司和西屋电气公司都在各自的销售合同中加上这么一个条款:卖方无论现在还是将来都不会向其他任何购买者提供更低的价格,除非向早先的购买者也提供相同的价格补贴。这种价格补贴机制设定了违反卡特尔协议的惩罚机制:如果某卡特尔成员通过秘密削价以扩大销售量,它也必须对此前的所有购买者削价。

四、使用相遇—竞争条款

所谓的相遇—竞争条款,是指在合同中向购买者保证,如果另一家厂商提供较低价格,销售者也将同幅度降价,并提供价格补贴。这一条款使厂商难以欺骗,因为消费者会将较低价格的信息带给卡特尔的其他成员。这种条件会与卡特尔高价格相联系,而不是带来它们表面上所保证的低价格。

五、建立触发价格

所有卡特尔成员达成一致协议,如果市场价格降至一个水平(称为触发价格)以下,每一个厂商可背弃协议价格,并把其产出扩张至成立卡特尔之前的水平。在这种情况下,削价的厂商可以在短期内有所收益,但是最终将因为这种预设的惩罚机制所导致的卡特尔协议的瓦解而受损。

建立触发价格的主要原因是,在某些市场上,对于因其他厂商的欺骗与因需求和供给成本的波动所导致的价格上的随机波动,厂商很难区分。如果厂商们无论何时觉察到价格下跌就转向竞争行为,卡特尔就将因价格的随机波动而解体。不过,如果各卡特尔成员同意仅在一段预定的时间内进行竞争,随后仍转向卡特尔行为,价格上的随机波动就不会永久性地毁灭卡特尔。

案例

石油输出国组织(OPEC)是世界上最著名的卡特尔。它建立于 1960 年,由五个主要的石油出口国组成:沙特阿拉伯、伊朗、伊拉克、科威特和委内瑞拉。该组织确定的目标如下:

- 协调并统一各成员国的石油政策。
- 采取措施确保价格稳定、消除有害而又不必要的价格波动。

在 1960 年以前,这些石油生产国与国际石油公司的冲突越来越激烈,它们根据"让步的协议"进行石油开采。根据这份协议,石油公司有权开采石油,并为此支付特许权使用费。这意味着石油生产国在石油产品的产量和价格方面几乎没有发言权。

尽管 1960 年成立了 OPEC,但直到 1973 年石油生产的控制权才由石油公司转到石油生产国,由 OPEC 决定石油的产量并以此决定其石油收入。此时,OPEC 已拥有 13 个成员国。

在整个 20 世纪 70 年代,OPEC 的定价政策包括以下几方面:把沙特阿拉伯(它是市场领导者)的原油价格设定为市场价,然后其他各成员国依据这个价格设定它们自己的石油价格,成为支配型"企业"价格领导地位的一种形式。

只要需求一直保持上升态势,同时价格又无弹性,那么这项政策就会导致价格大幅度提高,从而收入大量增加。1973 年和 1974 年,在阿拉伯—以色列战争过后,OPEC 把石油价格从每桶 3 美元左右提高到每桶 12 美元以上。这个价格一直延续到 1979 年,而石油的销售量并没有明显下降。

可是,1979 年之后,石油价格进一步由每桶 15 美元左右提高到每桶 40 美元,需求开始下降。这主要是因为 20 世纪 80 年代初期发生了经济衰退。

面临着需求的持续下降,OPEC 在 1982 年之后同意限定产量并分配产量定额,试图维持这个油价。1984 年达成协议,最高产量为每天 1 600 万桶。然而,由于下列原因,卡特尔开始被瓦解:

- 全球性经济不景气,导致石油需求下降。
- 非 OPEC 成员国的石油产量上升。
- 某些 OPEC 成员国"采取欺骗行为",产量超过分配给它们的限额。

由于石油供过于求,OPEC 再也不能维持这个价格了。石油的"现货"价格(公开市场上石油交易的每天价格)不断下降。

20世纪80年代末期,石油价格下降的趋势有所逆转。随着世界经济开始复苏并繁荣起来,石油的需求也开始上升,它的价格也开始上涨。1990年伊拉克入侵科威特,海湾战争爆发。由于科威特和伊拉克停止了石油供应,石油供应量开始下降,石油价格急剧上涨。

随着这场战争的结束,再加上20世纪90年代初的经济不景气,石油价格又开始快速下跌,并随着世界经济的再次扩张而缓慢恢复。

从需求方面来说,节能技术的发展加上燃油税的提高,导致石油消费增长缓慢。从供给方面来说,非OPEC成员国石油产量所占比例不断上升,加上1994年OPEC确定的最高产量比较高,达到每天2 450万桶,这意味着供给增长速度快于需求增长速度。

到了20世纪90年代末,随着远东经济危机的爆发,形势对OPEC更为不利。石油需求每天大约下降200万桶。到1999年年初,石油价格已经下降到每桶10美元左右——若按1973年价格计,只有2.70美元!OPEC成员国对此作出的反应是同意把每天的石油产量减少430万桶,目的是把价格重新上抬至每桶18—20美元。可是,随着亚洲经济的复苏以及世界经济增长普遍比较快,石油价格迅速上升,很快就超过了每桶20美元。到2000年年初,每桶达到30美元,仅仅在12个月里就增加了2倍。

这说明很难用供给配额来达到特定的价格。在需求具有价格无弹性而具有收入弹性(对世界收入变化有反应)的情况下,再考虑到需求变化具有很大的投机性,某一既定供给配额的均衡价格可能波动很大。

不过,在2001年年底,OPEC和非OPEC生产者之间的关系发生了变化。OPEC卡特尔的10个成员国决定把每天的产量削减150万桶,后来又与该卡特尔之外的5大石油生产者达成协议,它们也减产,目的是要上抬石油价格。OPEC与非OPEC石油生产者之间的这种联盟是石油行业中的首例。结果,OPEC又有可能控制石油市场。

卡特尔的宗旨是协调每个成员的生产决策,主要是限制产量,并从中分享所有可能获得的好处。比如,OPEC通过压低成员国的产量来维持石油的高价格,从而使所有的成员国获利。卡特尔有时候也采取规定价格的形式,这是中国民众比较熟悉的类型,比如电视机等家用电器设定最低价格。

但是维持一个卡特尔是很困难的,许多问题都牵涉到私有信息。例如国家之间在商议生产配额的时候,通常有一条原则是生产成本较低的国家获得较多的配额。于是每个国家都有低报它们的生产成本的倾向。这是卡特尔协议成立以前的信息欺骗。

协议成立以后,新的问题是可能出现不遵守协议的欺骗行为。成员国可以为共同的利益达成协议,但它们会严格遵守吗? 在达成协议的情况下,出现俗称"偷步"的欺骗的动机很大。既然一个国家降低它的产量因而帮助市场提高价格的收益可以为所有的成员国共同分享,那就是说,高价格的收益具有非排他性。这样,每个国家都会要求别人把产量降低到配额以下,但是自己却可能偷偷地把产量升上去,最终的结果就是协议瓦解,原有目标无法实现。

国内这样的例子似乎很多,协调的通常未必是产量,而是价格或别的东西,例如"行业自律价"等就是这样的利益共谋,都是独立企业协议成立的"独联体"形式的临时联盟。

1998 年 11 月 19 日《羊城晚报》在第二版报道,昔日轰轰烈烈的两大旅游联合体"广州旅游新联盟"和"粤顺旅游大联盟"至今已名存实亡。究其原因,就是这种独立企业协议成立的"独联体"形式联盟,从制度上难以保证独立各方遵守协议。报道说,有关各方,实际上是"各怀鬼胎",只想别人遵守协议,自己好讨便宜。

卡特尔的成立,已经为它的瓦解准备了力量。以压缩产量抬高价格的卡特尔来说,价格抬高越是成功,卡特尔成员"偷步"悄悄把产量提上去可能获得的利益就越大,从而对违反协议"偷步"的激励越大。这种"越成功越容易瓦解"的内在矛盾注定了卡特尔寿命不长。世界范围来说,上面讲过的OPEC,虽然吵吵嚷嚷,跌跌撞撞,可还算难得的比较成功的卡特尔。这里说比较成功,主要是说维持时间很长,并不是说就可以避免卡特尔天生的困境。例如,1998 年 12 月,利比亚的领导人卡扎菲就建议 OPEC 各国完全停止石油生产几个月,以免世界市场的石油价格进一步下跌。为什么一再下跌? 主要原因是大家都有偷偷增加产量的动机。

在我国,前几年,新闻媒体对于"空调峰会"、"彩电峰会"还十分关注。时至今日,这个峰会那个峰会已经很难吸引人们的关注了,因为大家都已经清楚,峰会顶多也就是"作秀"而已,冠冕堂皇达成的协议,一定很快形存实亡;老总们只是相互探底,顺便说说漂亮话而已。

本章小结

1. 合作策略性行为即通过限制市场产出与抬高市场价格来增加集体利润与个体利润,其典型形式是卡特尔。

2. 卡特尔是一种企业联盟,这些联盟的企业同意一致行动,通过规定产品产量、确定商品价格等方面的协议,从而极大化联盟利益,进而增加各加盟成员的利益。

3. 一个稳定的卡特尔组织必须要在其成员对价格和生产水平达成协定并遵守该协定的基础上形成。

4. 卡特尔组织的内部成员具有的欺骗动机:给定其他企业的生产数量和价格都不变,那么如果其中一个成员企业偷偷地增加产量将会获得额外的巨大好处,这会激励成员企业违约欺骗,如果每个成员企业都偷偷增加产量,显然市场总供给大量增加,市场价格必然下降,卡特尔限产提价的作用将无效,卡特尔组织也将瓦解。

思考题

1. (1) 为什么在寡头厂商间产生卡特尔之类的垄断组织?

(2) 形成了卡特尔后,什么原因会导致卡特尔瓦解?

(3) 为什么卡特尔成员要破坏协议?

2. 考虑一个市场上只有两家生产同样产品的企业,市场价格 p 取决于两家企业的产量之和,即 $p = 10 - (q_1 + q_2)$,两家企业各自的成本函数为 $c_1 = 2q_1$,$c_2 = q_2^2$。

(1) 若两企业进行合作博弈,追求整体利润最大化,试求各自的产量 q_1、q_2,均衡价格 p,以及各自的利润 π_1、π_2。

(2) 若两企业进行非合作博弈,追求整体利润最大化,试求各自的产量 q_1、q_2,均衡价格 p,以及各自的利润 π_1、π_2。

(3) 比较(1)(2)问的结果,试讨论合作博弈与非合作博弈的总产量、均衡价格以及总利润之间的关系。

(4) 若两企业进行合作博弈,企业1和企业2是否会有违约冲动? 为什么?

进一步阅读文献

[1] Pindyck, Robert S. (1979), The carterlization of world commodity markets, *American Economic Review*, 69, 154—158.

[2] Tirole, J. (1988), *The Theory of Industrial Organization*, Cambridge, MIT Press, Chapter 2—4.

参考文献

[1] Fraas, Arthur G., and Douglas F. Greer (1977), Market structure and price collusion: an empirical analysis, *Journal of Industrial Economics*, 26, 21—24.

[2] Pindyck, Robert S. (1979), The cartelization of world commodity markets, *American Economic Review*, 69, 154—158.

[3] Tirole, J. (1988), *The Theory of Industrial Organization*, Cambridge, MIT Press, Chapter 2—4.

[4] 平新乔(2001),微观经济学十八讲,北京大学出版社,第九讲.

第九章

价格歧视与非线性定价

本章概要

线性定价是市场经济中一般的定价方式,但不是唯一的定价方式。现实中的定价形式多种多样,包括价格歧视和多样性的非线性定价。本章介绍了价格歧视和非线性定价的条件、方式及福利效应。之所以要讨论价格歧视及其非线性定价,是因为类似的定价与市场结构有关,也就是与产业组织相关。政府的产业组织政策应该在什么条件下容许这类定价,在什么条件下要打击这类定价?

学习目标

把握价格歧视和非线性定价的条件、做法、福利效应以及适用的范围。

一般说来,大多数对垄断厂商的分析都是从只销售一种产品,并且通过边际收益等于边际成本的原则制定统一的线性价格来最大化利润开始的。对此的分析结果是,垄断导致了低效率的产出,使得价格高于边际成本,并产生了社会福利的净损失。从理论上来看,在新古典的假设下,这种福利净损失应该是不可能的。因为在新古典的理想世界里,垄断厂商具有完全的信息、知道每个消费者的偏好,因而能够实行完全价格歧视。此时,垄断厂商不仅获得了最高的利润并攫取了所有的消费者剩余,而且达到了最后一单位售出商品的边际成本等于价格的帕累托最优性条件。但是,现实的条件是这种理想的状况通常不存在,因而我们只能利用我们可用的信息来实行价格歧视,于是二级价格歧视和三级价格歧视应运而生。显然,二级和三级价格歧视导致的社会福利不可能比一级价格歧视高,但有趣的问题是它们导致的社会福利是否会比线性定价下的高?此外在这些价格歧视之外还有众多的非线性定价,比如两部定价制、搭售和捆绑销售。它们与线性定价相比对垄断者带来的利润和对社会带来的福利又如何?

本章将对垄断厂商种类繁多的定价策略进行探讨,并将它们与垄断厂商在线性定价策略下产生的利润和社会福利状况作比较。在第一节我们将考察垄断厂商如何实行三种价格歧视策略及其带来的利润和福利效果。具体来讲,我们首先分析一级价格歧视,即完全价格歧视,然后我们转向三级价格歧视的分析,最后分析二级价格歧视。在第二节,我们详细分析两部定价制和捆绑销售两类非线性定价,并探讨相关策略的利润和福利效果。最后一节,我们利用前面两节的分析,讨论价格歧视和非线性定价在反垄断和管制中的应用。

第一节 价 格 歧 视

价格歧视通常是指把相同产品出售给同一消费者或者不同的消费者而索要不同的价格。当然,不同的要价不是由于成本的不同造成的,如由于交通运输成本的不同。如果不同的要价反映的是不同的成本,那么不同的价格就不是价格歧视,反而相同的价格才是价格歧视。因此,为了分析的方便,我们在这里设价格产品的边际成本为常数 c。

传统上按照庇古(1920)的分类,价格歧视有三种形态:一级价格歧视、二级价格歧视和三级价格歧视。一级价格歧视是指根据消费者不同支付意愿索要价格,在这种价格歧视下,一般会达到帕累托最优的社会状态,但是消费者不会获得任何剩余。二级价格歧视是根据消费者所想要购买的数量级索要不同的价格,但对同一数量级内的单位产品收取相同的价格。三级价格歧视根据消费者某些可以区别的特征划分不同的群体,对不同的群体索要不同的价格,但相同群体内的消费者支付相同的单位价格。当然,由于二级和三级价格歧视相对于完全价格歧视会有利润和社会福利损失,与线性定价相比,其导致的利润要高,但福利效果不太确定。本节我们将在一个统一的两个或者两类消费者($i = 1,2$)的框架下对这三类价格歧视的利润情况和福利效果进行详细的阐述和分析。

一、一级价格歧视

一级价格歧视也叫完全价格歧视。最简单的完全价格歧视是在单个消费者(或者是一类同质的消费者)拥有单位需求时出现的。这时,垄断者只要对消费者索要他对商品的最高支付意愿即保留价格即可。下面我们考虑消费者具有不同的向下倾斜的需求曲线的市场情形。

要实行完全的价格歧视,垄断者必须了解每个潜在消费者的需求,并能阻止消费者进行套利;此外,垄断者要杜绝消费者进行讨价还价的可能。当上述条件具备时,垄断者可用两种简单的机制实行完全价格歧视。

第一种常用的定价方法是要么接受要么拒绝的销售计划:

$$S_i = \{(T_i,x_i),(0,0)\}, \quad 其中 i = 1,2$$

每个消费者 i 可以购买 x_i 个单位的商品并支付一个总价格 T_i,或者放弃购买而选择组合(0,0)。一级价格歧视下,垄断者最大化利润的销售量 x_i 由下式决定:

$$P_i(x_i) = c, \quad \text{其中} P_i(x) \text{为消费者} i \text{的需求函数}$$

支付的总价格 $T_i = \int_0^{x_i} P_i(x)\mathrm{d}x$,即消费者需求曲线下方的总面积。

另一种定价方法是两部收费:

$$S_i' = \{(f_i, t_i), (0,0)\}, \quad \text{其中} f_i \text{是固定的收费}, t_i \text{是单价}$$

在这样的环境下,垄断者首先对消费者收取 $f_i = \int_0^{x_i} (P_i(x) - c)\mathrm{d}x$ 的固定费,其中 x_i 由 $P_i(x_i) = c$ 条件确定。然后再对消费者消费的每单位商品收取 $t_i = P_i(x_i) = c$ 的价格,并由消费者自己决定购买多少数量。当然消费者也可以选择不购买,即(0,0)组合。

在完全信息和不存在套利的情况下,上述两种销售方法是等价的。如图 9.1 所示的两个(或两类)消费者 1 和 2 的情况,消费者 1 为低需求消费者,消费者 2 为高需求消费者。

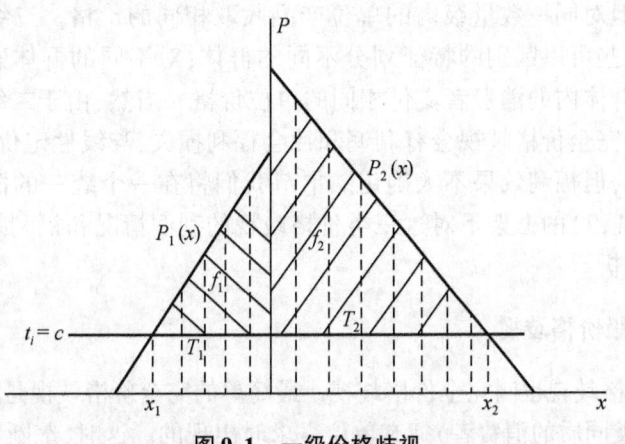

图 9.1　一级价格歧视

由图可知,一级价格歧视使消费者剩余为零,垄断者完全占有消费者剩余,并且能够达到边际支付意愿等于边际成本的帕累托最优性条件。故完全价格歧视能够达到社会总福利最大。因此,相对于没有价格歧视下的统一垄断定价,增加了社会福利。

在完全价格歧视的情况下之所以能够达到社会最优的状态,是由于我们假设垄断者具有完全的信息,并能够排除套利和讨价还价的可能。但是,在现实中由于信息问题,一级价格歧视通常是难以实行的。高需求消费者 2 可以假装成低需求者,购买 x_1 单位的产品,因而可以获得一定的消费者剩余。如果这样的话,垄断者就不能进行价格歧视了。因此,垄断者为了实现利润的最大化,可以利用消费者的个人特征信息或者制定一系列价格数量组合,然后由消费者自己选择适合的组合。因此,我们转向不完全的价格歧视分析。

拓展阅读

古代医生的悬壶济世、哈佛大学的教育公平与完全价格歧视

要实现完全的价格歧视是非常困难的,这需要厂商对消费者有充分的了解。中国古代社会的医生根据病人的贫富程度收取医疗费,可以算是一种近似完全的价格歧视。因为在古代医生通常服务某一地方,而在这种熟人社会里,大家对每个人家里的贫富程度几乎是知根知底,因此医生可以利用这些信息对富人收取高额的诊费和药费,而对穷人则收取少量医药费,对于极端贫困的个人,医生甚至免费就诊并赠送药材。古代医生通过这种差别的收费,既保证了自己的营生又实现了自己悬壶济世的道德理想。

同样,哈佛大学对本科生的收费制度也类似于完全价格歧视。哈佛大学是美国的顶尖高校,其学费也是惊人地高。2009—2010 年哈佛大学的最新学费是 33 396 美元,加上食宿费和其他费用,全年为 52 000 美元。如此高昂的学费即使是中产阶级的美国家庭也难以承受。不过别担心,哈佛大学根据学生家庭收入的情况,实行了差别的学费制。如果你的父母年收入在 18 万美元以上,你得交学费;12 万美元到 18 万美元之间,交 12 000 美元到 18 000 美元。家庭收入在 12 万美元以下,哈佛是免学费的。而收入在 6 万美元以下,还可以得到全额的财政资助。哈佛大学通过在申请录取的时候采取"NEED-BLIND"无视家庭经济状况的奖学金政策,真正实现了不让学生因经济原因不能就读的情况。

二、三级价格歧视

三级价格歧视是指在不同的市场上采用不同的线性价格,但在同一市场上支付的价格是相同的。我们常见的三级价格歧视的例子有火车票的学生与非学生价。这些不同市场的划分通常是根据消费者的一些可辨别特征进行的,如根据年龄、居住地、职业、身份等特征。根据这些特征就可以把总需求划分成 m 个群体或市场,但对每个群体中的单个消费者的需求情况无法确知,知道的只是这 m 个群体就有 m 个不同的市场需求曲线。因此,垄断者再根据边际收益等于边

际成本决定在各个分市场上的价格,即:

$$MR_i(x_i) = MC\left(\sum_{i=1}^{m} x_i\right) = c$$

这又等价于逆弹性法则的定价策略,即:

$$\frac{P_i - c}{P_i} = \frac{1}{\varepsilon_i}, \quad \text{其中 } \varepsilon_i \text{ 表示第 } i \text{ 个市场的需求弹性}$$

在只有两种类型的消费者情形下,三级价格歧视的定价策略如图 9.2 所示。在具有低需求弹性的市场 1 上,垄断者收取较高价格;在具有高需求弹性的市场 2 上,垄断厂商收取较低的价格。

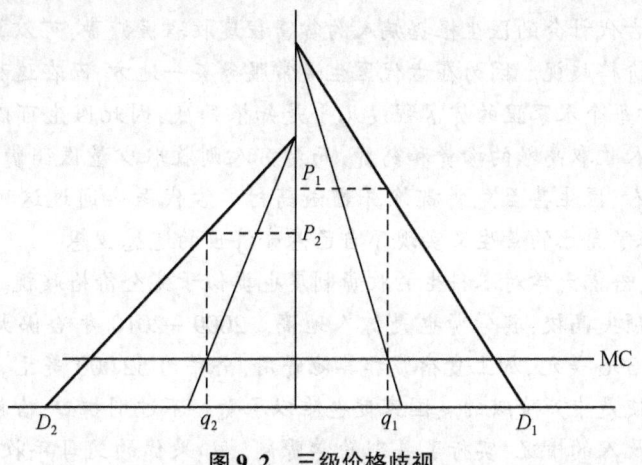

图 9.2 三级价格歧视

三级价格歧视在现实生活中非常常见,如学校的电影放映厅、各种剧目表演对本校的师生提供优惠的折扣,而对于非本校的成员实行全价售卖,各公园或者旅游景点对学生提供半价的优惠而对非学生则收取全价。

当垄断生产者把同一种商品销售到不同的市场上时,一个有趣的问题是,如果垄断者被迫在所有市场上制定相同的价格,情形会怎样呢?垄断者在价格歧视下会获得改善,因为他"最差"也总可以在所有的市场上制定统一的价格。消费者的福利影响则不确定,因为低弹性的消费者由于价格歧视而不得不面对较高价格,所以更喜欢统一定价,但高弹性消费者则会由于价格歧视而得到改善。总的社会福利变化是否能得到改善?

设垄断者在第 i 个市场的定价为 p_i,需求为 $q_i = D_i(p_i)$。第 i 个市场的总消费者净剩余为 $S_i(p_i) = \int_{p_i}^{\infty} D_i(t)\,dt$,总的消费者净剩余为 $\sum_i S_i(p_i)$,企业的利润为 $\sum_i (p_i - c)q_i$。如果价格歧视是被禁止的,垄断者将制定一个统一的价格 $\bar{p}$,那

么在第 i 个市场的销售量为 $\bar{q}_i = D_i(\bar{p})$。此时,企业的利润为 $\sum_i (\bar{p} - c)\bar{q}_i$,消费者剩余为 $\sum_i S_i(\bar{p})$。令 $\Delta q_i \equiv q_i - \bar{q}_i$,价格歧视导致的消费者剩余变化为:

$$\Delta S = \sum_i [S_i(p_i) - s_i(\bar{p})]$$

价格歧视导致的利润变化为:

$$\Delta \pi = \sum_i [(p_i - c)q_i - (\bar{p} - c)\bar{q}_i]$$

歧视与非歧视之间的总福利差别等于剩余的变化加上利润的变化:

$$\Delta W = \Delta S + \Delta \pi = \sum_i [S_i(p_i) - S_i(\bar{p})] + \sum_i [(p_i - c)q_i - (\bar{p} - c)\bar{q}_i]$$

由于 $S_i'(p) = -D_i(p)$，$S_i''(p) = -D_i'(p) > 0$,即消费者净剩余函数是一个凸函数,因而有

$$S_i(p_i) - S_i(\bar{p}) \geqslant S_i'(\bar{p})(p_i - \bar{p}) = -D_i(\bar{p})(p_i - \bar{p})$$

因此

$$\Delta W \geqslant \sum_i (p_i - c)\Delta q_i$$

类似地,我们有

$$S_i(\bar{p}) - S_i(p_i) \geqslant S_i'(p_i)(\bar{p} - p_i) = -D_i(p_i)(\bar{p} - p_i)$$

并由此而得出

$$\Delta W \leqslant \sum_i (\bar{p} - c)\Delta q_i$$

综合上述两式,我们得到了关于价格歧视导致福利变化的上下界:

$$\sum_i (p_i - c)\Delta q_i \leqslant \Delta W \leqslant \sum_i (\bar{p} - c)\Delta q_i$$

由上述不等式可知,如果价格歧视不能增加总产出,它就会降低福利。直观上看是因为价格歧视使得消费者之间的边际替代率不同。因此,从社会角度看,如果目标是把既定数量的商品在消费者之间进行分配的话,不如统一定价好。所以,价格歧视更为有利的必要条件是它能够提高产出。

当需求曲线为线性时,如果在统一价格下所有市场都被供应,实行三级价格歧视与线性价格对比时,我们有琼·罗宾逊(1933)结论 $\sum_i \Delta q_i = 0$(见思考题1)。由后一个不等式可知,此时价格歧视降低了社会福利。降低的幅度等于利润增量的一半(Layson,1988)。但如果在统一价格下,其中的一个市场不被供应,那么价格歧视就会提高社会福利。因为此时,价格歧视导致了产量的增加,以前在统一价格下不供应产品的市场由于价格歧视而得以供应。这实际上等价

167

于一个帕累托改进。垄断者获得了更多的利润,以前市场的消费者福利不变,而新的消费者的剩余为正。

关于三级价格歧视的产出和分配效应的最新分析,可参考 Aguirre(2007)。

三、二级价格歧视

除上述两种价格歧视外,我们在现实生活比较常见的一种是二级价格歧视,比如常见的数量歧视。很多情况下,垄断者对消费者的个人特征的一些信息也是不可得的,或者获得相关的信息成本太高,还有可能是即使个人特征可分,但是他们之间加总的需求弹性并不一定是可利用的。此时,垄断者还是可以使用信息甄别的手段,利用消费者群体分布信息设计多个价格—数量组合,让消费者进行自选择从而达到价格歧视的目的。在这一小节,我们将用一个模型来详细地说明为什么会出现这种价格歧视以及如何进行二级价格歧视等问题。

假定一个以利润最大化为目标的垄断者面对两种类型的消费——高需求消费者和低需求消费者。每种类型的消费者的数目都是等比例的,而且消费者的效用函数是已知的,即低需求消费者的需求函数为 $P_1(x)$,高需求消费者的需求函数为 $P_2(x)$。因而对于所有的 x,有 $P_2(x) > P_1(x)$,同时我们假定对于某些 $x, i \in \{1,2\}, P_i(0) > 0, P_i(x) = 0$。假定套利是不可行的,因而垄断者可以实行价格歧视。

消费者的类型是私人或隐藏信息。垄断者虽然知道消费者的需求,但是却不能分辨出消费者的类型。因此实行价格歧视要求有比较成熟的分类机制。

垄断者确定单一的非线性价格函数,它是由一组价格—数量组合的选择菜单(T,x)(又称销售计划)构成的,消费者可以从中选择一个组合:

$$S = \{(T_1,x_1),(T_2,x_2),(0,0)\}$$

$(0,0)$组合说明市场交易是自愿的,消费者也可以选择不购买。当然,$x_1,x_2 \geq 0$。

消费者观察销售计划,并选择使其效用最大化的价格—数量组合。不失一般性,假定(T_1,x_1)是为消费者 1 设计的,(T_2,x_2)是为消费者 2 设计的,并假设垄断厂商的单位成本为常数并标准化为0。

垄断者的目标是使其利润最大:

$$\pi = T_1 + T_2$$

消费者的目标是使其消费者剩余最大:

$$U_i(x,T) = \int_0^x P_i(y)\,\mathrm{d}y - T, \quad \text{其中} \ i = 1,2$$

最优的销售计划最大化 $\pi = T_1 + T_2$,要受到参与约束:

$$U_1(x_1, T_1) \geqslant U_1(0,0) = 0 \tag{9.1}$$

$$U_2(x_2, T_2) \geqslant U_2(0,0) = 0 \tag{9.2}$$

即消费者选择购买要至少与不购买一样好。

同时还要受到消费者的激励约束：

$$U_1(x_1, T_1) \geqslant U_1(x_2, T_2) \tag{9.3}$$

$$U_2(x_2, T_2) \geqslant U_2(x_1, T_1) \tag{9.4}$$

这保证消费者会选择为他设计的,而不是为其他类型消费者设计的价格—数量组合。这个约束有时也叫自选择约束。

解这个最优化问题有四个约束条件,幸运的是我们可以忽略两个约束条件而不影响最优化结果,即高需求者的参与约束(9.1)和低需求者的激励约束(9.3)。由于对所有的 x,有 $P_2(x) > P_1(x)$,因此

$$U_2(x_2, T_2) \geqslant U_2(x_1, T_1) > U_1(x_1, T_1) \geqslant U_1(0,0) = 0$$

即约束(9.2)在任何时候都会得到满足,因而不构成约束。

垄断者为了最大化利润,会不断地提高 T_1 从而增加自己的利润,直到约束(9.1)取等式为止,即

$$U_1(x_1, T_1) = U_1(0,0) = 0 \tag{9.5}$$

同理,垄断者也会不断提高 T_2,使得(9.4)取等式为止,即

$$U_2(x_2, T_2) = U_2(x_1, T_1) \tag{9.6}$$

由(9.6)式可知

$$T_2 - T_1 = \int_0^{x_2} P_2(y) \, dy - \int_0^{x_1} P_2(y) \, dy = \int_{x_1}^{x_2} P_2(y) \, dy \tag{9.7}$$

由于对于所有的 x,有 $P_2(x) > P_1(x)$,因此

$$T_2 - T_1 > \int_{x_1}^{x_2} P_1(y) \, dy = \int_0^{x_2} P_1(y) \, dy - \int_0^{x_1} P_1(y) \, dy$$

整理后有 $U_1(x_1, T_1) \geqslant U_1(x_2, T_2)$ 得到满足。

因此,由(9.5)式有

$$T_1 = \int_0^{x_1} P_1(y) \, dy$$

由(9.7)式有

$$T_2 = T_1 + \int_{x_1}^{x_2} P_2(y) \, dy$$

因而垄断者的最大化问题简化为：

$$\text{Max } \pi = T_2 + T_1 = 2\int_0^{x_1} P_1(y) \, dy + \int_{x_1}^{x_2} P_2(y) \, dy$$

最优化的一阶条件有

$$2P_1(x_1^*) - P_2(x_1^*) = 0 \tag{9.8}$$
$$P_2(x_2^*) = 0 \tag{9.9}$$

这两个条件表明,对高需求消费者的定价会直到价格等于边际成本,即边际支付意愿等于边际成本那一点的数量。这表明对高需求消费者的定价不存在效率的扭曲,而对低需求消费者的定价至低需求者的边际支付意愿等于高需求者如果购买这个数量的边际支付意愿的一半这一点。对于满足假设连续消费者情形也成立,具体分析可参考 Maskin 和 Riley(1984) 的分析。这时会有低需求者的边际支付意愿大于边际成本,并且剥夺其全部消费者剩余。而高需求消费者则会获得正的消费者剩余:

$$S_2 = \int_0^{x_2^*} P_2(y)\,\mathrm{d}y - T_2^* = \int_0^{x_1^*} P_2(y)\,\mathrm{d}y - \int_0^{x_1^*} P_1(y)\,\mathrm{d}y > 0$$

上述的结论可用图形来描述。在信息完全的条件下,垄断厂商向消费者 1 出售 x_1' 并收取 A,向消费者 2 出售 x_2 并收取 $A + B + C$(如图 9.3 所示)。实际上,这是一种完全价格歧视。

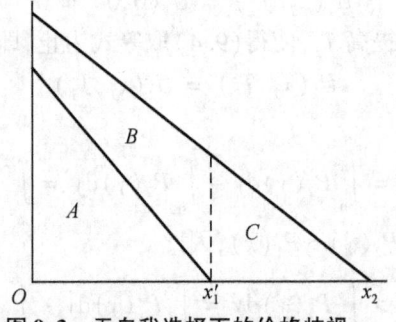

图 9.3　无自我选择下的价格歧视

但是,在不完全信息下,垄断者在市场上无法直接分辨低需求消费者和高需求消费者,因此,这种完全价格歧视策略是不可行的。因为高需求消费者可以伪装成低需求消费者,购买 x_1' 并支付 A,由此,高需求消费者可以获得面积为 B 的消费者剩余。

为了使高需求消费者不伪装成低需求消费者,垄断者留给他的消费者剩余必须至少等于 B。但是,这一策略并不是最优的,因为厂商可以通过减少对低需求消费者的销售量来减少高需求消费者伪装所能获得的消费者剩余。在 x_1' 处,垄断厂商在市场 1 减少 Δx 单位的销售,会带来边际收益

$$P_2(x_1') - P_1(x_1') = P_2(x_1')$$

导致的边际成本为

$$P_1(x_1') = 0$$

显然边际收益大于边际成本,因而垄断厂商愿意调整,调整产量直到边际收益等于边际成本为止,即

$$P_2(x_1^*) - P_1(x_1^*) = P_1(x_1^*)$$

整理即可得(9.8)式。如图9.4所示,厂商对消费者1销售x_1,并收取

$$T_1^* = \int_0^{x_1^*} P_1(y)\,\mathrm{d}y$$

对消费者2销售x_2,并收取

$$T_2^* = T_1^* + \int_{x_1^*}^{x_2^*} P_2(y)\,\mathrm{d}y$$

消费者2获得消费者剩余S_2。

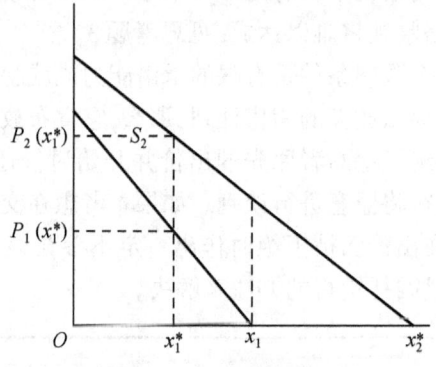

图9.4 二级价格歧视

前面分析的歧视是垄断者通过对具有不同需求的消费提供不同数量的同种产品,以达到价格歧视的目的,即所谓的数量歧视。这个分析可延伸至质量的歧视,也就是说垄断者可以通过向对同一产品的不同质量具有偏好的消费者提供不同质的产品,以达到攫取消费者剩余的效果。数量歧视在现实中很常见,如数量折扣、购物券、现金返还等。当然,质量歧视在现实中也非常常见,如火车的硬座和硬卧服务、航空公司的飞机舱位等级等。

四、价格歧视的局限

垄断厂商实行价格歧视通常受到三个因素的制约:

(1) 套利的可能性;

(2) 不对称信息;

(3) 讨价还价的能力。

如果对不同的消费者和不同购买量收取不同的价格,那么进行套利交易将是有利可图的。如果套利是可能的,那么价格歧视将难以实行。但是交易成本的存在减少了套利的收益,所以价格歧视不会被完全排除出去,如出口转内销的商品可能不被厂家认可,从而没有售后服务的保证,因而阻止了套利行为。另外,很多产品的特性也使得套利难以进行,如医疗服务。同时,厂商也会使用多种手段防止套利,如通过担保、掺杂、签订合同、垂直一体化等方式来阻止转卖。

价格歧视的第二个限制条件是隐藏信息。由于每个消费者的支付意愿属于私人信息,因而垄断者不可能完全了解每个消费者的需求。但是还是有一些消费者的个人特征可供利用,如年龄、职业、身高等特征。另外,垄断者可能知道有各种类型消费者群体的分布,但是不能辨别出哪个消费者属于哪一类型。因而垄断者可以通过一些自选择的菜单组合,甄别出不同的消费者,如使用优惠券等手段。同时在二级价格歧视下,条件 $P_2(x) > P_1(x)$ 非常重要,如果这个条件不被满足,那么二级价格歧视将难以达成(见思考题3)。

价格歧视的第三个限制条件是有限的承诺能力或威胁的可行性。如果垄断者实行的是要么接受要么放弃的销售计划,那么,它宣布放弃的威胁其实是不可信的。在消费者已拒绝了垄断者原先的出价并开始讨价还价时,垄断者为了避免失去有利可图的顾客将愿意进行谈判。如果卖者想在交易中得到所有的潜在利益,那么它就必须在出价已被拒绝时作出一定不参与谈判的可信承诺。在很多情况下,垄断者通过委托销售的办法来解决。

拓展阅读

航空公司的收益率管理

在航空业,人们通常使用收益率管理的措施来实现收益的最大和最小化飞机空座率。航空公司通常把旅客分为两个大类:商务旅客和休闲(包括旅游、探亲或其他类型)旅客。这两类旅客通常对出行的时间、方便的程度等具有不同的要求。因此,航空公司通常通过设定一些附加条件使得商务旅客和休闲旅客选择适合自己的飞机票价和限制。

这些限制通常包括:(1) 提前购票限制。商务旅客往往临时决定出差旅行,提前较长时间购票的可能性不大,而游客通常会较早安排休闲度假计划。因此大多数折扣机票都会有提前购票的限制,航空公司会根据不同折扣幅度要求旅客必须提前一周、两周、一个月、两个月或更长时间购买机票。(2) 在外停留时间限制。商务旅客通常来去匆匆,很少能在外地停留一周以上的时间,同时也不太愿意在外地度过周末。而休闲度假旅客大都愿意利用周末假期出游,且多数游客度假时间长达一周以上。因此,很多折扣机票对旅客在外地的停留时间有限制,有的要求持往返打折机票的旅客在外地度过周末,有的要求最短停留时间为一周。(3) 退票、签转和更改航班限制。商务旅客行程常有变化,退票、签转和更改航班的事情常有发生。因此航空公司一般不会限制持全价票商务旅客的退票、签转或更改航班,而对持折扣票的游客,通常会作出限制,例如不得签转和更改航班、提高退票手续费直至不可退票。(4) 出发时间限制、同日中不同时段航班时间分布限制。受时段出行方便与否、是否为白天等条件限制越多的产品显然对旅客的效用越小。

通过这些限制航空公司能够有效地区分商务旅客和休闲旅客,从而对他们实现价格歧视。

第二节 非线性定价

除了前面的价格歧视手段外,垄断者还可以使用更为广泛的定价手段,如两部定价(two-part tariff)、搭售(tie-in sale)和捆绑销售(bundling)等非线性定价策略。这些定价策略对于试图对自然垄断企业进行管制的政策制定同样具有重要的参考价值。因此,本节重点讨论两部定价和捆绑销售策略对垄断厂商的利润和社会福利的影响。

一、两部定价制

我们前面分析了完全价格歧视有两种方式实现,即要么接受要么放弃和两部定价。事实上,二级价格歧视的实现也可以使用上述两种形式的定价手段。第一节,我们使用了要么接受要么放弃的方法分析了二级价格歧视。接下来,我们使用两部定价制来分析。

所谓的两部定价是指垄断者对某种商品的销售设定一个固定费用和产品单价。消费者要消费该垄断厂商产品首先需要支付这一固定费用以取得消费的资格,然后在消费时每购买一单位商品支付一个统一的产品价格。这种定价策略在现实生活中很常见,如公园的门票和里面单个项目的收费、手机的每月固定费和通话费等。

与价格歧视分析相一致,我们假设有两种类型的消费者:低需求消费者 1 和高需求消费者 2。消费者 i 的需求函数为 $D_i(p)$,反需求函数满足 $P_2(x) > P_1(x)$,厂商的成本为不变的边际成本 c。因此在两部定价制下,垄断者制定一

个统一的价格 P，并把在此价格下低需求消费者的剩余 $S(P)$ 作为固定收费。消费者 i 在价格 P 下会购买 $x_i = D_i(P)$。因此，在两部定价制下，垄断者的最大化问题为：

$$\underset{P}{\text{Max}}[\,2S(P) + (P - c)(D_1(P) + D_2(P))\,]$$

一阶条件为：

$$2S'(P) + D_1(P) + D_2(P) + (P - c)(D_1'(P) + D_2'(P)) = 0$$

因为 $S'(P) = -D_1(P)$，所以可得两部定价下垄断者最大化利润的价格为：

$$P^* = c - \frac{D_2(P^*) - D_1(P^*)}{D_1'(P^*) + D_2'(P^*)}$$

显然，$P^* > c$（当 $P_2(x) > P_1(x)$ 不满足时，不一定有 $P^* > c$，见思考题 3，更一般的分析见 Walter，1971）。易知，在支付相同的固定费用后，购买数量越多的消费者其单位产品的价格越低。

如图 9.5 所示，在垄断者最大化利润时，设定的价格高于产品生产的边际成本，因而两部定价还是存在社会福利的净损失。这主要是由于消费者是异质的。如果所有的消费者都是相同的，两部定价可以达到一个社会最优的资源配置结果。因此，此时垄断者可以设定一个等于边际成本的价格，而固定费等于消费者在价格为 c 时的消费者净剩余。

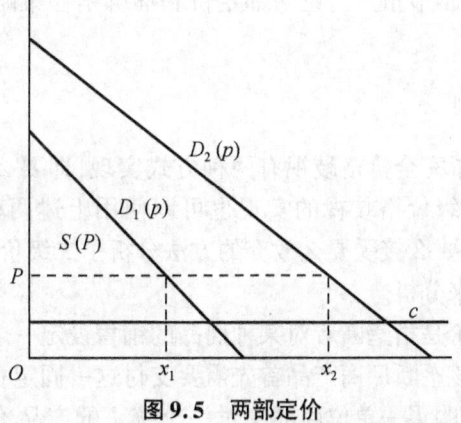

图9.5 两部定价

其次，我们还可以得到如下结论：在两部定价制下，垄断者的利润比统一的线性价格情形下高，因为在线性价格下的销售价格和数量垄断者在两部定价下同样可以达到，而其中的一部消费者剩余却被垄断者攫取。如果 P_m、P_t 和 P_c 分别代表垄断的线性价格、两部定价下的价格和社会最优的竞争性价格，那么有 $P_m > P_t > P_c = c$。因为在垄断价格 P_m 下，价格的微小下降会导致

$(P_m - c)(D_1(P_m) + D_2(P_m))$ 几乎为零的下降,而消费者剩余 $2S(P_m)$ 却有一个相对大的增加,因而,在两部定价制下,垄断者会把价格从 P_m 降至 P_t。在这里,不仅垄断者的利润会增加,而且整体的社会福利水平也会比线性定价下高。这个结果对于管制定价具有启发意义。

同样,两部定价的分析可应用到搭售的分析。在很多情况下,制造商生产某种以固定数量消费的"基本"商品,而它的互补品却是以变动数量进行消费的,如相机和胶卷、播放机和唱片等。搭售是指垄断厂商在消费者购买"基本"商品时要求消费其生产的互补产品。由于在购买基本品时支付一个总的费用,而在消费互补品时每次支付一个单价,因而其定价策略类似于两部定价制。

拓展阅读

中国的电力收费和北方城市的供热收费

2005 年 4 月国家发展和改革委员会同时出台了《上网电价管理暂行办法》、《输配电价管理暂行办法》和《销售电价管理暂行办法》,标志着我国电价实行新的定价机制,即由单一制定价机制向"容量电价 + 电量电价"的两部制定价机制转变。天津、长春等城市的热力公司先后实施两部制热价,西安市热力公司 2005 年冬开始对已安装暖气流量表的居民用户,试行新的热价收费制度,热价由固定费用与可变费用两部分构成,固定费用按建筑面积计算,可变费用则按实际热量收取。具体计算公式为:居民采暖费用 = 固定费用 + 可变费用;固定费用 = 热量热价(4 元/每月每平方米)× 建筑面积 × 60%;可变费用 = 热量表读数 × 热价(每百万千焦 22 元)× 40%。针对不同的建筑面积收取不同的固定费。上述热价收费不仅实现了两部定价制,而且类似于完全价格……

二、捆绑销售

企业也通常以打包的形式销售产品,如办公软件、健身房的年票或月票、某歌星的专辑唱片等。我们把诸如此类的打包销售称为捆绑销售。通常,企业可以采用的捆绑策略有两种:纯捆绑策略和混合捆绑策略。纯捆绑策略是指企业只销售按固定比例打包的商品组合。混合捆绑策略是指既销售按固定比例打包的商品组合也单独出售组合中的单个商品。

对于捆绑销售的分析,我们可作如下假定:

A1(技术):假设有两种商品 1 和 2;不存在固定成本且供应每种商品的边际成本是恒定的,为 c_1 和 c_2。因而提供一个商品组合的边际成本为 $c_B = c_1 + c_2$。

A2(不可分性):消费每种商品的第二单位的效用为零。

A3(独立性):打包商品组合的保留价格 r_B 等于两种商品的保留价格(r_1 和 r_2)之和。

因此,面对上述的需求和成本结构,垄断者至少有三种定价策略:分别定价策略、纯捆绑策略和混合捆绑策略。分别定价策略就是厂商在各个分市场上根据利润最大化的原则定价,这相当于在每个市场上的垄断线性定价。令分别定价策略下的定价为 P_1 和 P_2;捆绑销售的定价为 P_B;混合捆绑的定价是 P_1^*、P_2^* 和 P_B 组合。这三种定价策略把具有不同保留价格的消费者分成不同的群体。这在一个消费者对两种商品的保留价格坐标上如图9.6所示。

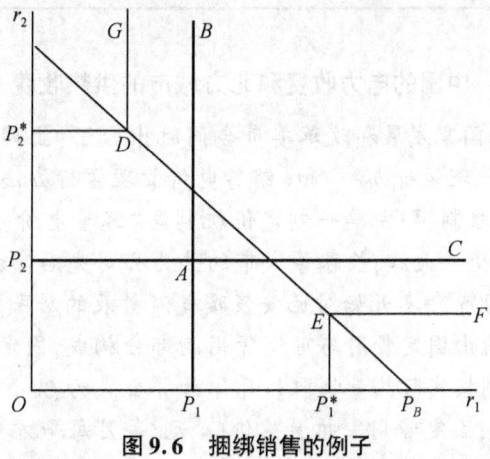

图9.6 捆绑销售的例子

分别定价策略设定的价格 P_1 和 P_2 把消费者分成了四个群体:不购买任何一种产品的 OP_1AP_2,只购买其中一种产品的 P_1AC 和 P_2AB,以及购买两种产品的 BAC 类消费者。而纯捆绑策略就只把消费者分成两类:保留价格之和大于 P_B 和小于 P_B 的。混合捆绑策略也把消费者分为四类:不购买任何商品的 $OP_1^*EDP_2^*$,只购买商品1的 P_1^*EF,只购买商品2的 P_2^*DG,以及购买商品组合的 $GDEF$ 类消费者。但究竟上述哪一种策略能够带来更大利润以及社会的福利改善呢?不同策略的优劣取决于消费者保留价格的分布和商品生产的成本结构。

为了具体,我们不妨假设有 A、B、C 和 D 四个消费者,他们对商品1和2的保留价格分别为(10,90)、(55,45)、(40,60)和(90,10)。两种商品的成本分别为(20,30)。四个消费者的保留价格分布和成本结构如图9.7所示。

1. 纯粹捆绑销售

现在假设市场上只有 B 和 C 两个消费者。此时如果垄断者只能单独定价

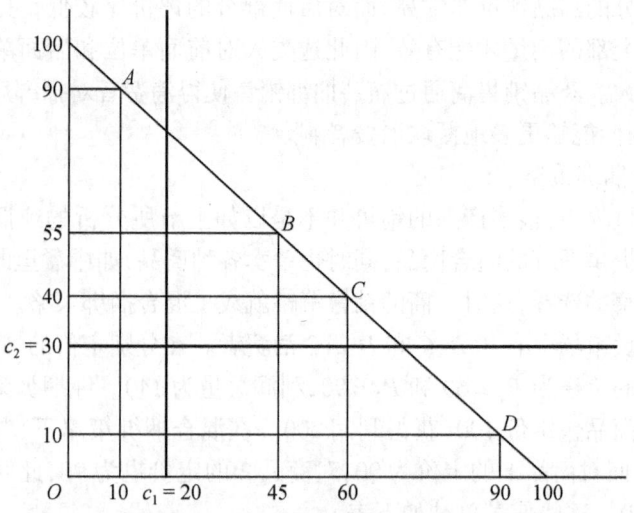

图 9.7 假设的四个消费者的保留价格分布和成本结构

的话,它对商品 1 和 2 制定的利润最大化的价格分别为 $P_1 = 45$ 和 $P_2 = 40$,从两个市场上获得的总利润为 70。如果垄断者使用纯捆绑销售策略,即它把商品 1 和 2 打包一起销售,最大化利润的组合价格为 $P_B = 100$,此时可得利润 100。这些信息总结如下表:

	P_1	P_2	P_B	利润
分别定价策略	45	40	—	70
纯捆绑策略	—	—	100	100

显然实行捆绑销售的利润要高于分别定价的。

捆绑销售在现实生活中非常常见,如报纸、杂志等将不同版面以及不同作者和风格的文章捆绑在一起,对一份报纸或杂志可能你喜欢的作者或者关注的版面只有少数几个,而大多数都是可看可不看的,但是不管你看不看其他人的作品或其他版面,你都得为之付费。出版社或者杂志社进行捆绑销售的一个原因就是,读者和受众对不同的作者或版面的喜爱程度不同,通过捆绑,使得读者对捆绑的报纸、杂志变得具有接近的喜爱程度。

另外,捆绑销售通常也不限于对不同产品的捆绑,要么接受要么放弃的选择,也可以看做是捆绑销售,即对同种商品不同数量的捆绑。如果我们把同种商品前面消费的单位看做是一种商品,而后面消费的部分看做是另外一种商品,这同样满足对捆绑消费分析的三个假设。例如,药店销售的药品通常都是按瓶卖,一些人可能对药的反应非常好,只需少部分的服用就可治愈。对这类人来说,他们对前面部分的药品评价非常高,而对后面部分的评价比较低。另外一类人则是需要服用全部的剂量才能有效,因此这类人对前面单位和后面单位的药品的评价差异不大。药品销售商通过瓶装捆绑销售使得消费者对捆绑后的药品评价差异变小,因而能够更多地攫取消费者剩余。

2. 混合捆绑策略

在真实世界中,很多产品的销售并不是以如上节所分析的纯捆绑策略进行的。厂商既提供捆绑的组合商品,同时也单卖各种商品,如中餐里既有全套餐的桌位也有点菜的选择,这时厂商的销售策略就成了混合捆绑策略。

现在假设市场上有 A、B、C 和 D 四个消费者。在分别定价的情况下,垄断者最大化利润的价格为 $P_1 = 60$ 和 $P_2 = 90$,利润总量为 140。纯捆绑策略下的定价是垄断者对商品包定价 100,获得利润 200。在混合捆绑策略下,垄断者对商品包定价 100,而对商品 1 的定价为 90,对商品 2 的定价也为 90,此时达到了最大化的利润 230。这些信息总结如下表:

	P_1	P_2	P_B	利润
分别定价策略	60	90	—	140
纯捆绑策略	—	—	100	200
混合捆绑策略	90	90	100	230

显然,混合捆绑策略的利润要高于分别定价策略和纯捆绑策略。从这里我们还可以看到,混合捆绑不仅实现了企业的最大化利润还得到了社会最优的配置状态。在此,混合捆绑之所以能够获得更高利润,是由于纯捆绑策略供应了那些在社会最优状态下不被供应的产品,即那些保留价格低于生产成本的产品,因而招致了利润的损失。但是不是所有的混合捆绑策略都优于纯捆绑策略和分别定价策略呢?

假设 $c_1 = c_2 = 0$,消费者 A、B、C 和 D 的保留价格为 (30,90)、(40,60)、(60,40) 和 (90,30)。这些信息如图 9.8 所示。

此时,纯捆绑策略和混合捆绑策略的利润如下:

	P_1	P_2	P_B	利润
纯捆绑策略	—	—	100	400
混合捆绑策略	60	60	120	360

显然,此时纯捆绑策略的利润要大于混合捆绑策略的,同时从整体的社会来

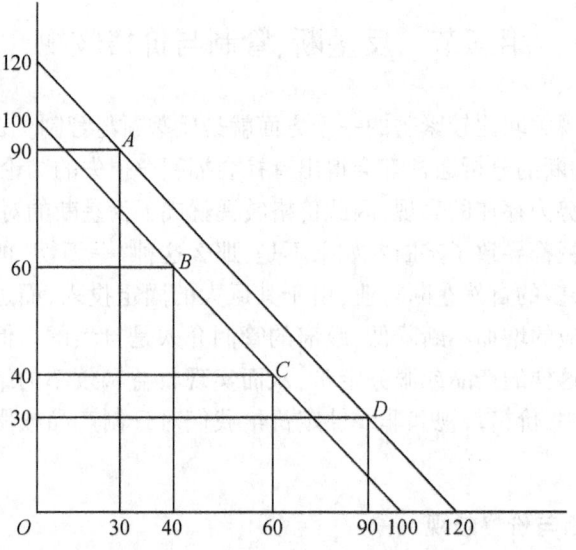

图9.8　假设的四个消费者保留价格

看也是纯捆绑策略所带来的福利大。此时与混合捆绑策略相比,纯捆绑策略所带来的利润要相对高一些是由于对捆绑包的保留价格比较低的消费者,他们对两种商品的保留价格差异比较小,而对捆绑包保留价格比较高的消费者,对两种商品的保留价格变动相对较大。例如,如果 A、B、C 和 D 四个消费者的保留价格分别是(10,90)、(40,80)、(80,40)和(90,10),此时有

	P_1	P_2	P_B	利润
纯捆绑策略	—	—	100	400
混合捆绑策略	90	90	120	420

显然,混合捆绑策略的利润要高。但此时社会福利不如纯捆绑策略的高,事实上,此时纯捆绑策略会产生最高的社会福利。

在一定的情况下,与分别定价策略相比,混合捆绑策略或者纯捆绑策略不一定会导致垄断者更高的利润。它们之间利润的高低与福利影响的结果与产品的成本分布和消费者的保留价格分布有关。因此,面对不同的成本和消费者群,各种策略各有优劣。从整体的福利影响来看,有一点可以肯定,那就是如果纯捆绑或者混合捆绑策略比分别定价策略带来的产出增加,并且出售的产品中没有消费者对其的保留价格低于成本出售的,那么捆绑销售通常会带来社会福利的增加。欲详细了解捆绑销售的分析可进一步阅读 William 和 Yellen(1976)的分析。

第三节 反垄断、管制与价格歧视

与价格歧视关联比较紧密的一个方面就是反垄断与管制。在标准的经济学教科书里,对垄断的分析通常都会得出有社会福利净损失的结论,而价格歧视又被认为是垄断势力存在的表现,因此价格歧视就成了反垄断的对象。但是,是否所有的价格歧视都导致了垄断? 如果不是,那么这种"一刀切"的措施还是否可行? 另外,在很多的自然垄断行业,由于其巨大的固定投入,而边际成本又随着产品或服务供应的增加不断降低,政府的管制介入是自然的。但是一个重要的问题是如何对这样的产品或服务定价,从而实现收益和效率的结合。在公共事业的众多管制中,价格歧视和非线性定价给我们对管制产品或服务提供了可选的定价方案。

一、反垄断与价格歧视

通常人们会倾向于认为价格歧视是垄断存在的一个表现,垄断通常会导致高价格,从而使人们承担过高的价格,扭曲了社会资源的真正定价,造成了社会福利的损失和浪费。出于这些目的,反垄断法应运而生。比较著名的反垄断法是美国的《罗宾逊·帕特曼法》,其中明确地反对价格歧视,并对禁止价格歧视规定得非常详细,可操作性非常强。自从这部法律诞生以来,就有非常多的针对价格歧视的反垄断诉讼案例。但是,我们从上面的分析可以看出,并不是所有的价格歧视都会导致福利的损失,在一定的条件下,二级价格歧视、三级价格歧视、非线性定价如两部定价制等相对于线性定价来说,反而可以增加社会的福利。

基于不正当竞争的考虑,法律上也对价格歧视进行禁止。如在一些情况下,垄断者制订系统计划而长期实施掠夺性定价的价格歧视。此时,垄断厂商通常是通过在一个地区高价获得的利润来维持在一个地区低价导致的损失,试图通过长期的低价把竞争对手排挤出这一市场,然后再提高在这一市场上的价格以获得高额的垄断利润。同样,这种笼统的划分,没有考虑到有些价格歧视实质上也能促进竞争。多数垄断竞争者的临时性降价,或者新进入者零星的价格歧视行为通常会导致竞争的加剧。因此,针对价格歧视的现象,我们需要区别对待。

在我国,无论是《中华人民共和国价格法》还是《中华人民共和国反垄断法》,对价格歧视的禁止款项都有提及。《价格法》第十四条第五款中提到"提供相同商品或者服务,对具有同等交易条件的其他经营者实行价格歧视"。《反垄断法》第十七条第六款"没有正当理由,对条件相同的交易相对人在交易价格等交易条件上实行差别待遇",用以说明经营者滥用市场支配地位的行为表现。

但是,这些法律的规定和说明过于简单,要在现实中惩治触犯这些法律的行为可操作性差。这样的立法虽然可能会使某些促进竞争或增加净福利的价格策略免于法律的追究而得以采用,但是同样会导致对于那些损害社会或造成不正当竞争的价格行为惩治的不力。今后随着我国法治的进一步发展,需要对相关的事项进行明确的定义,以真正有利于建立合理的市场秩序。

二、公共事业管制与价格歧视

有些公共事业的商品和服务不能存储或者存储费用高昂,例如电力、自来水、天然气、电话、交通等。对于这类商品和服务,就不能通过存货调剂余缺。可行的办法是在需求高峰期定高价,在淡季定低价,实行类似于三级价格歧视的定价策略。这种峰谷定级方式具有两方面的作用:第一,作为价格歧视的一种方式,保证厂商的正利润。第二,烫平需求的波动对企业经营的影响,在一定程度上改变消费者的决策。例如高峰期回家探亲车票价格高,部分消费者改为淡季回家。

有时候,一个规制的公共事业部门,为了其产品得以提供给更广大的居民范围,如数字电视网、无线或有线通信要想覆盖广大的农村地区,为了能够弥补成本的考虑,价格歧视或者非线性定价是必需的。一种情况是如果只制定统一的线性价格,即使是按照边际收益等于边际成本的价格定价也无法弥补其成本。如图9.9所示,某公共事业厂商提供的产品或需求具有两类不同的需求曲线即 D_1、D_2,将两条需求曲线整合成一条总需求曲线 D^T,该曲线是该厂商面对的总需求。假定 LAC 为该厂商的长期平均成本曲线。从图中可以看出,没有任何一个单一价格可以抵消成本,因为成本曲线在需求曲线的上方。

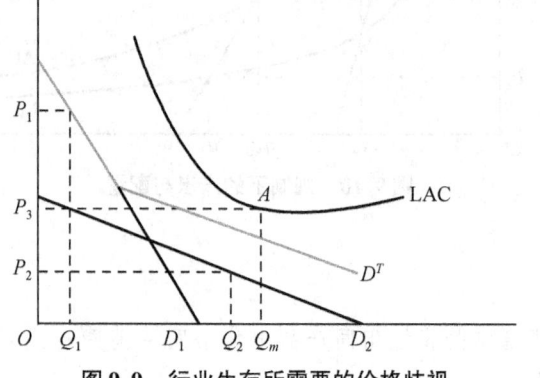

图9.9 行业生存所需要的价格歧视

采取三级价格歧视定价策略,针对不同类型的需求,设定各种需求曲线下最大化利润的歧视性价格即 P_1 和 P_2,相应的销售量为 Q_1 和 Q_2。

总供给量：$Q_m = Q_1 + Q_2$，加权平均价格为 P_3，在此情况下，A 点与成本曲线相交。这说明，除非实施价格歧视，规制的行业才能在不依靠补贴的情况下长久地供应下去，并使大多数的居民都能够享用该产品或服务。

另外，在许多自然垄断行业，需要投入的固定成本大、初始投入高，而一旦建成，提供服务的边际成本很低，存在着规模报酬的递增，因而会出现边际成本低于平均成本。

如图 9.10 所示，如果规制者试图按照边际成本来定价以达到最优的产出和配置，那么价格将小于平均成本，厂商会面临亏损，因而如果没有补贴，该厂商将难以持续经营下去。但如果让厂商像一个垄断厂商那样制定一个利润最大化的统一的线性价格，则会导致过高的产品或服务价格和过低的产出。而基于平均成本定价的规制，通常也会导致很多消费者无法享受服务。这在诸如供电、电信等公共品上表现得尤其明显。因此，价格歧视或者非线性定价策略给政府规制公共事业和自然垄断行业提供了可供参考的策略选择。对于这一类行业，可通过实行两部定价制，在用固定费用的支付弥补固定成本的同时，又根据边际成本制定单位产品或服务的价格，从而在实现自负盈亏的前提下达到最优的资源配置。

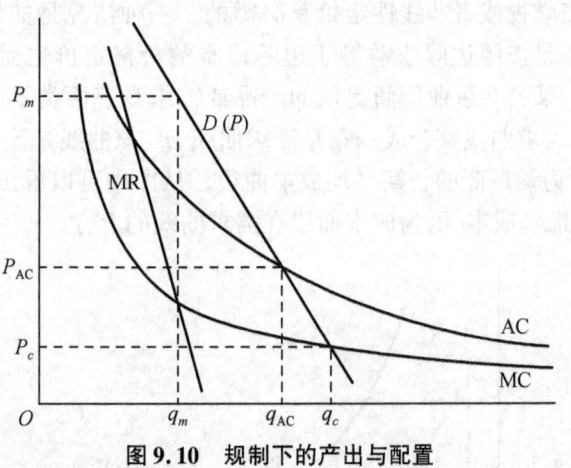

图 9.10　规制下的产出与配置

本章小结

1. 价格歧视通常是指把相同产品出售给同一消费者或者不同的消费者而索要不同的价格。

2. 价格歧视有三种形态：一级价格歧视、二级价格歧视和三级价格歧视。

3. 一级价格歧视是指根据消费者不同支付意愿索要价格，在这种价格歧视下，一般会达到帕累托最优的社会状态，但是消费者不会获得任何剩余。

4. 二级价格歧视是根据消费者所想要购买的数量级索要不同的价格,但在同一数量级内的单位产品收取相同的价格。

5. 三级价格歧视根据消费者某些可以区别的特征划分不同的群体,对不同的群体索要不同的价格,但相同群体内的消费者支付相同的单位价格。

6. 垄断厂商实行价格歧视通常受到三个因素的制约:套利的可能性、不对称信息、讨价还价的能力。

7. 除价格歧视手段外,垄断者还可以使用更为广泛的定价手段,如两部定价、搭售和捆绑销售等非线性定价策略。

思考题

1. 假设有一个在两个需求独立的市场上进行销售的垄断者。这两个市场的需求分别是:$q_1 = 32 - 4p$,$q_2 = 28 - 6p$。垄断者具有不变的边际成本2,没有固定成本。

(1) 如果垄断者只能在两个市场制定相同的价格,求利润最大化的产量、价格和利润。

(2) 如果垄断者实行三级价格歧视,求此时垄断者利润最大化的产量、价格和利润。

(3) 试比较上述两种情况的社会福利状况,并解释。

(4) 现假设垄断厂商面临 n 个需求独立的市场,第 i 个市场的需求为 $q_i = a_i - b_i p$,并且有 $a_i > cb_i$,其中 c 为不变的边际成本。试求垄断厂商从线性定价转向三级价格歧视导致的产量变化,并判断福利的变化。

2. 考虑学校附近销售快速消费类产品的商店。下面的表格显示了张三和李四对鸡块和炸薯条所愿出的最高价格。鸡块的边际成本是 2 元,炸薯条的边际成本是 1 元。

最高价格 (单位:元)

	鸡块	炸薯条
张三	3	4
李四	5	2

(1) 试求出单独定价策略下的最大化利润的价格和利润水平。

(2) 试计算纯捆绑策略下的捆绑价格和利润。

（3）假设此店采用混合捆绑策略,试确定混合捆绑策略下最大化利润的定价和利润。

（4）比较纯捆绑策略和混合捆绑策略的利润大小,并解释之。

3. 假设一个垄断厂商面临两类消费者,每一类消费者的数量相同。他们对垄断产品的需求分别是:$q_1 = 30 - 3P$, $q_2 = 14 - P$。垄断厂商具有不变的边际成本 $c = 7$。

（1）试求垄断厂商对两类消费者实行统一的线性定价时最大化利润的价格、产量和利润。

（2）如果垄断厂商能够进行两部定价制,试求此时最大化利润的价格、产量和利润。

（3）试比较上述两种情况的社会福利状况。

（4）在上述的需求和成本结构下,垄断厂商欲进行二级价格歧视,那么会发生什么情况? 并解释为什么会这样。

进一步阅读文献

［1］Varian, Hal R. (1985), Price discrimination and social welfare, *American Economic Review*, 75, 870—875.

［2］Maskin, E., and J. Riley(1984), Monopoly with incomplete information, *RAND Journal of Economics*, 15, 171—196.

［3］William James Adams and Janet L. Yellen(1976), Commodity bundling and the burden of monopoly, *The Quarterly Journal of Economics*, 475—498.

［4］Walter Y. Oi(1971), A Disneyland dilemma: two-part tariffs for a Mickey Mouse monopoly, *The Quarterly Journal of Economics*, 85(1), 77—96.

参考文献

［1］Varian, Hal R. (1985), Price discrimination and social welfare, *American Economic Review*, 75, 870—875.

［2］Maskin, E., and J. Riley(1984), Monopoly with incomplete information, *RAND Journal of Economics*, 15, 171—196.

［3］William James Adams and Janet L. Yellen(1976), Commodity bundling and the burden of monopoly, *The Quarterly Journal of Economics*, 475—498.

［4］Walter Y. Oi(1971), A Disneyland dilemma: two-part tariffs for a Mickey

Mouse monopoly, *The Quarterly Journal of Economics*, 85(1),77—96.

[5] Stephen Layson (1988), Third-degree price discrimination, welfare and profits: a geometrical analysis, *American Economic Review*, 78(5),1131—1132.

[6] Roger Sherman and Michael Visscher (1982), Rate-of-return regulation and two-part tariffs, *Quarterly Journal of Economics*, 97(1),27—42.

[7] Pigou, A. C. (1920), *The Economics of Welfare*, fourth edition, London, Macmillan.

[8] Robinson, J. (1933), *Economics of Imperfect Competitive*, London, Macmillan.

[9] Iñaki Aguirre (2007), Output and misallocation effects in monopolistic third degree price discrimination, Working Paper.

[10] Richard Schmalense (1981), Monopolistic two-part pricing arrangements, *Bell Journal of Economics*, 12(2),445—466.

第十章 市场结构的度量与新经验产业组织

本章概要

本章介绍了市场结构度量的主要方法和指标,揭示了决定和影响市场结构的主要因素;论证了市场绩效的判断标准和计量方法;系统介绍了新经验产业组织方法。

学习目标

熟练掌握市场结构的几种度量方法;掌握市场绩效的判断标准及其计量方法;了解新经验产业组织的基本推导过程。

第一节 市场结构简述

一、市场结构的概念

市场结构(Market Structure)是指产业市场结构,即特定产业市场的企业关系结构,规定着构成市场的卖者(企业)相互之间、买者相互之间以及卖者集团之间等诸关系的因素及其特征。产业市场结构是一个相对具体的概念,一般通过企业的数量、企业的市场份额和规模分布或市场集中化的程度、产品差异程度、厂商进入退出的壁垒等来对一国经济中市场和产业的特点进行描述。市场结构理论的主要价值在于经验描述性、实证性和政策的应用等。

二、市场结构理论的发展脉络

企业行为与市场结构之间的关系是产业经济学领域的核心问题。这一关系的研究强调企业在不完全竞争环境下的企业行为分析。我们简要地回顾一下市场结构理论的发展脉络,特别是建立起从结构—行为—绩效(即 Structure-Conduct-Performance, SCP)框架到新经验产业组织理论(New Empirical Industrial Organization，NEIO）之间的逻辑联系。

1890 年"马歇尔冲突"（Marshall Dilemma）揭示了规模经济与竞争活力的两难选择问题。马歇尔在对组织进行系统论述时，充分肯定了规模经济利益，同时也认识到，企业在追求规模经济的过程中会出现垄断，而垄断又会阻碍价格机制的作用，从而扼杀自由竞争这一经济运动的原动力。1933 年，罗宾逊和张伯伦的垄断竞争和寡头垄断市场结构理论形成。垄断竞争理论进一步细分了市场结构类型，丰富和发展了自斯密以来的市场竞争理论，为市场结构理论的确立与发展奠定了坚实的基础。在克拉克（1940）看来，不论市场结构如何、市场上参与竞争的企业数量多少，也不论生产替代品的企业之间的差别是否显著，只要这些企业积极改进生产技术，提供新产品，完善生产体系，能够根据成本高低合理确定价格，这些企业的行为和绩效就是良好的，就是"有效竞争"的企业。现代市场结构理论的建立，则与哈佛学派的代表人物梅森、贝恩和席勒共同创立的 SCP 分析范式直接相关。梅森在对美国主要行业的市场结构进行实证研究后，首次提出了用市场结构、市场行为和市场绩效来分析产业（市场）竞争的有效性的思想，并且认为，在结构、行为和绩效之间存在着单向的因果关系。贝恩对现代市场结构理论的突出贡献之一，就是明确提出并推广应用了 SCP 范式，并着重对市场结构的重要因素（市场集中度、产品差异、进入壁垒）及其对市场行为和市场绩效的影响进行了系统研究。席勒进一步完善了 SCP 范式。他特别强调了市场行为（C）的重要性，从而弥补了贝恩由于只强调市场结构对市场绩效的直接作用，忽视市场行为对市场绩效的影响，从而导致其分析范式过于结构化的缺陷。

从 20 世纪 50 年代到 80 年代，对企业行为与市场结构的研究多是在 SCP 的框架下展开的。SCP 框架的核心假设是：市场可观察的结构特征决定市场内的企业行为；而给定结构特征，这种企业行为决定可度量的市场绩效。从 20 世纪 80 年代开始，新产业组织学派对 SCP 范式补充和完善的方面主要有：突破了 SCP 范式原有的单向和静态的分析框架，构筑起双向和动态的分析框架，在肯定市场结构对企业行为及其绩效正向影响的同时，还强调结构、行为和绩效三者之间的反向互动关系；在注重市场结构及其因素的同时，还强调对市场行为因素及其作用的系统研究；将 20 世纪 70 年代以来微观经济学领域中的最新研究成果，尤其是博弈论引入 SCP 范式中，使 SCP 范式在其研究工具和研究内容上取得实质性突破。

此外，传统的产业经济学家对市场集中持反对观点。例如，传统的哈佛学派认为市场集中程度的提高将产生福利损失，因此需要政府干预，以防止某些企业的兼并或者拆分某些企业。而持竞争观点的学者认为，市场集中并不一定是坏事,自由经济才是市场中最重要的。例如芝加哥学派的效率理论和鲍莫尔的可竞争理论指出在某些情况下,垄断也能产生竞争均衡。芝加哥学派认为所有的政府干预都是没有必要的。从现实经济来看,随着全球化进程的发展,经济的地理边界变得并不重要,国内市场的垄断结构在面临国际市场时不再存在。

在某些情况下,没有政府干预的不完全竞争将要改善社会福利。考虑一个存在外部性的情形(如污染),如图 10.1 所示,企业生产的边际成本(MC)要小于社会边际成本(SMC),这时传统的经济理论要求政府干预。假设政府通过税收使得社会根据 SMC 来决定市场均衡(例如通过庇古税),社会福利损失为三角形 ACD 所代表的面积。在不完全竞争下,设能观察到的企业边际收益为 MR。在没有任何政府干预的情况下,市场均衡与存在政府干预的情形一致,即总的社会福利损失也为 ACD 所代表的面积。与没有政府干预的情形相比,不完全竞争带来了社会福利的提高。

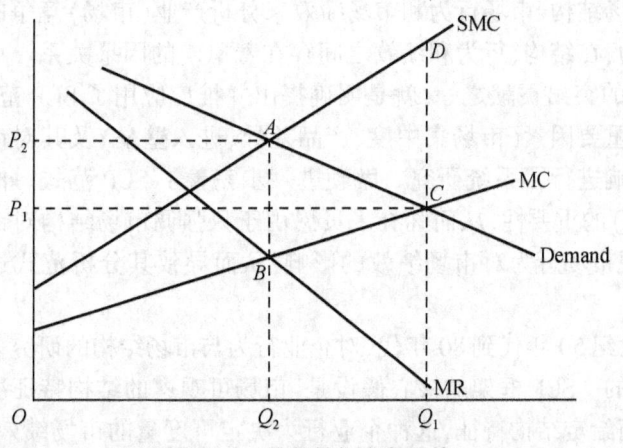

图 10.1 外部性与竞争政策

从社会福利的角度来看,当存在外部性时,不完全竞争并不必然劣于竞争市场。因此,市场结构的研究开始从对市场集中程度的关注转移到对市场偏离完全竞争(价格 = 边际成本 = 长期平均成本)的实证分析。新经验产业组织理论通过对市场结构模型的检验,构建起政策与市场势力证据的实证通道。

第二节 SCP 下的市场结构

一、市场结构的度量

考察一种市场结构状况必须要有一定的量化指标进行衡量,这是 SCP 分析框架常用的分析一个行业结构状况的方法。有多种衡量一个行业市场结构的方法,所有的方法都被认为与产业中的竞争程度存在某种相关关系。本节中我们描述市场结构的一些常见的衡量方法。

1. 行业集中率

考察一定的市场结构,通常运用一个行业的厂商规模分布状况,即对行业集中率(Concentration Ratio)的度量来反映。它是指规模最大的前几位企业的有关数值(销售额、增加值、职工人数、资产额等)占整个市场或行业的份额。

假设一个产业内有 n 个企业,根据市场份额的大小排序,其中企业 1 是最大的企业,企业 2 是第二大企业,以此类推。以 S 表示市场份额,则有:$S_1 \geq S_2 \geq S_3 \geq \cdots \geq S_n$。$m$ 个企业的卖方集中率是 m 个企业的市场份额之和:$CR_m = S_1 + S_2 + \cdots + S_m$。如果 $m = 4$,则 CR_4 为四厂商集中率;如果 $m = 8$,则 CR_8 为八厂商集中率。集中率指标中所包含的企业数目通常由是否能够获取行业前几位企业的相关数据而定,而不是由某种经济学原理决定的。如果所有企业规模相同,那么 m 个企业的集中率为 $\frac{m}{n}$;当相同规模企业数目趋于无穷大时,集中率趋于 0;当行业中企业数目为 m 或为 1 时,集中率为 1 或 100%。

2. 赫芬达尔指数

赫芬达尔指数(Herfindahl Index),简称 H 指数,是产业内各个企业市场份额的平方和。其公式为:$H = S_1^2 + S_1^2 + \cdots + S_n^2$。若所有的 n 个企业相同,则 $H = 1/n$;若相同规模企业数目趋于无穷大,则 H 趋于 0;若行业中只有一个企业,则 $H = 1$。H 的数值越大,卖方集中程度越高。

设某一行业中有四个企业,总的市场规模为 1 000 个单位,这四家企业的销售规模分别为 500、350、100 和 50 个单位。那么这个行业的 H 指数则为 $H = (0.5)^2 + (0.35)^2 + (0.1)^2 + (0.05)^2 = 0.385$。

3. 洛伦茨曲线与基尼系数

衡量卖方集中程度还可以通过图 10.2 来直观地反映。图 10.2 中横轴和纵轴均以百分比为单位。纵轴仍是有关数值(销售额、增加值等)的累积百分比,而横轴则是规模由小到大的企业数目累积百分比。当行业内所有企业规模都相

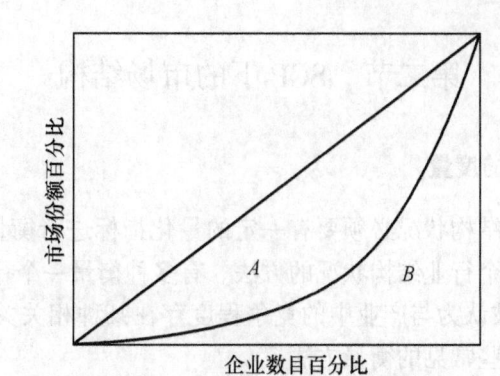

图 10.2 行业集中度的洛伦茨曲线

同时,洛伦茨曲线与对角线重合。一般来说,曲线越凸向右下角,表明市场集中程度越高。

基尼系数(Gini Coefficient)也是一种相对集中度指标。它的计算公式是:

$$基尼系数 = \frac{对角线与洛伦茨曲线围成的面积}{对角线以下三角形的面积} = \frac{A}{B}$$

洛伦茨曲线和基尼系数本来是经济学家用来反映收入分配不均的一对指标。产业组织学家则利用它们来反映行业内部企业规模的不均。如果说前面的集中率指标既反映企业数目,又反映企业规模分布的话,那么基尼系数则主要反映企业规模分布的不均。基尼系数的数值在 0 与 1 之间变动。

如果厂商规模的分布完全均等,则基尼系数等于 0,因为,对角线或绝对均等线与实际厂商资产分布的曲线之间的面积为零。然而中间这块面积越大,基尼系数值也就越大,于是就计量了不均等的程度。

一个拥有相同市场份额的双头或三头寡头行业的基尼系数为零,然而这些厂商所在的行业肯定不能被看做竞争行业。而且洛伦茨曲线的形状,以及相应的基尼系数值,很容易因错误定义行业中的厂商数目而受到扭曲。随着研究中包含的边际厂商数目的减少或增加,显示的不均等程度倾向于变得更大。还要注意,两家各自占 50% 的行业产量的厂商会与 100 家分别生产 1% 规模的厂商具有同样的基尼系数,它们都为零。然而,按照一般的推测,这两种情况下的行业行为是大不一样的。

二、影响行业结构的主要因素

1. 买卖双方的规模和分布

行业结构的主要因素是由行业的技术特征决定的规模经济性。规模经济性源于平均成本随着产量增加而下降,在平均成本达到最小处的产量规模称为最优规模。如果一个行业的技术决定了该行业中厂商的最小最优规模相对于市场需求来说很大,则该行业的生产必将集中于少数几家厂商。相反地,如果厂商的最小最优规模相对于市场需求来说很小,则该行业的生产可能分散于多家厂商。

2. 进入障碍

所谓进入障碍,或者称为进入壁垒,是指潜在的进入者在进入某行业时所受的阻碍。也就是一个产业中原有企业相对于潜在进入企业的优势,这些优势体现在原有企业可以持续地使价格高于竞争水平之上而不会吸引新的企业加入该产业。

由于存在进入障碍,新进入企业虽被高利润市场所吸引(因为进入前原有企业的利润高),但却不能成功地进入(因为它们预期的进入后利润是负的,或低于在其他活动中会得到的利润),它们必须在两种均衡之间进行比较。但问题是两个均衡之间是不可观测的,即如果进入被阻止,进入后均衡就是无法观测的事件。因此,计算进入障碍的程度本身就是一种猜测过程。此外,进入障碍往往在一定程度上是针对具体进入企业而言的。有些进入企业比其他企业更有能力;有些新进入企业追求产品创新战略,而其他的新进入企业只是满足于模仿原有企业的行为。

衡量进入障碍程度,通常都是将最具优势的可能进入企业与原有企业进行比较,然后再考虑到那些能力较差的新进入企业(即测量"进入的一般条件")的情况。

是否存在进入障碍,可以通过比较新进入企业与原有企业的利润函数间的差别而反映出来。

假设进入前某行业中已有企业选择的产量水平为 X^0,可获利润的贴现值为 $\pi_1(X^0)$。进入后新企业的最佳产量水平将是 X^*,它可获利润流的贴现值 $\pi_2(X^*)$。那么,如果下式成立就说明存在进入障碍:

$$\pi_1(X^0) > 0 \quad 但 \quad \pi_2(X^*) < 0 \qquad (10.1)$$

即新进入企业尽管很想进入,但进入后无利可图。

$$\pi_1(X^0) - \pi_2(X^*) = [\pi_1(X^0) - \pi_2(X^0)] - [\pi_2(X^*) - \pi_2(X^0)]$$

$$(10.2)$$

公式(10.2)右端的第一项,是在同样的均衡产量水平条件下(这是斯蒂格勒用以判定进入障碍所用的标准),新进入企业与原有企业利润函数的比较。它将新进入企业与原有企业的相对于生产规模的利润区别开来。该公式右端的第二项,是新进入企业在不同产量水平条件下的比较,它体现出新进入企业(进入后)与原有企业(进入前)的相对劣势,这是因为新进入企业进入后的生产规模要小于行业中已有企业原先的生产规模。

由于利润是收入 $R(x)$ 减成本 $c(X)$，因此公式（10.2）右端的第一项，即按进入前均衡产量 X^0 计算的利润 π_1 与 π_2 之差，在下面两式中任一式成立时都会出现

$$R_1(X^0) > R_2(X^0) \quad 或 \quad C_1(X^0) < C_2(X^0) \tag{10.3}$$

前式代表产品差异，后式代表绝对成本优势，它们同时也意味着原有企业的需求曲线无论在任何产量水平上，都位于新进入企业所对应的需求曲线之上，或者说原有企业的成本曲线总是位于新进入企业之下。但是，企业必须分享进入后的市场，因而进入后各个企业（包括原有企业和新进入企业）的产量可能比进入前原有企业的产量少，即 $X^0 > X^*$。这就是公式（10.2）中 $\pi_1(X^0)$ 与 $\pi_2(X^*)$ 之间的第二项差别，它在下列条件成立时就会存在，即 $R(X)$ 随 X 增加而上升，或 $C(x)$ 随 X 增加而下降。

构成进入障碍的主要因素包括：

（1）绝对成本优势障碍

如果不论产量怎样变化，原有企业都能以比新企业低的单位成本从事生产和经销活动，那么新企业则将处于不利地位，或者说原有企业具有绝对成本优势。

为什么潜在进入企业的单位成本会高于原有企业，从而构成进入障碍呢？主要原因有：

第一，原材料本已稀缺，新企业需要付出更高的价格或到距离更远的地方购买才能获得。

第二，原有企业占有专利从而控制了先进的生产技术。

第三，新企业往往需要付出较高的资本成本，特别是潜在进入者为小企业时，它们或者要以较高的利息成本筹集资本，或者筹集不到所需的资本。

（2）规模经济障碍

规模经济是构成进入障碍的第二个重要因素。绝对成本进入障碍指的是，从平均成本的角度看，原有企业在任何产量水平上都比潜在进入企业具有优势。而规模经济障碍指的是，虽然原有企业在平均成本上不占有优势，但进入企业只有占到行业产量的一定份额，才能产生正利润，然而，新进入企业要么达不到规模经济的要求，要么达到了规模要求但由于行业总供给量的上升导致利润下降甚至为负利润。

（3）政策和法律导致的进入障碍

政府的行业准入政策及其法律。

3. 产品的差异化

贝恩考察了大企业的产品差异化优势的三种可能来源：第一，买方可能对现

有品牌和已确立信誉企业的产品具有强烈的偏好。进入者由于不可能立即复制这种品牌偏好或者现有企业的信誉优势,而不得不比现有企业花费更多的单位产品成本,以影响最终消费者。第二,专利可能给予现有企业生产专利产品的合法垄断权,致使进入者不可能复制专利产品,或者只能在现有企业授权许可证的情况下才能复制专利产品。第三,现有企业可能控制了主要的批发和零售渠道,从而意味着进入者支付高于现有企业的单位产品的销售费用。

如果某一厂商的产品具有差异化,其产品将面临较少的替代品,需求曲线向下倾斜,厂商拥有市场势力,并且产品差异化能够有效阻止新企业进入。

三、SCP 下的市场绩效

1. 市场绩效的度量

(1) 利润率

按照完全竞争市场的效率标准,当企业的边际成本等于边际收益等于价格时,资源得到了最优配置。这就意味着企业的经济利润为零。以此为衡量市场效率的标准,如果行业的利润率高于社会平均利润率,并且该行业的集中程度高,可能意味着该行业存在市场势力,高利润可能是企业利用市场势力,并形成垄断导致的垄断利润。

这也是 SCP 分析框架(哈佛学派)判断产业组织绩效的根据。

表 10.1 是哈佛学派的代表贝恩的研究,从中可以看出市场结构与市场势力的关系。产业的利润率与集中度之间存在正相关关系。但芝加哥学派认为,行业利润率可能与行业的效率有关,而与市场是否存在市场势力无直接关系。在芝加哥学派的代表德姆塞茨的研究中,集中度对任意规模的企业的收益率几乎没有产生影响,如表 10.2 所示。

表 10.1　美国制造业 1947—1951 年样本(贝恩,1959)

行业	利润率(%)	CR4(%)
汽车	23.9	90
香烟	12.6	90
烈性酒	18.6	75
打字机	18.0	79
自来水笔	21.8	57
平均	19.0	78
较高平均	13.4	60
中低平均	11.6	44

表 10.2　按规模和集中度划分的收益率(1963 年美国的数据)(德姆塞茨,1973)

CR4(%)	R1	R2	R3	R4	R5
10—20	7.3	9.5	10.6	8.0	8.8
20—30	4.4	8.6	9.9	10.6	8.4
30—40	5.1	9.0	9.4	11.7	8.4
40—50	4.8	9.5	11.2	9.4	8.7
50—60	0.9	9.6	10.8	12.2	8.4
60 以上	5.0	8.6	10.3	21.6	11.3
资产规模	50 以下	500 以下	500 以上	5 000 以下	

(2) 勒纳指数

勒纳指数(Lerner Index)是反映产品市场价格与边际成本差额的一种指标,通过计量产品的市场价格与边际成本的偏离程度来判断市场结构状况。因为在完全竞争性市场上,产品价格 = 边际成本 = 边际收益,经济利润为零。如果经济利润不为零,是某一个正数,那么,该市场就不属于完全竞争性市场。

$$L = \frac{P - \text{MC}}{P} \tag{10.4}$$

其中,P 是产品价格,MC 是生产该种产品的边际成本。

$0 \leqslant L \leqslant 1$,即勒纳指数在 0 到 1 之间变动,数值越大,表明市场偏离完全竞争性市场的程度越高,市场集中程度越强,垄断势力越大;反之则相反。

用勒纳指数来衡量经济绩效存在的关键问题是,勒纳指数中的边际成本属于"私人信息",在经验研究中难以得到准确的样本数据。由于边际成本数据难以获得,在实际研究中,人们经常用价格—平均可变成本加成来替代价格—边际成本加成。这忽略了资本成本、研发成本和广告成本。

(3) 推测变差[①]

令 $p = p(Q)$ 为市场的反需求函数,$Q = q_1 + q_2 + \cdots + q_n$ 为行业的总产量。企业 i 的利润为:

$$\pi_i = p(Q)q_i - C_i(q_i) \tag{10.5}$$

式(10.5)的最大化条件是:

$$p(q) + q_i p'(q)\left(1 + \frac{\mathrm{d}Q_{-i}}{\mathrm{d}q_i}\right) = C_i'(q_i) \tag{10.6}$$

其中 Q_{-i} 是除 i 企业外的所有企业的总产量。

---

① 推测变差是新经验产业组织引入的重要概念,这里提前加以说明以便配合后续内容。推测变差在新经验产业组织部分将有更深入的分析。

令第 i 个企业的推测变差为 $\lambda = \dfrac{\mathrm{d}Q_{-i}}{\mathrm{d}q_i}$，它表示第 i 个企业推测自产量调整之后，竞争对手企业的整体产量的变化。

将式(10.6)改写成：

$$\frac{p - C_i^{'}}{p} = \frac{(1 + \lambda_i)S_i}{\varepsilon} = L_i \tag{10.7}$$

其中 $S_i = \dfrac{q_i}{Q}$，代表企业 i 的市场份额，$\varepsilon = \dfrac{\dfrac{\mathrm{d}Q}{\mathrm{d}p}p}{Q}$，为市场需求价格的弹性的绝对值。如果所有的企业具有相同的推测变差，即 $\lambda_i = \lambda$，同时用市场份额作为权数，取特定企业的市场势力指数的加权平均数，就可以得到一个行业的平均勒纳指数：

$$L = \frac{(1 + \lambda)H}{\varepsilon} \tag{10.8}$$

其中 H 为赫芬达尔指数。从式(10.8)可以看出，H 与 L 成正相关关系。

(4) 其他度量

与勒纳指数十分近似的一个绩效指标是 PCM(Price Cost Margin)：

$$PCM = \frac{增加值 - 工资总额}{发货价值}$$

其中增加值为总销售价值减去投入成本。PCM 在度量绩效方面的一个不足是当比较不同产业的绩效时，需要控制该产业的平均收益率。另外一个绩效指标是托宾 q。它用来度量企业市场价值与重置成本的比例：

$$q = \frac{M_c + M_p + M_d}{A_r}$$

其中，M_c 是普通股市场价值，M_p 是优先股市场价值，M_d 是未偿贷款总额，A_r 是总重置成本。当 $q > 1$ 时，厂商具有某些未进入资产价值的无形资源或优势，如市场势力。托宾 q 度量绩效的一个优势是它捕捉了经过风险调整后的厂商未来利润的所有信息。但托宾 q 也存在一些不足，如仅能度量上市企业，市场价值带有主观性和随机性，重置成本难以估计等。另外，也常常使用一些会计方法来度量绩效，如：

$$\pi_1 = \frac{利润}{收益}$$

$$\pi_2 = \frac{利润}{资本}$$

$$\pi_3 = \frac{利润}{所有者权益}$$

$$\pi_4 = \frac{\text{利润}}{\text{净值}}$$

$$\text{所有者权益的市场价值} = \frac{\text{所有者权益}}{\text{收益}}$$

大量的公司年报和财务说明数据使绩效的会计度量成为可能。这里的利润可以是税前利润也可以是税后利润。如果会计数据的时间跨度很短,那么企业绩效的度量可能受到某些年份的特定行为影响,如企业在某年的大量研发或营销投入。企业绩效的会计度量也受到折旧方法的影响,如线性折旧或加速折旧。通货膨胀因素也是会计度量准确性的重要影响因素。

在实证研究中,没有最好的绩效度量指标。企业绩效度量的指标取决于可以获得的数据情况和所要研究问题的特征。

2. 市场绩效实证

(1) 理论与计量设定

结构、行为与绩效之间的理论联系可以从古诺模型中找到。勒纳指数与厂商不同变量之间存在直接联系。设厂商 i 的市场份额为 s_i,需求价格弹性为 ε,推测变差为 λ_i,则有

$$L_i = \frac{P(Q) - \text{MC}(q_i)}{P(Q)} = \frac{s_i}{\varepsilon}(1 + \lambda_i) \qquad (10.9)$$

其中 $\lambda_i = \dfrac{\mathrm{d}q_j}{\mathrm{d}q_i}$ 反映竞争对手的产出响应。Scherer 和 Ross(1990)指出推测变量也是产业内部厂商协调或串谋程度的一个度量。推测变量由其他因素所决定:

$$\lambda_i = f_1(C_j, B_j, X_{ij}) \qquad (10.10)$$

其中 C_j 为销售者集中程度的一个度量,B_j 为进入壁垒变量集合,X_{ij} 为影响推测变量的行业或厂商特征。式(10.10)建立了市场结构与行为之间的联系,将式(10.10)代入式(10.9),我们可以获得厂商 i 的结构与绩效(勒纳指数)之间的联系:

$$L_i = f_2(s_i, \varepsilon, C_j, B_j, X_{ij}) \qquad (10.11)$$

事实上,勒纳指数可能是无法观察的。如果勒纳指数与利润指标之间存在关联性,那么式(10.11)可以转变为:

$$\pi_i = f_2(s_i, \varepsilon, C_j, B_j, X_{ij})$$

对行业而言,上述联系可以表达为:

$$\pi_j = f_3(C_j, B_j, X_j)$$

应该注意的是,在上述 SCP 框架下的实证分析中,要么将厂商行为视为一个黑盒,要么仅在理论上作出证明。这一实证设定的背后假设是市场集中程度

(或串谋)决定厂商利润。

(2) 一些实证结果

(a) 早期工作

在 SCP 框架下的实证研究可以追溯到 20 世纪 50 年代。SCP 下的实证研究的一个重要特点是对产业间跨部门数据的利用。SCP 分析的基础研究是由贝恩的一系列论文奠定的。

贝恩(1951)的工作建立起了市场集中程度(CR8)与厂商利润之间的联系：

$$\pi = f(CR8)$$

贝恩采用前八个企业的份额来度量市场集中度：

$$CR8 = s_1 + s_2 + \cdots + s_8 = \sum s_i$$

其中 s_i 是第 i 大企业的市场份额。他同时用权益的回报来定义利润水平：

$$\pi = \frac{税后净利润}{净价值}$$

贝恩的研究显示,在市场集中程度大的产业中,企业的平均利润水平要更高一些。贝恩(1956)将进入壁垒引入实证分析：

$$\pi = f(CR4, D_1, D_2)$$

其中 CR4 是前四大企业的集中份额,D_1 和 D_2 是表示不同水平进入壁垒的虚拟变量。贝恩区分了三种进入壁垒,包括规模经济、产品差异和绝对成本优势。贝恩的研究表明高进入壁垒常常带来高的利润水平。贝恩的研究在 20 世纪 60 年代和 70 年代具有重要的影响。

(b) 后续工作

Comanor 和 Wilson (1967)的研究是产业层次计量经济分析的经典论文。他们使用了美国国内收入署(IRS)提供的所有消费品产业中的 41 个小产业样本,分析广告、市场集中度、规模经济和其他因素对产业盈利的共同影响。

$$\pi = 0.0398 + 0.254\,ASR + 0.00577ACR + 0.039\,GR + 0.0184\,Local$$
$$\quad (4.94) \quad (1.79)\,广告 \quad (1.6)\,资本 \quad (2.68)\,增长率 \quad (1.07)$$
$$\quad + 0.000395(CR4)(HBD)$$
$$\quad (2.30)$$

$$R^2 = 0.57$$

上式中,ASR 为广告支出与销售额的比率;ACR 为以最小最优经济规模进入所需的必要资本量的估计值;GR 为 1947—1957 年产业销售的增长率;Local 为虚拟变量,当产业为地方性产业时取 1,否则取 0;CR4 为四企业卖方集中率;HBD 为虚拟变量,当产业进入壁垒高时取 1,否则取 0;系数下的括号内为 t 统计值。估计值显示,广告和绝对必要资本量对盈利性存在正效应,需求增长越快,利润越高,集中度也与利润正相关,在进入壁垒高的行业中,盈利性随集中度上升。

Collins 和 Preston (1969)的研究则提出了一种新的绩效度量方法(PCM),PCM 的定义在前面已经提到,即:

$$PCM = \frac{增加值 - 工资总额}{发货价值}$$

Collins 和 Preston 的计量设定为:

$$PCM = \beta_0 + \beta_1 CR4 + \beta_2 GEO + \beta_3 COR + \varepsilon$$

其中 CR4 是前四大企业的市场集中率,GEO 是发货的地理扩散程度的度量,COR 是资产的账面价值与发货价值之比。厂商层次的计量分析与产业层次的计量分析相似,只是增加了一些捕捉厂商特征的相关变量。

Shepherd(1972)对 231 家企业的数据进行回归,研究的结果:

$$\pi = 6.67 + 0.2123\ MS + 0.0273\ CR4 - 0.2995\log(assets) + 0.2498 ASR$$
$$(4.72)\ 市场份额\ (1.56) \qquad (1.54) \qquad\qquad (1.54)\ 广告$$

其中 $R^2 = 0.504$,括号内为 t 统计值。

这里的 π 为企业平均税后报酬率,是 1960—1969 年间股东权益的一个比例;MS 为市场份额,CR4 为四企业卖方集中度,企业资产对数则是为了反映企业规模差异;ASR 为广告—销售比率。

(c) SCP 发展

20 世纪 60 年代和 70 年代的实证研究大部分支持 SCP 的假设基础,即集中程度是利润的决定变量。这种关系在控制了进入壁垒因素后,变得没那么显著了。这是因为集中程度与进入壁垒是相关的,例如跨国企业和资本要求因素的影响。大量实证研究发现进入壁垒对理论的决定是显著的,例如广告的密集程度、产品的差异化和需求增长等。

20 世纪 70 年代后期和 80 年代早期,SCP 的实证分析发生了重要变化。德姆塞茨(1974)对 SCP 提出了颇有影响的批评。德姆塞茨指出利润与集中程度之间的关系可能是由企业的大规模导致高利润而形成的。与部门内部的研究相比,部门之间的实证研究更倾向于支持"利润销售"假设,即企业的高利润并不是由高集中导致的,而是由高销售量导致的。

SCP 的另一个发展方向是采用 SEM(Simultaneous Equation Modeling)方法。这一方法用来分析 SCP 框架下不同变量之间的多重因果关系。这类研究也发现集中程度对利润水平的决定力减弱了,同时另外一些间接变量(如广告和研发)的影响却比较显著。

20 世纪 80 年代后,随着产业组织理论的进一步数学化和模型化,大部分 SCP 研究与传统方法出现了重要差异。这些新发展被称为新经验产业组织(NEIO)。

四、新经验产业组织理论

1. 从 SCP 到 NEIO

在 SCP 框架下,企业的竞争行为主要与需求和成本等结构因素相关。常见的度量指标包括集中程度、规模经济、供应商与购买者的市场势力、进入壁垒和产品差异化程度等,企业行为包括市场混合(Marketing Mix)、市场进入决策和 R&D 投资等。企业绩效包括市场的利润能力和创新能力等。图 10.3 给出了 SCP 的一个框架图。传统产业组织通过 S→C→P 分析过程,强调 S→P 之间的逻辑关系,C 是这一逻辑关系的中间环节。SCP 的一个重要缺陷是对 C 的分析并未进入理论模型,而仅强调其实证意义。不同于传统产业组织理论框架对 S→P 之间关系的强调,新产业组织更关注 C→P 和 C→S 的分析。对新产业组织持反对观点的研究者则通过构建重复博弈模型来分析企业的策略性行为。例如,芝加哥学派认为掠夺性定价(predatory pricing)是一种合理的价格竞争,而基于重复博弈的理论分析证明掠夺性定价在某些情况下会导致社会福利的损失,而在另外一些情况下,掠夺性定价则不会导致社会福利的损失。新产业组织认识到对不同情形分析的重要性,但却无法提供实证模型来估计实际可能的社会福利损失。

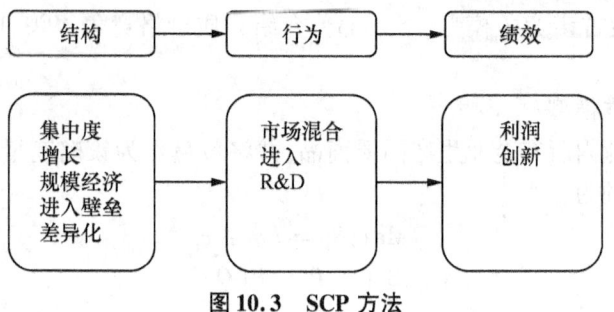

图 10.3　SCP 方法

通过引入推测变差(conjectural variation),新经验产业组织(NEIO)能直接估计市场势力的程度。NEIO 的理论思想是一个用模型说明的理论应该能够在实证上检验之。为了从全局角度厘清产业组织不同研究方法之间的关系,图 10.4 给出了实证产业组织的研究结构。与 SCP 框架强调企业在市场中的共同特征不同,NEIO 更强调企业在特定市场或关联市场下的行为分析。简化型(reduced from)的研究则是通过结构变量与行为之间的回归分析,检验结构博弈模型的比较静态。SCP与简化型分析的最大不同是,SCP的假设检验使用的数据来源于相关市场的跨部门数据,而简化型的实证数据来源于同一市场的时间序列。SCP回归提供的是关联性关系,而非因果关系。与NEIO比较,简化型实证研究存在如下不足:对竞争行为的原因分析不足,无法考虑企业的最优决策过程。这些不足与SCP是类似的。一些对NEIO持反对观点的人批评NEIO将企业行为的动态行为视为无穷次重复的静态博弈过程。NEIO研究者通过将推测变差动态化来回应这一批评。NEIO的新近发展是直接估计博弈模型,而非借助于推测变差。

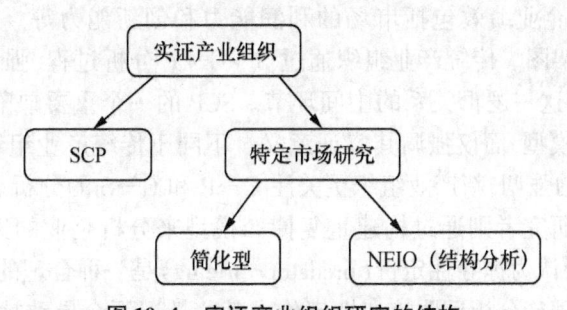

图10.4 实证产业组织研究的结构

2. 同质产量竞争寡头:一般古诺竞争模型

NEIO方法可以分为两种主要类别:同质产量竞争寡头,即一般古诺竞争模型;异质价格竞争寡头,即一般伯特兰模型。这一部分详细介绍同质产量竞争寡头,即一般古诺竞争模型,下一部分介绍异质价格竞争寡头,即一般伯特兰模型。

(1)基本模型

假设行业内所有企业生产同质商品,并将数量作为策略变量。厂商i的利润最大化问题为:

$$\text{Max}: R_i = Pq_i - c_i \tag{10.12}$$

$$\text{S. t.} \quad P = P(Q) \tag{10.13}$$

$$Q = q_i + \sum_{j \neq i} q_j \tag{10.14}$$

$$\sum_{j \neq i} q_j = f(q_i) \tag{10.15}$$

$$c_i = c_i(q_i) \tag{10.16}$$

其中,R_i表示厂商i的利润,P是价格,Q代表产量,q_i表示厂商i的供给,$\sum_{j \neq i} q_j = Q - q_i$,$c_i$是厂商$i$的总成本。式(10.13)表示需求函数,式(10.15)表

示厂商 i 的反应函数,式(10.16)为成本函数。将约束条件代入目标函数,厂商 i 的最优化问题中式(10.12)可以改写为:

$$\text{Max}: R_i(q_i) = p\left[q_i + \sum_{j \neq i} q_j(q_i)\right]q_i - c_i(q_i)$$

最优化一阶条件为:

$$\frac{\mathrm{d}R_i}{\mathrm{d}q_i} = P + q_i\frac{\mathrm{d}P}{\mathrm{d}Q}\left[1 + \frac{\mathrm{d}\sum_{j \neq i}q_j(q_i)}{\mathrm{d}q_i}\right] - \frac{\mathrm{d}c_i}{\mathrm{d}q_i} = 0$$

其中,$\dfrac{\mathrm{d}\sum_{j \neq i}q_j(q_i)}{\mathrm{d}q_i}$ 是推测变差。因为 $1 + \dfrac{\mathrm{d}\sum_{j \neq i}q_j(q_i)}{\mathrm{d}q_i} = \dfrac{\mathrm{d}Q}{\mathrm{d}q_i}$,我们可以将其改写为弹性项:

$$\left[1 + \frac{\mathrm{d}\sum_{j \neq i}q_j(q_i)}{\mathrm{d}q_i}\right]\frac{q_i}{Q} = \frac{\mathrm{d}Q}{\mathrm{d}q_i}\frac{q_i}{Q} = \theta_i$$

其中,$0 \leqslant \theta \leqslant 1$。记边际成本为 $\dfrac{\mathrm{d}c_i}{\mathrm{d}q_i} = \mathrm{mc}_i$,价格需求弹性的绝对值项为 $-\dfrac{\mathrm{d}Q}{\mathrm{d}P}\dfrac{P}{Q} = e$,故最优化条件下,即边际收益等于边际成本:

$$P + \theta_i\frac{\mathrm{d}Q}{\mathrm{d}P}Q = \mathrm{mc}_i \tag{10.17}$$

或

$$P\left(1 - \frac{\theta_i}{e}\right) = \mathrm{mc}_i \tag{10.18}$$

当 $\dfrac{q_i}{Q} \approx 0$(完全竞争)时,$\theta_i = 0$ 或 $P = \mathrm{mc}_i$;当 $q_i = Q$(完全垄断)时,$\theta_i = 0$ 或 $P\left(1 - \dfrac{\theta_i}{e}\right) = \mathrm{mc}_i$。即使 $0 < q_i < 0$,如果 $\dfrac{\mathrm{d}\sum_{j \neq i}q_j}{\mathrm{d}q_i} = -1$ 或 $\dfrac{\mathrm{d}Q}{\mathrm{d}q_i} = 0$,那么依然有 $\theta_i = 0$ 或 $P = \mathrm{mc}_i$(价格接受者行为);即使 $0 < q_i < Q$,如果 $\dfrac{\mathrm{d}Q}{\mathrm{d}q_i} = \dfrac{Q}{q_i}$,那么依然有 $\theta_i = 1$ 或 $P\left(1 - \dfrac{1}{e}\right) = \mathrm{mc}_i$(完全串谋)。

由于在古诺竞争下,假设 $\dfrac{\mathrm{d}\sum_{j \neq i}q_j}{\mathrm{d}q_i} = 0$,有 $\theta_i = q_i/Q$,式(10.17)可以表示为:

$$P + \frac{\mathrm{d}P}{\mathrm{d}Q}q_i = \mathrm{mc}_i$$

式(10.18)可以表示为 PCM 比率的形式:

$$\frac{P - \mathrm{mc}_i}{P} = \frac{\theta_i}{e}$$

两边同乘以 q_i/Q,并对 n 家厂商求和:

$$\frac{P - \sum \mathrm{mc}_i(q_i/Q)}{P} = \frac{\sum \theta_i(q_i/Q)}{e} \tag{10.19}$$

记 $\sum \mathrm{mc}_i(q_i/Q) = \mathrm{MC}$,$\sum \theta_i(q_i/Q) = \theta$,我们可以获得经过市场份额加权的平均关系:

$$\frac{P - \mathrm{MC}}{P} = \frac{\theta}{e} \tag{10.20}$$

$$P + \frac{\mathrm{d}P}{\mathrm{d}Q}\theta Q = \mathrm{MC} \tag{10.21}$$

假设对所有厂商而言,$\mathrm{d}Q/\mathrm{d}q_i$ 是相同的,记 $\mathrm{d}Q/\mathrm{d}q_i = k$,则式(10.19)的右边可以改写为:

$$\left[\sum \theta_i\left(\frac{q_i}{Q}\right)\right]\bigg/e = \left[\sum \frac{\mathrm{d}Q}{\mathrm{d}q_i}\left(\frac{q_i}{Q}\right)^2\right]\bigg/e = \frac{kH}{e}$$

其中,$H = \sum \theta_i\left(\dfrac{q_i}{Q}\right)^2$ 为赫芬达尔指数,故有:

$$\frac{P - \mathrm{MC}}{P} = \frac{kH}{e}$$

古诺竞争下,$k = 1$,故古诺竞争下,有:

$$\frac{P - \mathrm{MC}}{P} = \frac{H}{e}$$

换而言之,由于古诺竞争假设 $\dfrac{\mathrm{d}\sum_{j\neq i} q_j}{\mathrm{d}q_i}$ 或 $\dfrac{\mathrm{d}Q}{\mathrm{d}q_i} = 1$,在市场平均意义上,$\theta_i = q_i/Q$(市场份额),$\theta = \sum \theta_i(q_i/Q) = \sum (q_i/Q)^2 = H$。进一步假设所有企业的边际成本($\mathrm{mc}_i$)是相同的。在古诺均衡下,$q_i/Q = 1/n$,故有:

$$\theta = H = 1/n \tag{10.22}$$

假设厂商的成本函数采用线性形式:$c_i = vq_i + K$。

其中 K 是固定成本,v 是所有企业均相同的单位可变成本,在数值上等于企业的边际成本(mc_i),有:

$$\frac{PQ - vQ}{PQ} = \frac{P - v}{P} = \frac{kH}{e}$$

这意味着:

（销售收入 – 可变成本）/ 销售收入 $= kH/e$

由 $k = 1$ 和式（10.20），古诺竞争下，

$$\frac{PQ - vQ}{PQ} = \frac{P - v}{P} = \frac{H}{e} = \frac{1}{ne}$$

完全串谋下，

$$\frac{PQ - vQ}{PQ} = \frac{P - v}{P} = \frac{1}{e}$$

记 $dQ/dq_i = k_i$，则有：$\dfrac{dP}{dv} = \dfrac{\sum(1/k_i)}{\sum(1/k_i) + 1}$。

特别地，若 $n = 2$，则有：$\dfrac{dP}{dv} = \dfrac{k_1 + k_2}{k_1 + k_1 k_2 + k_2}$。

若 $n = 3$，则有：$\dfrac{dP}{dv} = \dfrac{k_1 k_2 + k_2 k_3 + k_3 k_1}{k_1 k_2 + k_2 k_3 + k_3 k_1 + k_1 k_2 k_2}$。

在古诺竞争下，$\dfrac{dP}{dv} = \dfrac{n}{n+1}$；在垄断条件下，$\dfrac{dP}{dv} = \dfrac{1}{2}$；在完全竞争下 $n \to \infty$，有 $\dfrac{dP}{dv} = 1$。

（2）推测一致性与古诺行为理性

一致的推测意味着厂商的推测与对手的实际反应相对应。考虑线性需求函数的例子，由前述分析，典型厂商 1 利润最大化问题的必要条件是：

$$P + q_1 \left(\frac{dP}{dQ}\right)(1 + r_{12}) - mc_1 = 0 \tag{10.23}$$

其中，推测变差 $r_{12} = dq_2/dq_1$，常数边际成本 $mc_1 = dc_1/dq_1$。设需求函数为：

$$P = a - bQ$$

式（10.23）可以重新改写为厂商 1 的反应函数：

$$q_1 = \frac{-q_2}{2 + r_{12}} + \frac{a - mc_1}{b(2 + r_{12})}$$

类似地，厂商 2 的反应函数为：

$$q_2 = \frac{-q_1}{2 + r_{21}} + \frac{a - mc_2}{b(2 + r_{21})}$$

故厂商 1 对厂商 2 的实际反应为：

$$dq_1/dq_2 = -1/(2 + r_{12})$$

类似地，厂商 2 对厂商 1 的实际反应为：

$$dq_2/dq_1 = -1/(2 + r_{21})$$

一致推测要求：$r_{21} = -1/(2 + r_{12})$ 且 $r_{12} = -1/(2 + r_{21})$，故 $r_{12} = r_{21} = -1$。

当厂商均是价格接受者时,一致推测能够实现。注意到,这里我们假设线性需求函数和常数边际成本,如果条件发生改变,结果将发生变化。古诺推测可以表示为 $r_{12} = r_{21} = 0$,对应的反应函数的斜率为 $-1/2$,因此古诺推测是不一致的。这就是说,尽管厂商 1 观察到当自己的供给增加一个单位时,对手减少半个单位的供给,但是厂商 1 仍推测自己的产量变化不会引起对方产量的变化。在这个意义上,古诺行为是不合理的。

（3）推测变差的两种解释

推测变差的第一种解释源于其定义,即厂商对其他厂商应对自己供给变化反应的推测;推测变差的第二种解释是一种市场势力的度量,特别地,它反映了价格对边际成本的偏离。在推测变差的运用中,常常将动态博弈视为静态博弈的重复,这一处理备受质疑。但如果将推测变差视为市场竞争的一个整体度量,这一问题就不再存在了。同时,在某些情形下,推测变差也用来作为动态博弈均衡的简约形式。

（4）估计推测变差的两种方法

第一种方法是校准（Calibration）。假设经济系统中的均衡条件满足,校准可以用来估计理论设定的参数数值。例如假设均衡条件式（10.18） $P\left(1 - \dfrac{\theta_i}{e}\right) =$ mc_i 在各期均满足,同时 P 是可以观测到的变量,根据成本函数和需求函数可以获得 e 和 mc_i,我们可以计算出 θ_i。这一方法的优势在于计算出随时间变化的 θ_i,这一处理可以回避推测变差分析中将动态博弈视为静态重复博弈的批评。例如,企业的策略可能随着外部环境的变化发生某些改变。这一方法的不足之处在于没有采用任何 SEM（Simultaneous Estimation Methods）方法。而事实上,成本函数、需求函数和最优条件 $P\left(1 - \dfrac{\theta_i}{e}\right) = \mathrm{mc}_i$ 是同时（Simultaneous）满足的。

第二种方法是在回归中直接估计参数。成本函数、需求函数和最优条件在系统方法中同时估计。例如将 θ_i 作为回归参数直接估计。这一方法的缺陷是所获得的 θ_i 是估计时间区间的平均值,同时在某些情况下存在有效识别的问题。

（5）生产厂商市场势力福利损失估计

假设某生产厂商具有垄断势力,如图 10.5 所示,对应的上游产业厂商具有市场势力。可以根据式（10.20）$(P - \mathrm{MC})/P = \theta/e$ 来估计该部门的福利损失。Bhuyan 和 Lopez(1995)将完全竞争下的价格和数量指数化为 1,同时设行业的需求函数 $Q = P^{-e}$,成本函数 $Q = \mathrm{MC}^{\eta}$,故当 $P = \mathrm{MC}$ 时,有 $P = Q = 1$。无谓损失的估计表达式为:

$$\text{DWL} = \int_{Q_0}^1 \left[Q^{-1/e} - Q^{1/\eta} \right] \mathrm{d}Q$$

由于寡头价格和数量分别为：

$$P_0 = \left(\frac{e}{e - \theta} \right) Q_0^{1/\eta}$$

$$Q_0 = P_0^{-e} = \left(\frac{e - \theta}{e} \right)^{e\eta/(e+\eta)}$$

如果估计出 e（需求价格弹性的绝对值）、η（供给边际成本弹性的倒数）和 θ（推测弹性或市场势力参数），我们就可以估计出社会福利损失。

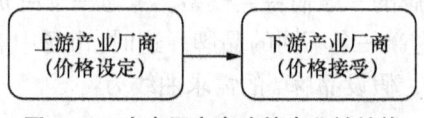

图 10.5　生产厂商寡头的产业链结构

（6）双边寡头厂商的市场势力

假设某行业在投入和产出上均具有垄断势力，如图 10.6 所示，对应的中游产业厂商具有双边市场势力。Azzam 和 Pagoulatos（1990）提出了一个特定行业双边市场势力的模型，均衡条件可以表示为：

$$P\left(1 - \frac{1}{e_d} \right) \frac{\mathrm{d}Q}{\mathrm{d}L} = w\left(1 + \frac{1}{e_s} \right)$$

一个更一般的模型可以表示为：

$$P\left(1 - \frac{\theta}{e_d} \right) \frac{\mathrm{d}Q}{\mathrm{d}L} = w\left(1 + \frac{\lambda}{e_s} \right)$$

其中 P 是产品价格，w 是投入品价格，Q 是产品数量，L 是投入品数量，e_s 是供给边际成本弹性的倒数，θ 是投入品市场中的推测弹性（市场势力参数），λ 是产出品市场的推测弹性。$P\left(1 - \frac{\theta}{e_d} \right)$ 表示产出的边际收益，$\frac{\mathrm{d}Q}{\mathrm{d}L}$ 表示投入的边际产出，$P\left(1 - \frac{\theta}{e_d} \right) \frac{\mathrm{d}Q}{\mathrm{d}L}$ 表示投入的边际产品价值。$w\left(1 + \frac{\lambda}{e_s} \right)$ 表示购买投入的边际支出。θ 可以通过需求函数、成本函数和最优条件同时估计获得。

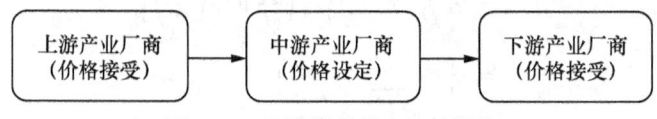

图 10.6　双边寡头的产业链结构

3. 异质价格竞争寡头:一般伯特兰模型

古诺模型中所有厂商生产同质产品,并采用产量作为策略变量。在古诺模型中仅仅只有一条需求曲线,同一市场也只有一个价格。然而事实上,许多不完全竞争市场中存在多种异质性商品,并采用价格作为策略变量。这时,分割市场面临不同的需求曲线,不同品牌存在不同的价格,不同品牌之间存在不完全的替代关系。我们采用一般伯特兰模型来分析这种情况。

(1) 基本模型

Liang(1989)提出了一个两个品牌市场的一般伯特兰模型。我们这里分析一个更一般的 n 个品牌的一般伯特兰模型。考虑一个由 n 家厂商构成的不完全竞争市场,每个厂商生产一个不同的品牌。这时,市场中有 n 条需求曲线,每家厂商有 n 个反应函数。假设品牌 i 的需求曲线为:

$$Q_i = a_i - b_i P_i + \sum_{j \neq i} c_{ij} P_j, \quad j = 1, \cdots, n, j \neq j \qquad (10.24)$$

其中, Q_i 是企业 i(品牌 i)的供给(需求)数量, P_i 是品牌 i 的价格, P_j 是替代品牌 j 的价格, a_i、b_i 和 c_{ij} 是参数。忽略其他影响 Q_i 的变量。厂商 i 将价格 P_i 视为策略性变量,其最大化问题为:

$$\max_{P_i} [P_i Q_i - C_i]$$

其中, C_i 是厂商 i 的成本,一阶最优条件为:

$$Q_i + P_i \frac{dQ_i}{dP_i} - \text{MC}_i \frac{dQ_i}{dP_i} = 0 \qquad (10.25)$$

其中, $dC_i/dQ_i = \text{MC}_i$ 为边际成本,企业的推测变差 c_{ij} 定义为 dP_j/dQ_i,一阶条件中的 dP_i/dQ_i 可改写为:

$$\frac{dQ_i}{dP_i} = \frac{\partial Q_i}{\partial P_i} + \sum_{j \neq i} \frac{\partial Q_i}{\partial P_i} \frac{dP_j}{dP_i} = -b_i + \sum_{j \neq i} c_{ij} cv_{ij} \qquad (10.26)$$

厂商 i 的价格弹性 e_i 可定义为:

$$e_i = \frac{dQ_i}{dP_i} \frac{P_i}{Q_i} = \left[b_i + \sum_{j \neq i} c_{ij} v_{ji} \right] \frac{P_i}{Q_i}$$

$$= b_i \frac{P_i}{Q_i} + \sum_{j \neq i} \left[c_{ij} \left(\frac{P_j}{Q_i} \right) cv_{ji} \left(\frac{P_i}{P_j} \right) \right]$$

$$= e_i^{ow} + \sum_{j \neq i} (e_{ij}^{cr} e_{ji}^{cv})$$

即厂商 i 的价格弹性 e_i 可分解为三种类型的弹性: e_i^{ow}(与自己价格相关的弹性)、e_{ij}^{cr}(交叉价格弹性)和 e_{ji}^{cv}(推测变差弹性)。将式(10.24)和式(10.26)代入式(10.25),得到:

$$P_i = \frac{-a_i}{-2b_i + \sum_{j \neq i} c_{ij}cv_{ij}} - \frac{\sum_{j \neq i} c_{ij}P_j}{-2b_i + \sum_{j \neq i} c_{ij}cv_{ij}} + \frac{-b_i + \sum_{j \neq i} c_{ij}cv_{ij}}{-2b_i + \sum_{j \neq i} c_{ij}cv_{ij}}\mathrm{MC}_i$$

$$\tag{10.27}$$

同时估计式(10.27)和式(10.27)可以获得推测变差 cv_{ij}。如果 $cv_{ij} = 0$，给定对手价格，厂商完全决定自己的价格。如果 $cv_{ij} = 1$，意味着厂商 i 相信若厂商 i 自己改变价格，其对手的价格也将改变同样大小。

一般化古诺模型与一般化伯特兰模型的一个不同体现在勒纳指数的一般化表达上。一般化古诺模型的勒纳指数一般化表达为：

$$\frac{P - \mathrm{mc}_i}{P} = \frac{\theta_i}{e}$$

而一般化伯特兰模型的勒纳指数一般化表达为：

$$\frac{P_i - \mathrm{mc}_i}{P_i} = \frac{-1}{\left(-b_i + \sum_{j \neq i} c_{ij}cv_{ij}\right)P_i / Q_i}$$

（2）价格和数量推测的关系

价格推测可以用一个等价的数量推测来表达，这两种不同的表达将产生相同的解。在这个意义上，价格竞争与数量竞争是相互关联的。考虑一个存在两个厂商(或两种品牌)的市场，面临的两条需求曲线为：

$$Q_1 = a_1 - b_1 P_1 + c_{12} P_2 \tag{10.28}$$
$$Q_2 = a_2 + c_{12} P_1 - b_2 P_2 \tag{10.29}$$

我们采用矩阵来表达需求曲线式(10.28)和式(10.29)，记

$$\Theta = \begin{bmatrix} Q_1 \\ Q_2 \end{bmatrix}, \quad A = \begin{bmatrix} a_1 \\ a_2 \end{bmatrix}, \quad B = \begin{bmatrix} b_1 & -c_{12} \\ -c_{21} & b_2 \end{bmatrix}, \quad P = \begin{bmatrix} P_1 \\ P_2 \end{bmatrix}$$

需求曲线式(10.28)和式(10.29)可表示为：

$$\Theta = A - BP \tag{10.30}$$

下面求厂商1的价格推测，我们采用如下矩阵表达：

$$\begin{bmatrix} \dfrac{\mathrm{d}P_1}{\mathrm{d}P_1} \\ \dfrac{\mathrm{d}P_2}{\mathrm{d}P_1} \end{bmatrix} = \begin{bmatrix} cv_{11} \\ cv_{12} \end{bmatrix} \quad \text{或} \quad \begin{bmatrix} \mathrm{d}P_1 \\ \mathrm{d}P_2 \end{bmatrix} = \mathrm{d}P_1 \begin{bmatrix} 1 \\ cv_{12} \end{bmatrix}$$

$$\mathrm{d}P = (\mathrm{d}P_1)L_1 \tag{10.31}$$

由式(10.30)和式(10.31)，我们有：

$$\mathrm{d}\Theta = -B\mathrm{d}P = -B[(\mathrm{d}P_1)L_1] = -(\mathrm{d}P_1)BL_1 \tag{10.32}$$

记 B_i 为矩阵 B 的第 i 行,我们有:

$$\mathrm{d}Q_1 = -(\mathrm{d}P_1)B_1L_1 \quad \text{或} \quad -(\mathrm{d}P_1) = \mathrm{d}Q_1/B_1L_1 \quad (10.33)$$

将式(10.33)代入式(10.32),有:

$$\mathrm{d}\Theta = (\mathrm{d}Q_1)(1/B_1L_1)BL_1 \quad (10.34)$$

式(10.34)可重写为:

$$\begin{bmatrix} \dfrac{\mathrm{d}Q_1}{\mathrm{d}Q_1} \\ \dfrac{\mathrm{d}Q_2}{\mathrm{d}Q_1} \end{bmatrix} = \frac{1}{b_1 - c_{12}cv_{12}} = \begin{bmatrix} b_1 - c_{12}cv_{11} \\ -cv_{21} + b_2cv_{12} \end{bmatrix} = \begin{bmatrix} 1 \\ \dfrac{-cv_{21} + b_2cv_{12}}{b_1 - cv_{12}cv_{12}} \end{bmatrix} \quad (10.35)$$

由式(10.35),厂商 1 对厂商 2 产量的推测变差 $\mathrm{d}Q_2/\mathrm{d}Q_1 = v_{12}$ 为:

$$v_{12} = (-c_{21} + b_2cv_{12})/(b_1 - c_{12}cv_{12}) \quad (10.36)$$

厂商 1 对厂商 2 价格的推测变差 $\mathrm{d}P_2/\mathrm{d}P_1 = cv_{12}$ 为:

$$cv_{12} = (c_{21} + b_1cv_{12})/(b_2 + c_{12}cv_{12}) \quad (10.37)$$

由式(10.37),在完全串谋的情形下,厂商 1 产量的推测变差 $v_{12}=1$,故对应的价格推测变差 $cv_{12} = (c_{21} + b_1)/(b_2 + c_{12})$;在完全竞争的情形下,厂商 1 产量的推测变差 $v_{12}=-1$,故对应的价格推测变差为:

$$cv_{12} = (c_{21} - b_1)/(b_2 - c_{12})$$

(3) 识别问题

计量经济学中的识别问题(identification problem)是指未知推测变差的数量大于方程个数,导致无法准确估计出推测变差的情形。在 2 个品牌的市场中,需要估计的推测变差有 2 个;一般情形下,n 个品牌的市场中,需要估计的推测变差有 $n(n-1)$ 个。当品牌数量大于 2 个时,如果仅仅估计最优条件,无法有效估计推测变差,那么识别问题就出现了。这时,我们需要同时估计 n 个需求函数 $Q_i = a_i - b_iP_i + \sum_{j \neq i} c_{ij}P_j$ 和 n 个价格反应函数:

$$P_i = \frac{-a_i}{-2b_i + \sum_{j \neq i} c_{ij}cv_{ij}} - \frac{\sum_{j \neq i} c_{ij}P_j}{-2b_i + \sum_{j \neq i} c_{ij}cv_{ij}} + \frac{-b_i + \sum_{j \neq i} c_{ij}cv_{ij}}{-2b_i + \sum_{j \neq i} c_{ij}cv_{ij}}\mathrm{MC}_i$$

第二种处理方式是给推测变差施加若干约束,如 Kadiyali, Vilcassim 和 Chintagunta(1999)在 3 个品牌市场模型中施加约束:

$$cv_{13}/cv_{31} = c_{13}/c_{31}$$

第三种处理方式是将价格方程与数量方程分开估计,这样将有 n 个需求函数和 n 个价格反应函数分别视为独立系统(Cotterill 和 Putsis, 2000)。这一方法不直接估计推测变差,而是将估计出的价格反应参数代入下式中的推测变差项中:

$$\frac{\mathrm{d}Q_i}{\mathrm{d}P_i} = \frac{\partial Q_i}{\partial P_i} + \sum_{j \neq i} \frac{\partial Q_i}{\partial P_j} \frac{\mathrm{d}P_j}{\mathrm{d}P_i} = -b_i + \sum_{j \neq i} c_{ij} cv_{ij}$$

这种方法将厂商的推测与对手的实际价格相应视为一致的。但这种处理并不满足推测变差一致性(consistent conjectural variation,ccv)。例如,在两个品牌的市场中,推测变差一致性要求:

$$cv_{12} = -c_{21}/(-2b_2 + c_{21} cv_{21})$$

$$cv_{21} = -c_{12}/(-2b_1 + c_{12} cv_{12})$$

满足一致性的推测变差解(Liang,1989)为:

$$ccv_{ij} = \{-b_i b_j + [(b_i b_j)(b_i b_j - c_{ij} c_{ji})]^{1/2}\}/(-b_j c_{ij})$$

可见 ccv_{ij} 与 cv_{ij} 并不必然相等。另外,由于价格反应函数来源于给定需求函数下的最优化条件,需求函数与价格反应函数之间必然存在某些约束关系。系统由如下需求函数和价格反应函数构成:

$$Q_i = a_i - b_i P_i + \sum_{j \neq i} c_{ij} P_j$$

$$P_i = \frac{-a_i}{-2b_i + \sum\limits_{j \neq i} c_{ij} cv_{ij}} - \frac{\sum\limits_{j \neq i} c_{ij} P_j}{-2b_i + \sum\limits_{j \neq i} c_{ij} cv_{ij}} + \frac{-b_i + \sum\limits_{j \neq i} c_{ij} cv_{ij}}{-2b_i + \sum\limits_{j \neq i} c_{ij} cv_{ij}} \mathrm{MC}_i$$

分离两者的估计方法没有考虑两者之间的这种联系。

五、新经验产业组织的扩展运用

新经验产业组织理论被大量运用于对某些特定产业的市场势力、价格加成和竞争行为等作实证研究。NEIO 方法也被用来研究其他相关问题。

1. 对空间均衡模型的扩展

NEIO 方法也被用来对空间均衡进行分析。下面考虑一个包含市场结构的空间均衡模型。记 D_j 为市场 $j(j = 1,2,\cdots,n)$ 的数量需求,S_i 为生产区域 $i(i = 1,2,\cdots,n)$ 的数量供给,X_{ij} 为从区域 i 运到市场 j 的产品数量,PD_j 为市场 j 的价格。MC_i 为区域 i 的边际成本,FC_i 为区域 i 的固定成本(常数),$D_j = \alpha_j - \beta_j \mathrm{PD}_j$ 为市场 j 的需求函数,$S_i = -v_i - \eta_i \mathrm{MC}_i$ 为区域 i 的逆边际成本函数,T_{ij} 为从区域 i 运到市场 j 的运输交通成本(常数)。区域 i 在市场 j 的销售收益 $\mathrm{PD}_j X_{ij}$ 可表示为:

$$\mathrm{PD}_j X_{ij} = \left(\frac{\alpha_j}{\beta_j} - \frac{D_j}{\beta_j}\right) X_{ij} = \left(\frac{\alpha_j}{\beta_j} - \frac{\sum\limits_{i=1}^{n} X_{ij}}{\beta_j}\right) X_{ij} = \left(\frac{\alpha_j}{\beta_j} - \frac{\sum\limits_{m \neq i} X_{mj} + X_{ij}}{\beta_j}\right) X_{ij}$$

其中 m 表示除 i 以外的所有区域。若区域 i 相信它对市场 j 的供给变化将导致其他所有区域对市场 j 供给的变化,则区域 i 认识到的在市场 j 的边际收益为：

$$\frac{\partial PD_j X_{ij}}{\partial X_{ij}} = \frac{\alpha_j}{\beta_j} - \frac{D_j}{\beta_j} - \frac{\partial \sum_{m \neq i} X_{mj} / \partial X_{ij} + 1}{\beta_j} X_{ij} = PD_j - \frac{r_{ij} + 1}{\beta_j} X_{ij}$$

其中 r_{ij} 为区域 i 的推测变差。n 个区域的最大化问题可以表示为：

$$\text{Max}: \text{ANSP} = \sum_{j=1}^{n} \int \frac{\alpha_j - D_j}{\beta_j} dD_j - \sum_{i=1}^{n} \left(\int \frac{v_i + S_i}{\eta_i} dS_i + FC_i \right)$$

$$- \sum_{j=1}^{n} \sum_{i=1}^{n} \frac{r_{ij} + 1}{\beta_j} \int X_{ij} dX_{ij} - \sum_{j=1}^{n} \sum_{i=1}^{n} T_{ij} X_{ij}$$

$$\text{s.t.} \quad D_j \leqslant \sum_{i=1}^{n} X_{ij}, \quad \forall j$$

$$\sum_{j=1}^{n} X_{ij} \leqslant S_i, \quad \forall i$$

$$D_j \geqslant 0, \quad S_i \geqslant 0, \quad X_{ij} \geqslant 0, \quad \forall i,j$$

其中 $- \sum_{j=1}^{n} \sum_{i=1}^{n} \frac{r_{ij} + 1}{\beta_j} \int X_{ij} dX_{ij}$ 为竞争均衡下的社会净收益（Takayama 和 Judge，1971）。在完全竞争条件下（$r_{ij} = -1$），该项为 0；在古诺竞争下（$r_{ij} = 0$），该项可以改写为 $- \sum_{j=1}^{n} \sum_{i=1}^{n} \int X_{ij} dX_{ij} / \beta_j$。采用拉格朗日函数（$L$），Kuhn-Tucker 条件可以表示为：

$$\partial L / \partial D_j = \alpha_j / \beta_j - D_j / \beta_j - \lambda_j \leqslant 0, \quad D_j \partial L / \partial D_j = 0, \quad \forall j$$

$$\partial L / \partial S_i = - v_i / \eta_i - S_i / \eta_i + \omega_i \leqslant 0, \quad S_i \partial L / \partial S_i = 0, \quad \forall i$$

$$\partial L / \partial X_{ij} = - (r_{ij} + 1) X_{ij} / \beta_j - T_{ij} + \lambda_j - \omega_i \leqslant 0, \quad X_{ij} \partial L / \partial X_{ij} = 0, \quad \forall i,j$$

$$\partial L / \partial \lambda_j = - D_j + \sum_{i=1}^{n} X_{ij} \leqslant 0, \quad \lambda_j \partial L / \partial \lambda_j = 0, \quad \forall j$$

其中，λ_j 和 ω_i 为约束条件的拉格朗日乘子，度量市场价格和边际成本。经过扩展的空间均衡模型可以用来对不同区域中不同市场的情况作出实证分析，为政府制定产业政策和市场管制政策提供重要的理论依据。

2. NEIO 在国际贸易政策中的运用

Suzuki，Kinoshita 和 Kaiser（2005）提出了一个用来分析由贸易带来隐含出口补贴的市场扭曲度量方法和模型，并提出了一种不同贸易补贴形式的度量方法 ESE（Export Subsidy Equivalents）。假设某一家贸易公司具有出口某项产品的专有权利。虽然该公司在该项产品上具有国内垄断权利，但是如果进口不受到限制，在国际竞争中该公司的垄断权将丧失，而成为价格接受者。进一步假设存在某些进口约束使得该公司可以将国内产品的价格设定在国际价格之上。该公司的作用是将产品在国内市场和国际市场上分配以最大化自身收益。企业最优决策的必要条件是两个市场的边际收益相等。出口价格由国际市场的供给与需求决定。在国际市场上,该公司是价格接受者。

图 10.7 直观地描绘了假设的情形。P_d 为国内市场价格,Q_d 为国内市场供给,Q_s 为总供给,P_b 为混合价格(即企业的平均价格),QR_d 为国外需求,QR_s 为国外供给。在 C 点处,国际市场价格 P_w 与企业的国内需求边际收益线相交,即国内市场与国际市场的边际收益在该处相等。C 点的数学表达式为:

$$P_d + \frac{\partial P_d}{\partial Q_d}\theta Q_d = P_w$$

或

$$P_d(1 - \theta/E) = P_w$$

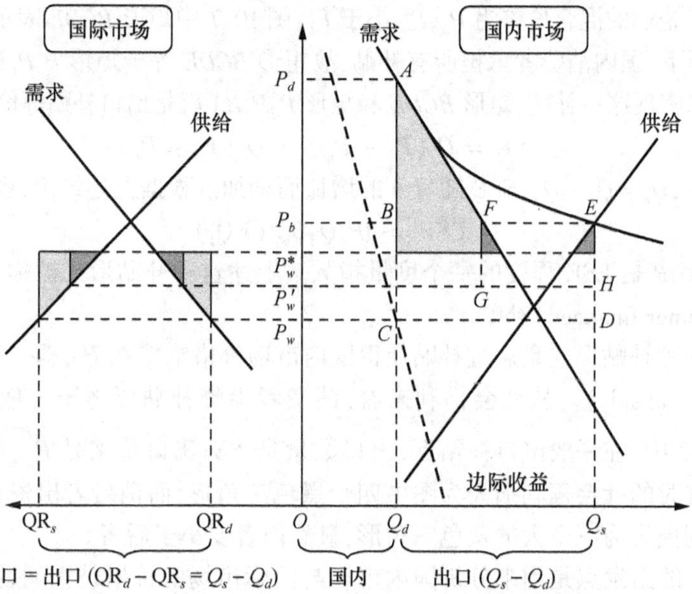

图 10.7 Suzuki, Kinoshita 和 Kaiser(2005)的分析框架图

其中 $\theta(0 \leqslant \theta \leqslant 1)$ 为市场势力的度量,E 是国内需求价格弹性的绝对值,$E = -\frac{\partial P_d}{\partial Q_d}\frac{P_d}{Q_d}$。由于企业是国内市场的价格制定者,当国内市场销量增加一个单位时,国内市场价格将随之下降 $\frac{\partial P_d}{\partial Q_d}\theta$,总销量对应的下降幅度为 $\frac{\partial P_d}{\partial Q_d}\theta Q_d$,因此 $P_d + \frac{\partial P_d}{\partial Q_d}\theta Q_d$ 表示企业在国内市场销售的边际收益。P_w 为出口的边际收益。由于在

211

国际市场上,该企业是价格的接受者,P_w 为常数。最优化条件要求国内销售边际收益与出口边际收益相等。θ 反映国内市场的保护程度。从 $P_d(1 - 1/E) = P_w$ 来看,企业存在市场势力,因为如果没有国家保护措施,有 $P_d = P_w$。

由国内市场的价格 P_d 与国内市场需求曲线的交点 A 可知,国内市场的销量为 Q_d。企业的混合价格为:

$$P_b = [P_d Q_d + P_w(Q_s - Q_d)]/Q_s$$

而需求曲线与混合价格的交点 E 决定企业的总产量 Q_s。在国际市场价格 P_w 下,企业出口量($Q_s - Q_d$)等于国际市场在该企业的进口量($QR_d - QR_s$)。如果国内市场和国际市场均是完全竞争的($\theta = 0$),则有 $P_d = P_w(= P_b)$。设 P_w^* 为完全竞争下的价格水平,注意到 P_w^* 要高于 P_w,这是因为企业通过限制国内需求,扩大国际出口将降低国际市场的均衡价格。

由于企业的混合价格为 P_b,P_w 小于 P_b,图 10.7 中矩形 $BCDE$ 表示补贴总量。这一情形下,国内消费者承担所有补贴,故矩形 $BCDE$ 等于矩形 $P_d P_b BA$。政府通过征税来实现这一补贴,矩形 $BCDE$ 和矩形 $P_d P_b BA$ 就是出口补贴等价 ESE:

$$\text{ESE} = Q_e(P_b - P_w) = Q_d(P_d - P_b)$$

其中,$Q_e = Q_s - Q_d$,ESE 随着 θ 的增加而增加。根据上述结论,容易发现:

$$\text{ESE} = \theta P_d Q_d Q_e / (E Q_s)$$

因此,θ 是 ESE 程度的一个度量指数。上述这种补贴形式被称为消费者出资(consumer financed)补贴。

另一种补贴形式是通过补贴使得国内市场价格维持在 P_b,即一般出口补贴(ordinary subsidy)。从社会福利来看,消费者出资补贴要劣于一般出口补贴。如图 10.7 中,在一般出口补贴下,出口数量是 FE,出口价格是 P_w',政府支出是 $FGHE$,这时的社会福利损失为图中四个黑色三角形,而消费者出资补贴对应的社会福利损失为三个大的灰色三角形,显然前者要小于后者。

ESE 的出发点是用来分析国内市场与国际市场的价格歧视问题,但也很容易推广到不同出口市场中的价格歧视问题。图 10.8(a)—(d)分别对应四种国际市场补贴的形式。图 10.8(a)表示国内消费者补贴所有外国消费者的情形;图 10.8(b)表示国内消费者和外国 1 消费者补贴外国 2 消费者的情形;图 10.8(c)表示外国 1 消费者补贴外国 2 消费者的情形;图 10.8(d)表示外国 1 消费者补贴国内消费者和外国 2 消费者的情形。对于不同情形的补贴实证度量,我们可以统一表示为:

$$\text{ESE} = \sum |P_j - P_b| Q_j / 2$$

其中 P_j 表示 j 国价格,P_b 为混合价格,Q_j 为在 j 国销售的数量。我们可以

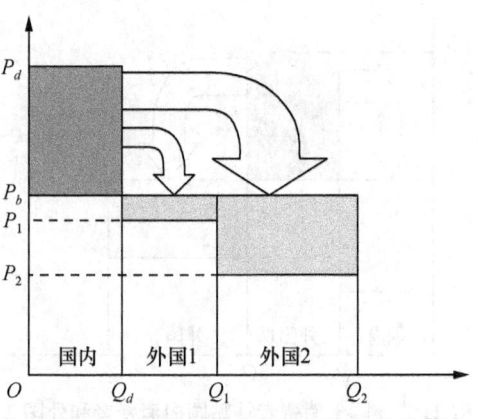

图 10.8（a）　国内消费者补贴所有外国消费者

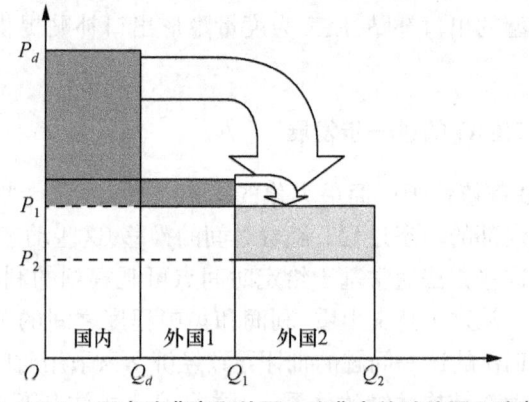

图 10.8（b）　国内消费者和外国 1 消费者补贴外国 2 消费者

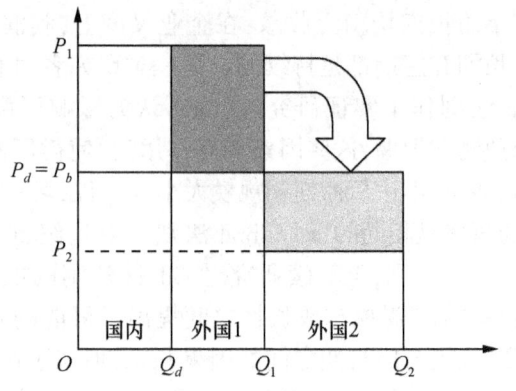

图 10.8（c）　外国 1 消费者补贴外国 2 消费者

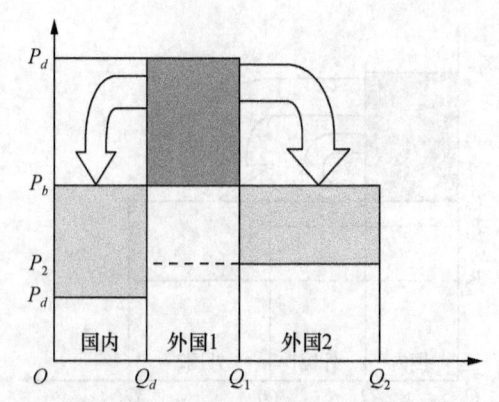

图 10.8(d) 外国 1 消费者补贴国内消费者和外国 2 消费者

利用这一公式计算任何国与国之间的消费者出资 ESE。国际自由贸易的一个趋势是取消所有类型的出口补贴，ESE 为度量隐形出口补贴提供了实证分析的有利工具。

六、SCP 与 NEIO 的进一步发展

SCP 和 NEIO 都依赖于厂商最大化的均衡条件，因此这些研究可能没有捕捉到厂商和产业内部的动态过程。随着时间的推移，这些动态包括厂商进入、增长和退出过程。这些方法通常基于给定时间点可观察到的利润水平，而并非长期均衡利润水平。从这个意义上看，利润和集中程度之间的关系可能是不准确的。对 SCP 和 NEIO 的这一问题的批评导致经济学家采用时间序列数据控制非均衡行为来研究动态结构—绩效关系。一类研究者关注利润持续性(persistence of profitability)。Brozen (1971)最早研究利润持续性问题。他发现在行业尺度上，利润在 4—10 年的长期均衡上收敛;在企业尺度上，利润也倾向于平均值。换而言之，利润在长期和短期都是持续的。另一类研究者对企业规模与成长之间是否满足 Gibrat 法则作了实证研究。Gibrat 认为影响厂商成长的因素太复杂，难以对其准确预测和把握，这些因素相互作用后，使得厂商成长与其本身规模并无关系。换句话说，不论厂商期初规模大小，厂商在某一时间内其规模以某一特定比率成长的概率是相同的，即 Gibrat 法则。20 世纪 50 年代至 70 年代的实证研究多支持 Gibrat 法则，但后续研究对 Gibrat 法则的准确性提出了质疑。Gibrat 法则为行业集中度、规模与成长性之间提出了可能的联系。实证研究也开始关注集中程度、规模与成长性之间的因果联系，但似乎尚未有一致的结论。另外，在分析样本上，实证研究也更多关注发展中国家的产业组织问题。

七、中国银行业结构的实证分析

中国商业银行脱胎于传统计划经济体制下的"大一统"体系,与中国经济发展和体制改革相适应,它主要经历了一个从行政化到商业化、市场化和股份化的演变过程。随着经济体制改革的全面铺开和不断推进,在金融领域也进行了一系列改革。中国银行业市场结构与中国金融体制改革和银行体制改革基本是同步的。中国银行业市场结构的演进大致经历了如下阶段[①]:

第一阶段(1979—1984):独家垄断转向高度垄断。主要表现为对由中国人民银行垄断全国几乎所有金融业务的"大一统"的银行体制进行了初步改革。中国银行体系结构开始了一种制度调整的探索阶段。在这个阶段,银行体系和结构出现的变化,最主要表现在实行银行结构多元化,打破传统制度一统天下的组织结构,从银行机构一元化转向多元化,按产业设置专业银行,出现了以产业分工为主要特征的专业银行机构。国家专业银行的恢复与分设,既标志着中国以中央银行和专业银行为基本格局的双层银行体系的建立,又标志着计划金融制度下的一元化垄断金融组织体系格局被打破,多元化的竞争性金融组织体系开始发育成长。但由于四大国有银行当时存在着较为严格的专业分工,业务各有"势力范围",服务对象相对固定,每家银行对自己的市场处于绝对的垄断地位,因此,市场结构仍是高度垄断的。

第二阶段(1985—2001):高度垄断向寡头垄断演变。这一阶段银行业出现了两大变化:一是银行业务和产品市场的多元化发展,银行产品和业务市场不再以行业划分。在管理制度上放权让利,引入竞争机制和市场机制,实行银行间的业务交叉,通过业务交叉开展竞争;在管理机制上1995年颁布《商业银行法》,实行"四自"的经营机制,明确规定商业银行的地位、性质、业务、经营原则、权益等,为国有商业银行改革提供了法律依据和保障;完善银行资本金制度,实行商业银行资产负债比例管理、风险管理和加强内部控制的制度建设。二是银行业的进入壁垒初步打破,大力发展多元化银行组织机构,在组织制度上实行了创新。1986年股份制商业银行交通银行的成立打破了国有银行全面垄断银行业的局面,才真正开始并逐渐形成一定程度的竞争市场。以后陆续建立了12家全国性股份制商业银行。随后一批股份制银行和城市合作银行(城市商业银行)相继出现。自1982年开始,中国银行业的开放进入试点阶段,在部分地区引进外资银行机构,本着"谨慎、有序、渐进"的开放原则,逐步推进银行业的对外开放。银行业市场结构的根本性变化,表明中国银行业市场结构逐步完善。

---

① 银行产业结构的阶段分析依据齐美东的博士论文《中国银行产业组织市场结构研究》(2006)。

第三阶段(2002 年至今):中国银行业市场结构进一步市场化。加入 WTO 之后,中国银行业全面对外开放,外资银行经营业务范围不断扩大以及完全实现"国民待遇",可以说代表着中国银行业全竞争时代的到来,不但中资银行机构之间的竞争加剧,而且中外资银行之间的竞争也日益加剧,中国银行业市场的竞争压力越来越大。这就必然会加快中国商业银行产权改革的步伐和中国银行业市场化的进程,使得目前仍然依靠国家信用维持其垄断的权力逐渐消失,最终使得中国银行产业市场结构按照市场的选择变化。表 10.3 列示了 1996—2008 年中国银行业的存款、贷款和资产的 CR_4 和 CR_5 指标。

表 10.3　中国银行业的存款、贷款和资产的 CR_4 和 CR_5 指标[1]　　(单位:%)

	存款		贷款		资产	
	CR_4	CR_5	CR_4	CR_5	CR_4	CR_5
1996	85.82	90.19	86.94	90.12	85.44	89.74
1997	83.53	88.67	85.17	88.89	79.99	85.13
1998	83.22	87.96	85.12	88.76	83.46	87.51
1999	82.89	87.07	84.16	87.74	82.38	86.55
2000	80.14	84.46	81.65	85.72	80.22	84.57
2001	78.62	82.91	79.15	83.14	77.46	81.71
2002	76.12	80.38	76.39	80.29	74.87	79.06
2003	75.05	79.23	74.34	78.29	73.29	77.57
2004	72.05	77.34	71.85	76.18	70.80	75.50
2005	70.27	75.20	67.60	72.45	69.87	74.20
2006	69.55	74.23	65.44	70.48	67.87	72.79
2007	67.53	72.31	63.57	68.69	64.49	69.59
2008	66.58	71.38	60.59	66.08	63.32	68.74

银行绩效与银行业集中程度的关系一直是实证研究的一个重要问题。国内研究基于不同样本对这一问题作了深入研究,但银行绩效与市场集中程度之间的关系尚未有一致结论。例如,贺春临(2004)[2]采用的回归方程为:

$$ROA = \beta_0 + \beta_1 S + \beta_2 CR + \beta X$$

其中 ROA 为资产回报率,S 为市场份额,CR 为市场份额,X 为其他解释变量。他发现市场份额对银行的盈利能力没有解释力,并且市场集中度和盈利能力之间还有不太显著的负相关关系。徐忠等(2009)[3]的回归方程为:

---

[1]　依据房树人的博士论文《转轨时期中国银行业产业组织问题研究》(2010)计算获得的数据。

[2]　贺春临(2004),我国银行业的市场结构与绩效研究,经济评论,6,96—102.

[3]　徐忠、沈艳、王小康、沈明高(2009),市场结构与我国银行业绩效:假说与检验,经济研究,10,75—86.

$$ROA = \beta_0 + \beta_1 S + \beta_2 H + \beta X$$

其中 ROA 为资产回报率,S 为市场份额,H 为赫芬达尔指数,X 为其他解释变量。他们发现我国银行业市场结构与银行绩效之间的关系,发现市场份额与银行资产回报率之间存在显著正向相关关系,市场集中度和资产回报率之间存在显著负向相关关系。

基于中国经济活动的现实背景,对中国产业组织研究的实证研究将丰富产业组织理论,同时为中国产业政策的制定提供理论和实证支持。在这一过程中,将反映中国经济特征的经济变量引入实证与理论模型显得尤为重要。

本章小结

1. 常见的市场集中程度指标包括:行业集中率、赫芬达尔指数、基尼系数等。

2. 影响行业结构的主要因素包括:买卖双方的规模和分布、进入障碍、产品的差异化等。

3. 本章重点讲述了两类 NEIO 模型:同质产量竞争寡头模型,异质价格竞争寡头模型。

4. 市场集中度可以运用于中国相关产业市场的结构分析中。

思考题

1. 如何选择合理的市场势力度量方法来分析特定市场的市场结构?

2. 如何理解从 SCP 框架发展到 NEIO 分析的逻辑关系?

3. 你认为 NEIO 分析中可能存在哪些问题?

4. 你认为中国的哪些行业可能存在较强的市场势力? 这种市场势力如何影响到该行业的绩效?

进一步阅读文献

[1] Bain, Joe E. (1951), Relation of profit rate to industry concentration: American manufacturing, 1936—1940, *Quarterly Journal of Economics*, 65, 293—324.

[2] Scherer, F. and Ross, D. (1990), *Industrial Market Structure and Economic Performance*, Houghton Mifflin, Boston, MA, third edition.

［3］Suzuki, Kinoshita and Kaiser(2005), Measuring the export subsidy equivalents(ESEs) through price discrimination generated by stated trading enterprises, *Journal of the Faculty of Agriculture*, 50(2), 743—751.

参考文献

［1］Azzam, A. M. and Pagoulatos, E. (1990), Testing oligopolistic and oligopolistic behavior: an application to the US meat-packing industry, *Journal of Agricultural Economics*, 41,362—370.

［2］Bain, Joe E. (1951), Relation of profit rate to industry concentration: American manufacturing, 1936—1940, *Quarterly Journal of Economics*, 65, 293—324.

［3］Bain, J. (1956), *Barriers to New Competition*, Harvard University Press, Cambridge, MA.

［4］Brhuyan, S. and R. A. Lopez(1995), Welfare losses under oligopoly regimes: the US food and tobacco manufacturing industries, *Journal of Agriculture and Applied Economics*, 27, 577—587.

［5］Brozen, Y. (1971), Concentration and structural and marker disequilibria, *Antitrust Bulletin*, 16, 244—248.

［6］Cotterill, R. W. and W. P. Putsis(2000), Market share and price setting behavior for private labels and national brands, *Review of industrial organization*, 17, 17—39.

［7］Demsetz, Harold(1973), Industry structure, market rivalry, and public policy, *Journal of Law and Economics*, 16, 1—9.

［8］Demsetz, H. (1974), Two systems of belief about monopoly, In: H. H. J. Goldschmid and J. F. Weston, editors, *Industrial Concentration: The New Learning*, Boston, Little Brown.

［9］Harry M. Kaiser and Nobuhiro Suzuki(ed.)(2006), *New Empirical Industrial Organization & the Food System*, Peter Lang Publishing, Inc. , New York.

［10］Kadiyali, Vilcassim and Chintagunta(1999), Product line extensions and competitive market interactions: an empirical analysis, *Journal of Econometrics*, 89, 339—363.

［11］Kadiyali, V. , Sudhir, K. , Rao, V. R. (2001), Structural analysis of competitive behavior: new empirical industrial organization methods in marketing, *International Journal of Research in Marketing*,18,161—186.

218

[12] Lee, Cassey (2007), SCP, NEIO and beyond, ICSEAD Working Paper, 2007/05, Kitakyushu, Japan.

[13] Liang,J. N. (1989), Price reaction function and conjectural variations: an application to the breakfast cereal industry, *Review of Industry Organization*, 4, 31—58.

[14] Scherer, F. and Ross, D. (1990), *Industrial Market Structure and Economic Performance*, Houghton Mifflin, Boston, MA, third edition.

[15] Suzuki, Kinoshita and Kaiser(2005), Measuring the export subsidy equivalents(ESEs) through price discrimination generated by stated trading enterprises, *Journal of the Faculty of Agriculture*, 50(2), 743—751.

[16] Takayama,T. , and G. G. Judge (1971), *Spatial and Temporal Price and Allocation Models*, Amsterdam Netherlands: North-Holland Publishing.

第十一章　研究与开发

本章概要

　　产业组织理论将研发和创新作为研究的内容,并不是研究如何研发与创新等技术层面的问题,而是从产业组织的角度,考察什么样的市场结构使企业更有动力创新,反之,创新对产业组织即市场结构会产生怎样的影响,政府参与的创新与企业自主创新的绩效比较,专利制度、创新绩效及社会福利的相关关系等。

学习目标

　　把握研发动力的市场结构要求;掌握专利制度与创新绩效等内容;了解创新绩效的经验研究方法。

　　随着经济的发展与市场经济的成熟,企业之间竞争的手段不断丰富。除了一些传统的竞争手段,如产量竞争、价格竞争,一些新的竞争方式,如产能竞争、研发竞争、限制性进入、广告竞争等,日益成为重要的工具。研发竞争也早为学者们所关注,如熊彼特(1942)认为,在现实经济中,有价值的竞争是"新商品、新技术、新供给来源、新组织类型的竞争……这种竞争是拥有决定性的成本或者质量优势的竞争,它打击的不是在位企业的利润和产量边际,而是它们的基础和生命"。

　　对于研发的讨论,有助于我们打开生产函数的黑匣子,探寻生产技术变迁的丰富性与复杂性。在这一章,我们试图回答几个问题:产业组织理论对于创新的定义、分类及其属性是什么? 哪种市场结构更能刺激企业研发? 政府可以通过哪些方法来促进企业研发?

　　我们将依次回答这些问题。第一节介绍创新(研发)的内涵、分类以及特征。第二节讨论在不同市场结构下创新的价值,进而对比各种市场结构(完全竞争、垄断与可竞争市场)下,企业研发激励的相对大小。第三节讨论政府鼓励研发的措施,主要讨论专利制度。我们试图为读者建立理解专利制度的基本框架,在了解它的基本背景后,我们会讨论最优专利制度设计,包括专利长度与宽度。随后介绍企业对于专利制度的理性反应,或对专利的策略性使用,如专利竞赛、专利搁置、专利许可。在这一节我们会简单介绍一下企业采用新技术的策略性行为,并在节末对专利制度进行基本的评价。第四节介绍政府促进研发的其他政策工具,如通过鼓励企业联合研发、奖励及购买来促进研发,我们发现这些工具可以避免专利所带来的静态低效,但要求政府拥有更多的技术信息。由于促进研发需要政府采取一系列的措施,因此我们简单介绍了国家创新体系。第五节的讨论基于研发的实证研究,主要考察市场结构、企业规模、技术机会等因素对企业研发的影响,更为重要的是,我们提取了一些企业层面的特征变量,为后续实证研究提供参考。大量研究表明,对于企业特征变量的挖掘还远远不够。

第一节　研发概述

本节介绍的逻辑在于,建立企业研发与创新、创新与技术发展之间的关联。一般说来,企业投入研发资金是为了取得技术创新,或提高产品质量,或开发一种新产品,或降低产品的生产成本。而创新在整个技术发展体系中扮演着重要的角色。我们首先从技术发展的角度来看创新,随后讨论创新与研发的关联以及创新的种类,最后讨论创新的特征。

一、技术发展与创新

一般说来,技术发展由基础研究(basic research)与应用研究(applied research)推动,前者旨在获得知识,侧重于满足人类的好奇心,而后者是基于知识的商业化运用。但在两者之间进行精确的区分是困难的。应用研究大致可以分为发明(invention)、创新(innovation)与扩散(diffusion)三个层次或阶段。发明可以定义为第一次有信心表示一些事物可以运行,并给予大致的证明,它的核心在于首次提出某个概念,并证明它的可行性;创新可以定义为第一次对发明进行商业化,包括对初始想法的再加工,进行生产,对产品进行测试,并进行初始的营销,等等。扩散是指新技术为其他经济主体所采用,技术扩散的程度与速度对于整个技术体系的发展,影响很大(Jewkes 等,1969)。在本章中,我们主要讨论应用研究的三个阶段,并主要集中于创新。它主要由私人企业推动,而基础研究多由科研机构、非营利机构及政府来承担。

随着创新的发展及人类知识的积累,应用研究三个阶段所花费的时间越来越短,如在 20 世纪初以前,全部过程需要大概 30 年的时间,到了 20 世纪初到 20 世纪中叶,时间缩短为 10 年,20 世纪下半叶进一步缩短为 5 年(吴季松,1998)。从更长的时间段来看,第一次工业革命(18 世纪 60 年代至 19 世纪 70 年代)经历了100年左右的时间,第二次科技革命(19世纪70年代至20世纪50年代)经历了近80年,第四次科技革命从20世纪80年代开始,仅留给第三次科技改革30年的时间。知识技术的发展,大大缩短了经济周期,打乱或减缓了产业、产品的生命周期。

二、创新分类

产业组织理论通常将创新分为两类:产品创新及流程创新。[①] 产品创新(product innovation)是指创造新的产品和服务,或改进现有产品和服务的质量;流程创新(process innovation)是指用来降低产品或服务生产成本的技术创新。其实,这两种创新的界限是很模糊的,如一种新产品的发明可以看成是生产成本的节约,即从无穷大减少到有限。产品创新部分在产品差异化章节讨论过了,在这里主要讲流程创新。依成本节省的程度,可以将流程创新进一步划分为剧烈创新和增量创新。

如图11.1所示,假定企业之间进行价格竞争。在创新之前,令所有企业的边际成本为c_0,在完全竞争的市场结构下,企业定价等于边际成本。令$c_i(i=1,2)$为流程创新后创新企业的边际成本。假设存在完全的专利保护,只有创新企业可以使用该技术,从而它拥有一定的垄断势力。令$p^m(\underline{c_i})$为创新企业的垄断价格,那么,存在两种可能情况:$p^m(\underline{c_i})>c_0$,或$p^m(\underline{c_i})\leqslant c_0$。

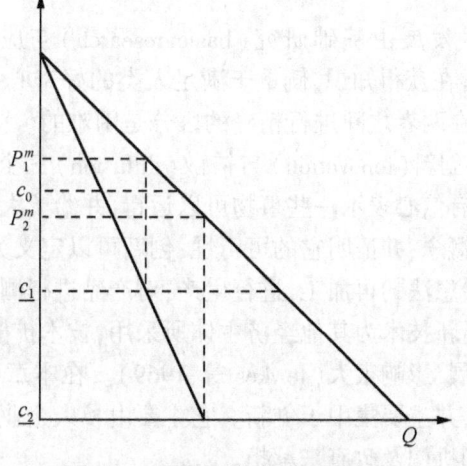

图11.1   剧烈创新与非剧烈创新

---

① 熊彼特(1934)将创新定义为新产品、新技术、新的供给渠道、新的组织形式,具体而言,主要包括五种类型:引入新产品或对原有产品进行质的改善;引入一种新工艺;开拓新市场;开发原材料或其他新的供应源;变革产业组织形式;等等。这种定义比我们的定义要广泛很多。

如果最优垄断价格低于原来的市场价格 c_0，即 $p^m(c_i) < c_0$（如图中的 c_2），创新企业可以将其他的竞争对手逐出市场，成为垄断者，这也是熊彼特意义上的"创造性的毁灭"，此时企业不用担心会存在潜在的进入者，同时可以获得正的利润。由于成本下降较多，消费者福利增进。如果 $p^m(c_i) > c_0$（如图中的 c_1），则为增量创新[①]，此时创新者采用垄断价格将不能阻止其他企业进入，它只能设定不高于 c_0 的价格，如 $c_0 - \varepsilon, \varepsilon \rightarrow 0^+$，将其他企业逐出市场。由于价格没有变化（或变化很小），消费者福利也没有变化，唯一变化的是创新企业独自占有整个市场。需要注意的是，对于创新幅度的定义，我们假定企业创新并不会影响消费者对产品的需求。

再来简单看一下产品创新的分类。从产品创新对市场结构的影响，可以将其分为三类：第一类是创造性的毁灭，进入企业将在位企业逐出市场；第二类是在位企业基于竞争压力进行研发，最终取代原有技术，并维持垄断地位，可以称为自我替代式的创新；第三类是在位企业进行发展性的研发，研发出的新产品并不会给原有产品带来负面影响。

当然，对于创新还有其他分类，如从经济增长理论角度、从国家创新体系角度对创新的分类。我们将这一部分留在扩展阅读部分讨论。

三、创新的特征

创新具有高度的不确定性，它面临着各种风险，如技术风险，即创新成功的概率；市场风险，如技术成果被模仿的概率，市场对该技术产品的需求等。同时，研发需要投入大量的研发劳动与资本，且具有较长的回收周期。

创新成果具有一定的非竞争性与非排他性。从竞争性、非竞争性、排他性与非排他性出发，将商品分为四类，如表 11.1 所示。

表 11.1　基于竞争性与排他性的商品分类[②]

	竞争性	非竞争性
独占性	普通商品	具有产权保护的知识
非独占性	公共财产资源	纯公共物品

由于创新成果具有非竞争性与非排他性，或公共物品特征，经典的经济学理论认为，如果创新由市场供给，会存在供应不足，因而需要政府干预。政府可以通过专利保护来增加创新成果的排他性，但基于技术特征的非竞争性，政府也无

---

① 或称小幅创新、非剧烈创新。
② 相关定义在微观经济学中已讲过，这里不再赘述。

能为力,因而会导致研发不足。此外,一旦政府为创新成果提供专利,创新企业可以通过先行优势等方式来获得企业的垄断地位,因而也会出现基于创新垄断的研发竞争,造成(相对于社会最优的)过度投资。我们将这种效应称为公共地特征。因而,是否存在研发不足取决于创新成果的非竞争性与专利竞赛的相对影响。

除此之外,研发还会带来正的外部性(而不仅仅是由非竞争性引起的),即它带来的社会收益要大于研发的私人收益,如 Mansfield 等(1977)对 4 个创新过程和 13 个产品创新案例的研究,发现私人收益率分布于负值到 214% 的区间,社会收益率的分布是从负值到 307%,社会收益率大于私人收益率。Bernstein(1989)也得到类似的结论。Jones 和 Williams(1998)的研究表明,一项 R&D 的收益率大约为 30%,如果考虑到相关产业的收益率,所得到的收益率可达100%。考虑到研发所带来的社会收益远高于个人收益,在研发市场上可能存在普遍的市场失灵,因而,需要政策进行一定的干预。

我们在下一节讨论市场是否能够为研发者提供充分的研发激励,可以发现,相对于社会最优投资,市场的研发激励是不足的。一部分源于创新企业没有考虑消费者福利,一部分源于研发成果的正外部性。在第三节,我们会讨论企业基于创新垄断进行研发竞赛,在那里,我们发现企业可能会进行过度研发。

第二节　创新激励与市场结构

什么样的市场结构更能激发企业的研发动力? 或者说,是相对分散的市场结构(行业中企业规模较小,且市场竞争激烈),还是相对集中的市场结构(行业中少数企业规模大且具有一定程度的市场势力)更具有创新动力? 针对这一问题,理论与实证方面争论很多。我们在这一节进行理论层面的讨论,实证部分留给第五节。

直觉上,企业研发具有两个动机,一个是自我动机,即对比进行研发与不进行研发,如果研发带来的收益大于成本,则进行研发;一个是竞争动机,即考虑到其他企业的行为,如潜在的竞争,企业在研发与等待(或不研发)之间的权衡。我们将要介绍的前两个模型讨论企业研发的自我动机,而第三个模型考虑企业的竞争动机。

一、熊彼特(1942)

熊彼特对这一问题作了深入、系统的研究,但他对于有利于创新的市场条件的判断,前后存在两种不同的观点,即 Winter(1984)所谓的熊彼特标识 1,出现在其著作《经济发展理论》(1934)中,他认为新建立的企业(中小企业,笔者意释)是创新的动力(p.66);熊彼特标识2出现在其著作《资本主义、社会主义与民主》(1942)中,在该书中,熊彼特认为(既有的)大企业,以及垄断的市场结构更能建立新的生活标准(p.82),同时,他承认大企业以及(寡头)垄断的市场结构会带来垄断低效,但这种低效要小于研发所带来的动态效率。

如图11.2所示,我们可以用一个简单的模型来刻画熊彼特标识2[①],假定研发投入是持续的,各期的研发投入贴现值为:

$$C_{pv} = C_0 + C_1/(1+r) + C_2/(1+r)^2 + C_3/(1+r)^3 + \cdots + C_n/(1+r)^n$$

(11.1)

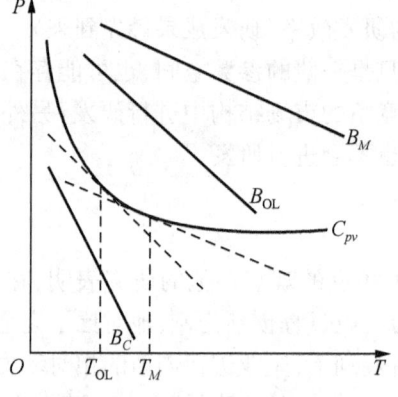

图11.2　市场结构与研发时间

C_{pv}为各期成本现值的总和,C_i为i期投入成本,r为利息率,企业的贴现因子为$1/(1+r)$。由投入的技术特征可知,企业为了占据先行优势,其投入的前期成本(如C_0,C_1)应该是很大的,因此,有理由相信,开发时间越早,其成本贴现值C_{pv}越大。

再来看研发企业的收益流。令企业各期收益的贴现值为:

$$B_{pv} = B_0 + B_1/(1+r) + B_2/(1+r)^2 + B_3/(1+r)^3 + \cdots + B_n/(1+r)^n$$

(11.2)

其中B_i为各期的收益流。有几个理由支持企业收益流现值与技术开发时间呈反向变化:如果较早地研发成功,先行优势会让企业获得更大的收益,甚至是短期内的垄断利润,而研发滞后会面临更多的竞争对手,出现新的替代品的可能性也会增加。企业最佳的创新时机为研发收益贴现值与研发成本贴现值中差

---

① 在这里我们不讨论这两个标识之间的关联,有兴趣的读者可以阅读 Winter(1984)的原文及后续讨论。

额最大的时点,或在该时点上,研发的边际收益等于边际成本。

如何嵌入市场结构的影响? 这里有一个关键假设,即市场结构只影响企业的研发收益流,而不影响成本流。图 11.2 中的 B_M 代表完全垄断时的收益贴现值,它位置最高且最平缓,原因在于,在各个研发时点,垄断企业具有稳定、最大的利润流(假定创新为增量创新), B_C 代表完全竞争时的收益贴现值,它位置最低且斜率最大,原因在于竞争的市场结构使得创新租金很快被耗散,且每个企业的市场份额较小,收益较低。B_{OL} 代表寡头垄断时的收益贴现值,它的位置高度及斜率均位于完全垄断与完全竞争之间,在这种情况下,企业具有较大的市场收益,面临着适度的竞争。企业在不同的市场结构中依然遵循边际研发成本等于边际研发收益的原则,从图中可以大致看出 $T_{OL} < T_M < T_C, T_C \to \infty$,即寡头竞争的市场结构具有最高的研发效率(研发成果最先到来)。

当然,图中给出的只是一般的参数空间,也可能存在这样的情况:研发成本很低,企业也会在完全竞争的市场结构中进行研发;另外一种极端的情况是,研发成本很高,垄断企业也不会进行研发。[①]

二、阿罗(1962)

阿罗(1962)提出了相反的观点。他的研究表明,在竞争性的市场结构中,企业有更大的创新动力。以过程创新为例,他对比了完全竞争市场结构、垄断的市场结构与社会计划者规划下,企业进行创新的相对动力。

假定流程创新将边际成本从 c_0 降低到 $\underline{c}$,且创新成果可以得到专利的完全保护。产品需求函数为:$Q = D(p)$。假定企业进行价格竞争。

首先看社会计划者规划下的企业研发。社会计划者的目标是最大化社会总福利,即厂商的利润及消费者剩余之和。当创新完成后,社会计划者的最优定价方式为产品价格 p 等于边际成本 $\underline{c}$。该创新对计划者的价值为:

$$V_s = \int_{\underline{c}}^{c_0} D(c)\,\mathrm{d}c \tag{11.3}$$

再看垄断的市场结构下,企业对创新的评价。在创新前后,该企业都为垄断企业。创新价值应该等于创新发生后该垄断企业的利润,减去创新前的垄断利润,即:

[①] Fisher 和 Temin(1973)以及 Kohn 和 Scott(1982)对该思想进行了正式的理论建模。

$$V_m = \Pi^m(\underline{c}) - \Pi^m(c_0)$$

$$= \int_{\underline{c}}^{c_0} (-d\Pi^m/dc)dc = \int_{\underline{c}}^{c_0} D(p^m(c))dc \qquad (11.4)^{①}$$

在完全竞争的市场条件下,需要依创新的类型,即剧烈创新与增量创新分别进行讨论。对于增量创新,由于 $p^m(\underline{c}) > c_0$,创新厂商无法制定最优垄断价格,否则消费者会从其他厂商那里购买。此时,创新企业的最优定价方式为 $p = c_0 - \varepsilon, \varepsilon \to 0^+$,并占领整个市场。因而,该企业对创新的评价为:

$$V_c^L = (c_0 - \underline{c})D(c_0) = \int_{\underline{c}}^{c_0} D(c_0)dc \qquad (11.5)$$

结合需求函数的性质,以及对增量创新的定义,我们有: $V_m < V_c^L < V_s$。

对于剧烈创新,创新的社会价值、在垄断结构的市场价值表达式 V_s、V_m 不变。唯一变化的是竞争性市场结构中创新对企业的价值:

$$V_c^H = \max_p (p - \underline{c})D(p) = (p^m(\underline{c}) - \underline{c})D(p^m(\underline{c})) = \Pi^m(\underline{c}) \qquad (11.6)$$

$V_s > V_c^H > V_m$ 关系依然成立。上述两个式子表明:不管是剧烈创新还是增量创新,相对于垄断性的市场结构,竞争性的市场结构能够提供更大的创新激励。原因在于,在垄断的市场结构中,垄断企业进行创新时存在替代效应,即对自身利润的替代 ($V_m = \Pi^m(\underline{c}) - \Pi^m(c_0)$)。而完全竞争的市场环境下,创新发生前,企业的利润为零,而创新能给企业带来完全的利润(winner gets all)。与社会计划者的创新评价相比,完全垄断与完全竞争的市场结构对创新的激励都是不足的。

在这里,我们讨论的是瞬时价值(创新在瞬间完成),如果考虑到时间因素,需要计算创新的现值,如创新的瞬时价值为 v,贴现因子为 ρ,则创新的现值为 $V = \int_0^\infty v(t)e^{-\rho t}dt$,当 $v(t)$ 不随时间改变时,$V = v/\rho$。但考虑时间因素,并不会改变上述结论。

值得一提的是,这个关系式在寡头垄断市场依然成立,且独立于企业之间的竞争策略,即价格竞争与产量竞争。在这里,我们并不要求需求函数为线性。[②]但这个模型也受到一些质疑,如它没有讨论企业之间的研发竞争,没有引入研发以及市场的不确定性。

---

① 因为 $\Pi^m(c) = \max_p (p - c)D(p) = (p^m(c) - c)D(p^m(c))$,根据最优化原则: $\partial\Pi^m/\partial p^m = 0$,由包络定理得: $\partial\Pi^m/\partial c = (\partial\Pi^m/\partial p^m)(\partial p^m/dc) + \partial\Pi^m/\partial c = \partial\Pi^m/\partial c = -D(p^m(c))$。

② 德姆塞茨(1969)对此提出疑义,他认为垄断市场与完全竞争市场具有不同的需求曲线(垄断市场的边际收益曲线为完全竞争市场的需求曲线),以保证创新前两种市场结构的最初需求相等,在这种设定下,如果均衡时的垄断产量大于完全竞争产量,阿罗得到的结论就会发生逆转。

三、可竞争市场①

阿罗的模型没有考虑企业之间的研发互动。如在垄断市场结构中,垄断企业对创新的评价为 $V_m = \Pi^m(\bar{c}) - \Pi^m(c_0)$,即存在自替代效应,而没有考虑其他企业获得该技术对其利润的影响。同样,对潜在进入者的分析也没有考虑在位企业采用该技术对其收益的影响。在可竞争市场中,假定有第三个企业,它不进行生产,只提供创新,而在位企业与潜在企业对此创新进行喊价。此时,企业不仅要依自身情况对创新进行评价,而且要考虑,如果自己不采用,竞争企业采用该技术对其利润水平的影响。

模型环境如下:假定市场上存在一家在位企业,其单位生产成本为 $\bar{c}$,垄断定价为 $p^m(\bar{c})$,每期的利润水平为 $\pi^m(\bar{c})$。如果潜在进入者研发成功,使单位成本下降到 $\underline{c}$。两企业进行产量竞争,在位企业与进入企业的利润分别为 $\pi_i^d(\bar{c},\underline{c})$,$\pi_e^d(\bar{c},\underline{c})$。令贴现因子为 ρ,则新进入企业愿意为新技术支付 $V^e = \pi_e^d(\bar{c},\underline{c})/\rho$。与此相对应,在位企业愿意为此技术创新支付 $V^i = (\pi^m(\underline{c}) - \pi_i^d(\bar{c},\underline{c}))/\rho$,其中 $\pi^m(\underline{c})$ 表示当在位企业获得更低成本之后的垄断收益。我们可以进一步比较两者的意愿支付额。$V^i \geqslant V^e$ 的充分条件是 $\pi^m(\underline{c}) \geqslant \pi_i^d(\bar{c},\underline{c}) + \pi_e^d(\bar{c},\underline{c})$,不等式左边表示当在位者拥有更低成本的技术时的垄断利润,不等式右边表示两个企业在不同成本下进行产量(非合作)竞争的总的利润。我们可以推断,该不等式一定成立。因为垄断的在位者拥有更低成本的技术,其至少可以得到不等式右边的利润水平,它至少可以模仿右边的市场结构(由显示性偏好可知)。② 因此,在均衡时,在位企业会出价 $\pi_e^d(\bar{c},\underline{c})$,并获得该技术。从这个简单的例子可以看出,如果存在潜在的进入者,在位者愿意为研发投入更多的资金,以继续维持其垄断利润。效率效应与替代效应的相对大小决定了垄断企业是否具有更大的研发激励。

值得一提的是,本节讨论的是短期效应,即市场结构对研发的影响,而在长期,研发与市场结构是同时决定的,这在第三节有关专利的策略性使用部分表现得比较明显。

第三节 专 利

从上一节我们看到,相对于社会最优的研发投入,私人研发投资是不足的,

---

① 我们借用 Gilbert 和 Newbery(1982)的分析框架。

② 该条件又称为效率效应(efficiency effect),需要对每一个竞争模型作验证。可以证明,当该创新为剧烈创新时,不等式取等号,效率效应依然可以得到满足。

228

存在市场失灵,也为政府干预提供了逻辑前提。政府可以通过多种方式来修正这种市场失灵,如通过专利,或对私人研发提供补贴,甚至自己从事研发。在这里,我们主要介绍与专利有关的经济理论。首先介绍专利的背景知识,然后讨论最优专利制度设计,包括专利保护的时间与专利宽度。第三至第六小节讨论企业基于专利制度的策略行为,如专利竞争、专利搁置、专利许可。第七小节讨论技术的扩散。对比专利制度带来的静态垄断低效与动态研发,我们在第八小节对专利制度作出基本的评价。

一、专利的背景知识

由于创新成果具有非排他性,相对于社会最优的研发投入,可能存在研发不足。而专利旨在增强研发成果的排他性。专利赋予发明者一定时期的独占权利,专利拥有者可以自由地决定其专利的使用、转移(许可),甚至搁置(拒绝使用)。

这种排他性权利存在一些进入门槛,如可专利性,即专利申请需要满足发明性(inventiveness)、新颖性(novelty)、实用性(utility)、标的物(subject matter)四个因素。要通过发明性,研发成果需要通过非显而易见检测,但这是一个比较模糊的概念,因而存在很大的回旋余地。新颖性在于通过文献检索系统的测试,即不存在类似的专利记录,而对于实用性的要求并不高,在现实中,我们可以看到大量专利没有被使用,或出于专利持有者的策略性考虑(如搁置专利),或由于专利所保护的技术本身具有较低的实用价值。标的物要求旨在防止一些基本的自然规律,如数学公式与定理被专利化。同时,专利申请还要求对专利信息进行披露,申请者需要将专利涉及的原理用书面形式表达出来,以减少重复研发,同时也有利于技术信息的扩散。专利申请者还需要缴纳专利费。从专利的授予来看,可以分为发现优先(first to invent),它将专利所有权授予首先提出这些概念的人们,如美国的专利授予;另一种是申请优先(first to file),只有优先申请者才能获得专利,如欧盟与日本的专利授予。

一些国家比较重视专利保护,如美国在宪法中的第 1 条第 8 款就规定"国会应……保障著作家和发明家对各自著作和发明在限定期限内的专有权利,以促进科学和工艺的进步"[1]。我国也在 1985 年后逐步加强对专利的保护。我国专利有三种形式,外观设计专利、实用新型专利,以及发明专利,各类专利的保护期限、申请费用、获批的严格程度不同,原因在于不同类型的专利具有的经济价值不同,三种形式的专利价值依次提高。同时,专利也有属地性质,通常只有申请

---

[1]　http://www.usconstitution.net/const.html#A1Sec8.

东道国的专利,才能得到相应的保护,这在跨国经济活动中尤为重要。

专利的保护强度通常由专利保护时间、专利宽度两个指标来衡量。有一些刻画专利保护程度的指标,从笔者所掌握的文献来看,相关实证研究主要使用的专利保护指数包括 Gadbaw 和 Richards (1988),Rapp 和 Rozek(1990),Lee 和 Mansfield (1996),Seyoum (1996),Ginarte 和 Park (1997)指数[1],尽管这些指数本身存在不少瑕疵,但可以看做是对各个国家专利(知识产权)保护水平的一个近似。值得一提的是,由于专利会给专利持有者带来一定时期的垄断势力,因而存在静态的垄断低效,这种低效与动态研发效率的相对大小也成为专利设计的基本依据。第二、第三小节讨论的专利的最优长度和宽度与这个基本权衡紧密相关。

二、最优专利期限

从直觉上来看,专利保护期越长,形成的静态低效越明显,同时会给企业带来更大的研发激励。因而,在理论上存在一个最优的专利保护期限。Nordhaus (1969)以及 Scherer(1972)给出了最佳专利保护期的计算方法。为了使分析变得简单且集中于核心要素,我们假定在完全竞争的市场结构中,企业进行增量创新。每个企业的初始生产成本为 c_0,如果一个企业投入研发资金 x,可以使生产成本下降到 $c_0 - x$(在这里,我们假定研发是确定性的,即研发一定会成功)。假定研发是昂贵的,当研发投入为 x 时,研发成本为 $C(x)$,其中 $C'(x) > 0$,$C''(x) > 0$,二阶导也大于零表示研发呈现规模报酬递减。

在完全竞争的市场结构假设下,企业在研发前的定价为边际成本 c_0,产量为 Q_0。流程创新使成本降到 $c_0 - x$,创新企业可以通过将价格设定为 $c_0 - \varepsilon,\varepsilon \rightarrow 0^+$,将其他竞争者挤出市场,并获得利润 I(如图 11.3 所示)。[2] 如果专利持续期为 T,该企业的利润水平可以维持 T 期。当专利期满,其他企业均可以免费获得这种技术,并将产品价格压低至 $c_0 - x$,均衡产量为 Q_1,先前的利润水平 I 转化为消费者剩余。同时,II 部分为新增的消费者剩余,是由于技术扩散所带来的生产成本降低,进而价格下降,给消费者带来的福利增进。

----

① 例如,Gadbaw 和 Richards (1988),Rapp 和 Rozek(1990)基于各国的立法制度对各国的 IPR 保护程度进行了刻画,计算出各国的 IPR 指数;Lee 和 Mansfield (1996),Seyoum (1996)基于调查问卷得到了类似的 IPR 指数;Ginarte 和 Park (1997)进一步推进了这个工作,他们计算了 110 个国家 1960—1990 年间的专利保护强度,并进一步拓展到 2005 年(Park, 2008),其指数的计算覆盖了保护的技术类型、是否为国际(IP)条约的成员、失去保护的可能性、执法机构以及保护的范围和期限等。在探讨经济增长、发展与 IPR 间关联的实证研究中,这些数据被广泛地使用。

② 或通过收取单位的专利许可费 x,使市场均衡保持不变,但企业得到图 11.3 I 部分的利润水平(在第六小节专利许可部分,我们会详细介绍)。

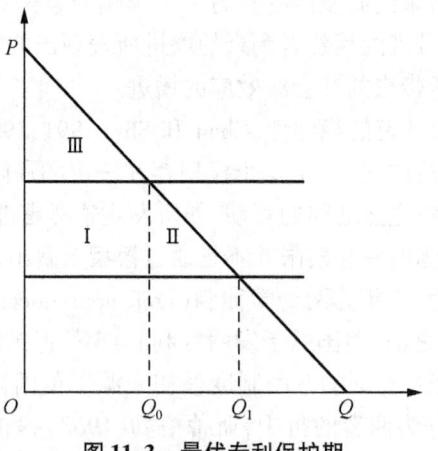

图 11.3　最优专利保护期

正式地说,这个博弈分为两步:首先,政府选择最优的专利保护期;然后,企业选择最优的研发投入。我们使用倒推法来求解均衡。先看企业在给定的专利保护期 T 下,选择最优的研发投入。令创新企业在专利保护期内,各期的利润流为 $\pi^m(x;T)$,贴现因子为 R(离散时间),创新企业的利润贴现值为:

$$V_i(x;T) = \sum_{t=0}^{T-1} R^t \pi^m(x;T) = \frac{1-R^T}{1-R}\pi^m(x;T)$$

注意,T 期之后,企业的利润为零。企业的利润净值为 $V_i(x;T) - C(x)$,企业将选择最优的研发值 $x^*(T)$ 来最大化利润净值。[1] 一个理性的政府会预期到企业最优的研发投资策略,即它会把 $x^*(T)$ 考虑进来。社会计划者的目标函数为消费者剩余与企业利润之和,再减去研发成本。其中,消费者剩余的贴现值为:

$$CS(x;T) = \sum_{t=T}^{\infty} R^t cs(x;T) = \frac{1-R^T}{1-R} cs(x;T)$$

其中 cs 为图中的 Ⅰ、Ⅱ 两部分之和(图中Ⅲ部分也为消费者剩余,但它与专利保护期无关)。(由企业研发所带来的)社会计划者净社会福利函数为:

$$NS(x^*(T);T) = V_i(x^*(T);T) + CS(x^*(T);T) - C(x^*(T)) \quad (11.7)$$

社会计划者选取最优的 T 值来最大化式(11.7)。这个表达式是比较复杂的,但可以得到一个很有意义的结论,即最优的专利保护期并不是无限的。因为有大量文献讨论是否应该赋予专利持有者无限的保护期。本例表明这一论断有待商榷。赋予有限的专利权限取决于两个基本的假定,首先是研发的高成本,T 增大,会增大研发企业的利润,进而促进企业研发,但由于研发是昂贵的,因而它会

---

①　可以证明,如果企业的利润函数具有良好的性质,企业的研发投入随专利持续期递增,随市场需求递增,随单位生产成本递减。我们将此命题的证明留给读者。

限制 T 增大给企业带来的研发激励。另一个影响因素是贴现因子,如果 T 不断增大,专利结束后所带来的消费者剩余的增进所表现出的贴现值是不断减小的,从而限制了 T 增大所带来的社会净效应的增进。

这一论断表现出一定的稳健性,Chou 和 Shy(1991,1993)发现,如果是新产品开发,这个结论依然成立。[①] 但这个模型存在一定的局限,如它没有考虑研发的不确定性,也没有将企业之间的互动,如研发竞争考虑进来。

现实操作上,各国的专利期限并不是通过模型求解出来的。例如,英国的专利期限为 14 年(因为 14 年为两个学徒制(craft apprenticeship)期限),但经常延长到 21 年。1995 年之前,美国赋予发明专利 17 年的保护期。那么这个 17 年的期限是怎样确定的呢?美国的专利制度最初来源于英国,而英国的专利期限在 14 年到 21 年之间,作为两者的折中,斯蒂格勒(1968)提供了一个有趣的计算,得到最优的专利保护期为 17 年。1995 年后,美国将其专利保护期修改为 20 年。在我国,发明专利的保护期限是 20 年,实用新型和外观设计专利的保护期限是 10 年。

三、专利的最优宽度

专利期限决定专利垄断权利的持续时间,而专利宽度则定义了该专利产品所能获得的垄断范围以及模仿企业进行周围创新(inventing around)的空间大小。理论上,与专利长度类似,存在一个最优的专利保护宽度(breadth),但对于专利宽度的定义十分模糊,如新颖性、非显而易见性以及有用性,其内涵都十分模糊。一些模型探讨了专利的最优宽度,但对专利宽度进行较为直接的刻画的模型不多见,Klemperer(1990)用异质性产品刻画了专利宽度,即专利覆盖的产品区域,在模型中表现为专利持有者与竞争对手之间的最短距离。Gilbert 和 Shapiro(1990)将专利宽度模糊地内嵌在专利的利润流 π 中,假定利润流会对社会福利产生负的影响,增加专利宽度的成本是高昂的,因而最优的专利设计是无限长的保护期限和很窄的保护宽度。Denicolo(1996)的研究表明,专利长度与宽度的组合取决于市场结构,长且窄的专利保护适用于竞争性的市场结构,而短且宽的专利保护适用于垄断型的市场结构。

下面,我们简单介绍一下 Gilbert 和 Shapiro(1990)的模型。他们将专利的宽度建模为每期的创新利润流。政府可以控制专利保护期长度 T,以及创新保护宽度,用创新企业的利润流 π 表示。单期的社会福利为 $W(\pi)$,假设 $W'(\pi) < 0$,

---

① 但引入不确定性研发,在一定的模型设定下,得到的结论是,应该赋予研发者永久的专利保护,如 Martin(2002, pp. 468—470)的模型设定。

即垄断会导致社会净福利损失。该利润流长度由 T 决定,当专利过期,企业的利润流变为竞争水平 $\underline{\pi}(\underline{\pi} < \pi)$,社会福利流上升到 $W(\underline{\pi})$。因而社会福利流的现值为:

$$\Omega(T, \pi) = \int_0^T W(\pi) e^{-rt} dt + \int_T^\infty W(\underline{\pi}) e^{-rt} dt$$

其中 r 为贴现因子。企业进行研发的预期收益现值为:

$$V = \int_0^T \pi e^{-rt} dt + \int_T^\infty \underline{\pi} e^{-rt} dt$$

给定专利长度,如果创新企业存在一个进行研发的保留价值 $\overline{V}$(或 $\underline{\pi}$,由于给定 T 及 $\underline{\pi}$),由于垄断低效会带来福利净损失,政府会选择专利宽度 $\phi(T) = \overline{\pi}$,正好满足创新企业的参与约束。则有

$$\overline{V} = \int_0^T \phi(T) e^{-rt} dt + \int_T^\infty \underline{\pi} e^{-rt} dt = \phi(T)(1 - e^{-rT})/r + \underline{\pi} e^{-rT}/r \quad (11.8)$$

式(11.8)两边对 T 求导,可得 $\phi'(T)(1 - e^{-rT}) + (\phi(T) - \underline{\pi}) e^{-rT} = 0$。对社会福利流现值表达式依 T 求微分,并利用 $\phi'(T)$ 的表达式,可得:

$$d\Omega/dT = (W(\phi(T)) - W(\underline{\pi})) e^{-rT} + W'(\phi(T))(1 - e^{-rT}) \phi'(T)/r$$

$$= e^{-rT} \{ [W(\phi(T)) - W(\underline{\pi})] - W'(\phi(T))[\phi(T) - \underline{\pi}] \} \quad (11.9)$$

如果在区间 $[\underline{\pi}, \phi(T)]$ 上,$W'' < 0$,即社会福利随着保护宽度的增加而加速减少时,$d\Omega/dT > 0$[①],即最优的专利保护可以通过设定无限长的专利保护期,而专利保护宽度仅满足企业研发的参与约束来实现。

四、专利竞赛

从第二节可以看出,相对于社会最优的研发投入,各种市场结构均导致研发不足。在那里,我们还没有考虑研发的外溢性,或研发成果的公共物品性质,如果考虑进来,研发会进一步减少。但研发还具有另外一个属性,即公共地属性,专利申请遵循一种几近锦标赛的游戏规则——赢者通吃(winner-take-all),而且消费者愿意为这种创新产品提供溢价。在这种游戏规则下,企业之间会进行专利竞争,通过获得专利来获取垄断利润。竞争的可能结果是,相对于社会最优的研发投入,企业的研发投入是过度的。

---

① 将 $W(\underline{\pi})$ 在 $\underline{\pi} = \phi(T)$ 处二阶泰勒展开可得 $W(\underline{\pi}) = W(\phi) + W'(\phi)(\underline{\pi} - \phi) + 0.5 W''(\phi)(\underline{\pi} - \phi)^2$,代入相关条件即证。

借用 Shy(1996)的分析框架,我们来讨论企业之间的专利竞争。[1] 假定有两个企业($k = 1,2$)进行研发,投入研发资金 I,来发现一种新技术,研发成功的概率为 a,如果只有一家企业成功,该新技术带来的收益为 V[2],如果两家企业均研发成功,则创新收益在企业间平分,各得 $V/2$。我们记 $E\pi_k(n)$ 为当有 n 家企业进行研发时企业 k 的期望收益。我们现在来分析企业的研发投资决策。存在两种情形:只有一家企业进行研发;两家企业均进行研发。我们分别讨论。

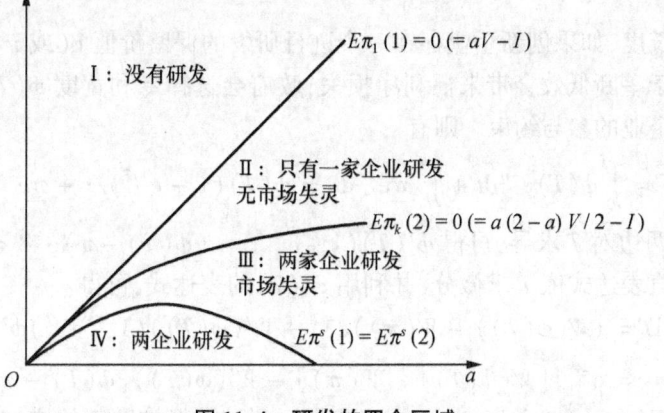

图11.4 研发的四个区域

当只有企业 k 进行研发时,研发成功的概率为 a,收益为 $(V - I)$,失败的概率为 $(1 - a)$,损失为 $(-I)$,因此,期望收益为 $E\pi_1(1) = aV - I$,企业 1 的研发决策为:

$$i_k = \begin{cases} I, & \text{if } aV \geq I \\ 0, & \text{otherwise} \end{cases} \tag{11.10}$$

当两家企业都进行研发时,对于企业 k 来说,它面临两方面的不确定性:技术的不确定性,即该企业研发成功的概率;市场的不确定性,即竞争企业是否研发成功,从而改变市场结构。此时,企业 k 的期望利润为 $E\pi_k(2) = a(1 - a)V + a^2V/2 - I$。式子右边第一项代表只有企业 k 研发成功的收益,第二项为两个企业均研发成功时企业 k 的收益。令上式等于零可以得到两个企业均进行研发的充分条件:

---

① 讨论专利竞争通常有两种分析框架,其一,假设专利价值是外生的,可以在离散时间框架下讨论,也可以在连续时间框架下讨论,而后者又将研发投入分为一次性投入(lump-sum)与持续性投入;其二,将专利价值内生化,即同时引入产品市场与研发市场,基于企业之间的合作关系可以分为研发合作,以及非合作的情形,同时也可以引入技术外溢。

② 该专利价值的来源可以是较低的成本(流程创新),或产品差异带来的竞争优势。John 和 Hart(1993)讨论了企业进行基于产品差异化的研发竞争。

$$i_1 = i_2 = I, \quad \text{if} \quad \frac{a(2-a)V}{2} \geq I \qquad (11.11)$$

以上两个均衡条件可以刻画企业最优的投资策略,在区域 I,由于研发成本较高,且研发成功的概率较小,企业不会进行研发;在区域 II,只有一个企业进行研发;在区域 III,两个企业均进行研发,这个区间具有较低的研发成本、较高的研发成功率,会激励企业进行研发。

现在来看社会最优的研发投入。以此作为基准(benchmark),来判断企业的均衡投资是否过度或不足。直觉上,大量的企业参与专利竞争,会带来一些重复研发,这对于社会来说是一种浪费。在这个简单的例子中,我们试图分析,即使只有两个企业参与研发竞争,是否也会带来过度研发。令 $E\pi^s(n)$ 为当有 n 个企业进行研发时该产业的期望利润水平,并将其视为社会福利。当只有一个企业进行研发时($n=1$),$E\pi^s(1) = aV - I = E\pi_k(1)$,即社会福利与企业收益趋同,不存在市场失灵。当有两个企业进行研发时,产业期望利润为:$E\pi^s(2) = 2a(1-a)V + a^2V - 2I$,右式第一项为只有一个企业研发成功的产业收益,第二项为两个企业均研发成功的产业收益,减去产业总的研发成本(政府考虑到了企业之间存在的重复研发投资)。对比 $E\pi^s(1)$ 与 $E\pi^s(2)$,可以发现当且仅当 $a(1-a)V \geq I$ 时,$E\pi^s(2) \geq E\pi^s(1)$。在图中,位于区域 IV 上方的参数空间至多只需要一家企业进行研发才是社会最优的。因此,图 11.4 可以进一步划分为四个区域:

区域 I:较高的研发成本及较低的研发成功率使企业不愿进行研发,从社会福利角度来说,进行研发也是不经济的。

区域 II:研发成本与研发成功概率的组合只能允许一家企业进行有利可图的研发,从社会福利角度来看,两家企业进行研发并不能带来福利的增进。

区域 III:较低的研发成本使两家企业进行研发变得有利可图。但由于存在重复研发,对于社会合意的研发水平而言,存在过度研发,原因在于,第二个企业在进行研发时,没有考虑到它的研发给竞争企业的利润带来的负的影响,同时也没有考虑到重复研发。

区域 IV:较低的研发成本及较高的研发成功率,使得两个企业均进行研发是有利可图的,从社会福利角度也是如此,尽管此时也存在重复研发。

因此,我们发现,当存在专利赛时,企业可能会研发过度,在我们的模型设定下,企业过度研发的参数空间为:

$$E\pi^s(2) < E\pi^s(1), \quad E\pi_k(2) > 0 \quad \text{或} \quad a(1-a)V < I < a(2-a)V/2$$

在这个参数区间,创新成本较低,但还没有低到可以抵消两企业进行重复研发所造成的福利损失,因而,存在市场失灵。

在这里,我们假设研发成功的概率是离散且外生给定的。而一些模型考虑研发的不确定性,如将研发成功的概率设定为 Poisson 过程[1](Reinganum,1989; Lee 和 Wilde,1980)。同时,有些研究将研发成功的概率内生化,如成功概率随着研发投入量、研发投入的延续时间正向变化(Fudenberg 等,1983)。值得一提的是,Loury(1979)考察企业在不确定性下的研发竞争,发现不确定性导致了过度研发及过度进入,并讨论了政府可以采取的调节措施。特别地,Grossman 和 Shapiro(1987)将研发分为两个阶段——发明阶段与发展阶段,考察两个企业在动态研发中的竞争。得到的结果是,在第一阶段的领先企业,在面临着跟随企业的追赶时,会投入更多的研发资金,而当两企业均获得第一阶段的成功后,两企业的研发竞争将趋于白热化,导致过度研发。而企业通过授权或研发合作,可以减缓竞争的激烈程度。可以对专利竞赛进行更细致的刻画,如考察不同的专利系统下的两阶段研发竞争。根据专利申请所要求的新颖性与非显而易见性,以及二次创新是否侵犯既有的专利权,可以将专利系统分为四类:二次创新赋予专利且不侵权(patentable and not infringing,PN)、二次创新赋予专利但侵权(patentable and infringing,PI)、二次创新不赋予专利但不侵权(unpatentable and not infringing,UN)、二次创新不赋予专利且侵权(unpatentable and infringing,UI)。在 PN 规则下,首次创新者不能获得二次创新的租金,而在 PI、UI 专利规则下,由于二次创新侵犯了先前的专利权,需要向后者支付一定的租金,UI 还可以进一步有效阻止其他企业的二次研发。而在 UN 规则下,研发者没有动力进行二次研发,因为一旦研发成功,其他企业都可以采用该技术。从以上分析来看,对首次创新的保护力度从大到小依次为 UI、UN、PI、PN。Denicolo(2000)分析了不同专利系统对企业专利竞赛的影响。

一些扩展的研究,如专利竞赛对研发项目的选择的影响,大部分模型表明研发竞争会迫使企业追求风险过大的研发项目。如果考虑到有记忆的研发,即研发经验的积累,跟随企业只有在领先者信息滞后或者多阶段博弈中,才有可能取胜。这些分析都表明,当两个企业势均力敌时,租金耗散[2]严重,也最有可能出现过度研发(Tirole,1988)。

另外,虽然区域Ⅲ存在市场失灵,或过度的研发投资,但也会带来一些好处,如它们会使研发成果早日到来,有兴趣的读者可以自己证明这一点。

---

[1] 服从 Poisson 分布的研发具有以下特点:它是一种没有记忆的研发方式,与序贯研发相对应;各企业间的研发是独立的,因此,研发成功的概率为各个企业研发成功率的加总;研发投入与产出具有不变的规模报酬。

[2] 由于专利赋予首先研发成功的企业一定时期内的垄断租金,企业为了争夺此租金,以不断追加研发费用为代价来加速研发,此租金由于企业研发成本不断上升而部分地被消耗。

五、专利搁置(Sleeping patent)

在上一小节中,我们假定两个企业是对称的,即它们处于同一起跑线上。在这一小节,我们讨论一种非对称情形,将企业分为领先企业与跟随企业,这与我们在第二节中讲到的可竞争市场结构很类似。这里,我们要进一步讨论,领先企业会"雪藏"已经过时的技术,以阻止跟随企业的进步,这在序贯研发中(即新的研发成果是建立在既有成果基础之上的,而不是无记忆的研发,如假定研发成功的概率服从 Poisson 分布)尤为明显。

请读者们温习一下第二节第三小节的分析。相同的道理,在位企业还有动机为过时的技术申请专利,或申请一些与其核心技术相关的专利,但很少进行商业化使用。可以从几方面来理解企业的这种行为:申请一项单一的专利,所得到的保护往往是很有限的,绕过专利的周围创新(invent around)时常发生,为了保护核心技术,创新企业倾向于申请一些类似的专利来防止技术被模仿。

我们可以通过一个简单的例子来说明领先企业愿意为"较为过时"的技术买单。假定在位企业的生产成本为 c,该成本水平足以让该企业成为市场的垄断者。如果该企业或其他企业发现了另一种技术,使生产成本达到 $\bar{c}$,且 $\bar{c}>c$,$\bar{c}<p^m(c)$,第一个不等式表明,该技术并不比在位企业现有技术先进,第二个不等式表明,技术 $\bar{c}$ 使得在位企业现有技术不"构成"剧烈创新,即如果进入企业拥有技术 $\bar{c}$,足以削弱在位企业的垄断力量,无论进行产量竞争还是价格竞争。从直觉上,在位企业为了维持其垄断地位,更有激励为技术 $\bar{c}$ 申请专利。为了证实这一点,我们需要对比一下跟随企业与在位企业分别愿意为技术 $\bar{c}$ 所进行的支付。

假定企业之间进行价格竞争。一旦跟随企业拥有技术 $\bar{c}$,竞争会使均衡价格定格为 $\bar{c}$,而不是 $P^m(c)$,而进入企业的利润为零。因此,技术 $\bar{c}$ 对在位企业的单位产品价值为 $p^m(c)-\bar{c}$,而对进入企业的价值为零。因此,在位企业对该技术的评价更高。再看产量博弈。此时的分析回到了第二节第三小节,在位者对于过时技术的评价为 $\pi^m(c)-\pi_i^d(c,\bar{c})$,进入者对于过时技术的评价为 $\pi_e^d(c,\bar{c})$,易证,在位企业对于该过时技术具有更高的评价,会努力地为这些过时技术申请专利,并搁置使用。这些搁置的专利实际上加强了核心专利的宽度。对于搁置专利的运用,比较明显的是好莱坞,一些电影公司会定期地购买一些书籍、舞台剧、剧本的版权,尽管它们知道其中很大一部分将不会搬上荧幕,但这会有效地阻止竞争企业依据这些题材进行电影制作。

其实,对于专利搁置更为广义的理解是企业的先占决策(抢先一步,preemption),Katz 和 Shapiro(1987)讨论了企业进行先占的两个动机:一是进行研发相对于不进行研发的收益,即独自效用激励(stand-alone incentive);二是企业先行进行研发的收益与企业作为跟随者的收益的差,即先占激励(pre-empt incentive),这两种激励均会增加企业提前研发的动力。

当然,在位企业抢先一步申请专利或搁置专利可以与其他抑制进入策略相结合,如产能策略、产品市场竞争中的产量策略,这些工具往往具有互补性,通常一起出现(Dixit,1979)。

六、专利许可

一般来说,专利许可方是否具备生产能力,会影响许可的激励与方式。如果许可方专门从事研发,但不具备将创新进行商业化的能力,它只能把专利许可给制造商。如果许可方具有将专利运用于生产的能力,它是否有激励将技术许可给竞争对手? 如果有的话,它将通过怎样的合约设计来获得研发租金? 在这里,我们主要讨论一下后一种情形,即许可方拥有将研发成果商业化的能力,其进行技术许可的动力与合约安排。

企业将专利技术许可给竞争对手,可以有三种激励(Tirole,1988):首先,将技术许可给竞争对手,可以克服垄断所带来的惰性。其次,当技术许可所带来的成本节省大于因为市场竞争而形成的利润损失时,专利持有者有动力进行技术许可,一个极端的例子是将技术许可给不在同一市场竞争的其他企业。最后,企业可以利用事前的许可,来削弱竞争对手进行相关研发的动力,这可以称为策略性许可。同时,各种许可均是通过合约设计来实现的。许可合约大致分为三类:只包括固定使用费,只包括单位使用费,以及包括固定使用费与单位使用费。在实践中,各种合约形式都存在,Taylor 和 Silberston(1973)发现,大约50%的许可合约只规定单位使用费,40%实行两部费用,10% 只规定固定费用。

有了这些背景知识,我们可以讨论增量创新技术许可的内在动力。假定两企业进行产量竞争。企业 2 的单位成本为 c_2,企业 1 成功地进行了流程创新,单位成本为 $c_1 = c_2 - x$。如果企业 1 不进行技术许可,在均衡时,$\pi_1^c(c_1,c_2) > \pi_2^c(c_1,c_2)$,且 $q_1^c(c_1,c_2) > q_2^c(c_1,c_2)$。如果企业 1 进行技术许可,即企业 2 在支付一定的专利费后,可以使用更低成本的技术。为简单起见,我们考虑单位使用费的合约安排。[1] 可以证明,最优的单位使用费为 x,即技术带来的成本节约。因此,博弈可以分为两个阶段,首先,许可方提供一个合约,即每单位产量收取专利使用费 x,被许可方选择接受或拒绝,如果接受,双方在第二阶段进行产量竞

---

[1] Katz 和 Shapiro(1985,1986)讨论了只允许固定使用费时许可存在的条件,他们发现,研发成功后,两企业的成本相差不大时,许可才会发生。

争。可以证明,产量竞争均衡与没有许可时相同(因为两个企业的实际生产成本没有发生变化),不同的是许可企业的利润增加到 $\pi_1^c(c_1,c_2) + xq_2^c(c_1,c_2)$。因此,许可可以增加许可企业的利润。由于在这个例子中,均衡时产品价格不变,消费者福利不变,许可企业利润增加意味着社会福利的增进。两企业进行价格竞争,如果企业 1 不进行许可,其会将价格定为 $c_2 - \varepsilon, \varepsilon \to 0$,占据整个市场,得到每单位收益 $c_2 - c_1$。如果企业 1 进行技术许可,可以证明,单位使用费 $x - \varepsilon'$,$\varepsilon' \to 0$ 为合约双方都能接受的支付额,最终企业 2 进行生产,企业 1 得到的使用费收益与没有许可时的收益差不多。因此,企业 1 进行技术许可的激励很小。

模型设定不同,所带来的结论也不同。学者们试图找到在增量创新中专利许可存在的充分条件,Katz 和 Shapiro(1985)的研究表明,一般而言,私人需要的许可也是社会需要的,因为许可的前提条件是产出的增长,以及许可接受方的成本下降,这两个条件会使产业利润与消费者剩余一起增长。反之则不成立,社会所需的许可有可能不符合企业的利益,因而,社会合意的许可是不足的。

如果专利为剧烈的创新,则无论是产量竞争还是价格竞争,创新企业均没有动力进行技术许可。以产量竞争为例,假设有两个企业,企业 1 获得了剧烈的创新技术,如果不进行许可,它可以垄断整个市场。如果进行许可,它至多可以获得总的寡占市场收益,由于市场不允许合谋,其得到的只是两企业收益之和的一部分。在价格竞争条件下,进行许可也不能给创新企业带来收益的增进。

再来简单地看一下许可者不具备生产能力的情形。专利所有者只有将技术许可给生产企业,假设许可企业收取单位使用费,加上生产企业的垄断定价,会形成双重加价(double-marginalization),使消费者受损。[1] 但现实中,由于许可方不进行生产,很难观察或推测到生产企业的产量,因而,它通常收取固定使用费。从理论上来说,合约的设计可以使研发企业获得下游市场的所有利润,如通过合约 $A = \pi^m(\underline{c}) - \pi^m(\bar{c}), R = 0$,即通过固定使用费将生产利润全部转移过来。其中 A 为固定使用费,$\bar{c}$、$\underline{c}$ 分别为创新前后的单位生产成本,R 为单位使用费。但在现实中,它取决于许可双方的谈判实力,且最常见的合约为 $(A, R): A \in (0, \pi^m(\underline{c}) - \pi^m(\bar{c})); R \in (0, [\pi^m(\underline{c}) - \pi^m(\bar{c}) - A]/q^e)$,其中 q^e 为制造企业的预期产量。[2]

Katz 和 Shapiro(1985)的分析表明,专利许可对于社会来说是一种帕累托改进,它能维持企业研发激励,同时减少重复研发,因此政府应该鼓励技术许可。

---

① 因而,一种社会合意的合约设计方式是两部定价,主要费用应为固定使用费,辅以单位使用费。

② 一种有趣的扩展是,如果下游市场存在多个制造企业,许可方可以拍卖的方式出售许可,出价最高的企业得到技术授权。可以证明,最优的策略是只许可给一家制造企业,以避免下游市场竞争对产业利润的削减。

但专利许可在现实操作中还是存在不少问题的,如合约中规定的单位使用费,会使许可接受方减少产品的数量或谎报产量;技术许可合约也可能附加一些价格条款以及市场分割条款,这是反垄断法所难以容忍的;企业还可以策略性地使用技术许可,如事前许可,在双方成本差别较大时,它会抑制总的研发(Gallini 和 Winter,1985)。

七、技术模仿与外溢

专利赋予了创新成果一定程度的排他性,但在现实经济中,专利的保护程度并不是充分有效的,加上创新成果在技术上的非竞争性,其他厂商的模仿很难避免。[1] 一些研究表明,模仿不仅存在,而且模仿的速度很快,根据 Mansfield 等(1981),Mansfield (1985,p. 221)的研究,在被调查的 48 件新产品样本中,60%的产品在 4 年之内被其他企业模仿。在接受调查的 100 家美国制造业企业中,企业知道竞争对手的研发决定是在 12—18 个月内,而获得竞争对手新产品或流程的信息是在 12 个月之内甚至更短的时期。Caballero 和 Jaffe(1993)用专利的引用数据来刻画技术的扩散,他们发现技术扩散如此迅速,以至于可以被认为是即时扩散。值得一提的是,Mansfield(1968)通过对美国煤炭、钢铁、酿酒和铁路4 个行业中 12 项技术的扩散进行研究,发现了技术扩散的 S 形曲线。[2]

如图 11.5 所示,横轴代表时间,纵轴代表采用某项新技术的企业比重。新技术扩散沿着 S 形曲线进行,可能的解释是,在新发明应用初期,其他厂商不能断定它的价值,同时,获得该技术信息的渠道较少,大多数企业采取观望态度;随着新发明在应用中的成功,以及信息获取渠道的增多,扩散速度加快;到后期,随着应用该技术的企业数目增多,未使用该技术的企业数目减少,扩散速度处于停滞状态。

Jovanovic 和 Lach(1989)考察了扩散曲线背后的机制,他们发现干中学(learning by doing)效应可以较好地解释竞争市场上同质企业的技术扩散路径。[3] 其实,企业对新技术的采用是由多种因素决定的,如采用新技术后的利润水平、采用新技术的成本(Mansfield,1968),以及行业的劳动密集程度(或技术适用性)、行业增长率、市场结构等。

---

[1] 模仿者与研发者的区别主要体现在两方面,其一,模仿者无须支付高昂的研发费用,Levin 等(1986)的研究表明,在大部分行业,模仿成本不及开发成本的 75%,Mansfield 等(1981)发现模仿成本只有开发成本的 65%。其二,模仿者无须支付技术使用费。

[2] Mansfield 及其跟随者发现的 S 形技术(无论是产品创新还是流程创新)扩散曲线也得到了计量上的验证(Griliches,1957;Gort 和 Klepper,1982)。

[3] 在他们的模型中,有一个关键假设,即企业采用的资本是 vintage 资本,其代表新建该资本品时的最高技术水平,无效率改进空间。

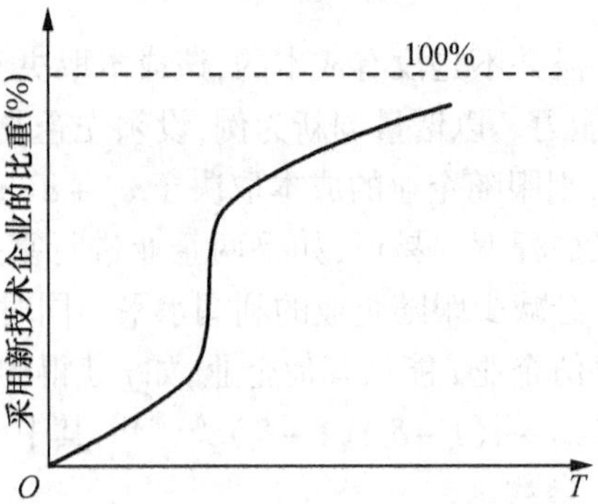

图 11.5　技术扩散

技术扩散过程,实际上是企业采用新技术的过程。下面我们讨论一下企业采用新技术的策略。将新技术分为两类:一类是不能被模仿的,具有很强的专有性,或不存在技术外溢;一类是极易被模仿的技术。首先看不易被模仿的技术,假设两个企业进行价格竞争,采用创新前的单位成本为 $\bar{c}$,创新技术可以使单位成本下降到 $\underline{c}$,令 $p^m(\underline{c}) > \bar{c}$,即该创新为增量创新。采用新技术需要花费一沉没成本 $C(t)$,该成本函数与采用时间有关,具有性质 $C'(t) < 0, C''(t) > 0$,一阶式表明成本随着采用时间的推后逐步降低,这一点容易理解,越往后采用,该技术的一些关键系数更为人们熟悉,会降低采用成本。二阶导数为正表明成本随时间的推移而节约的速率是下降的。由于模仿是被阻止的,先采用的企业可以获得每期的先行租金流 $\bar{c} - \underline{c}$,由于采用新技术是有成本的,跟随企业没有动力采用该技术(因为采用后,价格竞争使其利润为零,不能弥补成本),因此先行价值为 $V = (\bar{c} - \underline{c})/r, r$ 为贴现率。最终的均衡是 $V = C(t^c)$,因为如果企业 i 在 t^c 之后采用该技术,企业 j 在 t^c 之前一点采用会取得更高收益(大于零),此外,企业在 t^c 之前采用该技术会得到负的利润,因为采用成本过高。[①] 如果某企业得到了该技术的专利,则它会在什么时候采用? 由于没有潜在的进入威胁,它会选择采用时间 t^m 来最大化利润 $[V - C(t)]e^{-rt}$,一阶条件为 $r(V - C(t^m)) = |C'(t^m)|$,式子左边表示延迟的净利润的利息,式子右边为延迟带来的边际成本的节约。由于 $V > C(t^m)$,可以推知 $t^m > t^c$,即赋予一方专利会延缓技术采用。同样,用类似的方法,我们可以推知,在没有专利且技术很容易被模仿时,会出现两企业都不采用新技术的情况,而赋予专利有利于新技术的及时采用。我们将这种情况的讨

———————

① 这个均衡满足 Posner 的两个假说:垄断租金被耗散,垄断利润由前期的采用成本抵消。而从社会角度来看,这种耗散是无谓损失,技术进步并没有带来价格的下降,以及社会福利的增进(Tirole,1988)。

论留在习题部分。

当然,获取技术外溢并不是没有成本的,该成本取决于专利的保护强度以及模仿企业自身的吸收能力。以增量创新为例,设领先企业的单位成本为 c_L,跟随企业的单位成本为 c_F,则跟随企业的成本取决于 $c_F + a(c_F - c_L)$,其中 a 为可专有性,刻画知识产权保护程度。易证,如果两企业进行寡头竞争,知识产权保护对于领先企业有利,但会减少跟随企业的利润水平。同时,考虑到企业成本节约是企业研发的产物,模仿企业 i 能从其他企业,如 j 获得的技术外溢,由类似于以下的表达式来决定,如 $x_i + a(1 - \delta_i)(1 - \delta_j)x_i^{\delta_i}x_j^{\delta_j}$ [①],其中 x_i、x_j 分别为企业 i、j 的研发投入,δ_i、δ_j 为技术参数。

八、对专利制度的评价

至少有三个理由支持现代意义上的专利制度。首先,人们对于自己的创意与想法具有天然的权利。也就是说,未经他人许可而自由地使用他人的思想是不道德的。其次,申请专利需要对核心技术或环节进行披露,因而有利于将这些知识转化为公共物品,而一旦专利期结束,人们可以自由地使用该项技术。最后,专利可以提高研发者的收益,从而刺激研发。让我们暂时接受前两个理由,重点推敲一下第三个理由。

对于专利制度的评价,离不开一个基本的权衡,即专利为研发带来的动态激励,以及在短期内造成的垄断低效。对于动态高效我们想提一个问题,如果没有专利制度,一些重要的创新是否会产生? 这就涉及技术的专利依存性(patent-dependent),即有些技术必须得到专利保护才有价值,如果没有专利保护,这些研发成果就不会产生。与之相对应的是非专利依存性,有些技术即使没有专利保护,也能获得创新溢价。有一些论证支持非专利型技术的存在,如一些发明来自于人类的好奇与天赋,获得专利并不是这些发明者的初衷与原始动力;可以通过其他的方式如商业秘密来保护该创新成果;基于发明的先行优势及学习效应足以为研发者提供合意的市场激励;可以通过其他方式,如额外的市场与服务投资,如售后服务、生产标准的建立,来阻止其他竞争者使用该创意。

专利依存性技术在专利的保护下得以产生,具有正的激励效应,这种激励效应减去专利保护所带来的垄断低效,即为社会净所得。对于非专利依存性创新,专利的激励作用不存在或很小,这些技术所带来的静态低效要大于促进研发所带来的收益,是一种社会净损失。因此,可以通过对比非专利依存性技术所带来的社会净损失,以及专利依存性技术所带来的社会净所得,来对专利制度的福利

---

① Kamien 和 Zang(2000)拓展了 A-J 模型,引入模仿企业的吸收能力。

效应进行初步的评判。

问题的关键在于刻画创新对专利的依存程度。一个可行的办法是通过问卷调查来确定某项研发成果是否具有专利依存性，即询问专利所有者："如果没有专利保护，某一研发成果会不会出现？"Mansfield（1986）发现，在调查的 12 个行业中，只有医药业、化学品与石油加工业表现出较大的专利依存性。Levin，Nelson 和 Winter（1987）的研究表明，一些产品创新与流程创新可以通过其他方式，而非专利来获得创新收益。以流程创新为例，最为有效的专有化工具是领先时间与学习效应，而产品创新中，领先时间、销售与服务努力是最有效的实现创新利润的方法。由此可见，大量的技术在没有专利保护的情形下也会产生，因为它们可以通过其他方式来实现专有性。[①] 一种很自然的驳论是，尽管专利依赖型的技术在数量上不占优，但如果它们很重要，尤其是那些具有突破意义的技术，那么，专利制度确实有其存在的价值。Pakes 和 Simpson（1989）的研究表明，有超过 50% 的专利价值集中在 5%—10% 的专利中，而其中肯定有一些属于专利依存性的技术。因而，需要充分考虑专利价值的异质性，考虑专利对一些关键的专利依存技术，如医药、化学技术的创新激励。

对于专利制度的另一个批评在于，专利可能被企业策略性地使用，如企业通过搁置专利来抑制竞争对手，专利增大了序贯研发的成本甚至使得后续研发变得不可能；专利与其他竞争手段结合使用，如专利产品搭售、限制性许可、交叉许可、专利获取等，这些行为都会抑制市场竞争，带来持续的垄断。考虑到专利制度可能带来的持续的静态低效，一些学者呼吁实行弱的专利制度甚至取消专利制度。这也是讨论专利制度不可回避的一个方面。

第四节　其他促进研发的政府政策

从对专利的系列讨论中，我们发现专利制度存在一些不足，如它会带来垄断静态低效；有些研发并不依赖专利而产生；一些企业可能会利用专利制度来阻止进入，并最终阻碍产业效率的提升。从总体上，专利是一个较低集权化的制度，企业收益与社会收益不会存在明显的偏差，有利于充分利用企业层面的信息。但如果政府对于某项技术的可行性，以及市场需求有足够多的信息，就可以通过鼓励制度、政府采购的方式来促进技术研发与扩散，减少重复研发。同时，考虑

[①] 一个很自然的问题是，既然有大量的技术属于非专利依存性的，为何这些企业要申请专利？Levin 等在问卷中涉及了企业申请专利的动机，发现两个主要的动机均与保护创新无关；它们主要通过专利数来衡量研究与开发人员的创造性；一些国外政府将专利作为其市场进入的前提条件。这似乎违背了专利制度的初衷。

到企业研发时所具有的正外部性,政府可能通过鼓励企业进行联合研发,来内部化这种技术外溢,最终达到社会合意的研发水平。

在这里,我们主要介绍合作研发,以及政府拥有信息优势时,通过研发奖励、政府采购及政府直接投资来推进研发,考虑到促进研发是一项系统工程,最后一小节简单介绍一下国家创新体系。

一、鼓励企业联合研发

企业间组成研发合作部门有诸多优点:可以联合应对研发的不确定性,共同承担研发成本,充分发挥研发资产的规模经济;有利于信息共享,能将研发的技术外溢内部化。

参照 d'Aspremont 和 Jacquemin(1988)的分析框架,我们用一个简单的模型来探讨一下合作研发与非合作研发对研发投入及均衡产量的影响。博弈分为两阶段:第一阶段,企业进行合作或非合作研发投入,以获得成本节约的技术;第二阶段,企业之间进行产量竞争。令产品需求函数为 $p = 100 - Q$,企业 $i(i = 1,2)$ 投入 x_i 单位的研发资金,来获得节约成本的技术,其单位成本函数为 $c_i(x_1, x_2)$ $= 50 - x_i - \beta x_j, i \neq j, i = 1, 2, \beta \geq 0$,该式表明企业之间的研发存在技术外溢。$\beta$ 大于零表明存在正的技术外溢,如基础性或一般性(通用性)研发成果可以为其他研发提供信息与启示。β 也可以为负值,如一些研究散布出一些虚假信息,或面罩技术(musky technology)。假定研发是高成本的,令研发投入强度 x_i 所带来的成本为 $TC_i(x_i) = x_i^2/2$,即两倍的研发投入强度并不能带来两倍的单位成本节约。可以看到,这个假设至关重要。如果研发是规模报酬递增的(如需要投入大量的前期沉没成本),合作企业更倾向于共享一个研究室。我们分别讨论非合作研发、合作研发时的产量与研发水平。

1. 非合作研发情形

采用倒推法,我们首先给定两个企业的研发水平,得到第二阶段的均衡产量。再将其代入第一阶段的规划,求解最优的研发投入。由古诺竞争均衡可知企业 i 的利润水平:$\pi_i(c_1, c_2) = (100 - 2c_i + c_j)^2/9, i = 1, 2, i \neq j$,将 c_i、c_j 的表达式代入,可以得到企业的利润函数:$\pi_i = 1/9[50 + (2 - \beta)x_i + (2\beta - 1)x_j]^2 - x_i^2/2$,求解关于 x_i 的一阶条件,加上企业的对称性条件 $x_1 = x_2 \equiv x^{nc}$,可得 $x^{nc} = 50(2 - \beta)/[4.5 - (2 - \beta)(1 + \beta)]$。其中 x^{nc} 为非合作时的研发投入。

2. 合作研发情形

仍然假设两企业在产品市场上进行产量竞争,则第二阶段的均衡产量表达式不变。差别在于,两企业在第一阶段选择 x_1、x_2 来最大化联合利润,即

$$\max_{x_1, x_2} (\pi_1 + \pi_2)^{①}$$

对 x_1、x_2 分别求一阶条件,并利用企业的对称性条件,可以得到两个企业的研发投入水平:$x_1^c = x_2^c = x^c = 50(\beta+1)/[4.5-(\beta+1)^2]$。

由此,我们可以得到以下命题:当技术溢出较大时,即 $\beta > 1/2$,合作研发投入大于非合作研发($x^c > x^{nc}$),此时,合作研发的均衡产量高于非合作研发的产量水平($Q^c > Q^{nc}$);当技术溢出较小时,即 $\beta < 1/2$,合作研发投入小于非合作研发($x^c < x^{nc}$),此时,非合作研发的均衡产量高于合作研发的产量水平($Q^c < Q^{nc}$)。我们把该命题的证明留给读者。

以上命题的直觉在于,在非合作研发中,企业没有考虑自身的研发会降低其他企业的生产成本,而合作研发考虑到这种技术外溢,有利于企业之间在研发投入上的战略互补②,尤其当技术外溢较大时($\beta > 1/2$),合作研发要求企业具有更大的投资,来充分利用这种外溢,但这里蕴涵的假设是,合作企业之间存在很好的监督,可以避免或减少企业的搭便车问题。而当技术外溢较小时($\beta < 1/2$),企业更倾向于通过内部研发来降低生产成本,占据大的市场份额。

由于企业进行联合可以获得更大的利润(可以证明),在没有摩擦(如交易成本或谈判成本较低)的情形下,企业具有合作的动力。事实上,在合作研发情形下,技术外溢因子 β 会增大,甚至接近于1(如这种合作会增加企业间的信息交流)。这样,我们就回到 $\beta > 1/2$ 的情形。此时,研发强度与产品总量均高于非合作水平,因此,从非合作研发到合作研发是一种帕累托改进。

正如模型所设定的,我们不希望合作企业在产品市场也进行合作(或合谋)。遗憾的是,研发合作企业往往有动力将两种合作混同起来,使其难以分离或者被识别。这时就需要消费者的监督,以及反垄断法的约束。幸运的是,理论分析表明,价格卡特尔是不稳定的,而企业研发合作是相对稳定的,如处于研发合作中的企业没有脱离合作的动机,因为孤立于合作体之外并不能给企业带来好处,消费者也希望企业能够提供具有稳定技术的产品,如产品的兼容性、标准化。

一些国家,如美国的实践也表明③,鼓励企业合作研发可以增进经济福利,如没有政府鼓励,企业可能会通过产业内或产业间的多元化来分散研发风险,或

---

① 在这里假设由于技术原因,研发合作并不能将外溢内部化。如果研发合作可以让技术外溢完全内部化,问题转化为 $\max_{x^c}[2\pi(x^c) - (x^c)^2/2]$,即不存在重复研发。

② 一方的研发随另一方的研发投入增加而增加,是从企业研发的反应函数角度来定义的。

③ 美国的反垄断法对于研发合作持宽松态度,如 1984 年颁布的国家合作研究法案(National Cooperative Research Act,NCRA)。判断的依据在于合作研发所带来的动态效率(更快的、更高质量的研发成果)是否大于其带来的静态损失。理解(反垄断)法的法理,比真实的法理更为重要,体现了执法的灵活性,也体现了研发的重要性(Brodley,1990;Jorde 和 Teece,1990)。

保证得到较稳定的研发收益。而政府鼓励企业间的研发合作,在很大程度上可以替代企业的多元化策略(Scott,1988)。从研发合作的形式来看,企业之间可以组成研发合作组织(Cooperative Development,COD),合作各方均摊研发成本,均享研发成果;也可以组成研发合资企业(Research Joint Venture,RJV),各方按出资额持有股份,研发成功后,各方需要支付许可费才能使用该技术。一般来说,上下游企业之间的竞争较少,它们更倾向于合作研发,而处于同一行业的企业通常组成研发合资企业,具有竞争优势的领先企业希望通过这种方式在许可费的谈判中占据有利位置,但它很依赖于企业规模以及行业的技术特征。[①] 随着计算机技术的发展,虚拟研发组织不断增多,它主要包括两方面:单个企业研发组织的虚拟化,它可以通过分散并行、虚拟核心模式及集中团队等方式来组织企业内部的信息交流;基于现代通信手段的平台,以关系契约(relationship contract)为基础的研发网络组织,组织成员共同承担风险并分享研发收益。

当然,仅从这个简化的模型中提取政策建议可能是不恰当的。如 Shaffer 和 Salant(1998)质疑模型中两企业同质的设定;技术外溢的方程设定也会对结果造成影响,如 Kamien,Muller 和 Zang(1992)假定研发投入品存在技术外溢(而不是前面所设定的研发产出外溢),外溢参数对均衡结果的影响就不一致;其他的建模方式,如在第一阶段企业进行研发竞争,第二阶段进行产品市场合谋,得到的结论均会发生变化(Fershtman 和 Gandal,1994)。

二、政府奖励与政府采购

从理论上来看,政府在研发方面可以比市场做得更好。因为政府的研发具有针对性,且研发成果可以为社会共享,从而克服专利制度所带来的静态低效。事实上,由于信息不完全,政府对于分散的市场需求不敏感,难以把握技术的需求;同时,政府不能有效控制研发者的道德风险问题。但如果政府对于某些技术拥有更多的信息,它可以在研发上做得更好。从具体的政策来看,它可以通过奖励、采购以及直接投资来促进研发。

政府奖励是指政府为完成某项特定创新的企业提供奖励。它的极端方式是,政府指定一个有明确定义的科研项目,承诺为完成该项目的企业提供奖励,然后通过对该技术的购买,将技术转化为公共知识。这种方式可以迅速地推动技术扩散,也能为研发者带来足够的研发激励。在现实中,政府奖励以及奖励金

---

① Tao 和 Wu(1997)从美国的合作研发组织数据中发现,处于同一市场或产品交叉价格弹性较大的研发合作企业,一般采用 RJV 的合作方式,而不在同一市场或产品交叉价格弹性较小时,合作企业一般采用 COD 的合作方式。

额是在创新完成后才发生的,此时政府可能会敲竹杠(hold-up),因为政府对研发的估值通常比企业拟报的价值要低。但这对于社会来说是事后有效的,尽管它不利于研发的持续性。

为了避免重复研发,政府还可以通过另一种集权方式,即政府采购合约来促进特定产业的技术开发,如空间与国防。与奖励制度相区别,除了规定(或商定)奖励金额外,合约还规定了政府在研发过程中需要承担的费用。虽然政府只选定了少数的几家企业,阻止了其他企业的进入,但它也可以进行有限的标尺竞争。

三、国家创新体系

国家创新体系是指由公共部门和私营部门的各种组织机构组成的研发网络,以促进技术研发与扩散。其逻辑起点在于,研发并不能通过市场自发达到最优,需要政府的参与,对资源进行宏观配置,并服从于国家战略。该体系主要包括以下一些核心要素:作为创新主体的企业、进行知识生产的公共研究机构(国有研究所、大学、非营利研究机构)、负责研发调控的国家机关、为研发活动提供资金支持的金融机构等。国家可以通过建立科技创新基地与平台来建立一国的创新体系,如加强实验基地、基础设施和条件平台的建设,建立大型科学仪器、设备共享平台;建立国家高新技术产业开发区;促进科技创新基地与条件平台的资源、信息共享;规范技术引进与技术吸收;等等。因而,它更侧重于研发的系统性。

各国实践也表明,创新需要政府从战略角度进行推动,如美国在 1993 年制订的"信息高速公路计划"、1997 年设定的"全球电子商务框架",德国政府提出的"2006 年信息技术研究计划"等。同时,政府支持的技术研发,在不同的时代有不同的侧重点,如 20 世纪四五十年代主要体现为军事、航空领域,六七十年代转向能促进经济增长、生产率提升的领域,如民用飞机、核能开发技术,八九十年代主要集中于一些共性技术,如材料技术、生物技术、信息产业等,战略规划色彩浓厚。

第五节　企业研发的实证研究

前面几节主要从理论角度讨论企业研发的影响因素,如专利保护、市场结构,以及政府支持等因素。在这一节,我们介绍企业研发的实证研究。首先介绍企业研发的刻画指标,然后讨论基于熊彼特推论的实证研究,即企业规模、市场结构对企业研发的影响。由于这两类变量并不能有效地解释企业研发的波动,我们在随后讨论其他影响研发的因素,如产业的异质性、除企业规模外的其他特征变量。

一、对企业研发的刻画

长期以来,有关企业研发的研究,一些理论工作者更多地将精力放在数理统计与数学方法上,而将测量任务交给行政人员或应用经济学家,这种分工方式使得研究者们不能很好地把握概念与度量指标的关联。研发理论研究日益丰富,但对理论的验证缺乏可靠的数据来证实,使得格林斯潘(2001)大声疾呼相关数据收集的重要性与紧迫性。缺乏创新数据,阻碍了与创新有关的研究,但创新在概念与定义上的模糊,也是造成数据缺乏的一个理论因素。

OECD 在《研究与发展调查手册》中将 R&D 定义为"为了增加知识总量,包括有关人类、文化和社会的知识,以及运用这些知识创新的产品(与服务),所进行的系统的、创造性的工作"[①]。从统计上来看,研发包括基础研究、应用研究和试验发展三部分。尽管如此,有关企业研发的指标,已经超过了初始的定义,甚至与创新等同起来。因而,对企业研发的刻画转化为或等同于对创新的刻画。

可以从两面刻画创新:直接刻画与间接刻画。直接创新可以分为主观创新数与客观创新数。主观创新数主要是通过调查问卷,让企业的相关人员确认企业是否进行了创新(affirmative response),并累计创新的次数。这种方法由DeBresson 及他的同事在 20 世纪 80 年代提出,其后一些国家,如加拿大、丹麦、意大利也推行了这种方法(DeBresson,1996),OECD(1997)对这种调查方法进行了编纂、规范(Oslo Manual),并鼓励其他国家使用。这种方式的优点在于,它具有统一的问卷设定,有利于对比分析。客观创新数主要通过文献,如贸易与技术杂志,来识别新的技术,该方法由 Edwards 和 Gordon(1984)首次提出,并在 Acs和 Audretsch(1990),Kleinknecht 和 Bain(1993)那里得到发展。[②] 对创新的直接刻画通常只有较小的样本,且费时耗力,采用得并不多,更多的是对创新进行间接度量,主要从研发投入与研发产出两个角度。

首先看产出指标。专利数是最常用的。专利数据的优点在于,数据的可获得性、覆盖范围较大;专利标准比较规范,具有可比性;时间序列数据可以获得,因而可以运用成熟的计量工具。其缺点在于,专利的价值不一样,不同行业的专

---

① http://www.oecdbookshop.org/oecd/display.asp? lang = en&sf1 = DI&st1 = 5KMK0SGF99NW.

② 主要的数据库包括:Sussex 大学开发的科学政策研究单位(science policy research unit,SPRU)创新数据库,它收录了英国自 1945 年以来的创新记录;美国小企业管理局(Small Business Administration,SBA)的创新数据,它收录了 1982 年引入美国的 8 047 项创新,其中 4 200 项来自制造业产品,它的信息主要来源于 100 多本贸易、工程、技术杂志。较新的以文献为基础的数据由 Coombs,Narandren 和 Richards(1996)创建,其主要涵盖英国的一些创新。

利申请强度不一样,因而专利数量不能真实地反映创新水平;各国的专利法规不同,不利于国际对比,一国专利法的调整也会影响专利的可比性。对于专利的异质性责难,可以有一些修正,如通过考察专利的价值来区分专利的异质性,通过股票市场对专利授予的反应来衡量创新的价值(当然这依赖于个案分析[1]);通过年度专利更新数据(patent renewals)来刻画某专利的价值(Schankerman 和 Pakes,1984);或者根据其他专利申请者对专利的引用进行加权(Trajtenberg,1987)。经过这些修正,专利作为对创新能力的近似,还是得到了一些学者的推崇。[2]

在大部分实证研发中,刻画创新的是研发投入变量,如研发支出或从事研发的工作人员数量。两个变量均反映本期投入,但研发开支中很大一部分属于固定资本,将其全部计入会导致研发投入量的高估,当然可以采用折旧率,但折旧率的口径难统一;研发人数不能反映与其结合的实验器材、设备方面的投入,因而是不全面的,且公司报表中对研发的统计在各企业的标准可能不一致。另外,一些研究表明,许多研发成果是在正式研发投入之外发生的,如有些小企业没有正式的研发机构,工程师与经理们实际用于研发的时间是无法观察的。最后,它们没有区分研发的类型,如基础研发与应用研发,流程创新与新产品开发,而在不同的研发活动中,特定解释变量的重要性可能不同,如相对于流程创新,专利更能促进新产品开发(Levin 等,1987),企业的多样化程度对基础研究(而非应用研究)的影响更大(Nelson,1959)。因而,更细致的实证需要进入研发的结构。

有些研究用全要素生产率来代替技术创新,但有些学者认为它并不能很好地代替技术创新,如 Nordhaus(1997)强调价格指数可能会导致对技术进步的低估,Wright(1997)认为一些深刻的技术变化不能由初始的技术特征来刻画。

综上,我们可以用表 11.2 来归纳一下企业研发的度量指标。

表11.2 企业研发的度量指标

指标	指标
直接刻画	主观创新数、客观创新数
投入	R&D、资本、劳动力、教育、工程技术人员比例、FDI/MNE
产出	专利(国内外申请)、全要素生产率、新产品、新工艺、出口、技术贸易、科技/学术论文、高技术产品

---

[1] Cockburn 和 Griliches (1988)发现,相对于专利存量的变化,股票市场对企业研发支出的变化更敏感。但这种方法不能区分专利的异质性。

[2] Griliches(1990)认为,专利统计为技术变革过程分析提供了唯一的源泉,就数据质量、可获得性,以及详细的产业、组织和技术细节而言,任何其他数据均无法与专利数据相媲美。

可以看到,上述指标都是不完美的,创新数的调查问卷方法具有主观性,且耗时耗力,样本有限;创新投入数据没有纳入所有的创新行为,遗漏了一些非正式的研发;专利数据可以刻画创新,但不能等价于创新,不同经济主体具有不同的专利申请倾向,由于法律限制,有些发明不能申请专利。尽管如此,我们希冀这些变量可以近似地刻画企业的研发行为。

二、基于熊彼特创新理论的实证

产业组织理论需要讨论的一个核心问题是,如何构建能够带来经济绩效的市场结构。Harberger(1954)的估算表明,"次优"的市场结构所带来的静态资源扭曲大致占到 GNP 的 0.07%—13%。如果这种"次优"的市场结构能够带来动态效率,如较大的技术进步率,人们就可以容忍它所带来的静态低效。学者们努力地寻找那种能够带来较大的动态效率,同时具有较小的静态低效的市场组织形态。

熊彼特(1942)的研究表明,竞争市场上原子式的企业(可以理解为中小企业)能够处理好静态的资源配置问题,但集中市场上的大企业才是总产出长期扩张最有力的引擎。因此,他断言,完全竞争的市场结构不是理想的效率模式(熊彼特,1942,p.106)。

为了验证这个基本判断,产业组织领域出现了大量的有关企业规模、市场集中度对企业研发影响的实证研究。主要集中在两个方面:研发能够带动企业规模较研发投入更大比例的增长[1];市场集中度与研发呈正向变化。从整体上看,基于熊彼特理论的实证并不是令人满意的,主要体现在三个层面:数据质量不高;实证方法比较原始,忽视了一些关键的解释变量(遗漏变量);解释变量与被解释变量间的双向因果关系存在内生性问题。从实证结果来看,结论不一。我们首先讨论第一个实证命题。

---

[1] 值得一提的是,有些学者质疑这个推论以及后来实证研究是否反映了熊彼特的初衷。Fisher 和 Temin(1973)论证到,如果要明确地表达熊彼特有关企业规模与研发的关联,应该是创新产出与企业规模的关系,而非创新投入与企业规模的关系,而两者并不一定是等价的,如研发产出对规模的弹性大于 1 并不意味着研发投入对规模的弹性大于 1。Kohn 和 Scott(1982)给出了两者等价的条件。另外一个批判来自 Markham(1965)及 Nelson 等(1967),他们认为熊彼特并没有假设企业规模对研发具有连续的影响,他只是指出,现代产业研究不再依赖独立企业家的首创精神与天赋,而更多地依赖由大公司建立的专业研发中心。熊彼特(1942)及 Galbraith(1952)并没有提出,企业研发要比企业规模以更大比例增长,他们提出的命题要弱一点:由大型企业所建立起来的专业的研发中心是资本主义大部分创新的源泉。Acs 和 Audretsch(1987)及 Dorfman(1987)深化了这一弱命题,他们认为企业规模大小与对创新的贡献依赖于市场结构,大企业在具有高度进入壁垒的行业中具有研发的比较优势,而较小的企业在不成熟、集中度较低的产业中具有比较优势。

1. 企业规模与研发

对于企业规模与研发的关系存在不同的观点,有些认为大即是美,如 Galbraith(1957),有些认为小即是美,如 Schumacher(1973),还有些学者更关注大小企业在动态的产业结构、产业技术变迁过程中有相互合作,优势互补,如 Scherer(1980)。

认为大企业更能促进研发,主要有以下几个原因:大企业具有较好的金融联系,拥有较充足的现金流,可以承担研发费用;研发通常需要投入各种专用性设备与人才,大企业在这方面有充足的储备;由于研发具有高风险性,大企业通常会进行多元研发,来分散风险[①];研发投入往往具有较长的回收周期,只有大企业才能有足够的耐心等待研发成果;研发与其他非生产活动紧密相关,如产品营销、与上下游企业的关系,大企业在处理这些关系时,具有比较优势;另外,大企业可以充分利用创新成果的规模经济与范围经济,并通过多样化经营来稀释研发成本。这些论证在表面上看来具有一定的合理性,但有些经不起推敲,如有些研发投入并没有想象中的那么大,是中小型企业可以承受的;随着契约经济的发展,中小企业可以通过合约的方式利用外部资源,从而达到规模经济;一些研发项目的风险被高估,中小企业通过有效地管理来控制风险;最后,中小型企业具有较为扁平的组织结构,更有利于新思想的产生与传播,它们更愿意进行风险研发投资,更有可能催生与培育企业家精神。大企业由于可以采用多种策略,如产能,以及干中学[②]效应,能够取得竞争优势,因而对创新的依赖并不像中小企业那样强烈。因而研发强度与企业规模可能会出现图 11.6 中的三种情形。我们需要一些实证来帮助判断。

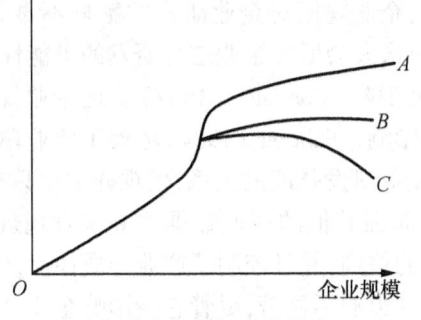

图 11.6 企业规模与研发强度

---

①　更确切地说是不确定性,风险是指明白研发可能带来的各种后果,以及各种后果的概率分布,而不确定性则意味着对于各种后果的概率分布都不知晓,因而也不能进行风险评估。

②　干中学的主要机制是通过不断地重复来提高工作效率。

现在来看一些实证结果。直接创新指标方面,Mansfield 等(1971)调查了钢铁、石油、煤炭、药品及化学产业一些企业的主要创新,发现只有化学产业表现出大即是美(bigness),其他产业均呈现出 OC 特征。采用更广泛的数据,Acs 和 Audretsch(1988)发现,在大部分产业中,小企业所拥有的创新要超过其雇佣比例。Townsend 等(1981)考察了 1945—1985 年间,英国重要的创新在企业之间的配置,发现中小企业(1—499 名员工)的创新引进比例不断上升,中小型企业(1—499 名员工)的比重由 1965—1969 年的 22.6% 上升到 1975—1979 年的38.3%,而大型企业(1 000—9 999 名员工)的份额不断下降,可以归因为因收购与兼并引起的市场结构变化,以及研发相对效率的下降。类似地,Gellman Research Associates (1976)考察了被专家们认为在 1953—1973 年间主要的 500 种创新,发现最大企业的创新份额只是略大于它们的雇佣份额。

间接指标方面,从研发投入来看,研发资金集中于大企业,大量的中小型企业没有研发项目。从专利数来看,对不同行业进行回归,发现企业规模对专利的影响并不显著,占到总产业的 73.4%。[①] 一个很自然的问题是,不同的专利可能具有不同的价值,很可能大企业所申请的专利更为重要,但一些历史资料并不能证明这一点,相反,一些重大的发明是由个人或中小企业发现的,一个刻画专利价值的指标是专利的商业运用率,一些研究表明,中小型企业拥有的专利具有更大的商业化率(Schmookler,1966)。对于个人研发,Jewkes 等(1968)考察了 20 世纪最重要的 70 项发明,发现其中的 38 项是由个人且在没有研究机构资金支持的情况下完成的。因此,利用专利的异质性也不能论证大即是美的合理性。另外,从产出投入比例来看,在分产业的数据分析中,规模最大的企业并没有表现出最高的研发效率。

有些研究表明,企业规模对企业研发的影响不显著,如 Cohen 等(1987)的研究表明,企业规模增大会增加企业进行研发的可能性,但对于研发投入的影响很小,解释力度不足 1%。Comanor (1967)发现企业规模只对研发强度与企业规模比产生微弱的影响。Scherer (1984)考察了营业单位规模(business unit,区别于企业规模)与企业研发强度的关系,发现样本中只有 20% 存在规模效应(规模变量是显著的),而在其他的产业数据中并未发现规模效应。同样考虑到企业规模与营业单位的差别,并且控制了产业异质性后,Cohen 等(1987)发现营业单位对于研发强度的影响不显著,尽管它会影响企业是否进行研发的决策。

另外,大量的实证研究表明,企业规模与研发强度具有非线性关系,如Scherer (1965a, 1965b)认为规模的正向促进作用存在一个阈值,当企业规模小

---

① U. S. department of commerce,Statistical Abstract 1986,p. 539.

于该阈值时,研发(无论是投入指标还是产出指标)增加会随着规模的扩大以更大比例上升,但超过该临界值,这种关系则不明显或者为负。Bound 等(1984)发现随着企业规模的上升,研发强度先下降,然后上升(U 形),即大企业与小企业的研发强度大于中等规模的企业。Cremer 和 Sirbu(1978)用法国的企业数据也得到这种关系。对于这种非线性关系,至少可以有三点解释:第一,企业规模与研发并不是简单的线性关系,在有些情况下,中等规模的企业可能会有更好的研发表现。第二,对于某一产业技术环境的讨论,企业组合(或分布)要比单纯地讲企业规模对技术的影响更为睿智。某一产业有利于技术发展的环境应是由一些数量可观的小型的、知识依存型的小企业,以及少数的具有强大实力、能承担一些具有挑战性的研发工作的大企业组成,企业之间通过生产分包、生产者消费者关系、许可生产、研发外包、合作研发、合资企业、并购等方式实现企业间的动态互补(Scherer,1980)。第三,从产业的生命周期来看,不同阶段的创新在创新类型、创新源泉进而大小企业在其中所发挥的作用是不同的,第一阶段的主要创新源为产品创新,其中个人与小企业发挥主要作用,第二阶段的主要创新源为流程创新,大企业发挥主导作用,第三阶段的创新源为系统创新,需要大小企业一起合作(小宫隆太郎,1988)。

随着数据集的丰富,研究者们在回归方程中加入了其他解释变量,如刻画市场结构、企业特征、产业异质性的变量,发现企业规模的影响变得不显著。Acs 和 Audretsch(1987,p.567)发现,对于高度创新产业,资本密集度越高、市场结构越集中、产业平均广告销售比越高,大企业就具有越高的研发量,而其他创新产业则不然。Kraft(1989)讨论了企业的其他特征对企业研发的影响,他选择的创新变量为最近 5 年新开发的产品的销售比例,实证表明,该销售比例与重要竞争对手的数量反向变化,与资本销售比呈正向变化,与经理人拥有至少 25%的股份正向变化,而企业规模变量不显著。Veugelers 和 Vanden Houte(1990)考察企业研发投入销售比的影响因素,发现跨国企业在产业中的销售额对其有负的影响,而企业大小与市场集中度不显著。

由此可见,企业规模与企业研发的关系在实证上是很混乱的。至少可以从以下几方面来理解实证结果的多样性:大量的实证没有关注样本选择问题,如早期的研究主要选取制造业部门最大的 500 到 1 000 个企业,没有正式研发的企业被排除;不同的研发刻画指标,如研发量、研发相对量、研发增长率的决定因素不一样,增加了问题的复杂性与可对比性;大多数研究没有控制产业的异质性,或者控制的程度不一致,它们或者依产业回归,或者添加虚拟变量①,当样本企业从事跨产业经营时,分离或控制产业异质性变得更加困难;由于大多数企业在多个产业内经营,如果数据可得,用营业单位规模而非企业规模则显得更为合理。最后一个致命的缺陷在于,大多数的研究忽略了研发对企业规模的影响,即回归中可能存在内生性问题。

2. 市场结构与企业研发

关于市场结构对企业研发的影响,熊彼特有两个基本观点:给予研发者事后一定程度的垄断能促进企业研发,这与专利法背后的原理一致;事前及事后的寡头垄断市场有利于创新。直觉上,寡头垄断市场具有较少的竞争对手,可以避免过度竞争带来的研发租金耗散;拥有事前垄断的企业具有更强的研发能力。相关的实证主要围绕两个方面:事前的垄断是否会促进企业研发?事后的垄断是否会促进研发?后一个问题取决于创新企业是否有能力对其技术实行专有化,我们留在下一部分讨论。

有关事前市场结构对研发的影响,在理论上是模糊的,熊彼特支持集中的市场结构对研发的促进作用;而阿罗(1962)认为竞争的市场结构能够给企业带来更大的研发激励;还有一种折中的理论,即研发强度与市场集中度呈现倒 U 形,即适度集中的产业结构更有利于企业创新。Greer(1992)认为中度集中的市场可以实现研发能力与市场激励的平衡。因为高度集中的市场结构会带来研发惰性,高度竞争的市场结构中,企业具有较弱的研发能力,而适度集中的市场结构可以实现能力与市场激励的有效组合。

实证结论也是不确定的。有些实证得到了二者正的相关性(注意并不代表因果性),有些得到了负的相关性。大量的研究表明,市场集中度与研发呈倒 U 形关系,如 Scherer(1967)发现研发雇员占全体雇员的比例随着产业集中度的上升而上升,当四企业集中率(CR_4)超过50%—55%时,该比例随着集中度的继续上升而下降。Scott(1984)的研究表明,竞争性的寡头(competitive oligopoly)具有最高的研发投入,即市场集中度与研发呈倒 U 形关系,在 CR_4 小于64%之前,研发支出随着集中度的上升而上升,随后下降。

与企业规模相关的实证研究类似,至少有两个问题需要注意。第一是需要考虑产业的异质性。如将产业分为高技术产业与低技术产业。高技术被定义为具有较低的研发成本、较小的不确定性,以及较慢的模仿速度,此时,研发企业可

---

① 虚拟变量的采用进一步取决于采用的产业分类层级,大多数的研究采用两位数标准产业分类,这会带来测量误差,因为三级或四级产业间还存在较大的异质性。如果采用三位数或四位数标准产业分类(建立虚拟变量),则仍然存在系统性偏误,因为一些企业的非主营业务可能在其他的产业。

以得到高额收益,市场垄断性增强会减少市场激励,并不能显著增加企业能力,因而,会使企业研发强度降低。而低技术恰好相反(具有较高的开发成本、较大的不确定性、较快的扩散速度),产业集中度提高有利于提高创新的价值,同时有利于增加企业的研发能力(Angelmar,1985)。Lunn 和 Martin(1986)将产业分为高技术机会产业与低技术机会产业,发现两类产业的研发投入与价格成本比呈反向变化,体现了垄断带来的研发惰性。在低技术机会产业中,大企业及较高的市场集中度能带来更高的研发投入;在高技术机会的产业中,市场集中度对研发没有显著影响。

第二个问题是内生性及遗漏变量问题,即企业研发与市场结构是相互决定的。Phillips (1966)考察了企业创新对产业结构的影响,利用对民航机研发的案例分析,他发现了研发对市场结构的影响,并为随后的创新提供条件,对这种相互因果关系作了精彩的说明(Phillips,1971)。[①] Dasgupta 和 Stiglitz(1980)认为,市场结构并不能决定研发的多少与属性,企业研发及市场结构是由一些更基本的因素,如需求、资本市场等内生决定的。

由上可知,考察市场结构、企业规模对研发影响的实证,结论不一且不稳健,一个关键的原因是存在遗漏变量问题,因此,我们需要探寻一些更为重要的影响因素:产业的异质性,如产业的需求、技术机会及专有性条件;企业的异质性,如供给关系、消费者供应关系、技术合作、企业组织、职工培训等。

三、其他影响因素

现实中,企业研发是一个极为复杂的过程。Jewkes 等(1958)考察了 61 个创新案例,发现创新是在不同规模、不同比较优势、不同特征的企业之间的交互作用下进行的。因而,为了刺激研发,并不存在最优的企业规模,而是这样一种企业组合,这些企业具有不同的规模、特征,但它们结合起来可以保证高效的聚集,并商业化新的思想。研究者们想进一步引入其他的影响研发的变量,如企业之间的合作研发;企业与其他机构,如大学、政府的分工与合作;上下游企业之间的关联;企业与消费者的关系等。尽管如此,至今还没有提出一般性的分析框架,它能涵盖企业特征变量、产业特征变量,以及两者的交互作用。我们尝试着对那些已经被人们关注到的影响因素进行梳理、介绍。首先讨论产业层面的因

[①] 这一点在企业增长模型中体现得较为明显。创新可以通过使企业成长,或通过扩大企业有效规模来改变市场结构,一些研究表明,创新对市场结构的短期影响部分地取决于创新的源泉是在位企业还是新进入的企业。

素,以控制产业异质性,它包括技术机会、专有性条件以及市场需求[1],然后讨论企业的异质性,如供给关系、消费者—供应商关联、技术合作、企业组织、员工培训等。

(1) **技术机会**(technological opportunity)。我们发现,有些产业较其他产业更"容易"或更依赖创新,如制药业所需要的技术创新要明显高于纺织业。事实上,我们对于技术机会的定义及其可操作性的度量认识还不够。在新古典框架下,技术机会被定义为,利用研发资源创造出新的生产方式,而这种方式依然需要采用传统的投入要素。在模型处理上,技术机会通常被定义为生产函数中的一个或几个参数,在这个生产函数中,研发资源会影响知识存量,知识存量与传统投入要素一道进入生产函数,或者表现为单位成本对研发投入的弹性(Dasgupta 和 Stiglitz,1980a; Spence,1984)。想要识别不同产业的技术机会参数,需要询问各个产业的研发参与者,因为他们对于该产业的技术机会以及技术进步约束有较全面的信息。但这种基于单个产业研究得到的技术参数是否能用于跨产业研究,还有待商榷。Pakes 和 Schankerman (1984)在这方面作了努力,但不能分离技术机会与技术专有性(两者经常混杂在一起),也不能得到具体的技术机会参数。Scherer (1965a)从科学与技术的关联出发,将产业进行了分类(化学、电力、机械),由此捕捉不同产业在获取及利用基础科学与技术知识方面的差异。尽管只是把产业粗略地划分为几个技术群,但实证表明,这种划分能有力地解释大部分专利活动。当然还可以运用其他变量来刻画技术机会,如科学与技术雇员分布;依专利种类(被解释变量)将样本分为不同的技术机会群;或采用变量组,如产业年龄、投向基础研究的研发部分、政府研发部分的比例对产业进行分组(Levin 和 Reiss,1984)。

另外,产业的技术机会还体现在对基础知识(或通用型知识)的利用程度以及对其他技术外溢的吸收能力上。Levin 等 (1987)采访了 130 个行业的研发经理,发现基础科学与应用科学能有力地促进产业技术进步,产业的外部技术知识来源,如大学、专业协会、政府部门、实验室的作用与产业的技术机会同样重要。产业间技术外溢也会影响产业技术机会,如相关产业之间的技术外溢,企业与大学之间的合作研发。产业内技术外溢也会影响企业研发,正的技术外溢使得研发成本降低。另外,政府通过投资、对研发企业进行补贴、政府购买,也会影响产业的技术机会。

(2) **产业需求**。需求可以推动研发是很符合直觉的。当创新成本既定时,

---

① 一些学者认为它们是基础性的决定因素,并不在于它们相对于企业规模、市场结构具有外生性,而只是说明它们的变化相对较慢,可以近似地理解为外生的。

可以预期较大的市场以及具有更快增长率的市场可以引发更多的创新。另外，需求的价格弹性会影响研发投资的边际收益。例如，需求弹性越大，流程创新所获得的收益越大（Kamien 和 Schwartz，1970）；需求越没有弹性，产品创新所获得的收益越大（Spence，1975）。因而，在没有区分流程创新与产品创新的前提下，价格弹性的影响是不确定的。需求的影响可以得到一些实证的支持，如 Schmookler（1962，1966）的研究表明，资本品的产出周期与下游产业的资本支出周期推动了资本品专利（申请或授予）周期，因而是需求而非技术发展推动了研发活动的内容与速度。Scherer（1982）将技术机会与产业需求结合起来，考察它们对专利活动的影响，发现两者都显著，但技术机会能够解释更多的研发波动。Walsh（1984）进一步考察了需求与供给因素的互动，即相对外生的重大技术进步刺激了需求，需求反过来促进增量的技术创新。

在理论上，衡量对创新产品的需求存在一定困难。如果创新产品是中间品，可以通过下游市场需求及其生产函数进行推断；如果是质量改进型创新，可以从一些质量进入效用的需求分析中得到启示，但这些分析方法不大适用于跨产业分析；而如果是引入一种新产品或服务，需要对潜在的市场需求进行预测。但在实证中，一般采用销售额以及销售额的增长率、区分耐用品与非耐用品、区分投资品与消费品，或者是参照投入产出表中的产品分类（个人消费、中间使用、出口部分等）来刻画需求。

（3）**专有性条件（appropriability）**。不同产业的技术外溢的程度或被模仿的概率不一样。因此，不同产业对专利的依赖程度不一样。事实上，专利只在少数产业中具有刺激研发的作用，因为有些产业，要么模仿成本很高，要么创新企业可以通过其他方式来回收研发成本。Taylor 和 Silberston（1973）考察了英国的制药产业、化学产业、机械产业及电子产业，这四个产业依赖于专利保护的研发分别为 60%、15%、5%、不足 1%。Mansfield（1986）的调查数据覆盖了 12 个产业部门，数据显示，如果没有专利保护，65% 的制药发明及 30% 的化学产品发明就不会被引入；石油、机械和金属制品中 10%—20% 的商业发明依赖于专利保护，电气设备、仪器、基本金属产业中，只有不到 10% 的创新依赖于专利保护，办公设备、汽车、橡胶、纺织品产业中的创新基本不依赖于专利保护。

刻画产业的专有性，一个直接的方法是考察产业的专利依存性。一般以美国产业的技术特征为标尺，如计算美国各个产业的专利申请强度（专利数/销售额或专利数/产值）来近似地替代其他国家对应产业的专利依存性。如果同时控制国家固定效应，则假定弱化为，其他国家的产业间的相对专利依存性与美国类似。它通常与知识产权结合起来分析。

在实证中，研究者们主要通过以下方式来控制产业的异质性：进行分行业讨论,由于在某一行业内的企业面临着类似的技术机会,因而绕开了产业的异质性;可以在回归中加入行业虚拟变量来控制产业异质性;进行国际对比,如一些研究以美国的产业技术特征为标尺,来近似地替代本国的产业技术异质性。受数据限制,一般很难同时得到刻画产业技术机会、需求、可专有性的相关指标。

既有的实证存在一些不足,如它们没有控制住合意的、刻画企业特征的解释变量。采用固定的企业效应与固定的产业效应进行回归,可以发现两者具有类似的解释力,但研究者们经常用到的企业特征变量,如现金流量与多样化经营,只能解释研发变动的不到10%,而刻画产业特征的变量(需求、技术机会及专有性)可以解释研发变化的50%,因而,需要进一步挖掘其他具有解释力的企业特征变量。以下提供了一些可以尝试的企业特征变量。

(4) **现金流**。研发是一项耗费巨大的投资,公司的现金流反映了企业内部融资能力,有些实证表明现金流有利于企业研发,但对于这一变量产生了一些质疑,如它可能是以前研发投资的结果,而不是促进研发的因素(Branch,1974)。对于资金流的扩展研究可以深入到企业的融资方式,即是通过银行融资还是股票市场融资。后一种融资方式有可能丧失或削弱企业的控制权,进而影响企业的研发策略。

(5) **经营多样化**。经营多样化会影响研发类型,如它更适应于基础研发,由于基础研发的成果具有一般性,且具有外部性,多样化经营有利于企业运用该项技术成果,并将技术外部性内部化(Nelson,1959)。Scherer(1965a)发现多样化经营有利于企业研发,但在他的回归中,这种多样化经营捕捉到的是产业间的异质性;Scott和Pascoe(1987)将多样化经营区分为有目的,即进入与其相关的产业,以及目的性不是很明确的多样化经营,发现两者的作用效果不一致;MacDonald(1985)考察了研发对多样化经营的影响,探询企业研发与多样化经营的双向因果关系。但得到的结论并不稳健,因为刻画现金流及多样化经营的数据较为粗糙,也没有考虑产业的异质性。

(6) **供给关系**。这里涉及企业是否进行生产或研发外包,进而对研发的影响。企业对业务进行外包,至少存在三个动机:外包能够降低成本;将一些附加值低的环节外包出去;外包不能削弱企业的核心竞争力,无论是短期还是长期的,尽管两者可能存在冲突。企业将一些附加值低的环节分包出去,可能会削弱企业的隐性知识或长期竞争力,此时,比较好的方式是与上游企业建立合作关系,并以双方互信为基础,这样有利于形成正和博弈。但识别长期核心竞争力是困难的,有时会出现时间不一致。因此,外包对企业的研发是不确定的。

(7) **消费者—供应商关联**。一些研究表明,消费者的反馈和参与对于研发很重要(Shaw,1993)。充分利用消费者的信息有利于产品创新。研发者将从这个过程中获益:可以在原有的设计中引入消费者的要求,设计具有性价比的创新产品,甚至出现由消费者驱动的产品创新。

(8) **技术合作与研发**。技术合作是企业之间将互补的研发资源整合起来,进行联合研发。从合作企业在产业链中的布局,可以将研发合作分为垂直合作,即上下游企业之间的合作,以及水平合作,即同一生产层级企业之间的合作。前一种合作一般会增进效率,合作企业间可以形成正和博弈。而在水平合作中,基于联合研发成果的所有权以及成本的分配可能会引发争议,同时,企业之间的竞争关系也会影响企业之间的研发合作。而企业是否进行合作研发以及采用怎样的组织形式,会影响各方的研发投入。

(9) **企业组织**。不同的组织结构适应于不同类型的创新,如 Burns 和 Stalker(1966)将企业组织分为机械型组织(mechanistic)与有机式组织(organic),前者主要为层级制,以服从命令为主,后者避免精确的任务描述,具有一定的灵活性,有利于发挥员工的主动性。Lansley 等(1974)对企业组织的分类更加细致,依协调能力、控制强度将企业组织分为四类,低协调能力与高控制能力的为机械型,高协调能力与高控制能力的为官僚型(bureaucratic),高协调能力与低控制能力的为有机型,低协调能力与低控制能力的为无政府主义型(anarchic)。Hull (1988)从研发技术的复杂性以及研发规模两个维度考察了不同类型企业所具有的比较优势,主要推论是,随着技术复杂程度的不断提高,有机型的组织结构(高协调能力低控制程度)具有比较优势。因为有机型的企业组织可以促进信息流的自由传播,保持自下至上的动力以及较高水平的承诺;允许各个职能部门相互作用,将技术信息、市场信息、生产信息整合起来。因而,动态的研发效率与企业组织紧密相关。

(10) **产业关系**。产业关系涉及企业与员工的生产关系。它可以从动机、过程、结果等三个方面来影响研发。研发的动机在于减少劳动成本或增加管理控制,这都会对技术类型,如节约劳动(资本)的技术的发展或引进带来影响。过程对研发的影响主要体现在,企业在引入新技术之前,通常需要征求工人的意见,依法律不同,可以由不同的工人代表进行谈判,可以由直接受到影响的工人代表,也可以由工会代表。产业关系对研发结果的影响体现在三个方面:引进与否;推迟引进或增加引进成本;对引进的技术带来扭曲等。

(11) **员工培训**。创新与劳动者技能相辅相成,而职工技能一般是由培训产生的,培训可以有两个层面:宏观层面,政府为培训提供一些基础设施;微观层面,企业为员工提供相应的职业培训。劳动力技能水平会影响研发投入、创新引进与技术吸收。

从笔者所掌握的文献来看,还没有出现针对企业研发决定因素的一般性框架,即这些影响因素包括一些传统的变量,如企业规模、市场结构,以及后来被人们重视的变量,如刻画产业异质性的变量(技术机会、需求、可专有性),以及一些具有解释性的企业特征变量。很大原因在于数据获取困难。如果数据允许,建立一个一般性的实证框架是可能的,也是有必要的。

扩展阅读

创新的其他分类

经济增长理论通常将技术创新分为三类:中性的技术创新,即技术创新不会引起(资本与劳动间)边际技术替代率的变化,为了生产同一产量,可以节约相同比例的劳动与资本。劳动节约型技术创新,它使得资本边际产量与劳动边际产量之比增大(资本更有效率,从而促进了资本对劳动的替代),因而,为了生产同一产量,与资本相比,劳动节约的程度更高。第三种是资本节约型技术变动。它与第二种类型相反,技术变动引起了资本的节约。[①] 其他的分类,如 Freeman(1997)依创新的影响程度将创新分为渐进创新(incremental innovation)、剧烈创新(radical innovation)、技术体系变革(change of technology system)、技术—经济范式变革(change of techno-economic paradigm),多西(1992,pp.58—60)将其归纳于下表:

类型	含义	创新源泉	创新影响	案例
增量创新	连续创新,在各个行业出现	干中学,用中学	提高生产要素效率,保持生产率稳定增长	杜邦人造纤维
基本创新	在企业、大学及政府实验室产生,不均衡分布	正式的研究与开发活动	较为局部	尼龙、合成材料
技术体系变革	对各个经济领域产生影响,导致全新部门出现	机构创新和管理创新	相对广泛	石油化工创新和机械创新
技术经济模式变革	对整个经济行为产生深远影响	若干新技术体系	从根本上影响整个经济	蒸汽机创新、信息技术创新

---

① 最初的定义来自 Hicks(1963):"……依据发明的初始效应是使资本边际产量与劳动边际产量之比增大、保持不变或减少来对它们进行分类,可以把这些发明分别称为'节约劳动的'、'中性的'、'节约资本的'。"这种定义的兴趣在于考察技术进步对收入分配的影响。而在增长理论中,通常采用中性的技术进步(如 C-D 生产函数),利用余值方法来研发经济增长。

本章小结

1. 产业组织理论将创新分为产品创新与流程创新,产品创新是指发明一种新的产品与服务,或对既有产品进行质的改进。流程创新主要指降低生产成本的创新。依成本降低的幅度,可以将它进一步分为剧烈的、增量(或非剧烈)的创新。

2. 创新具有公共品性质,即一些创新成果很容易被模仿;具有正的外溢性,社会收益大于私人收益。这两点加起来,可能使市场主导下的创新低于社会最优。同时,创新具有公共地特征,企业为了获得创新的先行优势,会进行研发竞争,因而,也有可能出现研发过度。

3. 不同的市场结构为企业提供的研发激励是不一样的,熊彼特(1942)认为集中的或趋向于垄断的市场结构更能促进企业研发;阿罗(1962)发现,在完全竞争的市场结构下,企业赋予创新更高的价值,因而更愿意进行研发;而在可竞争市场中,处于垄断地位的先行企业迫于竞争压力,具有比跟随企业更大的研发激励,可以克服阿罗模型中的自替代效应。

4. 由于创新的公共品属性具有正的外溢性,由市场推动的研发是不足的。因而,政府需要一些措施来鼓励企业研发,如通过提供专利保护、鼓励联合研发、奖励、采购等方式促进企业研发,考虑到创新的重要性,国家需要建立与完善创新体系。

5. 专利制度的基本权衡,即静态低效与动态高效决定了存在一个最优的专利制度设计。专利也可以被企业策略性地使用,如企业通过专利竞争、专利搁置、专利许可等方式来赢得市场主动。

6. 基于研发有大量的实证研究,主要集中于讨论企业规模与市场结构对研发的影响,实证结论是混乱的。相关的扩展体现在引入产业异质性,以及挖掘更多企业层面的特征变量上。

思考题

1. 对于剧烈创新与非剧烈创新的另一种定义:如下图所示,令 $r(Q(c_0))$ 为在原有生产成本下垄断企业所获得的边际收益,或称为参考价值,如果 $\underline{c} < (>) r(Q(c_0))$,称为剧烈(非剧烈)的流程创新。证明这种定义与正文中定义的等价性。

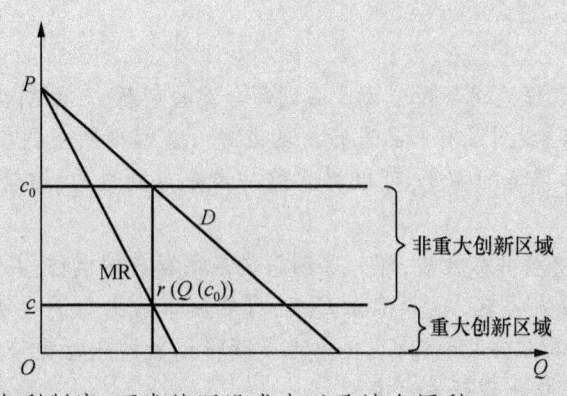

2. 考虑专利制度、研发的沉没成本以及社会福利。

在完全竞争的市场环境下,a. 没有专利保护,且技术存在较大的外溢;b. 存在严格的专利保护。分析在两种条件下,研发投入相对于社会最优水平是过低还是过高?为什么?如果是寡头竞争市场结构,情况又怎样?可竞争市场呢?(结合本章所讲的理论,用文字表述即可,并说出经济学直觉。)

3. 垄断企业在不同情况下申请专利的激励强度。

假定有两家企业,一家为在位企业,一家为潜在进入企业。如果潜在企业不进入,在位企业获得垄断利润 π_m,如果潜在企业进入,两企业的利润相等,均为 π_D,试写出:

(1) 在位企业申请专利的激励大小,它比潜在进入企业大吗?

(2) 引入不确定性:如果潜在进入企业进入的概率为 $1-p$。试求在位企业申请专利的动力,并与跟随企业对比。

(3) 考虑到研发的种类:如果研发可以产生剧烈创新,即研发成功可以获得垄断利润 π_m,试比较两企业的研发激励。

4. (Nordhaus,1969;Scherer,1972)假定市场需求函数为 $p=a-Q$,市场上有两企业,企业之间进行价格竞争。其中一个企业可以通过投入研发资金 x 进行流程创新,将成本由原来的 c 下降到 $c-x$,此投入是昂贵的,投入成本为 $TC(x)=x^2/2$。为简单起见,假设该创新为增量创新。专利保护期为 T,时间贴现因子为 ρ。试证明:

(1) 企业的最优研发投入量为:

$$x^* = (1-\rho^T)(a-c)/(1-\rho)$$

(2) 最优的专利保护期是有限的。

5. 在 Shy(1996) 的分析框架中,我们假定企业会进行重复博弈,直到有一家企业研发成功。定义 $T(n)$ 为至少有一家企业研发成功的日期。$ET(n)$ 为相应的期望值。如果只有 $n(=1,2)$ 家企业进行研发,试证明:$ET(1)=1/a$;$ET(2)=1/a(2-a)$。并说明其中的经济学直觉,是什么因素推动了研发成果的较早到来。

6. 本题旨在说明企业需要用研发来进行进入抵制(Dasgupta 和 Stiglitz,1980)。

假设某一产业由 n 家企业组成,企业之间进行产量竞争。在这个经济环境中,企业可以控制两个变量:产量水平 q_i,研发投入 x_i(亦为研发成本),其效果是减少单位生产成本(流程创新),即单位成本 $c(x_i)$ 为 x_i 的函数。

(1) 写出企业的规划问题。

(2) 求出企业的产量决定方程。

(3) 求出企业的研发投入决定方程。

(4) 试分析 x^* 与 n 的比较静态关系。

(5) 假定研发市场是完全竞争的,试推导关系式:$n^* x^*/P(Q^*)Q^* = 1/n^* \eta$,即研发密度与市场竞争程度负相关。

7. 考察新产品开发的专利搁置(正文中讨论的是流程创新)。

假设市场上有一家在位企业 1,企业 2 为潜在的进入企业(存在大量的潜在进入企业)。企业 1 在产品 1 上具有垄断势力,如果没有新产品 2(假定产品 1 与产品 2 为替代品),在位企业的当期利润为 $\pi_i(p_i^1)$。引入新产品 2 的成本为 $C(T)$,其中 T 为新产品引入的时间,为简单起见,$C(T)$ 对于两个企业都是相同的。如果新产品不被引入,企业 1 为市场的垄断者,每期获得利润 $\pi_i(p_i^1)$,如果新产品由在位企业引入,在位企业为垄断者,每期收益为 $\pi_i(p_i^1, p_i^2)$。如果新产品由潜在企业 2 引入,则企业 2 进入市场,获得利润 $\pi_e(p_i^1, p_e^2)$,在位企业的利润水平为 $\pi_i(p_i^1, p_e^2)$。(注:这里的利润水平没有包括申请专利的成本 $C(T)$。)

试写出:

(1) 在位企业当期申请专利的条件是什么?

(2) 如果不考虑潜在进入者,在位企业对专利进行搁置的条件是什么?

(3) 潜在研发进入者的研发均衡条件是什么?(令时间贴现因子为 r。)

(4) 试写出在位企业抢先获得专利或对专利进行搁置的条件。

8. 考虑两寡头垄断企业,在未采用新技术前,两企业的利润流为 $\pi > 1$,采用一项新技术的成本为 C,且 $1 < C < (1+r)/r, r$ 为利息率。如果一企业率先采用该技术,利润流增大为 $\pi + 1$,跟随企业的利润流为 $\pi - 1$。如果两企业均采用该技术,利润流均为 π,即创新租金在竞争中全部耗尽。

(1) 已知该博弈存在多重均衡。试证明两企业均在第一期采用,以及两企业均不采用新技术都为均衡解。

(2) 如果引入专利,会对技术采用时间有什么样的影响?

9. 如果你现在有一个很好的发明,比如说是有关于太阳能利用的发明。请设想,你在一个有专利保护以及没有专利保护的世界中,将如何利用你的发明?并分析有无专利制度对行业效率的影响。为了简单起见,假设你不具备将发明投入生产的能力。

进一步阅读文献

[1] Carlton, D. W. and J. M. Perloff(2000), *Modern Industrial Organization*, third edition, New York: Addison-Wesley, Chapter 16.

[2] Dogson, M. and R. Rothwell (1996), *The Handbook of Industrial Innovation*, Edi., Edward Elgar Publishing Limited, US, Part 3.

[3] Greer, D. F. (1992), *Industrial Organization and Public Policy*, third edition, Macmillan Publishing, chapter 23,24.

[4] Pepall, L., D. J. Richards and G. Norman(1999), *Industrial Organization: Contemporary Theory and Practice*, South-Western College Publishing, U. S., Chapter 11.

[5] Polenske, K. R. (2007), *The Economic Geography of Innovation*, part 1, edi., Cambridge University press, United Kingdom.

参考文献

[1] 多西等(1992),技术进步与经济理论,钟学以译,经济科学出版社.

[2] 刘志彪,安同良(2009),现代产业经济分析(第三版),南京大学出版社,第9章.

[3] 骆品亮(2006),产业组织学,复旦大学出版社,第12章.

[4] 石磊,寇宗来(2003),产业经济学(卷一),上海三联出版社,第10章.

[5] 唐晓华(2007),产业经济学教程,经济管理出版社,第8章,第10章.

[6] 王俊豪(2008),产业经济学,高等教育出版社,第5章.

[7] 王述英,白雪洁,杜传忠(2006),产业经济学,经济科学出版社,第5章.

[8] 吴汉洪(2008),产业组织理论,中国人民大学出版社,第10章.

[9] 吴季松(1998),21世纪的新趋势——知识经济,北京科学技术出版社,第6页.

[10] 肖志兴,张嫚(2007),产业经济学,首都经济贸易大学出版社,第15章.

[11] 小宫隆太郎等(1988),日本的产业政策,国际文化出版公司,第226页.

[12] 杨公朴,于春晖(2005),产业经济学,复旦大学出版社,第8章.

[13] Acs, Z. J. and D. B. Audretsch(1988), Innovation in large and small firms: An empirical analysis, *The American Economic Review*, 78(4),678—690.

[14] Acs, Z. J. and D. B. Audretsch (1987), Innovation, market structure, and firm size, *The Review of Economics and Statistics*, 69(4), 567—574.

[15] Acs, Z. J. and D. B. Audretsch(1990), *Innovation and the Small Firm*, Cambridge, MA: MIT press.

[16] Aghion, P. and J. Tirole(1994), The management of innovation, *The Quarterly Journal of Economics*, 109(4), 1185—1209.

[17] Angelmar, R. (1985), Market structure and research intensity in high-technological-opportunity industries, *The Journal of Industrial Economics*, 34(1), 69—79.

[18] Bernstein, J. I. (1989), The structure of Canadian inter-industry R&D spillovers, and the rates of return to R&D, *The Journal of Industrial Economics*, 37(3),315—328.

[19] Bound, J. , C. , Cummins, Z. , Griliches, B. H. , Hall and A. Jaffe (1984),Who does R&D and who patents? in: Z. Griliches, ed. , *R&D Patents, and Productivity*, Chicago: University of Chicago Press for the National Bureau of Economic Research.

[20] Branch, B. (1974), Research and development activity and profitability: A distributed lag analysis, *Journal of Political Economy*, 82,999—1011.

[21] Brodley,J. F. (1990),Antitrust law and innovation cooperation, *The Journal of Economic Perspectives*, 4(3), 97—112.

[22] Bruns,T. and G. Stalker(1966), *The Management of Innovation*, Tavis-

tock, London.

[23] Caballero, R. J. and A. B. Jaffe(1993), How high are the giants' shoulders: An empirical assessment of knowledge spillovers and creative destruction in a model of economic growth, *NBER Macroeconomics Annual*, 8, 15—74.

[24] Chou, C. F. and O. Shy(1991), New product development and the optimal duration of patents, *Southern Economic Journal*, 57(3), 811—821.

[25] Chou, C. F. and O. Shy(1993), The crowding-out effects of long duration of patents, *The RAND Journal of Economics*, 24(2), 304—312.

[26] Cohen, W. M. and R. C. Levin(1989), Empirical studies of innovation and market structure, *Handbook of Industrial Organization*, 2, 1059—1107, Chapter 18.

[27] Cohen, W. M. , R. C. Levin, and D. C. Mowery(1987), Firm size and R&D intensity: A re-examination, *Journal of Industrial Economics*, 35, 543—563.

[28] Comanor, W. S. (1967), Market structure, product differentiation, and industrial research, *Quarterly Journal of Economics*, 81, 639—657.

[29] Cremer, J. and M. Sirbu (1978), Une analyse économétrique de l'effort de recherche et développement de l'industrie Française, *Revue Économique*, 29, 940—954.

[30] Dasgupta, P. and J. E. Stiglitz, (1980a), Industrial structure and the nature of innovative activity, *Economic Journal*, 90, 266—293.

[31] Dasgupta, P. and J. Stiglitz(1980), Uncertainty, industrial structure, and the speed of R&D, *The Bell Journal of Economics*, 11(1), 1—28.

[32] D'Aspremont, C. and A. Jacquemin(1988), Cooperative and noncooperative R&D in duopoly with spillovers cooperative and noncooperative R&D in duopoly with spillovers, *The American Economic Review*, 78(5), 1133—1137.

[33] DeBresson, C. (1996), *Economic Interdependence and Innovative Activity*, Cheltenham: Edward Elgar.

[34] Demsetz, H. (1969), Information and efficiency: Another viewpoint, *Journal of Law and Economics*, 12(1), 1—22.

[35] Denicolò, V. (1996), Patent races and optimal patent breadth and length patent races and optimal patent breadth and length, *The Journal of Industrial Economics*, 44(3), 249—265.

[36] Denicolò, V. (2000), Two-stage patent races and patent policy two-stage patent races and patent policy, *The RAND Journal of Economics*, 31(3), 488—501.

［37］ Dixit,A. (1979), A model of duopoly suggesting a theory of entry barriers,*The Bell Journal of Economics*, 10(1), 20—32.

［38］ Edwards,K. L. and T. J. Gordon(1984), *Characteristics of Innovations Introduced on the US Market in 1982*,Washington, D. C.：Future groups for the US small business administration.

［39］ Fershtman, C. and N. Gandal(1994),Disadvantageous semicollusion,*International Journal of Industrial Organization*,12(2), 141—154.

［40］ Fisher F. M. and P. Temin(1973), Returns to scale in research and development：What does the Schumpeterian hypothesis imply? *The Journal of Political Economy*, 81(1), 56—70.

［41］ Freeman, C. and L. Soete(1997), *The Economics of Industrial Innovation*,London and Washington.

［42］ Galbraith, J. K. (1957), *American Capitalism*, Hamilton, London.

［43］ Gallini,N. T. and A. R. ,Winter(1985),Licensing in the theory of innovation licensing in the theory of innovation,*The RAND Journal of Economics*, 16(2), 237—252.

［44］ Gellman Research Associates (1976), Indicators of international trends in technological innovation, prepared for the national science foundation, Washington DC.

［45］ Gilbert, R. and C. Shapiro(1990), Optimal patent length and breadth, *The RAND Journal of Economics*, 21, 106—112.

［46］ Gilbert, R. J. M. David and G. Newbery(1982),Preemptive patenting and the persistence of monopoly,*The American Economic Review*, 72(3),514—526.

［47］ Gort,M. and S. Klepper(1982),Time paths in the diffusion of product innovations,*The Economic Journal*, 92(367),630—653.

［48］ Greenspan,A. (2001),The challenge of measuring and modeling a dynamic economy,presented at the Washington economic policy conference of the national association for business economics,Washington,DC.

［49］ Griliches,Z. (1957),Hybrid Corn：An exploration in the economics of technological change,*Econometrica*,25(4),501—522.

［50］ Griliches,Z. (1990),Patent statistics as economic indicators：a survey, *Journal of Economic Literature*, 28(4), 1661—1707.

［51］ Grossman, G. M. and C. Shapiro (1987), Dynamic R&D competition, *The Economic Journal*, 97(386), 372—387.

[52] Harberger, A. C. (1954), Monopoly and resource allocation, *American Economic Review*, 44, 77—87.

[53] Hausman, J., B. H. Hall, and Z. Griliches (1984), Econometric models for count data with an application to the patents—R&D relationship, *Econometrica*, 52, 909—938.

[54] Hull, F. (1988), Inventions from R&D: Organizational designs for efficient research performance, *Sociology*, 22(3), 393—415.

[55] J. R. Hicks(1963), *Theory of Wages*, MacMillan, London.

[56] Jewkes, J., D. Sawers, and R. Stillerman(1969), *The Sources of Invention*, 2nd ed., New York: W. W. Norton, 28.

[57] John F. and R. Harter(1993), Differentiated products with R&D, *The Journal of Industrial Economics*, 41(1), 19—28.

[58] Jovanovic, B. and S. Lach(1989), Entry, exit, and diffusion with learning by doing, *The American Economic Review*, 79(4), 690—699.

[59] Kamien, M. I. and I. Zang(2000), Meet me halfway: research joint ventures and absorptive capacity, *International Journal of Industrial Organization*, 18(7), 995—1012.

[60] Katz, M., and C. Shapiro (1985), On the licensing of innovation, *The RAND Journal of Economics*, 16, 504—520.

[61] Katz, M. L. and C. Shapiro (1985), On the licensing of innovations, *The RAND Journal of Economics*, 16(4), 504—520.

[62] Katz, M. L. and C. Shapiro(1987), R and D rivalry with licensing or imitation R and D rivalry with licensing or imitation, *The American Economic Review*, 77(3), 402—420.

[63] Katz, M. L. and C. Shapiro(1986), How to license intangible property how to license intangible property, *The Quarterly Journal of Economics*, 101(3), 567—589.

[64] Kleinknecht, A. and D. Bain(1993), *New Concepts in Innovation Output Measurement*, New York: St. Martin's Press.

[65] Klemperer, P. (1990), How broad should the scope of patent protection be? *The RAND Journal of Economics*, 21(1), 113—130.

[66] Kohn, M. and J. T. Scott(1982), Scale economies in research and development, *The Journal of Industrial Economics*, 33(3), 239—249.

[67] Kraft, K. (1989), Market structure, firm characteristics and innovative

activity, *The Journal of Industrial Economics*, 37(3),329—336.

[68] Levin, R. , et al. (1986), Survey research on R&D appropriability and technological opportunity, Part I: Appropriablity, Yale University.

[69] Loury G. C. (1979), Market structure and innovation, *The Quarterly Journal of Economics*, 93(3),395—410.

[70] Lunn, J. and S. Martin(1986), Market structure, firm structure, and research and development, *Quarterly Review of Economics and Business*, 31—44.

[71] Mansfield (1971), Industrial research and technological innovation; E. Mansfield, J. Rapoport, J. Schnee, S. Wagner, and M. Hamburger, Research and innovation in the modern Corporation.

[72] Mansfield, E. , et al. (1977), Social and private rates of return from industrial innovations, *Quarterly Journal of Economics*, 91, 221—240.

[73] Mansfield, E. (1968), *Industrial Research and Technological Innovation—An Econometric Analysis*, New York: Norton.

[74] Mansfield, E. (1985), How rapidly does new industrial technology leak out? *The Journal of Industrial Economics*, 34(2),217—223.

[75] Mansfield, E. , J. Rapoport, A. Romeo, S. Wagner and G. Beardsley (1977), Social and private rates of return from industrial innovations, *The Quarterly Journal of Economics*, 91(2),221—240.

[76] Mansfield, E. , M. Schwartz and S. Wagner(1981), Imitation costs and patents: an empirical study, *The Economic Journal*, 91(364),907—918.

[77] Nelson, R. R. (1959), The simple economics of basic scientific research, *Journal of Political Economy*, 67,297—306.

[78] Nordhaus, W. D. (1997), Traditional productivity estimates are asleep at the (technological) switch, *The Economic Journal*, 107(444),1548—1559.

[79] Organization for economic cooperation and development(OECD)(1997), Oslo Manual(revised), http://www. tubitak. gov. tr/tubitak_content_files/BTYPD/kilavuzlar/Oslo_Manual_Third_Edition. pdf.

[80] Pakes, A. and M. Schankerman(1984), An exploration into the determinants of research intensity, in: Z. Griliches, ed. , *R&D*, *Patents*, *and Productivity*, Chicago: University of Chicago Press for the National Bureau of Economic Research.

[81] Phillips, A. (1971), *Technology and Market Structure*, Lexington, Mass. : D. C. Heath.

[82] Salant, S. W. and G. Shaffer (1998), Optimal asymmetric strategies in research joint ventures, *International Journal of Industrial Organization*, 16, 195—208.

[83] Sawers, D. and R. Stillerman (1959), *The Sources of Invention*, Martin's Press, New York, 73.

[84] Schankerman, M. and A. Pakes (1986), Estimates of the value of patent rights in European countries during the post—1950 period, *Economic Journal*, 96, 1052—1077.

[85] Scherer, F. M. (1965a), Firm size, market structure, opportunity, and the output of patented inventions, *American Economic Review*, 55,1097—1125.

[86] Scherer, F. M. (1965b), Size of firm, oligopoly, and research: A comment, *Canadian Journal of Economics and Political Science*, 31,256—266.

[87] Scherer, F. M. (1967), Market structure and the employment of scientists and engineers, *American Economic Review*, 57,524—531.

[88] Scherer, F. M. (1980), *Industrial Market Structure and Economic Performance*, 2nd ed. Chicago: RAND McNally.

[89] Scherer, F. M. (1982), Demand-pull and technological innovation: Schmookler revisited, *Journal of Industrial Economics*, 30,225—237.

[90] Scherer, F. M. (1984), *Innovation and Growth: Schumpeterian Perspectives*, Cambridge, Mass. : MIT Press.

[91] Schmookler,J. (1966), *Invention and Economic Growth*, Harvard University Press,48—51.

[92] Schumacher,E. F. (1973), *Small is Beautiful*, Harper and Row,London.

[93] Schumpeter, J. A. (1942), *Capitalism, Socialism, and Democracy*, New York: Harper.

[94] Schumpeter,J. A. (1934), *The Theory of Economic Development*, Cambridge,MA:Harvard University Press.

[95] Scott,J. (1984), Firm versus industry variability in R&D intensity, A chapter in R&D, Patents, and Productivity, 233—248 from NBER, http://www.nber. org/chapters/c10051. pdf

[96] Scott, J. T. and G. Pascoe(1987), Purposive diversification of R&D in manufacturing, *Journal of Industrial Economics*, 36,193—206.

[97] Shaw,B. (1993),Formal and informal networks in the UK medical equipment industry,*Technovation*,13(6).

[98] Spence, A. M. (1984), Cost reduction, competition, and industry performance, *Econometrica*, 52,101—121.

[99] Stigler, G. (1968), The Organization of the Industry, Homewood, III. : Richard D. Irwin.

[100] Tao, Z. G. and C. Q. Wu(1997), On the organization of cooperative research and development: Theory and evidence, *International Journal of Industrial Organization*, 15(5),573—596.

[101] Thomas M. Jorde, David J. Teece (1990), Implications for competition and antitrust, *The Journal of Economic Perspectives*, *Innovation and Cooperation*, 4 (3), 75—96.

[102] Trajtenberg, M. (1987), Patents, citations and innovations: Tracing the links, working paper no. 2457, NBER

[103] U. S. department of commerce (1986), Statistical Abstract, 539.

[104] Veugelers,R. and P. Vanden Houte(1990), Domestic R&D in the presence of multinational enterprises, *International Journal of Industrial Organization*, 8 (1), 1—15.

[105] Winter, S. G. (1984), Schumpeterian competition in alternative technological regimes, Original Research Article, *Journal of Economic Behavior & Organization*, 5(3—4),287—320.

[106] Wright,G. (1997), Towards a more historical approach to technological change, *The Economic Journal*,107(444),1560—1566.

第十二章

管 制

本章概要

正是因为市场经济中的产业组织即市场结构的变动不能保证资源配置效率达到最优,社会福利不能实现最大化,所以要引入政府管制进行干预。但政府管制并不是在任何时候总是有效的。因而加强管制或放松管制、如何改善管制的方式和强度与范围,就是产业组织理论与政策研究的重要内容之一。

学习目标

把握管制的经济思想史和经济史的交互演进逻辑;掌握管制具体形式的利弊;了解现实经济中管制改革存在和面对的问题。

"管制"一词译自英文文献中的"regulation",在我国的学术界中又被译为"规制"①,而在政策层面上,通常被译为"监管"②。管制,通常是指在市场失灵的条件下政府对市场进行干预。在现代经济中,政府对市场经济活动的干预和参与日益多样化,范围也日益广泛,管制也具有日益丰富的内容,其研究涉及经济学、法学、政治学、管理学和社会学等多个学科领域,体现了跨学科和交叉学科的高度综合特征(Baldwin 和 Cave, 1999)。

经济学对管制的研究包括经济管制和社会性管制两个方面。经济管制集中于公用事业(电力、管道运输等)、通信、交通(铁路、民航等)与金融(银行、保险、证券等)等具有不同程度垄断特性的行业的价格与准入控制;社会性管制集中于对环境、健康、产品质量和就业安全等方面的控制。产业组织是专门研究不完

---

① 如 Daniel F. Spulber(1989)的 *Regulation and Market* 一书被译为《管制与市场》(上海三联书店、上海人民出版社1999年版);而 Jean-Jacques Laffont 和 Jean Tirole(1993)的 *A Theory of Incentives in Procurement and Regulation* 一书被译为《政府采购与规制中的激励理论》(上海三联书店、上海人民出版社2004年版)。

② 如中国证券监督管理委员会(China Securities Regulatory Commission, CSRC)、中国银行业监督管理委员会(China Banking Regulatory Commission, CBRC)和国家电力监管委员会(State Electricity Regulatory Commission, SERC)等。

全竞争市场的应用微观经济学科领域，"管制的本质是政府命令对竞争的明显替代，作为基本的制度安排，它企图维护良好的经济绩效"（Kahn，1970）。作为产业组织分析框架的公共政策组成部分，本章主要集中于考察经济管制，即政府对垄断行业的"结构及其经济绩效的主要方面的直接的规定……如市场准入控制、价格制定、服务条件和质量的规定以及在合理条件下服务所有客户时应尽义务的规定……"（Kahn，1970）。

第一节　管制理论与实践的演进

一、公用事业的兴起与管制的滥觞（19 世纪后期至 20 世纪初）

1776 年，亚当·斯密的《国富论》第一次系统地论证了自由市场这一只"看不见的手"在配置资源方面的力量，竞争将使产品的市场价格等于自然价格，即生产成本，并使整个社会的经济运行达到最好的效果。提倡自由竞争、反对国家干预逐步成为社会的主流思潮。在近一个世纪的时间里，斯密关于自由市场的理论假说和政策主张一直没有受到挑战，且被大量细致的研究所发展。特别是随着边际分析方法的引入和不断完善，斯密的假说逐渐被发展成为新古典经济学的核心分析框架——完全竞争模型。在完全竞争的条件下，供给和需求共同决定的价格等于边际成本，社会福利实现最大化。马歇尔（1890）把边际效用、边际成本等研究成果纳入到一个统一的价格决定框架，提出了局部均衡理论，在这里价格由供给与需求共同决定。此后，沿着埃奇沃思的研究思路，经济学家力图建立一组价格在竞争作用下等于成本的明确条件。奈特（1921）在《风险、不确定性和利润》一书中全面阐述了完全竞争的市场状态。[①] 在完全竞争的条件下，价格等于边际成本和平均成本，生产在平均成本最低处进行，企业没有超额利润，市场出清，社会福利最大化。完全竞争理论在自由竞争将实现社会福利最大化的假说下，在政策层面上反对政府直接干预经济活动，而主张政府作为"守夜人"的角色维护市场竞争秩序。

完全竞争作为一种理想的市场结构，显然对现实经济世界作了过多的抽象，与现实市场的演化趋势相去甚远。特别地，到 19 世纪后期，随着铁路、电力、通信、自来水、冶金、机械和石油加工等公用事业和大型制造业的兴起与发展，资本主义经济逐步由自由竞争走向垄断。由此，从 19 世纪 80 年代开始，兴起了关于竞争与垄断的讨论。面对新出现的公用事业和大型企业，一些经济学家在新古

---

① 关于完全竞争的条件，亦可参考 Stigler, Gorge J. 1957, "Perfect Competition, Historically Contemplated", *The Journal of Political Economy*, Vol.65 对斯密自由竞争的条件的归纳。

典理论快速发展的背景下坚信市场机制的作用,反对政府干预,甚至赞美新出现的大型企业是优胜劣汰的产物,更具效率。此外,公众和少数经济学家则更加关注真实世界中垄断企业的市场力量所带来的各种负面的现实影响[1],并在政策层面上主张政府干预:对托拉斯大型企业实施反垄断,对自然垄断性的公用事业则采取管制政策。在美国,1887年成立的"州际商务委员会"(Interstate Commerce Commission,ICC)是最早的联邦层面上的管制机构,负责管制铁路价格与线路。20世纪初,美国各州开始对电力公司实施管制,并于1920年成立联邦电力委员会(Federal Power Commission,FPC),对涉及跨州的国内电力输送进行管制。1907年,美国的威斯康星州首先设立了公用事业管制委员会,之后,其他州也陆续设立此类委员会,到20世纪30年代,几乎所有的州都有了自己的特定形式的管制机构(Shepherd,2004)。一般认为,19世纪末20世纪初是公用事业管制的滥觞时期(Glaeser和Shleifer,2001)。在这一时期,管制机构的力量比较薄弱,缺少行政和执法权力,但有权向公众公开被监管企业的有关成本、安全和服务质量的信息,以此作为约束公用事业公司的手段。

二、管制型国家的兴起与哈佛学派(20世纪30年代至70年代)

作为公用事业管制最为发达的国家,美国从20世纪30年代开始成立了一批联邦管制委员会,管制型国家由此逐步兴起。

1929—1933年经济危机时的罗斯福新政期间,美国在联邦层面上成立了一大批专业化的独立的管制机构,其中涉及公用事业管制的主要有:1934年成立联邦能源管制委员会(Federal Energy Regulatory Commission,FERC)对电力等能源进行管制;1935年成立联邦通信委员会(Federal Communications Commission,FCC)对广播和电信服务进行管制;1938年成立民用航空委员会(Civil Aeronautics Board,CAB)对航空公司进行管制。这一时期,管制机构的性质、责任和权力都发生了变化,国会不断加强管制机构的执法权力。独立的专业化的管制机构作为市场竞争的替代是解决自然垄断行业市场失灵、维护社会经济秩序的重要制度保障。

在管制机构兴起的同时,经济学家也逐步认识到完全竞争作为一种抽象条件下的理论假说,其所要求的条件在现实经济运行中无法得到满足,使得抽象的一般化理论与现实世界的具体实践之间产生了一道鸿沟。斯拉法(Piero Sraffa,1926)向着试图弥补这道鸿沟的方向迈出了一步。他站在质疑完全竞争理论的

---

① Charles J. Bullock(1901)对并购的负面效应进行了综述性的研究,详见"Trust Literature: A Survey and Criticism", *Quarterly Journal of Economics*, 15, February 1901, 167—217。

立场,论述了规模经济与完全竞争的不相容性,即著名的"斯拉法冲突"①。张伯伦(1933)以垄断因素的强弱程度为依据,对市场形态作了分类,把市场划分为从完全竞争到独家垄断的多种类型,并总结了不同市场形态下价格的形成和作用特点。由此,张伯伦建立了垄断竞争模型。② 在张伯伦的垄断竞争革命的启发下,梅森和贝恩等经济学家侧重于对真实市场中的集中、成本和利润进行深入的统计分析,并提出"集中、进入壁垒和利润率假说",逐步形成结构—行为—绩效的分析范式,简称SCP范式,即通常所称的"哈佛学派"。基于其一致的理论假说和深入的统计分析,哈佛学派提出了鲜明的反托拉斯和加强政府管制的政策建议,成为第二次世界大战后20世纪70年代之前反托拉斯和管制的主流理论依据。在这一期间,长期关注利润、价格/成本指标的公用事业管制经济学经历了快速的发展,这一领域研究的集大成者为卡恩(Alfred Kahn)的经典著作③。

三、芝加哥学派与俘获理论(20世纪60年代至70年代)

哈佛学派的主流理论从一开始就受到自由市场学说的挑战,特别是受到来自"芝加哥学派"的激烈批判④,主要包括斯蒂格勒、德姆塞茨、波斯纳和布罗曾等人。芝加哥学派继承了奈特以来芝加哥大学经济自由主义和社会达尔文主义的传统,信奉自由市场经济中价格机制的作用,认为市场结构、行为、绩效是价格机制自由发挥作用的结果。针对哈佛学派SCP范式提出的集中的市场结构是导致高利润的原因的假说,芝加哥学派提出"效率假说",强调集中的收益,认为"利润不是由于企业减产引起'人为的稀缺'造成的,利润也不是由于串谋而产生的。高的绩效水平可以归因于极大的不确定性加上运气或者是企业管理层的远见卓识"⑤。在政策主张上,芝加哥学派认为不能把集中度、盈利性等指标作为判断是否应该实施政府管制的指示器,20世纪80年代美国放松执行反托拉斯政策的重要理论依据。

在对管制的实证研究中,芝加哥学派经济学家认为管制收效甚微。比如斯蒂格勒通过比较受管制和不受管制的供电企业,发现管制可能根本没有取得降低电费的预期效果。在实证研究政府管制效果的基础上,斯蒂格勒(1971)提出

---

① P. Sraffa, "The Laws of Returns under Competitive Conditions", *Economic Journal*, Vol. 36, 1926, 535—550.

② 在同一时期,英国剑桥大学的琼·罗宾逊发表了《不完全竞争经济学》。

③ Alfred E. Kahn, *The Economics of Regulation*, 2vols, New York: Wiley, 1970.

④ 自由市场主义的论文主要发表在 *Journal of Law and Economics* 和 *Journal of Political Economy* 上,均由芝加哥大学的经济学家和法学家编辑,在当时是非主流理论期刊。

⑤ Demsetz, Harold, "Industry Structure, Market Rivalry, and Public Policy", *Journal of Law and Economics*, 16(1), 1973, 3.

深刻影响管制理论与管制实践发展的"俘获理论"(Capture Theory)。[1] 该理论认为政策制定者容易被利益集团所"俘获",管制政策的制定主要是服务于特定的利益集团而不是为了保护消费者的利益,管制被认为实际上是加剧而不是缓解了垄断问题。

四、可竞争市场理论与放松管制(20世纪70年代至90年代)

可竞争市场理论(Contestability Theory)是由鲍莫尔、贝利、潘扎和威利格等人在20世纪七八十年代发展起来的关于产业组织结构的新理论,1982年鲍莫尔、潘扎和威利格等人在《可竞争市场与产业结构理论》一书中系统阐述了可竞争市场理论。

所谓的可竞争市场是指潜在进入者可自由进出的市场,在完全可竞争(perfectly contestable)市场中,潜在的进入威胁与在位企业之间的实际竞争一样可以有效地约束在位企业的价格和产量策略等行为,确保合意的、有效的经济绩效的实现。根据可竞争市场理论,在完全可竞争的市场中,即使是在偏离完全竞争的寡占市场甚至是垄断市场的结构下,"看不见的手"仍然可以有效地发挥配置资源的作用,生产成本最小化,不存在无效率生产,不存在超额利润,价格等于平均成本,社会福利最大化。基于此,可竞争市场理论提出了全新的政府管制主张。集中度高、价格歧视、多元化兼并、纵向与横向一体化等传统的作为经济绩效的指示器在可竞争的市场中并不引致政府管制和反托拉斯政策的需求。因此,政府应该尽可能地取消经济管制,特别是市场准入管制和价格管制。

对于自然垄断行业,只有在两种情况下才需要采取管制政策。第一种是不存在可维持的价格(sustainable price),我们结合图12.1来具体说明。如图所示,假定某一自然垄断行业市场需求曲线与平均成本曲线相交于点 R,介于点 M和点 S 之间。其中,点 M 是平均成本曲线的最低点;点 S 满足成本次可加性(subadditivity)的最大产量,即当 $y \leqslant y_s$ 时,$C(y) \leqslant \sum (y_i)$,$\sum y_i = y$。此时,最优市场构造(market configuration)应该是由一家企业进行垄断,以 p_r 的价格提供 y_r 的产品或服务总量。但是在市场可以自由进入和退出的情况下,这种最优的市场构造是不可维持的,因为市场新进入者可以以略高于 p_m 的价格提供总量为 y_m 的产品或服务,抢占在位企业的市场份额并获得垄断利润。在这样的情形下,为了保证社会福利最大化,要求政府对行业实施市场准入管制和价格管制。

---

① Stigler, George J., "The Theory of Regulation", *Bell Journal of Economics and Management Science*, Spring 1971, 3—21.

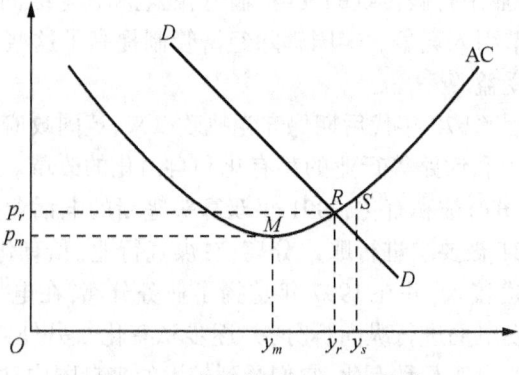

图 12.1 自然垄断行业市场构造

　　需要政府管制的第二种情况是存在进入和退出壁垒。进入壁垒为在位企业提供一个价格保护伞,使得它们得以通过制定非竞争性价格获得超额利润而免受进入威胁。另外,如果存在退出成本,由于存在可能遭受在位企业的报复性定价,即使市场上存在获利机会,潜在的进入者也可能不会进入该市场。由于新的进入者需要承担沉淀成本而在位企业不需要,沉淀成本构成了主要的进入壁垒。对于这种类型的行业,可竞争市场理论的政策主张是从传统的市场准入管制和价格管制转向促进市场的可竞争性的管制。具体地,就是把沉淀成本设施(sunk-cost facilities)剥离出来,由政府或者市场参与者联盟所共同拥有,并向所有的市场参与者公平开放准入。

　　可竞争市场理论的假说和政策主张为 20 世纪 70 年代以来国际范围内传统自然垄断性的管制改革奠定了统一的理论基础。各主要发达国家都纷纷在电信、电力、民航、铁路和天然气等行业中实施“打破垄断、引入竞争、放松甚至解除管制”的改革。改革的基本模式是:对可竞争的生产环节与不可竞争的基础设施环节进行纵向分离,基础设施环节实施政府经营或政府管制,不参与市场竞争,只提供垄断性的传输服务并收取受政府管制的“过网费”。

　　在美国,20 世纪 70 年代后期以来,美国政府逐步解除了对交通、通信、能源市场发展的经济管制。在航空业中,1978 年美国国会通过了《航空业取消管制法》,逐步结束了民用航空委员会(CAB)管制市场进入、分配航线和制定价格的权力,允许航空公司自由进入和退出所有国内航线,并自由地决定可承担的运价;在通信业中,联邦通信委员会(FCC)取消了对有线电视、广播行业的管制,并通过分拆打破了贝尔电话系统的垄断地位;在铁路运输业中,1980 年的《斯塔格斯铁路法案》(Staggers Rail Act)力图最大化地促进竞争,包括铁路运输内部的竞争和铁路与其他交通方式的竞争;在能源业中,解除了对原油价格和石油分配的管制,在电力产业中打破传统的发电、输电、配电和售电纵向一体化的格局,在发电和售电等环节引入竞争。美国解除经济管制提高了这些行业的运行效率,并使消费者从中受益。[1]

在英国[2],20 世纪 70 年代后期保守党执政以来,英国政府逐步开展对电信、煤气、自来水、电力和铁路等行业的私有化和自由化的改革。在电信行业,1984年英国电信公司(BT)被私有化,1991 年双寡头垄断的电话业务被打破,允许自由进入,1996 年 BT 被要求进行账户分离;在煤气行业,私有化不久后英国煤气公司被迫开放管道接入,并在 1997 年选择了业务分离;在电力行业,1990 年开始对原有的中央发电局进行纵向拆分,并逐步私有化。另外,英国航空公司、英国石油公司等企业也实行私有化,它们受到较大的来自国内、国际的竞争压力。

五、激励性管制与新管制经济学(20 世纪 80 年代至今)[3]

除了对垄断行业进行重组,引入市场竞争机制,减少政府直接管制,自然垄断行业管制改革的另一种途径是对管制方式本身进行改革,从传统收益率管制转向激励性管制。传统上,对垄断行业的价格管制主要采取基于补偿服务成本的原则。在具体的管制实践中,一般采取"收益率管制"(又称"成本加成"管制)方法。在这种管制方法下,一方面,由于在制定管制价格中经营成本完全得到补偿,受管制的企业没有降低成本的激励[4],相反,增加成本是其获得更高收益的主要途径;另一方面,政府无法控制合理的投资水平,在著名的"A-J 效应"(Averch-Johnson effect)[5]下,企业具有过度投资的动机。鉴于传统的基于服务成本的收益率管制方式使受管制企业缺乏降低成本的激励,20 世纪 80 年代欧美各国对垄断行业的管制方式进行了改革,普遍采取激励性的管制方式。价格上限(price-cap)是一种常用的激励性管制方式,管制者确定一个价格上限,允许企业可以在价格上限限制下自由地选择它们的价格,在管制期内由指数化条款

---

①　在美国解除经济管制方面,取得最大进展的是运输领域,尤其是商业性的民航产业,1996 年的机票价格比受管制下的价格下降了 22%,旅客一年为此节省的费用估计达到 1993 年价格水平的 120 亿美元(Winston 和 Morrison,1996)。关于美国在交通、通信、能源和金融市场方面接触经济管制及其经济绩效影响的更详细内容请参考 Weidenbaum,*Business and Government in the Global Marketplace*,Prentice Hall,Inc.,1999。

②　对英国私有化和自由化进程的详细分析请参考 David M. Newbery(1999):《网络型产业的重组与规制》,人民邮电出版社 2002 年版。

③　本部分参考黄桂田、林卫斌,"垄断行业管制改革:国际经验的检讨与启示",《学习与探索》2009年第 5 期。

④　Leibenstein(1966)提出的 X-效率理论认为,垄断公司的成本通常都在实现了利润最大化的平均成本曲线之上。

⑤　Averch 和 Johnson(1962)指出,在收益率管制下,企业通常会对固定资产进行过度投资。这种投资的风险完全由消费者承担。

（又称"费率自动调整机制"）对这些价格上限加以调整，管制期通常为4—5年。比如在英国，电信公司和煤气公司分别于1984年和1986年接受价格上限管制，即著名的"RPI-X"管制模式。根据RPI-X公式把最高的提价幅度确定为零售价格指数RPI的增幅渐趋于某种预期的技术进步率X（在英国电信公司的第一个管制期内为3%）。在美国自1989年以后，电信业也采取了价格上限的管制方式。

激励性管制方式相对于传统的收益率管制方式最大的进步在于受管制的企业具有降低成本的动力，由此可以改善企业的生产效率。但是，激励性管制方式的有效性受到了信息不对称的约束。在信息不对称条件下，政府管制部门无法准确地掌握企业的成本信息，因此难以确定一个合理的价格上限。如果价格上限定得太高，则对于受管制企业来说缺乏约束力，受管制企业将获得大量超额利润。为了解决上述问题，Laffont和Tirole（1993）在理论上提出了一种激励性合约菜单的管制方案。政府管制部门根据所掌握的关于企业成本的有限信息，设计出具有不同激励程度的管制合约，让企业自主抉择。通过激励性合约促使企业努力降低成本，通过支付信息租让企业自我揭示私人信息，并在激励程度与信息租的权衡中实现信息不对称条件下社会福利的最优水平。这种基于合约菜单的管制思路在理论上是完美的，激励性管制理论逐步成为新管制经济学的核心分析框架。

第二节 管 制 政 策

对自然垄断行业的管制通常都由一个专业的独立的管制机构来执行，管制的内容包括价格、市场准入、成本、服务质量等，其中，价格管制是核心内容，是确保垄断行业经济绩效的必然要求。如图12.2所示，如果价格管制缺位，垄断企业将通过"人为地制造稀缺"来抬高产品或服务的价格，以获得超额利润。

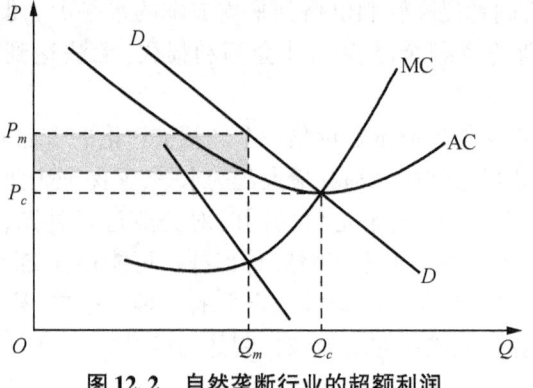

图12.2 自然垄断行业的超额利润

一、价格管制的理论基础

1. 边际成本定价

杜比(Jules Dupuit,1844)在边际成本定价方面作了开创性的贡献,他度量了当企业价格偏离它的边际成本时造成的社会福利损失。之后,许多著名的经济学家如马歇尔、庇古、克拉克、帕累托和霍特林等都讨论了边际成本定价。如图12.3所示,当价格等于边际成本时,消费者剩余与生产者剩余的总和为图中三角形 BDE 的面积。当价格偏离边际成本时,将会导致效率损失,社会总福利水平小于图中三角形的面积。

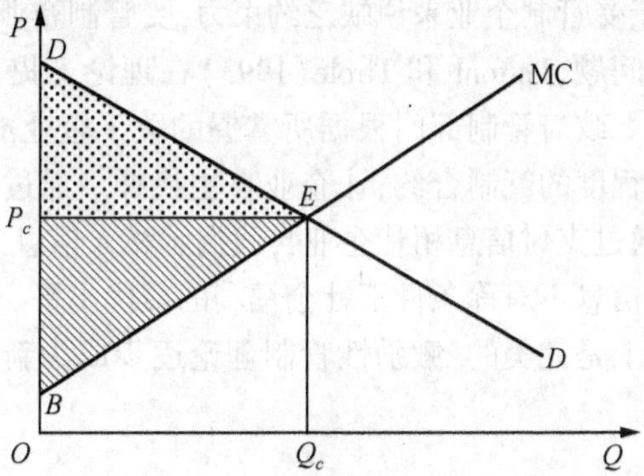

图 12.3 边际成本定价

2. 平均成本定价

当规模经济相对于市场需求更大时,边际成本定价将使企业遭受亏损,生产不可维持。如图12.4所示,在平均成本曲线与需求曲线的交点之下,平均成本继续下降,即平均成本大于边际成本。此时,如果按照边际成本定价,价格 P_{mc} 小于企业的平均成本 P_a,导致企业的生产不可维持。为了使企业不会产生财务上的亏损,要求管制者提高管制价格到平均成本的水平 P_{ac},但提高价格会挤出部分消费,导致消费者剩余减少和社会福利损失,无法达到社会福利最大的水平。

边际成本定价与平均成本定价是一个经常被讨论的古老的难题。如果既想使产品或服务的数量达到社会福利最大化的水平,又保证企业的生产可以维持,就要求管制者在实行边际成本定价的同时对企业进行补贴,补贴的额度为图12.4中长方形阴影部分的面积。当然,价格补贴可能存在如下问题:第一,边际成本确定的困难,导致政府补贴金额确定上的困难。第二,补贴导致的低效率。补贴可能助长企业控制成本的动力和控制能力的减弱。第三,补贴导致的分配

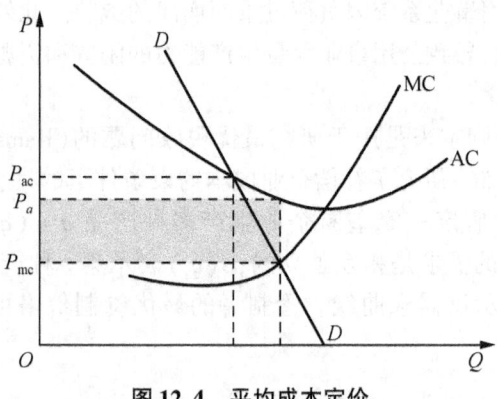

图 12.4 平均成本定价

不公问题。未消费自然垄断产品或服务的消费者没有义务承担用于补贴的税负。

3. 峰谷定价

按照资源配置的效率原则,管制价格应该等于边际成本。有些产品虽然在物理特性上是相同的产品,但其成本可能有很大的差异。比如电力,在午夜时,许多工厂和办公室基本都处于休息状态,用电量降到一个很低的水平,只需要最好的设备运转就可以满足低谷负荷需求。而在白天,用电量达到高峰,为了满足高峰负荷需求,要求效率低的机组生产能力被启动并运行很短的时间,其边际成本很高,即高峰时发电量的边际成本通常是非高峰时边际成本的数倍(见图12.5)。

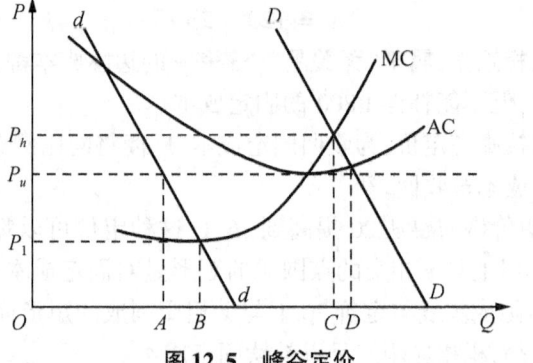

图 12.5 峰谷定价

如图 12.5 所示,按照边际成本定价的原则,在高峰期和低谷期的管制价格具有较大的差异。这种定价方式是有效率的,在产出高峰时设定高价格有利于避免过高的需求,而在低谷期设定低价格有助于增加低谷时期的需求,避免过多的资源闲置。如果不采用峰谷定价方式而采用统一价格,则会使高峰期的负荷太重,带来整个公用事业系统因负荷过重而崩溃的威胁。此外,还会进一步削减低谷时期的需求量,导致公用事业大量生产能力的闲置和资源的浪费。

4. 拉姆齐定价

拉姆齐定价原则本来是用于研究最优税收问题的(Ramsey,1927),布瓦德(Marcel Boiteux,1956)研究了补偿企业成本约束条件下的社会福利最大化的管制价格制定问题。假定一家垄断企业生产多种产品 $q = (q_1, \cdots, q_n)$,成本为 $C(q)$。市场对产品的需求是相互独立的,$S(q_i)$ 表示第 i 种产品的消费总剩余,$p(q_i) = S'(q_i)$ 表示反需求曲线。管制者的最优管制价格可以通过如下问题求解:

$$\max_{\{q\}} \left\{ \sum_i S(q_i) - C(q) \right\}$$
$$\text{s.t.} \quad \sum_i p(q_i)q_i \geqslant C(q)$$

求解上述规划问题,最优管制价格满足如下公式:

$$\frac{p_i - MC_i}{p_i} = \frac{\lambda}{1 + \lambda} \frac{1}{\varepsilon_i}$$

其中,$\lambda \geqslant 0$ 表示预算平衡约束条件的影子价格。最优管制价格表明:每种商品的勒纳指数(价格边际成本比率)与该商品的需求弹性成反比。[①] 具体地,我们假设一个厂商经营着两种自然垄断性质的产品,总成本 $c = 1\,800 + 20x + 20y$。

x 和 y 两种产品的市场需求函数为:

$$x = 100 - p_x$$
$$y = 120 - 2p_y$$

两种产品互相独立,属于"无关品"。x 和 y 的边际成本都是20,边际成本可以补偿可变成本,但不能补偿1800的固定成本。

如果不采取拉姆齐定价,为收回固定成本,厂商将同比例提高价格使之超过边际成本直到总成本被收回。[②]

图12.6表明价格需要从20提高到36.1,这种定价可以弥补总成本。对于产品 y,边际成本以上与 y 相交的点围成的矩形是对固定成本补偿的部分;与此相应,x 产品在边际成本线与定价36.1与 x 相交围成的矩形面积是对固定成本的补偿,两个矩形面积相加刚好足以补偿固定成本。

对于产品 y,边际成本以上与 y 相交的点围成的矩形是对固定成本补偿的

---

① 例如铁路运费的拉姆齐定价,对需求弹性大的产品的运费定低价(沙石等),对需求弹性小的产品的运费定高价(电子设备等)。

② 同比例价格管制原则广泛运用于法国的电力管制中,Allais(1947)建议所有的价格应该与边际成本成比例,比例系数独立于商品,从而独立于需求弹性。

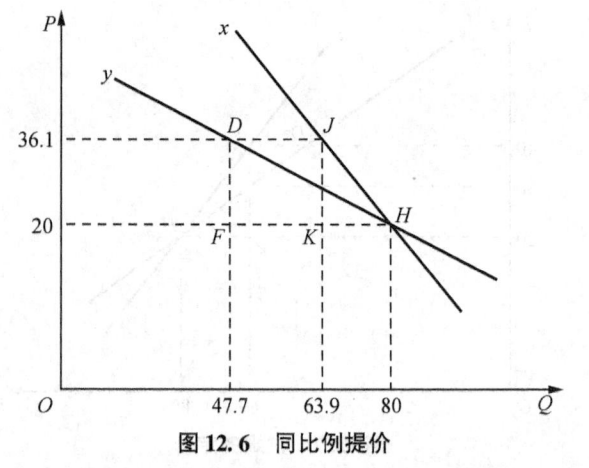

图 12.6　同比例提价

部分：$(36.1-20)\times47.7=767.97$。对于 x 产品，边际成本线与定价 36.1 和 x 相交围成的矩形面积是对固定成本的补偿：$(36.1-20)\times63.9=1\,028.79$。两个矩形面积相加：$767.97+1\,028.79\approx1\,800$。

由于价格高于边际成本，必然导致社会福利损失。相对于边际成本定价 20，同比例提高价格带来的社会净损失为：对于 y，社会福利净损失用图 12.6 中的三角形 DFH 的面积表示，为 $(36.1-20)\times(80-47.7)\times1/2\approx260$；对于 x，社会福利净损失用图 12.6 中的三角形 JKH 表示，为 $(36.1-20)\times(80-63.9)\times1/2\approx130$。两种商品的社会福利损失和为 $\triangle DFH+\triangle JKH=390$。也就是说，在本例中，如果采取同比例提价的方法，社会福利净损失为 390。

现在我们转而考虑拉姆齐定价的情况。根据拉姆齐的定价原则，

$$\frac{p_i-\mathrm{MC}_i}{p_i}=\frac{\lambda}{1+\lambda}\frac{1}{\varepsilon_i}$$

不妨假设 λ 为 1，$\varepsilon_x=1$，$\varepsilon_y=1.5$。根据拉姆齐的定价公式，厂商对 x 定价 40，对 y 定价 30。此定价 x 商品补偿的固定成本为 1 200，y 商品补偿的固定成本为 600，共计 1 800。净损失分别为 200 和 100，合计 300。与同比例提价相比，减少了 90 的福利净损失，如图 12.7 所示。

根据拉姆齐定价结果，两种商品的产量由价格等于边际成本时（两者的产量均为 80）同比例地减少了 $(80-60)/80$，即 25%。也就是说，拉姆齐定价是指同比例地减少所有商品的供给直到总收益等于总成本，这是该定价原理的另一种表达。

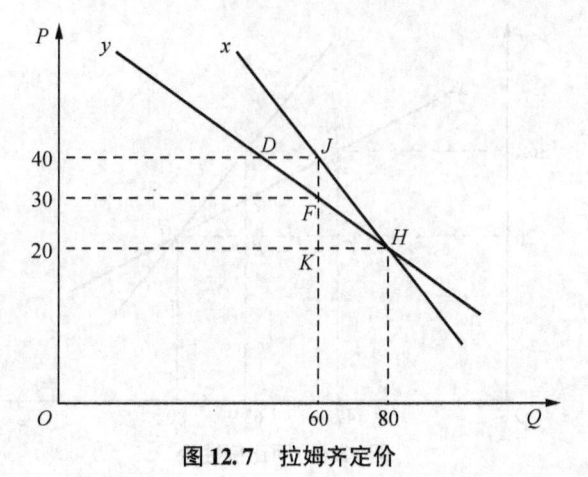

图 12.7 拉姆齐定价

二、收益率管制

尽管经济学理论一系列基于边际成本的定价方式,使价格管制实现社会福利的最优或次优水平,但是由于边际成本在很大程度上是一个理论上的概念,难以准确地衡量。在具体的管制实践中,通常都采取基于补偿服务成本的原则来确定管制价格。另外,有时候政府在制定管制价格时不仅仅是考虑经济效益,还考虑社会效益。

1. 收益率管制

服务成本补偿的实质是平均成本定价,即通过让总收入和总成本相等来确定价格。通常情况下,公用事业企业的成本可以分为运营成本(包括劳动力成本、原材料成本和维修成本等)和资本成本两部分。管制者试图选择一个合理的资本收益率来计算资本成本,并由此制定价格使企业的总收入等于运营成本与资本成本之和。这种价格管制方式被称为"收益率管制"(或"回报率管制"),一方面保证企业的投资有一个正常的回报水平,可以弥补公用事业企业的总成本;另一方面可以防止垄断企业获得超额利润。管制价格确定后,并不是一成不变的,可以按照某些自动的调整条款加以调整,调整条款通常参照通货膨胀率、投入品的价格指数等,比如电价可以参照电煤价格进行调整。

2. 交叉补贴

补偿成本要求的收入水平一旦确定,就需要在不同的产品或者不同的消费者群体之间分摊成本,以得到相对的价格结构。这是一个困难的步骤,因为有些成本属于"共同成本"。根据拉姆齐定价法则,为了提高社会福利水平,可以进行一定程度的价格歧视,对需求弹性较低的用户收取更高的价格。当然,为了确保公平,通常都会对价格歧视的程度进行限制。甚至,为了保证普遍服务,还会进行一定程度的交叉补贴。

所谓的交叉补贴,是指在受管制的行业的市场上,将管制价格定在成本以下,同时允许受管制的厂商在另一个市场上将价格定在成本以上,以补偿管制价格低于成本导致的损失,这种定价方法就是"交叉补贴",即由盈利的市场补贴亏损的市场。例如,中石油宣称,尽管成品油的销售价格在不断提高,但其销售价格仍然低于成本,因而成品油市场是亏损的(成品油的销售价格是受发改委管制的)。中石油在成品油市场的亏损是由什么来弥补的呢?中石油同时宣称,成品油的亏损是由炼油环节的盈利来弥补的,如果真是这样,那么中石油就运用了交叉补贴。

假定一个受管制的行业生产产品 1 和产品 2,并假定这两种产品的需求曲线是独立的,也就是说,其中一个产品的价格不会影响另一个产品的需求。假定管制者希望厂商增加高成本产品 2 的供给,可以把产品 2 的管制价格定为 $\bar{p}_2$,并且 $\bar{p}_2 < c_2$,c_2 是产品 2 的单位成本。如图 12.8 所示,产品 2 由于这样的定价所导致的福利损失为三角形的面积。厂商的亏损额为 $(c_2 - \bar{p}_2)\overline{Q}_2$,即为图中单位成本线与管制价格线围成的矩形面积。

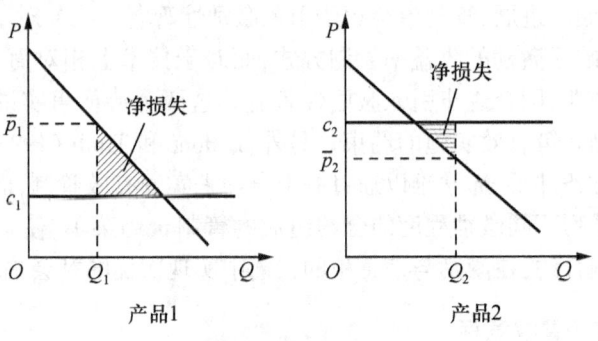

图 12.8 交叉补贴

为了使受管制的厂商至少得到平均利润,就必须将产品 1 的价格从 c_1 提高到 $\bar{p}_1$。受管制的厂商在两个市场的总利润为:$(\bar{p}_1 - c_1)\overline{Q}_1 + (\bar{p}_2 - c_2)\overline{Q}_2 = 0$。

尽管交叉补贴导致了产品 1 市场的社会净损失,总的福利净损失为两个三角形面积的总和,但有时候为了扩大产品 2 的供给量,这种损失是值得的。比如,为了使城乡有线电信服务具有普遍性,实行城乡电话费的统一定价,相对于农村电信服务的高成本,城市市场向农村市场实施了交叉补贴。当然,交叉补贴要求对市场准入进行管制,否则不受管制的企业就可以进入产品市场 1,并通过制定一个低于 $\bar{p}_1$ 的价格而占领市场,并获得垄断利润。因此,为了保证交叉补贴价格的可维持性,要求政府对产品 1 的市场准入进行管制。

三、激励性管制

激励性管制的最典型方案就是价格上限,即管制者根据所掌握的信息制定一个价格上限,企业可以在价格上限之下自由选择其价格。比如,人们所熟悉的 RPI-X 公式最早运用于英国电信公司的价格管制,由管制者确定一个基准价格,每年的最高提价幅度为零售价格指数(RPI)的增幅减去某种预期的技术进步率 X。在英国电信公司的第一个管制期内,要求企业每年的技术进步率为 3%。在美国,从 1989 年开始,联邦通信委员会开始对 AT&T 公司采用价格上限。激励性管制的另一种方案是利润分享或者成本共担。比如,纽约电话公司的收益率确定为区间[13%,15%],如果收益率超过 15%,就要求收入向下调整$(r-15\%)/2$ 的份额,如果收益率小于 13%,则收入将向上调整$(13\%-r)/2$。

激励性管制的根本出发点在于使受管制企业具有提高效率、降低成本的积极性,以克服传统收益率管制下的效率扭曲。但是激励性管制要求管制当局对企业的技术与成本拥有足够的信息,以制定合理的激励性价格。如果价格上限定得过高,则企业拥有过多的超额利润,由此将导致大量的社会福利损失。管制政策的两个特征事实是:(1) 在管制初期,通常实施传统的缺乏激励的收益率管制;而随着管制的进展,管制者会逐步引入激励性管制。(2) 对于技术复杂的产业,通常采取缺乏激励的收益率管制方式;而对于技术上相对简单、信息不对称程度较低的产业,则会逐步引入激励性管制。这两个特征事实说明了技术信息对激励性管制政策有效实施的约束。另外,Laffont 和 Tirole(1993)的研究表明,在信息不对称条件下,通常难以通过一个合约来实现有效管制,而需要管制当局设计包含一系列不同激励程度的合约组成的管制合约菜单,使企业自主选择不同程度的管制合约,在激励与信息租的权衡中实现次优的社会福利水平。

四、特许经营权竞标

当管制当局与被管制企业关于成本存在严重的信息不对称时,难以制定合理的管制价格,管制当局可以通过拍卖机制来发现价格,即特许经营权竞标。如果在竞标阶段有充分的竞争,那么,价格压至平均价格水平,中标者获得正的利润。

在特许经营权竞标中,政府充当的角色是拍卖者,而不是管制者。在拍卖特许经营权时,存在着如下多种拍卖方式:(1) 英式拍卖(English Auction);(2) 荷兰式拍卖(Dutch Auction);(3) 一级密封价格拍卖(First-price Sealed-bid Auction);(4) 二级密封价格拍卖(Second-price Sealed-bid Auction)。

特许权的竞标是将特许权授予以最低价格提供服务的竞标者,因而,对特许权的竞标则是修正后的英式拍卖,起初拍卖商开出一个最高价,然后往下喊价,直到一个投标商承诺最低价,其他竞标者都不承诺更低的价格,那么这个竞标者在这一价格水平获得特许经营权。

假定某一经营权采取竞标方式授予,有四个竞标者,他们的平均成本分别为AC_1、AC_2、AC_3和AC_4,如图12.9所示。

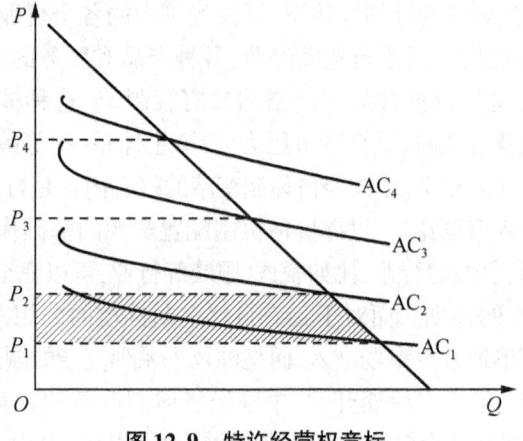

图 12.9 特许经营权竞标

竞标的结果是厂商 1 在略低于 P_2 的价格水平取得特许经营权。因为在 P_2 之下只有一个竞标者——竞标者 1,缺乏与他竞争的对手。此时阴影部分的面积是消费者剩余的损失。如果多个投标者的平均成本都为 AC_1,则竞标价格达到最低水平 P_1。当竞标使价格降低到 P_1 水平时,拍卖商不得不在最后成本最低且相同的两个厂商之间随机抉择。

只要在竞标阶段存在充分竞争,特许经营权竞标就有可能导致平均成本定价和相对有效率的厂商运营。尽管原则上管制也有可能达到这样的效果,但是,特许经营权竞标的优点在于它不要求政府的代理机构必须具备相关的信息(例如企业的成本信息),并且还不需设置管制机构,节约管制成本。特许经营权竞标的第二个优点是经营权的获得者有动力提高效率,尽可能地降低成本。

当然,特许经营权竞标也面临着如下两个主要问题:(1)经营权期限的长短与厂商成本回收和社会福利问题;(2)长期合同与技术进步的矛盾。

在公用事业领域采取特许经营权竞标方式抑制自然垄断的做法已有 100 多年的历史,例如早在 100 多年前,法国在供水、丧葬等部门就开始使用特许经营权的竞标取得特许经营权。成立于 1934 年的美国联邦通信委员会,将电磁波段划分为特定用途(无线电、电视、移动电话等),用竞标的方式授予特许经营权。

第三节 转轨经济与管制

管制对于理解和研究正处于从传统的计划经济体制向市场经济体制转轨的中国经济具有重要的意义。

在传统的高度集中的计划经济下,国民经济中的各个行业、各个领域都实行部门经济体制,由政府部门进行垄断经营,各种产品和服务的价格都采用政府指令性的计划价格,这可以被视为最严格的政府管制。① 这种体制存在诸多弊端,比如:企业缺乏经营自主权,没有竞争压力,投资主体单一,等等,集中表现为效率低下。改革开放30多年来,中国经济体制变革的核心内容是打破各个行业的政府部门行政垄断,引入市场竞争,发挥价格机制配置资源的基础作用,提高产业运行效率。对于一般竞争性的行业,比如餐饮、服装等行业,可以完全放开市场准入,由市场竞争替代集中的计划。而对于具有自然垄断性质的公用事业和基础设施产业,改革则不是简单地开放市场准入,而是涉及一系列复杂的制度安排,包括管制。

从20世纪90年代中后期开始,中国经济体制改革的触角已经从一般的生产流通领域深入到基础设施与公用事业领域,包括电信、电力、民航、铁路等自然垄断行业。以电力行业为例,1998年3月,将电力部和水利部电力管理局撤销,成立了国家电力公司并脱离政府序列,国家电力公司不再具有行政管理职能,对电力行业的行政监督和监管职能则移交给了国家发展和计划委员会以及国家经济贸易委员会。同时,国家发展和计划委员会收回电力项目审批权和电价定价权。国家发展和计划委员会下设基础产业司,基础产业司下设电力处,对电力行业提出发展规划,监测和分析行业的发展建设状况,并承担着发电重大项目的布局工作,事实上承担着电力产业的主要管理规划职能。2002年对国家电力公司进行分拆与重组,在发电环节组建中国华能集团公司(华能)、中国大唐集团公司(大唐)、中国华电集团公司(华电)、中国国电集团公司(国电)和中国电力投资集团公司(中电投)等五大全国性的独立发电公司;在输配电环节组建国家电网和南方电网等两大电网公司。电力行业的市场准入和定价权则划归2003年新组建的国家发展和改革委员会,其下设能源局负责;提出满足国民经济和社会发展需要和确保能源安全的能源发展战略;研究拟订能源发展规划和年度指导性计划;审核能源重大项目;研究提出能源发展政策和产业政策;研究提出能源

---

① Shleifer认为国有化和管制是两种不同的组织方式,管制是成立独立的专业的机构对私人企业,特别是垄断企业的市场准入和价格等进行监管。比如,美国的联邦能源管制委员会管制的范围不包括公有企业。

体制改革的建议等。在能源局下设电力处,承担着电力行业的规划和重大项目建设审批以及电价的制定等职能。同时,为了对电力企业进行有效的监管,2003年3月20日正式挂牌成立了国家电力监管委员会。

总体上看,20世纪90年代以来对垄断性行业的改革主要包括:(1)政企分开,赋予企业充分的经营自主权;(2)产业重组,引入竞争;(3)市场准入与价格管制权主要由国家发展和改革委员会相关部门执行。不过,从改革实践看,中国垄断行业改革进展缓慢:民航与电信行业中的竞争尚不充分,行政垄断的特征依然明显;电力行业"厂网分离"6年多以来,电力市场竞争的格局一直难以得到实现;铁路行业则仍停留在"政企合一"、"行政垄断"阶段。从总体上说,竞争性的市场未能真正建立起来。在市场竞争尚无法有效发挥作用的条件下,在赋予国有企业自主经营权的同时,要求加强政府的管制,特别是价格管制。在这一方面,英国私有化给我们留下了深刻的教训。在英国电信、航空、煤气、电力和铁路等私有化过程中,市场竞争并没有如理论家所预言的那样发挥作用,"只留下私人垄断者自由地剥削公众"。由此可见,在转轨经济过程中,对于大型垄断公用事业,在政企分开、赋予企业更多经营自主权的同时,也需要加强价格管制,否则,容易导致市场势力的滥用。虽然当前中国公用事业的价格受国家发展和改革委员会的统一管制,但是,价格管制要求管制当局掌握大量的关于企业经营成本的信息,政府行政部门难以做到有效管制。由此导致垄断的国有企业一系列的内部控制,包括过度投资、过度的在职消费、过度发放职工工资等,并由此引发了一系列社会矛盾。发达国家管制的经验是成立独立管制机构进行专业的管制,同时需要根据所掌握信息的完全程度,适时推进管制改革,引入更加具有激励性的管制政策。

本章小结

1. 管制通常是指在市场失灵的条件下政府对市场进行干预。

2. 经济管制,即政府对垄断行业的市场结构、企业行为和经济绩效的主要方面的直接规定,包括市场准入控制、价格制定、服务条件和质量的规定等。

3. 主要的管制政策包括收益率管制和激励性管制。

思考题

1. 判断对错。可竞争市场理论的政策含义是:即使市场上只有一家企业提供产品或者服务,也不需要政府管制。

2. 分析收益率管制与价格上限管制各自的优点与缺点。

3. 考察一个利用资本 K 和劳动 L 两种投入品生产单一产品的垄断企业。令企业的生产函数为 $q = F(K, L)$，资本和劳动的单位成本分别为 r 和 w。市场的反需求函数为 $p = P(q)$。

(1) 求解不受管制的企业的边际技术替代率。

(2) 考虑价格管制，假定管制者规定企业的资本收益率不能超过 s，$s > r$。在此收益率约束下，求企业在收益率管制下的边际技术替代率。

(3) 分析(1)和(2)的经济学含义。

进一步阅读文献

[1] 默里·L. 韦登鲍姆(2006)，全球市场中的企业与政府，上海三联书店，上海人民出版社.

[2] 丹尼尔·F. 史普博(2003)，管制与市场，上海三联书店，上海人民出版社.

[3] 让—雅克·拉丰，让·梯若尔(2004)，政府采购与规制中的激励理论，上海三联书店，上海人民出版社.

参考文献

[1] 丹尼斯·卡尔顿，杰弗里·佩罗夫(1998)，现代产业组织，上海三联书店，上海人民出版社.

[2] 多纳德海，德里克·莫瑞斯(2001)，产业经济学与组织，经济科学出版社.

[3] 肯尼思·W. 克拉克森，罗杰·勒鲁瓦·米勒(1989)，产业组织：理论、证据和公共政策，上海三联书店，上海人民出版社.

[4] 斯蒂芬·马丁(2003)，高级产业经济学，上海财经大学出版社.

[5] 泰勒尔(1997)，产业组织理论，中国人民大学出版社.

[6] 默里·L. 韦登鲍姆(2006)，全球市场中的企业与政府，上海三联书店，上海人民出版社.

[7] 丹尼尔·F. 史普博(2003)，管制与市场，上海三联书店，上海人民出版社.

[8] 让—雅克·拉丰，让·梯若尔(2004)，政府采购与规制中的激励理论，上海三联书店，上海人民出版社.

[9] Schmalensee, Richard and Willig, Robert(1989)，*Handbook of Industrial Organization*，Amsterdam：North-Holland.

第十三章 | 反垄断

本章概要

　　反经济活动中的各种垄断行为,保持资源配置竞争有效率,是产业组织理论的根本出发点。然而,反垄断的具体对策是否发挥实质性作用,不仅在于反垄断的政策效应,而且在于反垄断本身的成本与收益比较。产业组织理论在反垄断的具体对策上并不具有一致性,有待于理论的进一步深化及对反垄断实践的观察和总结。

学习目标

　　把握反垄断政策的国际经验启示,对中国反垄断面对和存在的主要问题有基本的把握。

　　随着媒体对"可口可乐/汇源"并购案、"两拓"合并案、"腾讯/360"之争等事件的不断报道,"反垄断"这一词汇也逐渐走进大众的视线并引起了极大的社会关注。而在 2007 年 8 月 30 日,《中华人民共和国反垄断法》经全国人大常委会讨论通过,这一里程碑式的事件也掀开了我国反垄断政策发展史上新的一页。在学术界,反垄断[①]作为法学与经济学交叉的研究领域,也随着两个学科研究的不断深入而产生了大量的成果,并对各国在制定具体的政策时产生了深远的影响。反垄断已经成为产业组织理论不可或缺的重要组成部分,其主要研究的问题包括:市场界定和市场势力的测量、横向兼并的单边效应和协同效应、纵向兼并的协同效应、排他性条约和纵向限制规定、滥用市场势力、卡特尔测定等。鉴于反垄断经济学研究的范围及其广泛性,并且可能会与产业组织中其他几个研究领域发生较多的重复,因此本章并不试图对其进行全面而细致的描述,仅对反垄断政策、实践及相关理论问题进行一般性的论述。

---

　　① 在美国通常使用反垄断或者反托拉斯(antitrust)一词,而在欧洲则常常使用竞争政策(competition policy),本章采用"反垄断"这一说法。

本章的内容安排如下:第一节首先回顾了美国反垄断政策的发展史,并将我国反垄断政策法规的发展与之进行对比,阐明反垄断法的目的。第二节将集中讨论反垄断政策实践中的一个重要问题,即相关市场界定问题。

第一节　反垄断政策发展史回顾

反垄断法在美国被称为"自由企业的大宪章",在德国被称为"经济宪法",可以说,反垄断法是与经济活动关系最为密切也最为重要的法律。而回顾其发展历史,早在古罗马时期就已经出现具有反垄断性质和内容的法律。[1] 但是成套、完整的现代反垄断法则是近 100 多年中在资本主义市场国家的经济发展过程中逐渐产生和完善的,因此我们首先分析回顾美国和我国反垄法政策发展的过程,增加读者对反垄断政策的直观了解,帮助读者把握反垄断政策的特点和实质。

一、美国反垄断政策发展历程[2]

美国是现代反垄断法的发源地,而目前世界各国的反垄断法规也大多是参照美国反垄断法规逐渐建立起来的,因此鉴于其重要性,我们此处使用较长的篇幅来进行说明。美国反垄断政策在建立与执行的过程中受到美国社会经济发展状况和主流经济思想变革的影响,具体可以分为以下几个阶段:

1. 反垄断法的初步发展阶段

在 1890 年以前,由于公司规模普遍相对较小,美国并没有形成针对反垄断的专项法律。而进入 19 世纪中叶以后,受多方面有利条件的影响,美国制造业发生了翻天覆地的变化:首先是运输和通信条件的改善以及南北战争的结束,为美国逐渐形成统一的国内市场提供了有利条件,而统一的大市场正有利于企业充分利用规模经济和范围经济。其次是多项制造业技术的革新,提高了企业扩大经营规模的能力,促使个人手工作坊迅速向大企业进行转变。再次是受南北战争的刺激,美国资本市场迅速发展,华尔街迅速成为仅次于伦敦的第二大证券市场,而发达的资本市场则为扩大生产和进行企业兼并提供了资金支持。

正是受以上原因的影响,美国企业平均规模迅速扩大,卡特尔、托拉斯等组

---

[1]　参见戴奎生,《竞争法研究》,中国大百科全书出版社 1993 年版。

[2]　参见 Mueller (1996),Kovacic 和 Shapiro(2000),丹尼斯·卡尔顿,杰弗里·佩罗夫(1998),戴奎生等(1993)。

织开始出现。各种垄断组织通过价格协议以及其他的限制竞争的手段来获取高额利润,此类行为导致农户和手工业者备受其害,并奋起反抗,如20世纪60年代末至70年代就爆发了反铁路垄断的"农会运动"。受其政治力量的影响,美国各州通过了一系列的反垄断法规,如1869年伊利诺伊州就率先通过了美国第一个反铁路垄断的法令。但各州的法令对于跨州的垄断行为并无限制,而部分州缺乏反垄断法令更是使得当地垄断行为更加猖獗,出于这个原因,美国国会于1890年通过了由俄亥俄州参议员谢尔曼提出的全国性的反垄断法《保护贸易和商业不受非法限制与垄断之害法》,又称《谢尔曼法》。

《谢尔曼法》是世界反垄断史上具有里程碑式意义的一部反垄断法律,并对之后各国的反垄断法规的制定产生了深远的影响。该法案共有八条,其中第一条和第二条为核心法案。其中第一条规定"任何契约、以托拉斯形式或其他形式的联合、共谋,用来限制州际间或与外国间的贸易或商业,是非法的",该条判定了共谋行为的违法性。第二条规定"任何人垄断或企图垄断,或与他人联合、共谋垄断州际间或与外国间的商业和贸易,是严重犯罪",该条从字面的意义上理解是判定了垄断和试图获取垄断地位的违法性,但是在实际法庭中进行判决时,则仅仅用于禁止滥用垄断地位的行为,而并不禁止垄断地位。在处罚方面,《谢尔曼法》则规定:如果违法者为公司则可处以100万美元以下的罚款,如果违法者为个人则可以处以10万美元以下的罚款或最高3年以下监禁的处罚(两者亦可酌情同时执行)。

在20世纪末,经济学界认为大规模的企业因为受益于规模经济和范围经济的作用因此在运作上更加有效率,因此并不认为《谢尔曼法》能够起太多积极的作用。受此影响,在该法案颁布的头十年中,《谢尔曼法》的执行均比较宽松,直至1987年开始才有所改观。

在共谋和联合方面,联邦法院首先是在1987年跨密苏里货运运费协会案(United States v. Trans-Missouri Freight Association)和1988年的Addyson Pipe and Steel案中确定了竞争对手间价格协议违法原则。又在1911年的Dr. Miles诉Park & Sons公司案中确定了在纵向关系中,制造商迫使零售商接受最低转销价格本身是违法的。

而在厂商的垄断地位方面,联邦法院也是经历了从松至紧的过程。如在E. C. Knight公司案的处理上,联邦法院允许了该公司一系列的兼并行为,从而使得该公司的市场份额达到了98%。而对此案的放纵也间接鼓励了一系列的企业兼并行为,如通用、国际收割机公司、杜邦公司、标准石油公司等企业迅速取得在行业的领导地位。联邦法院态度的转折为Northern Securities公司一案,在该案中联邦法院以限制垄断为由阻止了Nothern Pacific公司和Great Northern公司之间的兼并。另外一项态度强硬的著名判决是1991年的标准石油公司案,在该案中联邦法院认定标准石油通过低于成本的低价和兼并竞争对手等一系列行为获得并保持其在石油业的垄断地位,并将其分割为34个公司。而且该案还确定了合理性规则(rule of reason)为反垄断分析的基本原则。

2. 1915—1936年:反垄断法案体系的逐步完善期和反垄断宽松期

尽管反垄断政策进入一个逐渐加强的时期,联邦政府依然担心《谢尔曼法》仅禁止一些不合理的限制竞争行为会导致法律的解读慢慢变得过于狭隘。而另一方面鉴于《谢尔曼法》并没有对兼并案方面的规定,而且仅限于共谋的行为还在一定程度上促成了第一次企业兼并浪潮的发生,因此,美国国会又于1914年通过了《克莱顿法》和《联邦贸易委员会法》(The Federal Trade Commission Act)。《克莱顿法》的核心条款为第2条、第3条、第7条和第8条,分别针对四种行为。其中,第2条(经《1936年罗宾逊—帕特曼法》修正)禁止限制竞争的价格歧视行为,第3条是禁止削弱竞争的配售和排他性交易,第7条(经《1950年塞勒—基福弗法》和《哈特—斯各特—罗迪诺反托拉斯改进法》)禁止减少竞争或促成垄断的兼并行为,第8条禁止竞争公司之间联合董事会。在惩罚措施上《克莱顿法》还规定受害人可以获得数额为三倍损失的赔偿金和律师费。而《联邦贸易委员会法》的核心内容有两部分,其一,增补了对"不公平竞争方法"和"商业中不公平或欺诈性的行为"的规则;其二,授权成立联邦贸易委员会来专门负责对上述"不公平竞争行为和方法"的调查处理。

从政策的制定角度来看,这段时期通过了较多的反垄断法案,理应进入了反垄断的严厉期,但从实际的司法执行上来看,1915—1936年即两次世界大战期间实为反垄断宽松期。这主要受当时理论界对政府干预主义的支持:首先,在第一次世界大战期间,为避免低效率的竞争发生,政府和企业共同合作,共同制订生产计划并决定物资的分配,而这种生产模式在战争时期确实也获得了成功。其次,1929年的大萧条也证明了无序竞争的缺陷和政府主导下的计划经济的有效性,这更是加强了人们对政府干预的信心。在这段时期内,法庭在审理案件时主要基于合理性原则,对于可能的犯罪行为采取了比较纵容的态度,而行政部门也对司法部和联邦贸易委员会的行为进行了较多的干预。

我们可以举一个价格协议违法原则执行的例子和一个市场势力的认定的例子来佐证该时期反垄断政策执行的宽松。在前面我们提到联邦法院在1987年和1988年的两个案件中确立了竞争对手间价格协议本身违法的原则,但是在1933年的Appalachian Coal公司诉美国政府案中,联邦法院认定由137个阿巴拉契亚山区煤炭生产商达成的价格协议是一个保护市场免受破坏的合理行为而使其免受处罚。① 而在 1931 年的标准石油公司诉美国政府案中,联邦法院对几家主要的炼油企业以专利联营的方式制定使用催化裂化技术的费用的行为予以支持。原因是联邦法院采取比较宽容的方式来测度被诉方的市场势力,即将相关市场定义为所有的炼油方式(包括传统的蒸馏技术),而此时被诉方仅占有市场份额的 26%,联邦法院以此认定被诉方不具有提高市场价格的能力。但是实际上如果将相关市场定义为催化裂化技术,那么被诉方则占有整个市场份额的60%,是明显具有垄断势力的。

3. 1936—1972 年:反垄断法的执行严格期

从 20 世纪 30 年代中期开始,经济自由主义对美国政府的影响开始日益增强,众多认同市场竞争的积极作用的经济学家得到了罗斯福政府的重用,在美国司法部和反垄断部担任了重要的职务,出于对巨型企业的怀疑,反垄断申诉进入了高潮期,同时为了减轻使用合理性原则给法院带来的调查取证的负担,法院在判决时也更多地使用了本身违法性原则,反垄断法的执行进入了严格期。

对于企业可能存在的共谋行为,联邦法院依照本身违法性的原则对大部分申诉作出了比较严格的判决。1940 年的 Socony-Vacuum 案中,联邦法院认定炼油企业合谋集体收购汽油的行为是违法的,并且强调这些竞争对手集体制定价格协议的行为一经发现即可判定其违法,而不需要去调查此价格协议的具体效果。在 1939 年的 Interstate Circuit 股份有限公司诉美国政府案中,联邦法院在没有类似于参与者的供词这种直接证据的情况下,仅依靠间接证据就判定其有共谋的违法行为。

在对待市场的主导厂商方面司法部门也采取了比较苛刻的态度。在 1945 年的 Alcoa 案中,法院根据 Alcoa 公司拥有 90% 的铝锭市场份额并且仍在扩大产能的事实,认定 Alcoa 具有垄断市场地位和垄断意图,判定其有罪。在 1967 年的 Utah Pie 公司诉 Continental Baking 公司案中,联邦法院判定全国性的大型面包企业 Continental Baking 公司通过地区性的价格削减来抢占地区性面包生产企业 Utah Pie 公司的市场份额的行为是违法的。

司法部门在企业兼并案的判决上也采用了比较严格的标准。如著名的1962 年的 Brown Shoe 案,联邦法院否决了可使得 Brown Shoe 的市场份额达到5% 的企业兼并申请。联邦法院将鞋这个大市场进一步细化为男鞋、女鞋、童鞋三个较小的子市场,并且认为尽管 Brown Shoe 在大市场上的市场份额并不大,但其实际上在某些子市场上具有垄断地位。

---

① 1940 年美国联邦法院又重新恢复了价格协议本身违法原则,这也将在下文中提到。

295

4. 1973—1991 年:芝加哥学派引导下的反垄断缓和期

从 20 世纪 70 年代起,一批以芝加哥大学的经济学家为主体的学者大肆批判美国反托拉斯当局和联邦法院在反垄断案件中的积极干预行为,认为其过度地使用了本身违法原则,并强调产业集中和纵向约束等行为所具有的效率。随着在联邦和地方法院中任职的芝加哥学派经济学家的数目的增加,以及美国企业在国际市场和本土市场中与外国企业的竞争中越来越处于劣势,美国政府和司法机构也开始向效率原则倾斜。

该时期对于纵向约束的判决依据再次发生了重大转变,其转折点即是 1977 年的 Continental T. V. 公司诉 GTE Sylvania 公司案,在该案中联邦法院确定对于非价格性的纵向约束均应当依照合理性原则来进行判决。而在以后涉及价格协议的案件中,尽管继续认定价格协议本身是违法的,但是需要坚实的证据证实此类协议确实存在。

相对缓和的态度还体现在对于公司的共谋和合作案件的判决方面,在面临此类案件的时候法院的司法原则开始游走在"本身违法"原则和"合理性"原则之间,在不同的案件中分别体现了不同的原则。对于企业兼并案的判决也更加宽松,在部分案件上根据市场不存在进入壁垒的判断而批准了企业兼并申请,并且在此类案件的审理过程中也更多地考虑了效率原则。

5. 1992 年至今:反垄断政策的灵活执行期

近年来,反垄断政策执行进入了一个相对灵活的阶段:政策执行机构试图在本身违法原则和合理性原则之间寻找一个折中——通过可操作的分析手段以实现既避免合理性原则所带来的沉重的调查取证负担,又提供一个相较本身违法原则更加详细的具体事实分析的目标。

二、我国反垄断法的发展历程

2008 年 8 月 1 日,在经历了 21 年的反复酝酿之后,我国反垄断领域第一部专门的法律《中华人民共和国反垄断法》正式实施,这标志着我国反垄断政策的发展进入了一个全新的阶段,下面对我国反垄断法的发展历程进行简要的回顾。

从 1949 年新中国成立至 1978 年改革开放之前,我国实行由国家统一协调规划的计划经济体制,从经济结构上来看全民所有制和集体所有制一直占到全国 90% 以上的比例,各企业作为国家实现经济目标的具体工具,资源配置以及生产方式均是按照国家的行政指令和计划来开展,私有经济所占比重非常小,因此可以说基本上每个行业都处在我国政府的垄断掌握中,基本不存在竞争,该阶段也就没有制定反垄断相关的法律政策的需要。

改革开放之后,我国逐步实行市场化改革,引入竞争机制。为了保护公平竞争,维持市场秩序,国家也相应地制定了一系列的涉及反垄断的政策和法规,其中最早的一部是国务院于 1980 年 10 月发布的《关于开展和保护社会主义竞争的暂行规定》,规定中指出"除国家指定由有关部门和单位专门经营的产品外,其余的不得进行垄断,搞独家经营",并且还规定"任何地区和部门都不准封锁市场,不得禁止外地商品在本地区、本部门销售"以防止行政垄断。国家体改委和经委于 1987 年联合发布了《关于组建和发展企业集团的几点意见》,指出组建企业集团时要遵循防止垄断的原则。1987 年 9 月,国务院颁布了《中华人民共和国价格管理条例》,其中首次指出企业间或者行业组织间商定垄断价格是一种价格违法行为。1988 年 1 月,国务院又颁布了《重要生产资料和交通运输价格管理暂行规定》,其中指出"国家禁止企业、行业垄断市场价格",并认定凭借垄断地位或者是共谋实行垄断价格来获利的行为均为违法行为。1993 年通过了《中华人民共和国反不正当竞争法》,其中规定禁止滥用行政权力以限制竞争。1997 年通过了《中华人民共和国价格法》,规定"互相串通,操纵市场价格"、"为了排挤竞争对手或者独占市场,以低于成本的价格倾销"等为违法行为。

但是如同我们在本小节开始部分提到的,我国反垄断领域第一部专门的法律《中华人民共和国反垄断法》从酝酿到实施经历了整整 21 年,其经历更是可以用"一波三折"来描述(见表 13.1)。1987 年 8 月,原国务院法制局就成立了反垄断法起草小组,专门起草综合反不正当竞争和反垄断两方面内容的竞争法,并于 1988 年提出了《反对垄断和不正当竞争暂行条例草案》。然而,后经调查研究,"垄断"在我国尚不是重点问题,而各种不正当竞争的情况却频繁发生,因此反垄断法起草小组改为起草专门的反不正当竞争法,并于 1993 年 9 月在人大通过。1994 年反垄断法的制定终于被列入全国人大常委会立法规划,规定主要由国家经贸委的专家负责起草。之后尽管反垄断法在 1998 年时又被再次列入人大立法规划,但是在一个相当漫长的时段内该法案的制定一直未能有所进展。而 2003 年 3 月,国家经贸委进行改组更是对该法案的起草形成了负面的影响。2004 年 2 月,商务部与国家工商总局共同起草了《反垄断法(送审稿)》草案并送至国务院。但因这份草案带有过多的行政色彩,2005 年 2 月 6 日国务院决定将由其自己重新起草反垄断法。经过国务院法制办多次广泛征求各级政府和国内外专家的意见,在充分总结国外反垄断法律的有益经验和结合我国具体的情况后,于 2007 年完成了《中华人民共和国反垄断法(草案)》,并在其后的第十届全国人大常委会上表决通过。

《中华人民共和国反垄断法》共包括八章五十七条,主要针对经营者达成垄断协议,经营者滥用市场支配地位,具有或者可能具有排除、限制竞争效果的经营者集中三种违法行为,并根据我国的特点提出了反对行政垄断的原则。在反垄断法的具体实行上,由国务院反垄断委员会居中"组织、协调、指导",国家工商行政管理总局、国家发展与改革委员会共同执法(见图13.1)。

表 13.1 反垄断法产生历程

时间	事件
1987 年	原国务院法制局成立了《反垄断法》起草小组
1988 年	《反垄断法》起草小组提出《反对垄断和不正当竞争暂行条例草案》
1993 年	第八届全国人大常委会第三次会议通过了《反不正当竞争法》
1994 年	列入第八届全国人大常委会立法规划
1998 年	再次被列入第九届全国人大常委会立法规划
2004 年	国务院将该法列入立法计划
2005 年 2 月	再次被全国人大常委会列入立法计划
2006 年 6 月	反垄断法草案提交全国人大常委会首次审议
2007 年 8 月 30 日	第十届全国人大常委会表决通过反垄断法草案
2008 年 8 月 1 日	反垄断法正式实施

资料来源:根据《中华人民共和国反垄断法》规定内容整理得到。

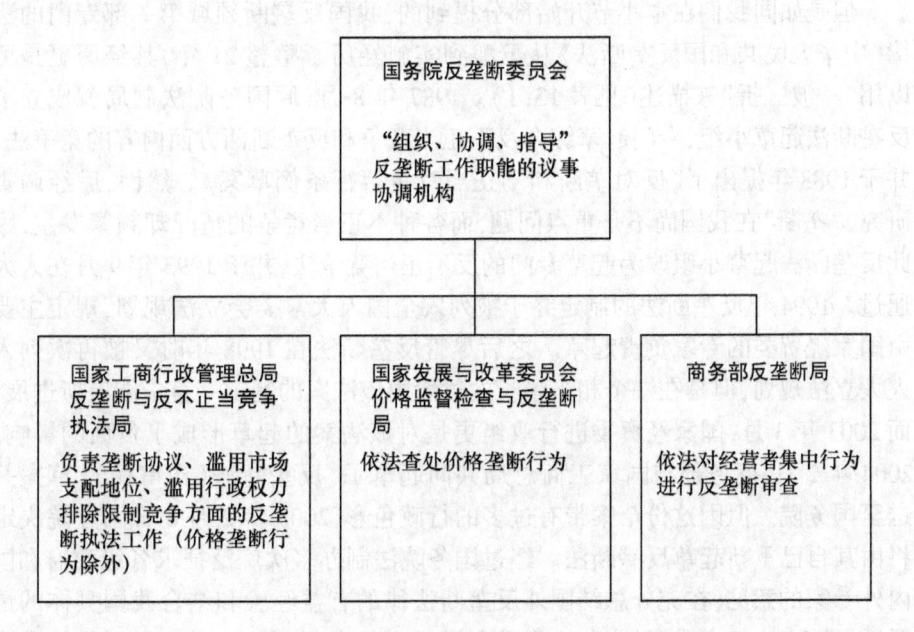

图 13.1 国务院反垄断委员会和反垄断法执法机构图

案例

"中国反垄断第一案"①

2008年8月1日,北京四家防伪企业将国家质检总局诉至北京市第一中级人民法院,声称质检总局推广"中国产品质量电子监管网"的做法违反了反不正当竞争法和反垄断法的相关条款,由于这是在《中华人民共和国反垄断法》生效后的第一起反垄断诉讼,因此被称为"中国反垄断第一案"。

事情的起因在于,国家质检总局于2007年12月发布《关于贯彻〈国务院关于加强食品等产品安全监督管理的特别规定〉实施产品质量电子监管的通知》,开始在全国范围内强制推广由中信国检信息技术有限公司经营的中国产品质量电子监管网的经营业务,并且将其与中国名牌、免检产品等评选相挂钩。北京兆信信息技术有限公司等四家防伪企业则认为国家质检总局享有中信国检信息技术有限公司30%的股份,而国家质检总局未经招标即通过强制推广电子监管网经营并已从中获利,严重侵害了其他防伪行业的企业参与市场公平竞争的权利。以此为由,北京兆信信息技术有限公司等四家防伪企业将国家质检总局告上法庭。

8月30日,国家质检总局通过在其官方网站发布《国家质检总局有关负责人表示:完善工作制度共同建设电子监管网平台》②新闻的方式来向此次诉讼作出回应,称"质检部门一直对愿意参与电子监管网建设的企业尤其是防伪企业敞开大门,多次征求防伪企业的意见,欢迎防伪企业参加电子监管网建设",而对于其持有中信国检信息技术有限公司30%的股份的情况,称"参股只是一个形式,是为了全过程参与研发建设,既没有投入一分钱,也没有收取一分钱利益",且已经于4月份退出股份。

2008年9月4日,北京市第一中级人民法院以四家企业提起的行政诉讼已经超过法定期限为由对此诉讼作出"不予受理"的裁定。四家防伪企业的代理律师声称定要继续上诉,但目前为止尚未有与此相关的后续报道。"中国反垄断第一案"至此夭折。

《中华人民共和国反垄断法》第五章第三十二条规定"行政机关和法律、法规授权的具有管理公共事务职能的组织不得滥用行政权力,限定或者变相限定单位或者个人经营、购买、使用其指定的经营者提供的商品",第三十七

---

① "反垄断第一案的失望与希望",《法制周报》,2008年8月5日。
② 国家质检总局网站。

条规定"行政机关不得滥用行政权力,制定含有排除、限制竞争内容的规定",从这两条规定上来看国家质检总局的行为似乎站不住脚,但是在真正对行政垄断进行判定时,还要加入对涉及市场竞争失灵、国民经济命脉、国家安全等因素的综合考量。

三、反垄断政策的目标

通过前面对反垄断法发展史的简单回顾,我们可以得知反垄断法在制定和执行上会受当时历史情况的影响。尽管大部分经济学家均认同反垄断政策旨在保护市场竞争,但是对于反垄断的目标,经济学家并未能达成一致。

大部分经济学家认为反垄断法的唯一目标应当是增进效率,而这可以用社会总福利来表示。所谓社会福利即是整个社会的总剩余,包括生产者剩余和消费者剩余两部分。在垄断的情况下厂商会制定比竞争状态下高的价格,造成消费者剩余的减少和生产者剩余的增加,此时的社会总福利水平要低于竞争状态。因而很多经济学家认为,通过制定和实行反垄断政策,可以实现保护竞争,限制各种滥用市场势力的行为,从而达到提高社会总福利水平的目的。

但是因为在一些特殊的情况下可能会出现消费者的福利下降但同时社会总福利增加的情况(如垄断厂商拥有更强的研发能力从而降低了生产成本),此时有部分经济学家认为应当以消费者剩余作为衡量标准,而另一部分经济学家则继续坚持认为社会总福利才是唯一的目标。

第二节 相关市场界定

反垄断所进行的分析中很多都是基于某个行业或市场来展开的,如评估某厂商所具有的市场势力等,而且众多的经济分析表明,行业间的显著差异具有重大意义,因此在反垄断的分析中首先应当明确一个产品或者是地域的范围,来作为讨论的一个基本单位。所以明确产品或者是地域上的范围的这个过程,即相关市场界定的问题①也就顺理成章地成为反垄断研究中的一个重要核心问题。相关市场界定问题一直是理论研究和司法实践的一个热点问题,经济学家根据反垄断的目标和基本的经济理论提出了几种不同的相关市场的界定方法,各国司法部门也根据经济学家的建议和司法实践的经验,制定了用于指导相关市场

---

① 有时亦称为反垄断市场界定。

界定的一些法规。[①]

一、SSNIP 检验方法及其思想

所谓相关市场(或反垄断市场),是指进行兼并分析中所兼并企业的相关产品的集合或者是合并企业产品所在地域的集合。从相关市场(或反垄断市场)的起源和分析的问题上看,这更是一个法律意义上的概念,而与我们在传统经济学中的市场的概念有所不同,反垄断市场强调的是一个产品之间相互竞争的范围,用于分析某厂商在此范围内是否具有垄断势力,或者厂商是否在这个范围内实施了垄断的行为。

在法律意义上明确此概念的是美国在 1982 年修订的《横向兼并指南》(Horizontal Merger Guidelines),其中提出了采用 SSNIP(a small but significant and non-transitory increase in prices)方法来界定相关市场的产品范围和地域范围。该方法通过假设存在一个唯一的垄断者,并通过检查这个假想的垄断者能否在一个较长的时间内通过提高产品 5%—10% 的价格来获得利润以确定市场的范围,因此又被称为假想垄断者检验法(Hypothetical Monopolist Test,HMT)。在美国之后,加拿大在 1991 年发布的《兼并实施指南》(Merger Enforcement Guidelines)以及欧盟于 1997 年发布的《市场界定通告》(Notice on Market Definition)也采纳了该方法。在我国于 2009 年 7 月发布的《国务院反垄断委员会关于相关市场界定的指南》中,第三章第十条亦对该方法进行了简述。因此可以说,SSNIP 方法是目前国际上普遍接受的用于反垄断中相关市场界定的方法。

根据其思想,SSNIP 可以按照以下四个步骤来完成:

(1) 首先从反垄断审查关注的经营者提供的商品也就是目标产品出发,或者是仅包含凭借经验便可以断定的与目标产品最紧密的产品(包括区域上的范围),将其定义为一个市场。

(2) 假设在该市场上存在唯一的一个垄断者,假定在其他条件不变的前提下,该垄断者持久地(一般是 1 年)显著提高(一般为 5%—10%)产品的价格,检查是否该垄断者的获利上升。

(3) 如果检查结果发现该垄断者所获利润有所下降,那么说明在目前定义的市场范围(产品或地域)外存在相对具有较强竞争力的产品,使得消费者在面临该市场的价格上升时会有较大比例转而消费该产品,从而导致垄断者提价无法弥补销量的损失,造成利润的下降。选择和该产品关系最为密切的产品,加入到该市场中,并重新定义为一个市场。重新转至第 2 步。

[①] 如我国就在 2009 年颁布了《国务院反垄断委员会关于相关市场界定的指南》。

（4）如果垄断者的利润有所上升，那么则结束 2—3 之间的循环，确定此时定义的市场为相关市场。

二、基于反垄断市场的界定方法

根据我们前面一小节的分析已经得知，最适合反垄断分析的方法应当是基于 SSNIP 检验方法设计的思想。但是在一部分案例中，由于受到数据采集等客观条件的限制，可能无法实施或者无法准确地实施基于 SSNIP 思想的检验。因此这就要求我们寻找一些其他的方法来进行替代或者提供参考。下面我们就介绍一些在实际的反垄断案件中采用过的方法，需要注意的是其中第一种方法是直接来源于 SSNIP 检验，而后两种方法并非如此。

剩余需求弹性被普遍认为是最符合反垄断政策思想的方法，其方法是按照 SSNIP 思想来进行设计的，因此在市场势力评估案和兼并案中被广泛地使用。这种方法最早于 1985 年提出。

1. 剩余需求弹性的估计

在按照 SSNIP 的思想框架进行检验时，很重要的一点是如何去实现其过程的第 2 步，即如何检查假想垄断者在实行持久而显著的价格提高时能否获利[①]，为了准确评价其获利的能力，我们需要把垄断者提升价格以后其他竞争对手的反应考虑进来，而 Bresnahan（1985，1988）通过引入剩余需求弹性的概念来对其进行衡量。

剩余需求函数是指市场中一个厂商在考虑了其他所有的厂商对其的反应后所面临的需求函数，或者说假定一个厂商提价，那么市场在满足了其他厂商以后"剩余"下的那部分需求。剩余需求弹性因为考虑了其他厂商的反应，故能够较好地反映其实际的提价能力，下面我们给出测量剩余需求弹性的具体计量方法。[②]

首先我们假设一个产品市场中 n 个追求利润最大化的厂商，这些厂商以 Stackelberg 竞争方式行事，对于一个厂商 i，我们可以得到其需求函数：

$$q_i = D_i(p_i, p_{-i}, r) \qquad (13.1)$$

其中 q_i 代表厂商 i 面临的需求，p_i 代表第 i 个厂商所面临的价格，$p_{-i} = (\cdots, p_{i-1}, p_{i+1}, \cdots)$，代表除去 i 厂商以外其他厂商的价格组成的向量，而 r 则代表一组共由 s 个影响需求的外生变量组成的向量，厂商面临的进一步的反需求函数

---

① 实际上能否获利恰恰就是代表了是否能在这个市场上具有垄断势力，因此相关市场界定与之后的市场势力的评估思路是完全一致的。

② 本段主要参考 Bresnahan（1985，1988），对于剩余弹性更加完善的推导过程请参见 Bresnahan（1988）。

302

可以写为：

$$p_i = P(q_i, q_{-i}, r) \qquad (13.2)$$

其中 $q_{-i} = (\cdots, q_{i-1}, q_{i+1}, \cdots)$，代表除去 i 厂商以外其他厂商的需求组成的向量。下面对厂商以外的任意厂商进行分析，我们此处使用厂商 j 来指代，那么我们可以得到厂商 j 的边际成本函数：

$$\mathrm{MC}_j(q_j, w, c_j), \quad j = 1, 2, 3, \cdots, n \text{ 且 } j \neq i \qquad (13.3)$$

其中 w 表示一列包含 L 个成员代表行业特性的影响成本的变量，而 c 则代表每个行业所特有的影响成本的变量。进而我们可以得到厂商边际收益函数：

$$\mathrm{MR}_j(q_i, q_{-i}, r), \quad j = 1, 2, 3, \cdots, n \text{ 且 } j \neq i \qquad (13.4)$$

根据厂商最大化利润的一阶条件，我们可以得到边际成本和边际收益相等：

$$\mathrm{MC}_j(q_j, w, c_j) = \mathrm{MR}_j(q_i, q_{-i}, r), \quad j = 1, 2, 3, \cdots, n \text{ 且 } j \neq i \qquad (13.5)$$

联立方程(13.2)和方程(13.5)，我们可以得到除去厂商 i 以外剩余厂商的产量的反应函数：

$$q_{-i} = R(q_i, w, c_{-i}, r) \qquad (13.6)$$

将方程(13.6)代入方程(13.1)并进行化简，我们可以得到厂商 i 的反剩余需求函数：

$$p_i = P(q_i, R(q_i, w, c_{-i}, r), r)$$
$$p_i = P'(q_i, w, c_{-i}, r) \qquad (13.7)$$

从反剩余需求函数可以得到厂商 i 面临的剩余需求函数：

$$q_i^r = D_i^r(p_i, w, c_{-i}, r) \qquad (13.8)$$

根据方程(13.8)，我们可以建立如下回归方程以用于估计厂商 i 的剩余需求弹性：

$$\ln q_i^r = a_i^0 + a_i^1 \ln p_i + \sum_{S=1}^{S} a_{is}^2 r + \sum_{l=1}^{L} a_{il}^3 w_l + \sum_{k \neq I} a_{ik}^4 c_k + \varepsilon_i \qquad (13.9)$$

方程中的 $a_i^1 = \mathrm{d}\ln q_i^r / \mathrm{d}\ln p_i = (\mathrm{d}q_i^r / q_i^r) / (\mathrm{d}p_i / p_i)$，即为剩余需求弹性的相反数的估计量。

此处需要注意的是该回归方程存在内生性问题，即因变量 q_i^r 亦会影响自变量 p_i，这就导致了估计量的有偏。解决该问题的一个比较合适的方法是采用工具变量法，其中变量 c 与价格具有相关性，但是又与残差项无关，且不包含在原回归方程里，因此是一个合适的工具变量。

至此，我们就通过利用厂商级的价格、需求量和成本三方面的数据估计得到该产品的剩余需求弹性。

2. 临界弹性的检验方法

在计算用于 SSNIP 检验中的阈值的临界弹性时,我们基于假设的不同,可以分为两种方法:利润最大化条件下的临界弹性法和损益平衡条件下的临界弹性法。

(1) 利润最大化条件下临界弹性的检验方法

需求的临界弹性是在自需求弹性的基础上,考虑这样一个问题:对任何给定的临界价格增加百分比,我们可以找到一个假想的垄断者能够面对而且仍想将价格至少提高到临界量以上的最大需求弹性。由此,需求的临界弹性被定义为,使利润最大化的价格提升幅度正好等于 SSNIP 检验要求的阈值的市场需求弹性。

我们假设所要考察市场中当前的商品价格为 p^0,厂商生产的边际成本为常数 c,需求弹性为 ε,并且定义 $m = (p^0 - c)/p^0 = 1 - c/p^0$ 为当前厂商的边际利润率,定义 $t = (p^1 - p^0)/p^0 = p^1/p^0 - 1$ 为 SSNIP 所规定的最小提价幅度(如按照美国《兼并指南》的规定,可以是 0.05),现假设该市场范围上只有一个垄断厂商,其实施利润最大化的垄断价格为 p^m。

由垄断厂商利润最大化方程:

$$\max \pi = p(q)q - cq \tag{13.10}$$

我们可得到利润最大化一阶条件:

$$-\frac{\mathrm{d}p(q)}{\mathrm{d}q}\frac{q}{p} = \frac{p - c}{p} \tag{13.11}$$

进而得到

$$\varepsilon^m = \frac{p^m}{p^m - c} \tag{13.12}$$

我们首先假定需求曲线是等弹性的,那么就可以得到初始情况下的需求弹性与单一垄断厂商实施垄断价格时的需求弹性相等,即:

$$\varepsilon(p^0) = \varepsilon(p^m) = p^m/(p^m - c) = p^1/(p^1 - c) = [p^1/p^0]/[(p^1 - c)/p^0]$$

将 $p^1/p^0 = (p^1 - p^0 + p^0)/p^0 = t + 1$ 代入上式,我们得到等弹性的需求曲线情况下临界弹性的值

$$\varepsilon(p^0) = \frac{1 + t}{m + t} \tag{13.13}$$

我们再讨论需求曲线为线性的情况,即假定

$$p = a - bq \tag{13.14}$$

此时需求弹性为

$$\varepsilon = (-1) \times (-1/b) \times p/q = p/(a - p) \tag{13.15}$$

而在只有一个垄断厂商时自然亦有

$$\varepsilon^m = \frac{p^m}{a - p^m} \tag{13.16}$$

将其代入式(13.12)我们可以求得

$$p^m = \frac{a + c}{2} \quad 即 \quad a = 2p^m - c \tag{13.17}$$

将式(13.17)代入初始弹性方程我们可以得到

$$\varepsilon(p^0) = p^0/(a - p^0) = p^0/(2p^m - c - p^0) = 1/(m + 2t)$$

即在线性需求曲线情况下的临界弹性为

$$\frac{1}{m + 2t} \tag{13.18}$$

(2)损益平衡条件下临界弹性的计算方法

与利润最大化条件下临界弹性的计算方法不同,在损益平衡条件下则是:考虑假想垄断者独占市场后在提高价格的同时带来销量的减少,则存在这样一个弹性值,当原市场弹性等于该值时,垄断厂商实行 SSNIP 检验所要求的价格上涨时边际利润提高带来的收益和销量减少带来的损失刚好互相抵消。而当原市场弹性低于该值时,边际利润提高带来的收益大于销量减少带来的损失,垄断厂商的利润会有所上升;当原市场弹性高于该值时,边际利润提高带来的收益小于销量减少带来的损失,垄断厂商的利润会有所下降。

此处我们保持与前面分析相同的假设,则根据垄断厂商提价前后的损益平衡可以得到以下等式:

$$q(p^0)(p^0 - c) = q(p^1)(p^1 - c) \tag{13.19}$$

进一步化简可以得到

$$\frac{q(p^1)}{q(p^0)} = \frac{p^0 - c}{p^1 - c} = \frac{(p^0 - c)/p^0}{(p^1 - p^0)/p^0 + (p^0 - c)/p^0} = \frac{m}{m + t} \tag{13.20}$$

我们再考虑需求函数为线性需求函数的情况,即 $p = a - bq$,等价于 $q = (a - p)/b$,由此可以得到

$$\frac{q(p^1)}{q(p^0)} = \frac{a - p^1}{a - p^0} = \frac{a - p^0 + p^0 - p^1}{a - p^0} = 1 + \frac{p^0}{a - p^0}\frac{p^0 - p^1}{p^0} = 1 - t\varepsilon(p^0)$$

$$\tag{13.21}$$

结合式(13.20)和式(13.21)我们可以得到 $1 - t\varepsilon(p^0) = \frac{m}{m + t}$,即临界弹性为:

$$\varepsilon(p^0) = \frac{1}{m + t} \tag{13.22}$$

我们再考虑需求函数为等弹性需求函数时的情况,此时可定义需求函数为 $q = ap^{-\varepsilon}$,其中 ε 为不变的需求弹性值。由需求函数可以得到:

305

$$\frac{q(p^1)}{q(p^0)} = \left(\frac{p^1}{p^0}\right)^{-\varepsilon} = (1+t)^{-\varepsilon} \tag{13.23}$$

将式(13.23)与式(13.20)联立我们可以得到

$$(1+t)^{-\varepsilon} = \frac{m}{m+t}$$

求解得到临界弹性为

$$\varepsilon = \frac{\ln(m+t) - \ln m}{\ln(1+t)}$$

三、基于"经济市场"概念相关市场界定方法

除了起源于法律概念的反垄断市场,在经济学的发展史中马歇尔给出了市场的经济学定义"一个市场是指这样一个区域,在扣除运输成本导致的费用以后,所有同类商品的价格都趋于一致"。因此有相当一部分经济学家认为在反垄断分析中市场范围的界定也应当根据"经济市场"的概念来给出。因为这些检验方法均是利用产品的价格数据,因此可以统称为价格检验方法。在具体的实现方法上可以分为价格相关性检验、价格差别检验、价格调整速度检验、格兰杰因果检验和协整关系检验等几种方法。

1. 价格相关性检验[①]

如前所述,价格相关性检验的理论依据是马歇尔提出的"经济市场"的概念,其基本思想在于如果两个产品(地区)同属于一个相关市场,那么这两个产品(地区)的产品价格必然具有相同的变化趋势,即同一个相关市场中的产品价格具有相同的变化趋势。举一个简单的例子,如果我们认定啤酒和白酒同属于一个相关市场,那么假如啤酒在受到原材料成本上升或者是需求减小等类似的负面冲击而价格下跌以后,则白酒应当也呈现价格下降的趋势。

价格相关性检验具体由多种实现方法,可以测算价格序列本身的相关系数、价格序列的一阶差分的相关系数、价格的对数形式的相关系数以及价格的对数形式的一阶差分的相关系数等。具体地,以价格序列的相关系数为例,假如我们检验产品 a 和产品 b 是否属于同一个相关市场,那么我们以一定的频率取得两产品在一个较长的时段内的价格序列 p_a 和 p_b,通过计算得到两者的相关系数 $\rho_{ab} = \frac{\text{cov}(p_a, p_b)}{\sigma_a \sigma_b}$,而相关系数 ρ_{ab} 的值越大,那么这两个产品就越有可能处于同一个相关市场中。

[①] 具体可以参见 Kottke (1960), Stigler 和 Sherwin (1985)。

价格相关性检验本身在实际操作和理论依据上也存在一定的问题,需要我们在应用时加以注意[1]:

首先是采用数据的时间频度问题。我们是用每日数据还是季度数据,或者是年度数据呢?要知道对于两个产品,采用每日数据和选用季度数据很可能会有着截然不同的结论。在这个问题上并没有特定准则,一般来说,应当是以产品的特性为依据选择合适的时间。如果数据的可获性上不存在问题的话,建议采用多个时间频度的数据分别进行检验,并观测检验结果是否稳健。

其次就是备受诟病的伪相关问题,即一些并非基于产品之间的竞争特性的供给或需求面的冲击导致了两种产品的价格变化呈现出高相关性。比如某地区在一段时期内出现了劳动力短缺的情况,进而导致劳动力价格的大幅上升,此时该地区的劳动密集型产品可能都会受到成本冲击的影响而呈现价格上升的趋势,但明显这些产品并不一定属于同一个竞争市场,而此时使用价格相关性检验则可能得到错误的推断。

最后一个问题就是对于价格相关性而言没有一个明确的阈值来作为判断两个产品(地区)是否属于同一个相关市场的标准。如我们测得产品 a 与产品 b 在某一个时段的价格序列的相关系数为 0.7,那么我们是否认为价格的变化趋势已经足够相近而被划入同一个市场呢?显然这取决于我们选定的阈值,而这自然也就具有极大的任意性。

2. 价格差别检验[2]

该检验的基本思想在于如果两个产品处于同一个市场之中,那么随着套利的进行这两个产品的价格应当是趋于相同的,因此这种方法关注的不仅仅是两产品价格的变化趋势是否相同,还要考虑其价格水平是否相近。

以我国的白酒市场为例,茅台和二锅头是两个在我国销量很大的白酒品牌,因此两者在产品特性上也拥有很多相似之处,其价格变化随着我国整体酒类饮料市场的波动也呈现一定的相关性。但是两者的价格之间的差别非常大,一瓶53 度的飞天茅台(500 毫升)的价格可以达到 1 280 元,而一瓶 52 度的红星二锅头(500 毫升)的价格却仅为 50 元,根据价格差别检验,两者应当属于不同的市场。而实际情况亦是如此,茅台和二锅头具有不同的消费群体,两者的替代性并不高,我们很难想象因二锅头的价格上涨而去大量消费茅台的情况。

尽管价格差别检验可以为市场划分提供参考建议,但在实际情况中这种检

---

① 对价格相关性检验可能存在的问题可以进一步参考 Stigler 和 Sherwin (1985),Werden 和 Froeb (1993)等。

② 参考 Motta(2004)。

验方法往往是不可靠的。一个日常生活中比较简单的例子可能可以说明这一点,比如目前我国乳制品市场上同一品牌的牛奶可能存在中端和高端产品两种,如伊利品牌下有普通的纯牛奶和金典牛奶,并且两种的价格相差接近一倍。如果在保持高端牛奶价格不变的前提下,中端产品的牛奶可能仅仅是一个小幅度的上涨即导致其无利可图。(原因可能是在同样的对比下,消费者认为买高品质牛奶比以前更值而产生较多的转移。)因此该检验方法一般只适合作为辅助的检验方式。

3. 格兰杰因果检验法(Granger Causality Tests)[①]

价格相关性检验在产品间的价格调整具有时滞的时候可能会得出错误的结论:假如产品 a 和产品 b 同属于一个相关市场。当受外界冲击的影响时产品 a 的价格有所上升,但这对其替代品产品 b 的影响可能要滞后一段时间才能表现出来。因此尽管属于同一个相关市场,产品 a 和产品 b 同期的价格序列的相关系数有可能等于零。而格兰杰因果检验也就适用于这种产品间的价格变化存在时滞时的情况。

格兰杰因果关系是一个统计学上的概念,即假定存在服从平稳的随机过程的两个变量 a 和 b,如果运用所有的 a 和 b 的现在及过去的数值来对 b 作出预测,得到的预测值比不用 a 的各相关值时得到的预测值更加准确,那么我们就说 a 是 b 的格兰杰原因。在具体的相关市场的界定上,我们采用一个简单的例子来进行说明。

假定一个同质的产品 Y 同时在地区 1 和地区 2 进行销售,我们想确定对于产品 Y 而言地区 1 和地区 2 是否同属于一个相关地理市场。令 P^j 为产品 Y 在 j 地区的价格序列,其中 $j=1,2$。

令原假设为 P^k 对于 P_j 的价格决定而言是外生的,反之亦然。建立如下两个回归方程:

$$P_t^j = \sum_{i=1}^{n_1^j} a_{ij} P_{t-j}^j + g_1^j(Z_t) + \varepsilon_t^j$$

$$P_t^j = \sum_{i=1}^{n_2} c_{ij} P_{t-i}^j + \sum_{i=1}^{n_3} d_{ij} P_{t-i}^k + g_2^j(Z_t) + \eta_t^j, \quad j=1,2, k=2,1$$

其中 ε_t^j 和 η_t^j 为误差项,Z_t 为一组外生变量,并且其外生性无需检验,例如时间变量的确定性的组合。

此时原假设即为 $d_{ij}=0$,其中,$i=1,\cdots,n_3^j,j=1,2$。如果原假设不成立,那么我们就可以推断两者具有格兰杰因果关系,进而得到两个地区属于同一个地

---

① 具体请参考 Slade(1986)。

理相关市场的结论。

经济学家也指出,除了测度的是经济市场外,格兰杰因果检验法还存在以下缺陷:

(1) 价格上的因果关系并不代表两个产品一定同属于一个相关市场。例如大豆价格的上升会导致食用豆油价格的提高,但这仅是因为大豆是食用豆油的原材料,两者不具备明显的替代性关系,因此并不属于同一个相关市场。

(2) 产品间的格兰杰因果关系可能并不对称。例如产品 a 的价格是产品 b 的价格的格兰杰原因,但产品 b 的价格却不是产品 a 的价格的格兰杰原因,这在两个产品是否同属于一个相关市场上得出了互相矛盾的结果。

4. 进出口数据检验法[①]

前面介绍的几种方法均普遍适用于产品市场和地域市场的范围界定,下面我们介绍一种仅应用于地域市场界定的方法——进出口数据检验法。[②] 该方法的思想是:如果两个地区之间在某种产品上存在较多的进出口,那么这两个地区应当处于同一个市场。进出口数据检验法具体通过两步检验来完成:第一步检验为 LOFI(Little Out From Inside)检验,即针对一个给定的生产区域,寻找占该地区生产产品的主要比例(根据情况选定比例,可以是 75% 或 90%)的最小的消费地区。第二步检验为 LIFO(Little In From Outside)检验,即相对于第一步检验所确定的地域范围,确定是否目标产品的主要比例(根据情况选定比例,可以是 75% 或 90%)均在此地域范围内生产,如果不是则扩大地域范围。经过两步检验后,确定一个产品的地域市场。

该方法考虑到了供给和需求两个方面的因素,因此能够在一定程度上反映出产品之间是否具有竞争约束力。但是检验不通过并不一定就意味着两个地区不属于同一个地理市场,尤其是在产品同质条件下,两地产品价格相仿,而两地之间的货物流通可能非常少,但这完全有可能是受运输费用的影响(尽管运费可能很低)。这时一个地区微小的价格上涨(只要两地差价能够覆盖运费)则可能会使该地区的消费者大幅转移至另外一个地区。一个典型的例子便是"北大学生清华蹭饭"现象。[③] 考虑到该方法存在一定的缺陷[④],我们在实践时应当结合具体的案例情况使用。

---

① 实际上该方法可能叫做物流数据法更加准确,但考虑到从最终结果而言是检查某地区的进出口情况,为了便于记忆和理解称之为进出口数据法。

② 该方法由 Elzinga 和 Hogarty (1973)提出,Shrieves (1978)提出可以添加对价格数据的考虑来扩展该方法。

③ 该现象是指北大学生集结成群去清华食堂吃饭的事件。实际上北大和清华两校食堂的质量和价格差别均极小,因此各校学生仍以在本校食堂就餐为主。但后来因为北大食堂进行幅度不高的提价,而两校又是毗邻,所以导致北大同学组团去清华食堂"蹭饭"。

④ 对该方法缺陷更深一步的讨论可以参考 Werden (1981)。

本章小结

1. 现代的反垄断体系起源于美国,而在不同的历史阶段里,美国反垄断政策的制定与实施受到当时主导经济学派和具体的经济环境的影响。

2. 我国与反垄断相关的法律从 1980 年开始出现,而专门的反垄断法《中华人民共和国反垄断法》历经 21 年酝酿后方于 2008 年 8 月 1 日开始正式实施。

3. 相关市场界定问题是反垄断政策研究的一个重要问题,目前国际上比较通用的方法为 SSNIP 方法,在具体的实施中可以通过估计剩余需求弹性和计算作为 SSNIP 检验的阈值临界弹性来进行。

4. 在进行相关市场界定时,基于经济市场的各种方法也是重要的参考。

思考题

1. 最大化利润下的临界弹性和盈亏平衡条件下的临界弹性有什么不同? 在市场界定时,两者中哪一个界定的市场范围可能会更大?

2. SSNIP 为什么又称为假想垄断者检验法? 请简单描述该方法的实施过程。

3. 假定需求为,现有两个厂商,两厂商的边际成本均不变且等于常数:

a. 假定两厂商以古诺的方式展开竞争,请问此时的均衡价格是多少?

b. 如果定义 SSNIP 检验中价格提升为 5%,那么此时利润最大的临界弹性是多少? 盈亏平衡的临界弹性是多少?

c. 根据(b)问中得到的结论,请问此两厂商是处于同一个相关市场中吗?

进一步阅读文献

[1] Elzinga, K. G. and T. F. Hogarty(1973),Problem of geographic market delineation in antimerger Suits, *Antitrust Bull*,18,45.

[2] Kottke, F. J. (1960), Simultaneous price fluctuations as a test of the significance of product substitution, *Antitrust Bull*, 5,627.

[3] Massey, P. (2000), Market definition and market power in competition analysis:some practical issues, *Economic and Social Review*, 31, 309—328.

参考文献

[1] Baker, J. B. and T. F. Bresnahan(1985), The gains from merger or collusion in product-differentiated industries, *The Journal of Industrial Economics*, 33, 427—444.

[2] Baker, J. B. and T. F. Bresnahan (1988), Estimating the residual demand curve facing a single firm, *International Journal of Industrial Organization*,6, 283—300.

[3] Church, J. R. and R. Ware(2000), *Industrial Organization: A Strategic Approach*, New York: McGraw-Hill, 2000.

[4] Elzinga, K. G. and T. F. Hogarty(1973), Problem of geographic market delineation in antimerger suits, *Antitrust Bull*,18,45.

[5] Evans, W. N. , L. M. Froeb and G. J. Werden (1993), Endogeneity in the concentration-price relationship: causes, consequences, and cures, *The Journal of Industrial Economics*,41,431—438.

[6] Kottke, F. J. (1960), Simultaneous price fluctuations as a test of the significance of product substitution, *Antitrust Bull*, 5,627.

[7] Kovacic, W. E. and C. Shapiro(2000), Antitrust policy: a century of economic and legal thinking, *The Journal of Economic Perspectives*,14,43—60.

[8] Massey, P. (2000), Market definition and market power in competition analysis: some practical issues, *Economic and Social Review*, 31, 309—328.

[9] Mathis, S. A. , D. G. Harris and M. Boehlje(1978), An approach to the delineation of rural banking markets, *American Journal of Agricultural Economics*, 60,601—608.

[10] Motta, M(2004), *Competition Policy: Theory and Practice*, Cambridge University Press.

[11] Mueller, D. C. (1996), Lessons from the United States's antitrust history, *International Journal of Industrial Organization*,14,415—445.

[12] Shrieves, R. E. (1978), Geographic market areas and market structure in the bituminous coal industry, *Antitrust Bull*, 23,589.

[13] Skitol, R. A. (1999), Shifting sands of antitrust policy: Where it has been, where it is now, where it will be in its third century, *Cornell Journal of Law and Public Policy*, 9,239—266.

[14] Slade, M. E. (1986), Exogeneity tests of market boundaries applied to

petroleum products, *The Journal of Industrial Economics*, 291—303.

[15] Stigler, G. J. and R. A. Sherwin(1985), Extent of the market, *JL & Econ*, 28, 55.

[16] Werden, G. J. (1981), Use and misuse of shipments data in defining geographic markets, *Antitrust Bull*, 26, 719.

[17] Werden, G. J. (1997), Demand elasticities in antitrust analysis, *Antitrust LJ*, 66, 363.

[18] 戴奎生, 邵建东, 陈立虎(1993), 竞争法研究, 中国大百科全书出版社.

[19] 丹尼斯·卡尔顿, 杰弗里·佩罗夫(1998), 现代产业组织, 上海三联书店 & 上海人民出版社.

[20] 中国经济周刊(2006), 反垄断法的 19 年风雨历程, 20—21.

第十四章

拍卖理论与运用

本章概要

拍卖是市场经济中一类重要的价格形成机制和交易方式。产业组织理论与政策之所以涉猎拍卖,是因为在特定的市场结构中,市场一般的定价机制不能很好地发挥作用,而拍卖则是一种相对有效的价格发现和价格形成机制。因而产业组织理论将拍卖理论作为重要的研究内容。

学习目标

把握拍卖理论的基础,了解拍卖的具体做法和应用领域。

第一节　拍卖理论基础

一、引言

人类利用拍卖配置物品的历史非常久远。希腊历史学家希罗多德(Herodo-tus)描述了公元前 5 世纪左右古巴比伦城盛行的每年一次的适婚青年妇女拍卖活动。到了罗马帝国后期,许多战利品也是通过拍卖来进行重新分配的。公元193 年 3 月 28 日,罗马禁卫军发动兵变,杀害了当时受到民众拥护的皇帝波蒂纳斯(Pertinax)。因无法在元老院找到皇帝的替代者,党卫军异想天开地公开拍卖皇位。一位靠海上贸易发了财的富翁朱利埃纳斯(Juliannus)压倒所有竞争对手而获得皇位。两个月后,驻维也纳的大将西维勒斯(Severus)杀回罗马,将朱利埃纳斯杀死。这一离奇拍卖后来被作为拍卖理论中"赢者诅咒"(Winner's Curse)的经典例子。

今天,拍卖作为一种商品交易机制,其应用范围已经十分广泛。在市场经济中,巨额的经济活动是通过拍卖的方式进行的。经常被拍卖的物品包括古董、珠宝、精美的艺术品、住房、旧车、农产品等有形资产,也包括一些无形资产,比如土地使用权、油田开采权,甚至一些特别电话号码、车牌号码的使用权。在美国,约有 10% 的 GDP 通过拍卖实现交易。自 20 世纪初英美率先拍卖发行政府债券以来,拍卖已经成为世界主要国家最重要的债券价格形成机制之一。世界各国以拍卖方式发行的债券数量十分巨大。例如,2003 年,法国拍卖发行债券数量达 3 400 亿欧元,其中包含短期债券 2 300 亿欧元、中期债券 500 亿欧元和长期债券 610 亿欧元;同年,美国通过 202 次拍卖发行了数量达 3.42 万亿美元的债券。中国香港特别行政区政府每年要公开拍卖大批量的土地给开发商使用。拍卖也常用于定向购买物品或服务。比如,数家公司竞投承包一项工程或提供某项服务。中国人习惯称这种交易方式为招标。在招标中,通常是出最低价的公司赢得合同,但有时也要考虑竞标者的信誉、承诺以及所提供产品或服务的质量等因素。

拍卖的应用引起大众和媒体广泛关注始于 20 世纪 90 年代所进行的无线通信频率的拍卖,以及 1996 年 Vickrey 因为其在拍卖理论上作出的开创性贡献获得了诺贝尔经济学奖。90 年代后期,美国、英国、荷兰、瑞典、澳大利亚和新西兰等国政府改变了以往通过听证会指派或采用随机抽签的方式将频率给某个公司使用的方法,开始广泛采用了公开拍卖,价高者得的方法。其中,美国通信部采用几位理论经济学家最新设计的拍卖机制,分配提供个人通信服务的执照,取得了前所未有的效益,为美国财政部带来了二百多亿美元的收入。拍卖还被广泛运用到公共线路牌照、自然资源开采权、电力供给、资产出让等物品转让和配置中。

在中国,拍卖也正变得日益普及,比如拍卖行拍卖古董、字画、房产等,政府拍卖土地使用权等。2006 年下半年,国家为了稳定粮价,进行了数次粮食的拍卖。另外国土资源部门也开始进行采矿权、探矿权的拍卖。比如 2006 年 6 月,四川汉源县乌斯河铅锌矿的采矿权和探矿权以 8.62 亿元的价格拍卖成交。1998 年,国家开发银行开始采用拍卖方式发行总额为 410 亿元的金融债券,由此开始了我国债券发行的市场化改革和债券拍卖发行的实践。随后,我国债券拍卖发行市场规模逐步扩大,并承担起债券价格发现的重要职能。至 2008 年我国债券拍卖的年市场规模超过了 1.8 万亿元。

拍卖被视为一种相对公平的市场分配原则,特别是在配置公共产品性质的物品时,具有较好的公正性。当拍卖物品的实际价值在买卖双方间存在信息不对称时,拍卖方式也可以很好地实现交易。随着中国市场经济的完善和发展,拍卖这一古老的市场交易方式将扮演越来越重要的角色。

在上述复杂多样的拍卖中,如何从理论上对拍卖行为进行研究?为什么买卖双方愿意采取拍卖方式来实现交易?拍卖问题的研究对经济理论有何改进和完善?拍卖理论研究关注的核心问题是什么?事实上,拍卖问题的研究方法也运用到诸如竞赛活动、政治对抗、经济寻租、职位晋升、企业研发、企业兼并、贸易战、军备竞赛和生物损耗战等问题的分析中。为什么拍卖理论可以作类似的推广？本章将从拍卖的基本概念出发，阐述拍卖理论的重要结论，并说明拍卖对分析经济现象和解决现实经济问题的理论及实际价值。

二、对拍卖的界定

1. 拍卖的构成要件

拍卖是一种向一个群体分配资源的机制。一个拍卖模型包括三个构成要件：对潜在投标者的描述、可分配资源集（描述每种类型物品的数量、是否可以分割、分配标的物品的法律和其他约束等）和向不同参与者分配标的物的价值。满足上述构成要件的资源分配方式均可视为"拍卖"。

从信息的角度来看，人们之所以采用不同的价格形成机制是由于买卖双方对标的物价值信息的不对称性。如果买卖双方对交易物品均具有充分的价值信息，这时卖方通常会采用固定定价（take-it-or-leave-it）方式（例如你到沃尔玛购买商品）。如果买卖双方对交易物品均只具有部分的价值信息，这时买卖双方通常会通过讨价还价（bargain）的方式来完成交易（例如商务谈判）。如果卖方（或买方）对交易物品完全不具备价值信息，而买方（或卖方）却具有价值信息优势，这时卖方（或买方）将采用拍卖的方式完成交易，注意，如果卖方（或买方）设定起拍价，那么卖方（或买方）实际上也可以视为买方（或卖方）的一员，起拍价是卖方（或买方）的报价。满足上述拍卖信息环境的交易行为，均可以视为拍卖来研究。

拍卖通过类似于投标人报价的方式将卖方意愿信息披露出来，并根据这些信息来决定最终结果。这一特征称为拍卖的全体性（universal），即通过拍卖制度和卖方报价配置所有物品。拍卖的另一特征是匿名性（anonymous），即买方的其他个体特征在决定物品的最终归属和最终支付上不发挥任何作用。这两点不同于最优机制设计中对不同类型个体区别对待的情形（在最优机制设计中，需要根据不同类型个体的类型设计激励相容的最优方案）。拍卖的上述特征为拍卖模型圈定了自己的适用范围。

2. 拍卖的功能

作为一种重要的资源配置手段，拍卖至少可以完成如下功能：

（1）价格发现。在许多情形下，买卖中的某一方不知道某项服务或物品的实际价值，因而无法设定合理的价格。拍卖可以视为一种市场实验，来确定这项服务和物品的价格。

（2）加快销售速度。拍卖在很多情况下可以完成大宗商品的交易过程，进而加快商品的流通速度。拍卖不需要反复一对一地讨价还价和谈判，可以加快交易的速度,节省交易时间。如在世界最大的鲜花交易所,荷兰阿尔斯梅尔鲜花交易所,平均每 4 秒钟进行一项交易,每天达成的交易超过 5 万笔。

(3) 显示市场估价信息。拍卖方开始并不知道众多的买家(卖家)的评价(成本)的真实信息,而通过竞争性的竞价过程,则可以将这些信息披露出来,从而有利于市场资源的合理配置。

(4) 防止买卖双方代理之间的不诚实交易。例如,政府部门的采购,是纳税人委托政府代理人进行的一种交易,这种委托代理的关系会带来代理人和供应商之间的串谋,如行贿受贿,或者以权谋私等腐败问题。而拍卖则是公开透明的竞价过程,增加了代理人控制交易价格和交易对象的难度,从而减少了腐败。我国的招投标制度和政府采购制度也将透明和公开放在非常重要的位置。

3. 拍卖的评价

拍卖有多种方式。这些方式通常由拍卖主办方事前决定,评价拍卖方式的优劣通常有如下重要的标准:

(1) 收益(Revennue)。拍卖主办方通常希望最大化物品销售的收益(对招标而言,则拍卖主办方希望最小化自己的支出,也是最大化自身收益的过程)。这一标准是拍卖研究中最重要的标准。为了简单起见,在本章的后续说明中,如无特别说明,均以拍卖主办方卖出物品为例,即价高者获得标的物。对类似政府采购、工程招标等过程中价低者获得标的物的情形,读者可以根据拍卖原理作类似分析。

(2) 效率(Efficiency)。一场成功的拍卖应该使得事前(ex post)对标的物估价最高的投标人获得。这一标准在衡量政府出售公共资产时尤为重要。许多采购合同中,效率意味着相同的价格下获得更高水平的服务与产品。

(3) 总剩余或社会福利最大化。拍卖是否最大化买卖双方的总收益。

三、古诺竞争与拍卖

拍卖制度的设计和运用被视为博弈论方法的成功实践。Vickrey(1961)最早将拍卖视为不完全信息的博弈过程。Harsanyi(1967)和 Selten(1975)为拍卖研究提供了重要的分析工具和基础。下面我们从大家熟悉的古诺竞争出发来理解拍卖过程。

1. 对称贝叶斯纳什均衡(symmetric Bayesian Nash equilibrium)

对称贝叶斯纳什均衡在拍卖理论研究中具有广泛的运用。简单地讲,在对称贝叶斯纳什均衡下,博弈各方采取相同的决策函数。我们考虑两个厂商的古诺竞争模型来说明这一概念。

考虑厂商 1 和厂商 2 生产同质商品,在产量上进行古诺竞争。假设市场需

求曲线为:

$$p = 1 - Q$$

其中 Q 为市场总产量。每一厂商的单位生产成本为常数,但可能为相对高的单位成本 c_h,或相对低的单位成本 c_l。假设 $4 - 5c_h + c_l \geq 0$。成本分布的概率密度满足:

$$F(c_h, c_h) = F(c_h, c_l) = F(c_l, c_l) = F(c_l, c_h) = \frac{1}{4}$$

这表明,厂商的高成本或低成本的概率是相等的。下面我们计算对称贝叶斯纳什均衡。

在古诺竞争前,厂商知晓自己生产过程的单位成本,但无法准确知道对手生产过程的单位成本。由于两个厂商面临相同的概率分布,我们可以分别计算厂商对对手单位成本的概率估计。利用贝叶斯法则计算 $\hat{F}(c_h | c_h), \hat{F}(c_l | c_h), \hat{F}(c_l | c_l)$ 和 $\hat{F}(c_h | c_l)$。$\hat{F}(c_h | c_h)$ 表示某厂商知道自己的单位成本为 c_h 的条件下,另一厂商的单位成本也为 c_h 的概率。根据贝叶斯法则,我们有:

$$\hat{F}(c_h \mid c_h) = \frac{F(c_h, c_h)}{F(c_h, c_h) + F(c_l, c_h)} = \frac{1}{2}$$

类似地,

$$\hat{F}(c_l \mid c_h) = \hat{F}(c_l \mid c_l) = \hat{F}(c_h \mid c_l) = \frac{1}{2}$$

贝叶斯纳什均衡意味着,厂商面临生产成本 c_h 和 c_l 时,对应着最优产量决策函数 $(q^*(\cdot), q^*(\cdot))$。不妨记厂商 2 的策略为 $q(\cdot) = (q(c_l), q(c_h))$,分别对应不同单位成本下的产出决策。在对称均衡下,厂商采用相同的最优策略。

假设若厂商 2 选择 $q(\cdot)$,厂商 1 的单位成本为 c_l,选择 s_l 以最大化自身收益,则厂商 1 的预期收益为:

$$\pi_1(s_l, q(\cdot), c_l) = \frac{1}{2}(1 - q(c_l) - s_l - c_l)s_l + \frac{1}{2}(1 - q(c_h) - s_l - c_l)s_l$$

对策略 s_l 求导数,有:

$$\frac{1}{2}(1 - q(c_l) - s_l - c_l) + \frac{1}{2}(1 - q(c_h) - s_l - c_l) = 0$$

由于厂商采取对称均衡策略,故 $s_l = q(c_l)$,代入最优化条件有:

$$q(c_h) = 2 - 5q(c_l) - 2c_l \tag{14.1}$$

类似地,若厂商 2 选择 $q(\cdot)$,厂商 1 的单位成本为 c_h,选择 s_h 以最大化自身收益,则厂商 1 的预期收益为:

$$\pi_1(s_h, q(\cdot), c_h) = \frac{1}{2}(1 - q(c_l) - s_h - c_h)s_h + \frac{1}{2}(1 - q(c_l) - s_h - c_h)s_h$$

由最优化条件,我们有:

$$q(c_l) = 2 - 5q(c_h) - 2c_h \qquad (14.2)$$

联立最优反应函数式(14.1)和式(14.2),我们可以获得对称贝叶斯纳什均衡:

$$q^*(c_h) = \frac{4 - 5c_h + c_l}{12}$$

$$q^*(c_l) = \frac{4 - 5c_l + c_h}{12}$$

注意到高成本的厂商生产的产量较低。

如果我们将厂商生产过程的单位成本视为投标人对标的商品的价值估计,厂商的产量决策视为厂商的报价,那么古诺竞争过程可以视为一个拍卖过程。在对称均衡下,成本高的厂商生产较低数量的产出,类似于估价较低的竞拍者报出较低的报价。此外,从事后的产量决策过程,我们可以判断出市场上厂商的单位成本分布情况。在某些受到政府管制的行业,这种成本信息的披露对政府决策有重要意义。

例如,在高速公路的招投标中,政府通常并不知道施工单位修建一条高速公路的实际成本。施工单位的招投标报价中一定会反映修建高速公路的成本信息。根据招投标的报价,借助一些计量经济学工具,我们可以估计出施工单位的单位成本信息,为政府未来的招投标决策和制度安排提供重要依据。这一分析是拍卖计量(Auction Econometrics)研究过程,它是目前产业经济学和微观计量分析的前沿和热点问题。

2. 古诺垄断法

下面我们提供从古诺竞争来理解拍卖过程的另外一种分析思路。假设存在 $n > 1$ 个潜在买主,买主对标的物品的估价为 $V = (V_1, \cdots, V_n)$。卖主并不知道 V 的实际大小,但可以将买主估价视为在区间 $[\underline{v}_1, \bar{v}_1]$ 上的随机变量,其中 $\underline{v}_1$ 和 $\bar{v}_1$ 分别表示买主可能的最低估价和最高估价。V 服从联合概率分布:$F: [\underline{v}_1, \bar{v}_1] \times \cdots \times [\underline{v}_n, \bar{v}_n] \to [0, 1]$,其中 $F(v_1, \cdots, v_n) = \Pr(V_1 \leqslant v_1, \cdots, V_n \leqslant v_n)$。潜在买主仅仅知道自己的价值估计,并不知道其他买主的价值估计,并把其他买主的价值估计也视为随机变量。

我们考虑如果卖方采用固定定价方式,应该如何定价以最大化自身的收益。不妨设卖方对待售物品的价格估计为 r(即保留价格)。如果买方的出价小于 r,卖方将收回待售物品。这时,卖方的决策问题实际上是古诺垄断的另外一种形式,所不同的是将古诺垄断中的价格用待售物品的售出概率来表示。

假设卖方设定的固定价格为 p,至少有一个买方的估价高于 p 的概率为:

$$\pi(p) = 1 - G(p), \quad G(p) = F(p, \cdots, p)$$

卖方可能获得的收益为 $\pi(p)(p-r)$,对应的最优化问题为:

$$\max_p \pi(p)(p-r) \tag{14.3}$$

其中 $(p-r)$ 表示卖方以高于保留价格出售的收益。

我们也可以将至少有一个买方的估价高于 p 的概率视为古诺垄断中的产量决策,即卖方选择产量 $q = 1 - G(p)$,以最大化其收益。这时价格满足 $P(q) = G^{-1}(1-q)$,卖方的最优化问题为:

$$\max_q (P(q)-r)q \tag{14.4}$$

求解式(14.3)或式(14.4),我们可以获得最优价格 p^*,满足边际成本等于边际收益的关系。

$$\mathrm{MR} = p^* - \frac{1-G(p^*)}{G'(p^*)} = r = \mathrm{MC}$$

二阶条件在 $G''(p) < 0$ 假设下满足,即买方出价高的可能性随价格增加而变得越来越小。在某种程度上,拍卖也可以视为卖方的一种垄断定价机制。

四、顺序统计量基础

经典拍卖理论的数理基础建立在顺序统计量(Order Statistics)基础上。例如,Vickery 拍卖中具有最高估价的获胜者所支付的标的价格为次高投标者的估价。在独立私人假设下(IPVP)次高投标者的估价就是所有投标者估价的次高顺序统计量。在密封采购投标(如高速公路的招标过程)中,具有最低成本的企业获得标的。给定企业成本的分布函数,投标企业的最低成本服从对应的最低顺序统计分布。因此,理解顺序统计量的基本概念和相关性质,对掌握拍卖理论十分重要。

顺序统计量:设随机变量 $V_1, V_2, \cdots, V_n$ 独立同分布,则由 $V_1, V_2, \cdots, V_n$ 生成的顺序统计量为 $V_1, V_2, \cdots, V_n$ 的一个重排 $V_{(1)}, V_{(2)}, \cdots, V_{(n)}$,满足:

$$V_{(1)} \geq V_{(2)} \geq \cdots \geq V_{(n)}$$

记序列中最小的变量为 X,最大的变量为 Z,则有:

$$X = V_{(n)} = \min\{V_1, V_2, \cdots, V_n\}$$
$$Z = V_{(1)} = \max\{V_1, V_2, \cdots, V_n\}$$

例 14.1:假设随机变量集合 $\{2,6,8,3,2,7\}$,则该集合的顺序统计量依次为 $\{8,7,6,3,2,2\}$,这时 $X = 2, Z = 8$。

不妨设随机变量 $V_1, V_2, \cdots, V_n$ 服从分布的概率密度函数为 $f_V(v)$,分布函数为 $F_V(v)$,由概率论的知识,容易知道,最高顺序统计量 Z 的分布函数:

$$F_Z(z) = \Pr\big[(V_1 \leq z) \cap (V_2 \leq z) \cap \cdots \cap (V_n \leq z)\big]$$

$$= \prod_{i=1}^{n} \Pr[V_i \leqslant z]$$

$$= F_V(z)^n$$

故最高顺序统计量 Z 的概率密度函数为:

$$f_Z(z) = \frac{\mathrm{d}F_Z(z)}{\mathrm{d}z} = nF_V(z)^{n-1}f_V(z)$$

容易发现,

$$\Pr[(V_1 \geqslant x) \cap (V_2 \geqslant x) \cap \cdots \cap (V_n \geqslant x)]$$

$$= \prod_{i=1}^{n} \Pr[V_i \geqslant x] = [1 - F_V(x)]^n$$

而 $\Pr(X \geqslant x) = [1 - \Pr(X \leqslant x)] = [1 - F_X(x)]$,故 $F_X(x) = 1 - [1 - F_V(x)]^n$。

最低顺序统计量 X 的分布函数:

$$f_X(x) = \frac{\mathrm{d}F_X(x)}{\mathrm{d}x} = n[1 - F_V(x)]^{n-1}f_V(x)$$

下面考虑更一般的情形,记 $Y = V_{(i)}$,即 Y 为第 i 个顺序统计量。设 Y 处于区间 $[y, y + \Delta y]$ 中,则必须有 $(n - i)$ 个变量小于 y,$(i - 1)$ 个变量大于 $(y + \Delta y)$,如图 14.1 所示。这一事件的概率为:

$$\Pr\{Y \in [y, y + \Delta y]\} = \frac{n!}{(n-i)!(1-1)!(i-1)!}$$

$$F_V(y)^{n-i}[F_V(y + \Delta y) - F_V(y)][1 - F_V(y + \Delta y)]^{i-1}$$

其中 $\dfrac{n!}{(n-i)!\ (1-1)!\ (i-1)!}$ 表示从 n 个随机变量中抽取 $(n-i)$ 个变量小于 y,$(i-1)$ 个变量大于 $(y + \Delta y)$ 的排列数。

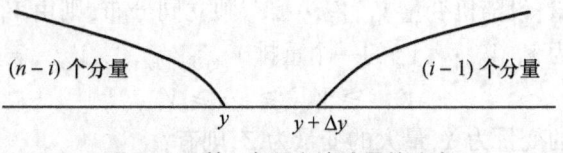

图 14.1 第 i 个顺序统计量的分布

注意到:

$$\lim_{\Delta y \to 0} \frac{\Pr\{Y \in [y, y + \Delta y]\}}{\Delta y} = \lim_{\Delta y \to 0} \frac{[F_Y(y + \Delta y) - F_Y(y)]}{\Delta y}$$

故第 i 个顺序统计量的概率密度函数 $f_Y(y)$ 为:

$$f_Y(y) = \frac{n!}{(n-i)!(i-1)!}F_V(y)^{n-i}[1 - F_V(y)]^{i-1}f_V(y)$$

特别地,次高顺序统计量 $Y = V_{(2)}$ 的概率密度函数为:

$$f_Y(y) = n(n-1)F_V(y)^{n-2}[1 - F_V(y)]f_V(y)$$

因此,顺序统计量 Y 的分布函数 $F_Y(y)$ 与随机变量 V 的分布函数 $F_V(y)$ 之间满足如下关系:

$$F_Y(y) = \frac{n!}{(n-i)!(i-1)!}\int_0^{F_V(y)} u^{n-i}(1-u)^{i-1}\mathrm{d}u$$

第二节 单物品拍卖

单物品拍卖(Single Object Auction)最简单也最早受到关注。单物品拍卖的标的物品只有一个,唯一的获胜者获得标的物品(如果标的物品流拍,可以视为卖方以保留价格获得标的物品)。常见的单物品拍卖包括古董、珠宝、精美的艺术品拍卖等。这一类拍卖的推广运用研究包括体育比赛中对金牌的争夺、职场中对升迁岗位的竞争、企业并购中对待售企业的谈判竞价等。下面我们从单物品拍卖的基本概念出发,分析拍卖理论关注的若干重要问题。

一、拍卖方式与规则

拍卖方式可以分为两类口头拍卖(公开拍卖)和书面拍卖(密封拍卖)。在口头拍卖中,每个投标者在了解其他人投标的情况下投标,投标者都知道自己的竞争对手是谁。但在书面拍卖中,投标者并不知道对方的投标,也不知道有多少人参与投标。最流行的拍卖方式有四种:升价(ascending price)拍卖或英国式(English)拍卖,降价(descending price)拍卖或荷兰式(Dutch)拍卖,第一价格(first-price)拍卖和第二价格(second-price)拍卖或 Vickrey 拍卖。前两种均为公开叫价方式,后两种则为密封式拍卖。表 14.1 列示了最常见的四种拍卖方式。

表 14.1 最常见的拍卖方式

公开	密封投标
升价拍卖(英式)	第二价格(Vickrey)
降价拍卖(荷兰式)	第一价格

公开升价拍卖是最常见的一种拍卖方式。拍卖的英文 auction 来源于拉丁语 augere,就是上升的意思。在升价拍卖机制下,价格不断上升,直到只剩下一个竞标者为止。一般是由专业拍卖人员叫价,竞标者举手应价,因此也被称为无声拍卖;也可以由竞标者自己口头提出愿意接受的价格,这叫做有声拍卖;或是大家通过个人电脑输入价格(历史报价都是公开的)。这是用得最多的一种拍卖机制,特别是专业拍卖行均采用这种方式。世界上最古老、最大的两家专业拍

卖行——索士比(Sotheby's)和克里斯蒂(Christie's),都起源于英国伦敦,因此,这种升价拍卖方式常被称为英国式拍卖。在日本举行英式拍卖时,投标价格显示在屏幕上并不断上升。任何想继续投标的人都必须按住特定的按钮。一旦放开按钮,将意味着该投标者退出拍卖,这时他将不允许重新投标。

降价拍卖刚好相反,拍卖人先从很高价开始叫卖,如没有人愿买,拍卖人由此价格按事先规定的速度连续减价,直到有人愿意接受为止。虽为减价拍卖,仍然是价高者得。在荷兰,人们常用这种机制来拍卖鲜花,因此称之为荷兰式拍卖。在荷兰式拍卖中,卖方会使用一种叫荷兰钟的机械装置。荷兰钟上显示的价格不断下降,若有人叫出"这是我的",该钟会停止运转,投标者按照钟上的价格支付标的物品。若同时有几个人出价,则拍卖标的物的归属随机决定。在美国一些商店存在根据时间打折来出售衣服的现象。每件衣服的价格等于当天价格减去由存放在货架上的星期数决定的折扣额。例如,每件衣服的价格以每星期10%的比例下降,一直到规定的最低价为止。最后的最低价实际上是商家的保留价。这种定价方式实际上是荷兰式拍卖的一个变种。

在第一价格拍卖机制下,每个竞标者在规定时间内,独立地向拍卖人提交标书,标明自己愿意出的价格,因此看不到其他竞标者的出价,再由拍卖人在约定的时间,邀请所有竞标者到场当众开标,出价最高者赢得物品,并支付他自己的报价,因此第一价格拍卖也被称为高价拍卖,亦称招标拍卖或邮递拍卖。

与此类似,在第二价格拍卖机制下,物品归报价最高者,但成交价等于第二高报价。此方式在实际中用得较少,但有很好的理论性质。这一机制最先由经济学家维克瑞(William Vickrey)在1961年提出。从此,许多经济学家开始对拍卖进行深入的研究。在每一种拍卖中,如果几个人的出价相同,并且是最高价,那么拍卖人会在他们中随机挑选一个为赢者。比如说,在邮递拍卖中,如果最高竞标者为二人或二人以上,以先寄到的竞标者为赢者;如果几个竞标者同时寄到,以先开标者为赢者。在每一种拍卖机制下,卖方通常会增加两种限制。一种是设定保留价(或底价),另一种是收取参加竞标的费用。在第一价格和第二价格拍卖机制下,竞标者的出价必须高于或等于保留价,否则没有成交。至于第二价格拍卖,如果只有一个竞标者出价,而且高于保留价,那么他赢并且付保留价。在增价和减价拍卖中,保留价有着类似的作用。卖方通常在拍卖开始之前公开保留价,也有把保留价密封的。此外,卖方通常会要求感兴趣参加竞标的买方支付一定的费用才可以参与竞标。这些被收取的费用可以视为一种进入成本,类似于在企业进入博弈中,新进入企业所必须承担的固定资产投资等。

例 14.2:在密封拍卖中,假设六个投标人向卖方提交密封报价,从大到小依次为{8,7,6,3,2,2}。在第一价格拍卖下,报价为8的投标人支付8个单位货币获得标的物;在第二价格拍卖下,报价为 8 的投标人支付 7 个单位货币获得标的物。注意,如果六个投标人的事前估价不变,那么事前确定的拍卖规则将改变投标人的报价。在这个例子中,在第一价格拍卖下报价为 8 的投标人在第二价格拍卖下将报出高于 8 的价格。因为该投标人事前知道自己的报价并不是实际的支付价格。采用这个例子只是为了说明不同拍卖方式的支付规则差异。

二、拍卖的信息结构

在拍卖中价格由竞争的方式来决定,不是由卖方说了算,也不是由买卖双方讨价还价来确定。竞争决定价格的优越性源于非对称信息。拍卖的竞价过程可以帮助卖方收集这些信息,从而把物品卖给愿意付最高价的买方。这不仅达到资源有效配置,也为卖方取得最高收益。作为不完全信息博弈的一种形式,拍卖的信息结构和分布情况对买卖双方的收益具有重要的影响,因此有必要对拍卖的信息环境作出合理的归纳和分类。

1. 独立私有价值模型

独立私有价值模型(Independent Private Value Paradigm, IPVP)下,投标者具有如下特征:每个投标者知道自己的估价,但他人不知道该投标者的估价(私人价值);所有投标人的价值估计独立服从某一随机分布(独立性);所有买方独立决定自己的竞价策略,不存在任何具有约束力的合作性协议(非合作行为)。在很多情况下,我们通常假设投标人的估价独立同分布于同一连续的随机变量,即满足对称性。有时,我们还假定买卖双方的目标是最大化他的平均(或期望)收益(风险中性)。

我们将这些假设数学模型化。假设有一个卖方,他想卖掉一件物品,这件物品对他自己来说值 v_0,v_0 是卖方的保留价值。市场存在 n 个潜在购买者,其中买方 i 的价值估计决定于价值分布函数 $F_i(v)$,$1 - F_i(v)$ 可以视为当价格为 v 时,某个购买者 i 依然会购买该物品的概率。私人价值意味着,对买方 i 仅仅知道自己的 v_i,其他所有人均不知道 v_i,买方 i 也不具有他人价值 v_j 的信息。独立性意味着,所有价值估计的联合分布函数满足:

$$F(v_1, \cdots, v_n) = F_1(v_1)F_2(v_2)\cdots F_n(v_n)$$

独立性的直观解释是,每位买方的私人价值不受其他买方估价的影响,即使某个人知道其他人的估价,他也不会改变自己对物品的评价。一般而言,如果物品完全是用于自身消费,这一价值假设存在合理性。在每个人对所拍卖的物品有较特别的偏好,而且不受他人偏好影响的情况下,这种模型比较适用。

如果价值估计满足对称性条件,则有 $F_1(v) = F_2(v)\cdots = F_n(v) = F(v)$,所有价值估计的联合分布函数可以进一步简化为

$$F(v_1, \cdots, v_n) = F(v_1)F(v_2)\cdots F(v_n)$$

这时,当价格为 v 时,由所有潜在购买者决定的市场需求为 $n[1-F(v)]$。注意,非合作行为下,所有买方不存在任何具有约束力的合作性协议,并不意味着买方之间一定没有合作协议,而是说即使存在这种合作协议,买方的利益最大化驱动力将破坏这一协议的约束力。

2. 共同价值模型

另一种情况可以用共同价值模型(Common Value Paradigm, CVP)来描述。当买方对拍卖品有同样的偏好,因此事后对物品的评价完全相同,但事前有不同的估价时,这种共同价值模型比较合适。一个典型的例子是石油开采权的拍卖过程:若干不同的石油开采公司在某地发现可能蕴藏石油,政府通过拍卖决定由哪家公司负责开采;每家公司在事前对石油储量的判断并不相同,但一旦获得开采权,无论哪家公司获胜,都获得相同的石油储量。这一储量是所有投标方面临的"公共价值"。

假设对投标者来说,拍卖物品有一个共同的价值 v,但他们都不知道 v 的实际大小。每个投标者根据自己的私有信息,形成自己的估价 x_i,估价 x_i 自己知道。假定大家都认为 v 是一个随机变量,服从概率分布 $G(v)$ 和密度函数 $g(v)$,其中 $v \in [\underline{v}, \overline{v}]$。投标人 i 的私人估价 x_i 服从 $[a,b]$ 上的条件分布 $H_i(x_i|v)$ 和密度函数 $h_i(x_i|v)$。当 v 高时,x_i 高的可能性大。如果条件分布是独立的,随机向量 $(x_1, x_2, \cdots, x_n, v)$ 有如下联合密度函数:

$$f(x_1, x_2, \cdots, x_n, v) = h_1(x_1|v)h_2(x_2|v)\cdots h_n(x_n|v)g(v)$$

虽然在 v 的条件下各私人估价是独立的,它们的无条件分布却并不独立。通过共同变量 v,它们变得相关,这是 CVP 模型和 IPVP 模型的最大区别。

我们考虑一个最简单的例子,投标人 i 的私人估价 x_i 形成对实际价值的无偏估计:

$$x_i = v + \varepsilon_i$$

其中 ε_i 代表第 i 个人估价过程中的误差,假定其平均误差为零。如果我们用第一价格拍卖来拍卖标的物品,最高报价者获胜。每个竞标者真实估价 x_i 越高,报价也就越高。由于平均误差是零,赢者一定是一个高估者,即他的 $\varepsilon_i > 0$。赢者不仅无利可图,反而会有所损失。他在赢之后会觉得后悔,甚至会咒骂,这就是所谓的赢者诅咒现象。在这里,赢是一个坏消息,因为赢者过高估计了拍卖物品的价值。大量实证研究对美国近海岸的私有开采权拍卖中的赢者诅咒现象作了分析。

3. 关联价值模型

在 CVP 模型中,投标方的估价通过公共信息联系起来。在现实生活中这种

324

信息关联性可能来源于其他方面。例如,对拍卖古董的估价可能可以参考以前拍卖的价格或类似物品的价格,这些信息在拍卖前都是公开信息,并影响到所有参与方的估价过程。介于 CVP 与 IPVP 两种极端情况之间,有一种具有一般性的模型,更适当地描述了拍卖实践中参与人所面临的环境,称为关联价值模型(Affiliated Value Paradigm),最先由 Paul Milgrom 和 Robert Weber 在 1982 年提出。图 14.2 描绘了不同价值假设之间的关系。[①]

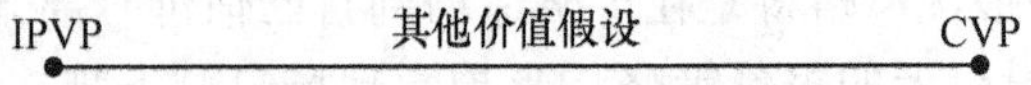

```
IPVP              其他价值假设              CVP
|─────────────────────────────────────────|
```

图 14.2 不同价值假设的关系

三、拍卖报价与博弈均衡

不同拍卖方式下,投标人的报价策略将决定标的物品的分配和支付。我们先分析比较容易的 Vickrey 拍卖,再分析与 Vickrey 拍卖近似的英式拍卖,最后分析荷兰式拍卖和一价密封拍卖。

1. Vickrey 拍卖

我们考虑不存在保留价格、潜在投标者风险中性的情形,在独立私人价值假设下,估价为 V_i 的投标者 i 的占优均衡报价函数 B_i 为:

$$B_i = \beta(V_i) = V_i \tag{14.5}$$

即投标者如实报出自己的估价是 Vickrey 拍卖的占优策略。下面我们给出这一均衡的直观推理。假设潜在投标者 i 的报价低于自己的估价,那么该投标者将面临输给低于自己估价的投标者的风险。同时,该投标者 i 提高自己的报价是没有成本的,因为在 Vickrey 拍卖下,支付价格取决于最接近胜者的次高报价。因此投标者 i 的报价低于自己的估价 V_i 不是最优选择。此外,如果投标者 i 的报价高于自己的估价 V_i,那么风险中性的他将面临负的收益,这也不是他的最优策略,故 Vickrey 拍卖的对称占优均衡策略为如实报出自己的估价。

因此,Vickrey 拍卖中,潜在 n 个投标者中的最高估价 $V_{(1)}$ 赢得拍卖,他支付的价格为 $V_{(2)}$,即具有最高顺序统计量估价的投标者获得标的物品,并支付次高顺序统计量对应单位的货币。

2. 英式拍卖

考虑到公开升价拍卖的环境,报价均衡需要处理一些实际问题。首先,英式拍卖中的潜在购买者常常是秘密的,人数无法获知。其次,报价是离散的,即每次加价幅度通常事前确定。如每举手一次表示加价 500 元等。Milgrom 和 We-

---

[①] 其他价值假设包含多种情形,这里不作深入讨论。

ber(1982)构建了英式拍卖的一个理论模型,这一模型被称为钟式模型(Clock Model)。在钟式模型下,所有非获胜投标者的报价策略与 Vickrey 拍卖相同,即式(14.5)。钟式模型下的所有非获胜投标者也将如实报出自己的价格。

Milgrom 和 Weber 的钟式拍卖机制为:首先,拍卖钟设定一个起步价,即保留价格;如果没有保留价格,则起步价为零。随后,拍卖钟连续递增。随着拍卖钟的递增,投标者必须决定继续参与拍卖或者离开。这时对于那些估价非最高的投标者而言,他的最优策略将是在价格递增到自己估价时离开。这时式(14.5)就是所有非获胜投标者的报价策略。当拍卖现场只剩下唯一一位投标者时,拍卖结束。

那么获胜报价是多少呢?假设有 n 个投标者的价值顺序统计量为:

$$V_{(n)} < V_{(n-1)} < \cdots < V_{(3)} < V_{(2)} < V_{(1)}$$

在 Milgrom 和 Weber 的钟式拍卖机制下,估价 $V_{(n)}$ 的投标者先离开,接下来是估价 $V_{(n-1)}$ 的投标者离开,如此类推,最后一个离开的是估价为 $V_{(2)}$ 的投标者。这时,估价为 $V_{(1)}$ 的最高估价者获得标的物品,并支付 $V_{(2)}$ 的价格。因此,有时经济学家也将英式拍卖称为二价拍卖。

3. 荷兰式与一价密封拍卖

为简化模型,我们假设不存在保留价格。投标者 i 的价值估计为 v_i,为自己所知。其他 $n-1$ 个投标者的价值估计取决于一个随机变量 $V \in [\underline{v}, \bar{v}]$,该随机变量的分布函数为 $F_V(v)$,概率密度函数为 $f_V(v)$。由概率论知识,我们有 $f_V(v) = \mathrm{d}F_V(v)/\mathrm{d}v$。假设 $F_V(v)$ 是所有投标人的公开信息,即所有参与投标的人和卖方都知道该分布函数。

在上述假定下,荷兰式拍卖和一价密封拍卖在策略上是等价的。考虑一个投标者在荷兰式拍卖下的投标决策问题。在荷兰式拍卖下,价格从一个很高的数值连续下降,直到某个投标者表示愿意接受为止。投标者必须根据自己的价值估计来决定何时接受对应价格。这在策略上等同于一价密封拍卖中,投标者决定自己对标的物品的报价。

由于潜在投标者事前是对称的,即投标者采用相同的报价函数,不失一般性,我们分析代表性投标者 1,他对应的价值估计为 v_1。在风险中性的假设下,当他报价为 s_1 时,他的预期收益为:

$$(v_1 - s_1)\Pr(\text{win} \mid s_1)$$

乘积的第一项表示他获得标的物品的收益,第二项表示他报价为 s_1 时获得标的物品的概率。$\Pr(\text{win}\mid s_1)$ 是其他人报价均低于投标者 1 自己报价 s_1 的概率,即:

$$\Pr(\text{win} \mid s_1) = \Pr[(S_2 \leqslant s_1) \cap \cdots \cap (S_n \leqslant s_1)]$$

由投标人的独立性有:

$$\Pr(\text{win} \mid s_1) = \prod_{i=2}^{n} \Pr(S_i \leqslant s_1)$$

下面我们分析其对称贝叶斯纳什均衡。假设除了投标者 1 以外,其他 $(n-1)$ 个投标者均采用共同的报价规则 $\sigma(V)$,即如果估价为 V,则报价为 $\sigma(V)$。$\sigma(V)$ 关于 V 递增可微,递增意味着估价越高,报价就越高。投标者 1 以报价 s_1 获得标的物品的概率等于其他所有报价均低于报价 s_1 的概率:

$$F_V[\sigma^{-1}(s_1)]^{n-1}$$

其中 $\sigma^{-1}(s_1)$ 为报价函数的反函数,即报价为 s_1 时对应的估价。给定投标者 1 的估价 v_1,报价 s_1 的预期支付函数为:

$$(v_1 - s_1) F_V[\sigma^{-1}(s_1)]^{n-1} \tag{14.6}$$

报价 s_1 对其收益的影响来自于两个方面:报价 s_1 越高,获胜概率 $F_V[\sigma^{-1}(s_1)]^{n-1}$ 越大,但获胜收益 $(v_1 - s_1)$ 越小。最大化预期收益式(14.6)的一阶条件为:

$$-F_V[\sigma^{-1}(s_1)]^{n-1} + (n-1)(v_1 - s_1) F_V[\sigma^{-1}(s_1)]^{n-2} f_V[\sigma^{-1}(s_1)] \frac{\mathrm{d}\sigma^{-1}(s_1)}{\mathrm{d}s_1} = 0 \tag{14.7}$$

在对称假设下,投标者 1 也选择相同策略:

$$s_1 = \sigma(v_1) \tag{14.8}$$

将式(14.8)代入一阶条件(14.7),并利用 $\mathrm{d}\sigma^{-1}(s_1)/\mathrm{d}s_1 = 1/\sigma'(v_1)$,可以获得关于 σ 的微分方程:

$$\sigma'(v) + \frac{(n-1)f_V(v)}{F_V(v)}\sigma(v) = \frac{(n-1)vf_V(v)}{F_V(v)} \tag{14.9}$$

下面的分析类似于式(14.9)的微分方程的求解过程。考虑线性微分方程:

$$y' + p(x)y = q(x)$$

先求 $y' + p(x)y = 0$ 的通解:$y = c\exp\left[-\int^{x} p(u)\,\mathrm{d}u\right]$,其中 c 为常数。

再采用变系数法:$y = c(x)\exp\left[-\int^{x} p(u)\,\mathrm{d}u\right]$,求出 y',代入原微分方程,可得:

$$y = \exp\left[-\int^{*} p(u)\,\mathrm{d}u\right]\left\{\int^{x} q(x)\exp\left[\int^{x} p(u)\,\mathrm{d}u\right]\mathrm{d}x + c\right\}$$

记 $\mu(x) = \exp\left[\int^{x} p(u)\,\mathrm{d}u\right]$,则

$$y = \frac{1}{\mu}\left[\int^{*} \mu(u)q(u)\,\mathrm{d}u + c\right]$$

其中 c 满足边界条件 $y(x_0) = y_0$。

求解式(14.9),在没有保留价格的条件下,边界条件为 $\sigma(\underline{v}) = \underline{v}$,即估计最低的投标者如实报出自己的价格。这一边界条件的合理性在于,如果投标者的价值估计为 v,首先,他不会报出高于自己的估计,因为如果这样他将面临负的收益;其次,他也不会报出低于 $\underline{v}$ 的报价,因为价值分布函数的区间是公开信息。我们可以获得式(14.9)的唯一解:

$$\sigma_*(v) = v - \frac{\int_{\underline{v}}^{v} F_V(u)^{(n-1)} \mathrm{d}u}{F_V(u)^{(n-1)}} \tag{14.10}$$

注意到,$\sigma(v)$ 取决于投标者的价值估计 v、价值估计的人数 n 和价值估计的分布函数 $F_V(\cdot)$。我们可以发现,投标者在这时的最优报价将低于自己的实际价值估计 v,这时投标者隐藏了自己的实际价值信息。

类似地,我们容易证明,当存在保留价格 r 时,投标者的对称贝叶斯纳什均衡为:

$$\sigma_*(v) = v - \frac{\int_{r}^{v} F_V(u)^{(n-1)} \mathrm{d}u}{F_V(u)^{(n-1)}} \quad r \leq v \tag{14.11}$$

直观来看,存在保留价格时,小于保留价格的投标均将无法获得标的。这时只是把积分下界由分布下界 $\underline{v}$ 变为保留价格 r。

四、收益等价定理

拍卖设计师常常遇到这样的问题:采用何种拍卖能使得卖方获得最高收益?这个问题的答案依赖于不同的市场环境。但从本质上看,任何拍卖在收益上并不具有系统性的优势。这一结论由著名的收益等价定理(Revenue Equivalence Theorem)获得。

收益等价定理:在对称 IPVP 模型中,四种基本拍卖机制产生同等的平均收益(或价格)。

收益等价定理与金融学中的 Modigliani-Miller 定理、产权理论中的科斯定理、宏观经济学中的货币中性定理类似。这些定理均说明在理想的条件下,某些结果并非可以直观获得。尽管这些理想假设并不完全符合现实情况,但却为我们放松这些假设找到了基准点。在这个意义上,这些定理类似于物理学上的牛顿力学定理。

下面我们给出收益等价定理的证明过程。不失一般性,假设估价为 v_1,报价为 x 的投标者的预期收益为:

$$\Pi(x, v_1) = v_1 \mathrm{Pr}(v_j < x, j \neq 1) - P(x)$$

其中 $P(x)$ 表示投标者 1 报价为 x 时的预期支付，$\Pr(v_j < x, j \neq 1)$ 表示当投标者报价为 x 时，其他投标者报价一定不高于 x 的概率，即投标者报价 x 的获胜概率。在独立假设下，

$$\Pr(v_j < x, j \neq 1) = F_V(x)^{n-1}$$

故卖方预期收益为：

$$\Pi(x, v_1) = v_1 F_V(x)^{n-1} - P(x)$$

投标者 1 最大化其预期收益的一阶条件为：

$$\frac{\partial \Pi(x^*, v_1)}{\partial x} = v_1(n-1)F_V(x^*)^{n-1}f_V(x^*) - P'(x) = 0$$

其中，$P'(v_1) = v_1(n-1)F_V(v_1)^{n-2}f_V(v_1)$，故仅当 $x^* = v_1$ 时，最优条件满足。在保留价格处，投标者 1 的预期支付为：

$$P(r) = rF_V(r)^{n-1}$$

站在投标人的角度，对卖方的预期支付为：

$$P(v_1) = rF_V(r)^{n-1} + \int_r^{v_1} P'(u)\,\mathrm{d}u$$

$$= rF_V(r)^{n-1} + \int_r^{v_1} u\,\mathrm{d}F_V(u)^{n-1}$$

$$= v_1 F_V(v_1)^{n-1} - \int_r^{v_1} F_V(u)^{n-1}\,\mathrm{d}u$$

由于投标者的预期支付就是卖方的预期收益，在 n 个投标者的市场中，卖方的总预期收益为：

$$n\int_r^{\bar{v}} P(u)\,\mathrm{d}F_V(u) = n\int_r^{\bar{v}} \left[uF_V(u)^{n-1} - \int_r^{\bar{v}} F_V(v)^{n-1}\,\mathrm{d}v \right]\mathrm{d}F_V(u)$$

由于我们在分析过程中，仅仅考虑了直接机制[①]，而没有考虑具体的拍卖方式，故收益等价定理成立。

获胜报价的实质也可以从另外一个角度来解释。假定保留价格为零，Krishna(2002)从机会成本的角度给出了获胜报价的一个简单证明，记

$$Z = \max_{j \neq 1}(V_j)$$

则有 $F_Z(z) = F_V(z)^{n-1}$，Z 表示投标者 1 对手的最高报价，$F_Z(z)$ 为对应的概率分布函数。记 $f_Z(z)$ 为其概率密度函数。则投标者 1 的预期收益可以表示为：

$$\Pi(x, v_1) = v_1 F_Z(x) - P(x)$$

---

① 机制设计中的显示原理指出，任何贝叶斯纳什均衡都可以表示为一个激励相容的直接机制。任何一个说假话的机制都可以被一个说真话的机制替代并得到相同的均衡结果。因此，我们可以将分析集中到说真话的机制上。

其最优条件为：

$$\frac{\partial \Pi(x^*, v_1)}{\partial x} = v_1 f_Z(x^*) - P'(x^*) = 0$$

对应解为 $x^* = v_1$。而对所有 z 大于零，有 $P'(z) = f_Z(z)z$，故

$$P(v_1) = \int_0^{v_1} z f_Z(z)\mathrm{d}z = E(Z \mid Z < v_1)F_Z(v_1)$$

$E(Z \mid Z < v_1)$ 表示投标者 1 获胜的条件下，其他投标者的最高报价期望。投标者的预期报价就是卖方的预期收益。n 个投标者时，卖方的预期收益为：

$$n\int_0^{\bar{v}} P(u)\mathrm{d}F_z(u) = n\int_0^{\bar{v}} E(Z \mid Z < u)F_Z(u)\mathrm{d}u$$

上式正好是投标者次高顺序统计量的期望：$E[V_{(2)}]$。

上述收益等价定理只是针对四种标准拍卖机制而言的，实际上还有许多其他机制，也可以达到同等的平均收益。比如说，我们把第一价格和第二价格拍卖混合起来，用如下拍卖机制：出价最高者赢，最终价格等于最高出价的 k 百分比，加上第二高出价的 $(1-k)$ 百分比。当 $k=1$ 时，这是第一价格拍卖；当 $k=0$，这是第二价格拍卖。可以证明，当 k 在 0 与 1 之间时，这种拍卖机制为卖方产生同等的平均收益。另外，如果每个买方的价值不仅取决于自己的私人信息，也取决于其他买方的私人信息，只要这些信息是独立的、对称的，那么上述收益等价定理仍然成立。最后，我们注意到，如果卖方采用保留价 $r = v_0$，即卖方的保留价是他对物品的真实评价，那么四种标准拍卖机制能最有效地配置物品，即四种拍卖机制配置物品的结果是最大化所有买主和卖主之间的总剩余。我们有如下定理：

有效配置定理：在对称 IPVP 模型中，四种基本拍卖机制能最有效地配置资源。

五、扩展研究

在一系列严格的假设条件下，我们获得了收益等价定理。这意味着，包括四种常见拍卖制度在内的许多拍卖方式并不存在多大差异。如果这一结论在更一般的条件下依然成立，那么所有的拍卖制度设计均是没有必要的。而事实并非如此，如果我们放松前述假设条件，收益等价定理就不再成立了。现有研究对基本拍卖模型作了深入的扩展，包括：

1. 投标者人数

在许多拍卖中，投标者并不知道多少人参与了拍卖。特别是在密封拍卖中，投标者人数的不确定性更是如此。如果投标者不知道有多少人参与拍卖，是否可以提高拍卖的卖方收益呢？McAfee 和 McMillan(1987)证明：如果投标者是风

险规避的,并且其绝对风险规避系数非递增,那么投标者人数的不确定性将增加一价拍卖的卖方收益,因此这时一价拍卖对卖方最优。

我们还可以证明,如果投标者数量是确定的,那么卖方的最大平均收益随竞标人数的增加而上升,但其上升的速度随竞标人数的增加而递减。因此,在拍卖的实践中,采用各种办法吸引更多的竞标者参加拍卖至关重要。

2. 风险规避

如果投标者是风险规避的,收益等价定理不再成立,第一价格拍卖比第二价格或增价拍卖产生更高的平均收益。卖方还可以通过隐蔽的保留价来提高收益。譬如说,卖方把保留价放到一个信封内,等到所有竞标者投标之后,再打开信封内的保留价;如果竞标者中的最高价高于保留价,那么最高价者赢;如果最高价低于保留价,则没有成交。这种隐蔽保留价制度相当于卖方本人参加竞争,因而增加了竞标者的风险,风险厌恶的竞标者会提高他们的出价,因此对卖方有利。

3. 离散估价

如果投标者的估价是离散变量,那么荷兰式拍卖只有唯一的混合策略。但这时并不会影响收益等价定理,拍卖效率也不会发生改变。离散报价不会改变我们前面详细阐述的重要结论。

4. 信息关联

如果放松信息的独立性假设,即投标者的估价是正相关的,那么收益等价定理不再成立。这种相关性的一个现实例子是在文物拍卖英式拍卖中,如果投标者看到其他人的报价高,自然会提高自己的估价。在关联价值模型中,收益等价定理不再成立,卖方的平均收益有如下不等式:

英国式拍卖 > 第二价格拍卖 > 第一价格拍卖 = 荷兰式拍卖

其道理很简单:因为所有竞标者的信息是互相关联的,在竞标者作出决策之前,如果有更多的信息被透露出来,那么他会报更高的价。在第一价格拍卖中,最终价格只取决于最高报价;在第二价格拍卖中,价格取决于最高和第二高报价,因此,价格反映了至少两个人的信息;在增价拍卖中,最终价格反映了所有的标价。因此,增价拍卖利用了最多的信息,其效果最好,第二价格拍卖居第二位。这一直观解释被称为连接原理(Linkage Principle):如果有更多的关联信息被连接到赢者的付价,那么卖方会得到更高的价格。

5. 非对称性

对称性是收益等价定理成立的核心条件。如果投标者的概率分布不同,那么荷兰式拍卖将不能保证拍卖物一定卖给估价最高的投标者,但二价拍卖能保证标的物品的效率分配。如果政府机构把拍卖作为资源配置的工具,那么效率应该是它的首要目标。这意味着政府机构应该采用二级价格拍卖。

例 14.3：假设在某次拍卖中,六个投标人对标的物品的估价从大到小依次为 $\{8,7,6,3,2,2\}$:

在拍卖方式 A 下,他们的均衡报价分别为 $\{7.5,6.4,5.3,3,2,2\}$,在拍卖方式 B 下,他们的均衡报价分别为 $\{6,6,5.3,3,2,2\}$,这时拍卖方式 A 是有效率的分配方式,因为最高估价者将获得标的物品,而拍卖方式 B 是无效率的,因为不能保证最高估价者获得标的物品。

6. 预算约束

投标者在参与投标过程中,可能受到自己的财富约束,即尽管有更高的报价意愿,但手头上的钱有限。在某些对称策略下,一价拍卖较二价拍卖产生更高的预期收益,但没有一般的收益排序结论。

7. 转售与效率

前面的分析表明,放松经典假设后,拍卖效率并不能得到保证,那么在拍卖后如果允许转售,是否能保证效率呢? 有研究证明,如果投标者是非对称的,一价拍卖后的转售行为并不能保证效率的实现。

从上述分析中我们可以发现,到目前为止,放松经典假设后,拍卖方式的收益和效率关系并未有一致的结论。但在很多情况下,二级公开拍卖和一级密封拍卖具有优势,这可以解释为什么这两种拍卖方式最为流行。

第三节　多物品拍卖

一、引言

下面我们将分析转到多物品拍卖上。在多物品拍卖中需要处理的问题要比单物品拍卖复杂得多。首先,拍卖的标的物品可能是同质的,也可能是异质的。常见的同质多单位物品拍卖包括白酒拍卖、债券拍卖等。这类物品可以作无限分割,每一单位物品的属性是相同的。其次,拍卖标的可能是互补的,这时同时获得互补品可以提高买方收益。比如在公交线路的拍卖中,某些线路组合可以节约公交公司的成本,发挥规模经济的效应。再比如一个集邮爱好者分别获得某套邮票的收益要小于同时获得整套邮票的收益。再次,如果投标人试图获得多个物品,市场势力就变得比较重要了,投标者有可能形成卡特尔来操纵拍卖价格。例如在债券拍卖中,大型机构投资者可能影响拍卖的最终结果;而在高速公路建筑权的拍卖中,寡头建筑企业可能控制整个拍卖市场。另外,在单物品拍卖中不会出现的匹配问题和组合问题这时也可能出现。比如公交车线路的拍卖中,可能需要设计多种线路组合,实现卖方收益最大化。

在多物品拍卖中,卖方需要对拍卖的多项内容作出选择。首先,需要决定采用多次拍卖完成多物品交易还是采用单次拍卖完成多物品交易。多次拍卖中,卖方每次拍出一个单位物品;而单次拍卖中,卖方一次拍出所有物品。其次,卖方需要决定用何种拍卖方式拍出标的物品。在多次拍卖中,需要决定采用何种单物品拍卖方式拍出物品;在单次交易中,需要决定用何种多单位物品拍卖方式拍出物品。

二、密封拍卖方式

为了分析简单,我们重点分析同质多单位物品拍卖。同质多单位物品拍卖的几种最重要的密封拍卖方式包括:歧视价格拍卖(discriminatory auction, pay-your-bid auction)、统一价格拍卖(uniform price action)、Vickrey 拍卖。在中国债券拍卖中,歧视价格拍卖被称为美国式拍卖,统一价格拍卖被称为荷兰式拍卖。

1. 歧视价格拍卖

投标者提交密封报价,形成需求曲线,卖方加总投标,在需求等于供给处决定市场出清价格。所有高于市场出清价格的投标者获得标的物。赢得债券的投标者支付自己的报价。

2. 统一价格拍卖

投标者提交的密封报价形成需求曲线,卖方加总投标,在需求等于供给处决定市场出清价格。所有高于市场出清价格的投标者获得标的物。所有获胜投标者支付相同的价格(cut-off price),即最高的市场出清价格。

3. Vickrey 拍卖

投标者提交的密封报价形成需求曲线,卖方加总投标,在需求等于供给处决定市场出清价格。所有高于市场出清价格的投标者获得标的物。获胜投标者对某单位物品的支付对应于对手的落败报价。

例 14.4:假设有六个单位物品通过密封报价方式拍卖,三个潜在投标者的密封报价向量为:

$$b^1 = \{50, 47, 40, 32, 15, 5\}$$
$$b^2 = \{42, 28, 20, 12, 7, 3\}$$
$$b^3 = \{45, 35, 24, 14, 9, 6\}$$

最高的六个报价获得标的物品,这些报价是 $\{50, 47, 45, 42, 40, 35\}$,这意味着投标者 1 获得 3 个单位物品,投标者 2 获得 1 个单位物品,投标者 3 获得 2 个单位物品。在歧视价格拍卖下,投标者 1 的支付为 $50 + 47 + 40 = 137$。注意到对投标者 1 而言,他所有对手的前六个最高报价为 $\{45, 42, 35, 28, 24, 20\}$。在统一价格拍卖下,市场出清价格为 32,故投标者 1 的总支付为 96。在 Vickrey 拍卖下,投标者 1 的支付取决于对手报价$\{45,42,35,28,24,20\}$,其最高落败报价对应为$\{28,24,20\}$,故其对应的支付为 $20+24+28=72$。

在实践中,通常采用的密封报价形式为歧视性价格拍卖和统一价格拍卖。那么何种拍卖能最大化卖方收益呢? 遗憾的是,到目前为止,这一研究还没有一致的结论。从拍卖的支付方式来看,似乎歧视价格拍卖能产生更高的卖方收益,因为高支付意愿者支付更高。但事实却并非如此,因为在歧视价格拍卖下,如果投标者知道自己的报价决定自己的支付,那么他将隐藏自己的实际需求,而降低自己的报价。另外,在统一价格拍卖下,除最高需求者外,也存在投标者隐藏自己需求的现象,这一现象被称为需求减少(demand reduction)。因此两者的收益大小并无确定性关系。

图 14.3 给出了这一推理的直观图示。由于需求减少现象的存在,荷兰式拍卖的卖方收益可能比美国式拍卖的卖方收益要小。图 14.3 中,投资者根据自己的实际价值估计形成向下倾斜的需求曲线。由于存在需求减少现象,在荷兰式拍卖下,投资者将隐藏自己的实际需求,实际报价策略为图中所表示的向下倾斜的阶梯实线。在美国式拍卖下,投资者将有更大程度的抑价,报价策略为$P_D^{max} P_D^{min}$ 所表示的向下倾斜的实线。若卖方供给数量为 S,在荷兰式拍卖下,卖方收益为 $S \times P^u$;在美国式拍卖下,卖方收益为图形 $OP_D^{max} P_D^{min} S$ 围成的面积。两种拍卖情况下的收益大小关系取决于图中阴影部分 A 与 B 的面积大小关系。对拍卖方式的收益比较,仍然是拍卖理论研究的最重要问题之一。

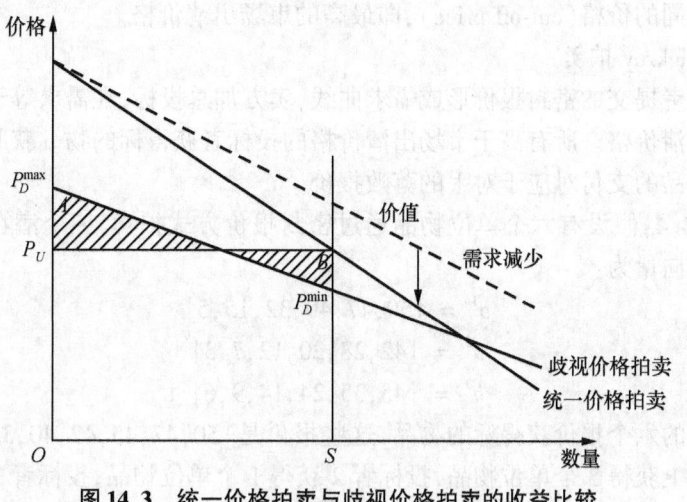

图 14.3 统一价格拍卖与歧视价格拍卖的收益比较

三、公开拍卖方式

常见的多物品公开拍卖方式包括：多单位荷兰式（Multiunit Dutch）或多单位公开降价拍卖；多单位英国式（Multiunit English）或多单位公开升价拍卖；Ausubel 拍卖。

1. 多单位荷兰式拍卖

多单位荷兰式拍卖下，卖方从一个很高的价格开始，逐步降低价格，直到所有的标的物品均拍出为止。多单位荷兰式拍卖的结果类似于歧视价格拍卖。

2. 多单位英国式拍卖

多单位荷兰式拍卖下，卖方从一个很低的价格开始，逐步提高价格，投标者在不同价格向卖方提出自己愿意购买的数量，直到所有的标的物品均拍出为止。多单位荷兰式拍卖的结果类似于统一价格拍卖。

3. Ausubel 拍卖

Ausubel（2000a, 2000b）设计了一种被称为 Ausubel 拍卖的新拍卖制度。与传统拍卖规则比较，Ausubel 拍卖具有很好的效率性质。下面不妨通过一个数值例子来说明 Ausubel 拍卖的工作原理。

假设有 10 单位同质物品拍卖发行，如 1 000 万债券拍卖发行。现有 4 个买家，假设卖方的起始价格是 100，买方报告自己的需求数量为：

价格	买方 1	买方 2	买方 3	买方 4	买方 5
100	5	4	4	3	3

在价格为 100 时，总需求为 5 + 4 + 4 + 3 + 3 = 19，超过总供给 10。买方将价格连续向上调整，在价格为 105 处，买方 5 出局：

价格	买方 1	买方 2	买方 3	买方 4	买方 5
105	4	3	3	2	0

在价格为 105 时，总需求为 4 + 3 + 3 + 2 = 12，仍超过总供给 10。这时，我们站在买方 1 的角度来分析问题。买方 1 对所有对手的总需求为 3 + 3 + 2 + 0 = 8，这时，买方 2 最少获得 2 单位标的。Ausubel 称此时买方 1 被钉住（clinched），可获得 2 单位标的。类似地，对买方 2 或买方 3 而言，对手的总需求为 4 + 3 + 2 + 0 = 9，小于总供给，买方 2 和买方 3 各自最少分别可以获得 1 单位标的物品。这时，拍卖规则将 2 单位物品以 105 的价格出售给买方 1；以同样的价格向买方 2 和买方 3 出售 1 单位标的物。价格连续向上调整，在价格为 110 处，买方 4 的

需求由 2 变为 1：

价格	买方 1	买方 2	买方 3	买方 4	买方 5
110	4	3	3	1	0

在价格为 110 时,总需求为 $4 + 3 + 3 + 1 + 0 = 11$,仍超过总供给 10。这时,在买方 1 看来,所有对手的总需求为 $3 + 3 + 1 + 0 = 7$,这时,买方 1 最少可以获得 3 单位标的物。拍卖规则将第 3 单位物品以 110 的价格出售给买方 1。类似地,对买方 2 或买方 3 而言,对手的总需求为 $4 + 3 + 1 + 0 = 8$,小于总供给,买方 2 和买方 3 各自最少可以获得 2 单位标的物品。拍卖规则将以 110 的价格分别向买方 2 和买方 3 出售 1 单位标的物。买方继续将价格连续向上调整,在价格为 115 处,买方 1 的需求由 4 变为 3：

价格	买方 1	买方 2	买方 3	买方 4	买方 5
115	3	3	3	1	0

在价格 115 处,总需求为 $3 + 3 + 3 + 1 = 10$,供求平衡。市场出清价格为 115。买方 1 将以 105 的价格获得 2 单位标的,以 110 的价格获得第 3 单位标的;买方 2 和买方 3 以 105 的价格各获得 1 单位标的,以 110 的价格获得第 2 单位标的,以 115 的价格获得第 3 单位标的;买方 4 将以 115 的价格获得 1 单位标的。拍卖结果为：

结果	买方 1	买方 2	买方 3	买方 4	买方 5
数量	3	3	3	1	0
支付	105 + 105 + 110	105 + 110 + 115	105 + 110 + 115	115	0

这一拍卖规则使得买方获得市场出清价格时的需求数量,支付的价格为他们钉住不同数量时的对应价格。

Ausubel 拍卖具有很好的性质。理论上,买方在 Ausubel 拍卖中有激励如实报价,即在每单位报价中如实报出自己的价值估计。由于所有买方均如实报出自己的价值估计,Ausubel 拍卖具有良好的效率性质。如果买方具有弱递减的私人价值,无论是完全还是非完全信息,每一买方如实报价构成 Ausubel 拍卖的一个均衡,在该均衡中,所有标的物品均是完全有效分配的。在一定约束下,无论是完全还是非完全信息博弈,如实报价构成重复剔除弱占优策略;在某些假设下,如实报价构成唯一重复剔除弱占优策略。

四、比较与扩展

图14.4描绘了不同拍卖方式之间的关系。歧视性价格拍卖可以视为一价拍卖在多单位物品拍卖中的扩展;Vickrey拍卖可以视为二价拍卖在多单位物品中的扩展。歧视性价格拍卖弱等价于多单位荷兰式拍卖;统一价格拍卖弱等价于多单位英国式拍卖;Vickrey拍卖弱等价于Ausubel拍卖。

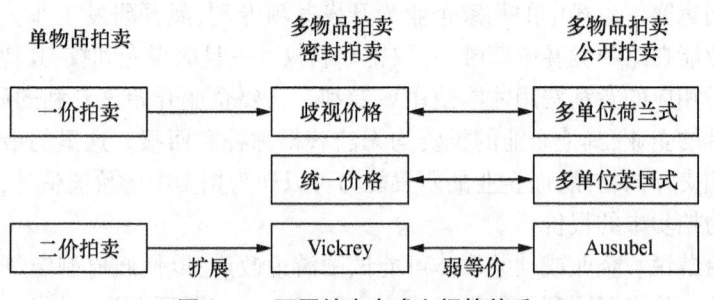

图14.4 不同拍卖方式之间的关系

多单位物品拍卖给拍卖制度设计带来了诸多复杂性。拍卖方式的收益与效率比较也更为复杂。比如,投标方对标的物品的需求可能是随机的,这时,卖方面临一条不确定的需求曲线;多单位物品可能是异质的,卖方可以通过设计合理的组合以最大化自身收益;等等。这些问题可作更深层次的探讨。

第四节 拍卖理论的实际运用

拍卖在现代经济学研究中具有重要的运用价值。从理论上来看,拍卖为一些经济问题提供了新的分析思路,为若干理论问题找到了新的分析路径;从实践上来看,拍卖在市场资源配置中也发挥越来越重要的作用。

一、理论新视角

拍卖为一些经济问题的研究提供了全新的研究视角,这为我们从理论上深入研究和分析一些重要经济现象提供了有力的工具,其中包括:

1. 竞争行为

一大类竞争行为可以采用拍卖来进行研究,其中包括企业研发、职位升迁、军备竞赛、政府游说等。这些竞争行为均可以归纳为一类被称为全支付(All pay)的拍卖模型来进行研究。在标准拍卖模型中,仅仅获胜者需要支付,而全支付拍卖下,无论是否获胜,所有参与者均需要付出自己的代价。我们不妨分析以下几种常见的竞赛行为：

体育竞赛。在奥林匹克体育竞赛中，仅仅前三名能获得奖励，但所有参赛者无论是否获得奖励都需要付出努力，取得成绩。这里的奖励类似于拍卖中的标的物品，而努力与成绩可以视为投标者的报价。注意到，体育竞赛中的成绩可能与运动员自身体能素质等因素有关，这些信息可以视为拍卖中的私人价值估计，也类似于古诺竞争中的私有成本信息。

专利竞赛。市场中的几家企业为开发某项专利，展开研发工作。仅有唯一一家企业能在这项竞赛中获胜，并取得专利权。一旦取得专利权，其他企业将不得不支付相应的专利费用才能使用该专利。只要企业开始该专利的研发，除了最终获胜的企业，其他企业的投资均无法获得弥补和回报。这里的最终专利可以视为拍卖标的物品，而企业的研发能力可以视为拍卖中的价值估计，研发努力可以视为拍卖中的报价。

政治游说。企业或利益群体可能试图游说政府，以使政府制定符合自身利益的政策。代表不同利益的组织或个人同时向政府展开游说，最终政府的决策通常只能符合部分群体的利益。游说组织或个人的实际利益是私有信息，除了自己以外，其他人均不知道。这类似于拍卖中的价值估计信息。而政府的最终决策可以视为拍卖中的标的物品。游说活动可以视为拍卖中的投标者报价。

2. 市场微观结构

在微观经济学中，我们通常假定市场上存在一个拍卖者，使得市场最终到达均衡。因此拍卖在均衡分析中具有重要的理论价值。在金融理论中，我们常常假设市场的价格服从布朗运动，这一假设的背后策略机制一直没人作深入研究。Meyer 和 Saley（2003）证明这一假设的策略来源是金融市场中无穷次重复拍卖的结果。另外，双边拍卖的研究在金融市场微观理论分析中一直备受关注。一个有趣的例子是，婚姻匹配行为也可以视为男女双方相互竞价的结果。总之，作为一种市场机制，拍卖在市场价格形成和市场均衡研究中具有重要的理论价值。

二、现实经济运用

拍卖在现实经济生活中也发挥着越来越重要的资源配置功能。在中国市场经济的完善过程中，拍卖的相对公正性对促进资源的合理分配、社会福利的提高也将发挥其应有的作用。下面我们分析若干拍卖在现实经济中的运用情况。

1. 我国电力竞价上网①

自新中国成立以来,我国电力工业有了长足的发展。这期间,电力工业逐渐从传统的完全垂直垄断向市场化运作转变,电价体制也逐渐从计划经济体制下的严格管制向市场经济体制下的放松管制发展。回顾我国电价体制的发展历程,大致可分为三个阶段:第一阶段,即完全垂直垄断时期的严格管制阶段;第二阶段,即投资主体多元化时期的电价体制改革与放松管制阶段;第三阶段,即电力市场化改革时期的管制改革与市场机制逐步形成阶段。

在完全垂直垄断时期的严格管制阶段,政府严格统一管理电价,电价制度以满足社会公益事业的需要为原则。1985 年之前,我国电力工业由政府统一管理,从发电、输电到配电,电力生产的各个环节,均由政府自上而下垂直垄断经营,实行计划建设、计划发电、计划供电的体制。电力的买卖关系虽然也存在,但卖方和买方都没有选择权,电力价格由政府制定。1985 年,我国政府为了缓解电力工业发展滞后、电力供应持续紧张的局面,允许除国家以外的其他投资者投资发电项目,包括外资、地方政府和社会投资者的进入,打破了中国电力市场独家办电的格局,在发电领域形成了多元化的投资主体。多家办电政策的实施,鼓励了大量投资流向发电领域。我国电力工业由此进入投资主体多元化时期的电价体制改革与放松管制阶段。与此相应,1985 年在考虑到企业获利能力的基础上,并针对电价的长期不合理状况,实行了多种电价制度,即政府制定上网电价,以电厂投资来源和电厂建设日期为核定依据,实行区别电价,如还本付息电价、经营期电价、新老电价等。具体来讲,1985 年之前主要利用政府拨款建设的所有电厂,以及 1985—1992 年间利用补贴的政府贷款建设的电厂或电厂的一部分,其上网电价按定额发电单位成本、发电单位利润加发电单位税金的方法核定,一厂一价,一次核定多年有效;1986—1992 年间建设的非中央政府投资电厂和 1992 年之后建设的所有电厂,上网电价执行"新电新价"政策,按还本付息电价原则核定;独立地方小火电、小水电及自备电厂的上网电价,一般按平均成本、平均利润加税金的方法核定;各电网企业对所属非独立核算电厂制定各种内部核算电价等。发电领域投资主体的多元化和相应的多种电价制度,虽然在一定程度上缓解了电力供应持续紧张的矛盾,但同时也暴露出原有电力市场运作机制上的诸多弊端。如垄断经营的市场模式没有根本性改变;厂网不分、发电环节难以形成公平竞争;省间市场壁垒阻碍电力资源优化配置等。

20 世纪 90 年代初,英国推行了旨在打破垄断、引入竞争的电力市场化改革之后,引发了世界上许多国家的电力改革浪潮。和其他国家一样,我国电力改革

---

① 本部分内容参考了胡恩同的博士论文《上网电价形成机制与中国上网电价改革》(2006)。

也于 21 世纪初正式开始。1997 年国家电力公司的成立是我国电力市场化改革的序幕,我国电力进入管制改革与市场机制逐步形成阶段。1998 年撤销电力工业部,将原电力工业部行使的行政管理职能移交到国家经贸委,初步形成国家经贸委、国家计委等部门行使政府管电职能,国家电力公司等电力企业自主经营,电力企业联合会等行业协会自律服务的体制框架。与此同时,从 1998 年开始,在上海、浙江、山东、辽宁、吉林和黑龙江进行"厂网分开、竞价上网"的市场化改革试点工作,探索打破垂直一体化垄断的可能途径。2000 年山东、上海、浙江发电侧电力市场正式投入商业化运行。从 2002 年开始,电力体制改革步入实质性操作阶段。2002 年年底,原国家电力公司系统的绝大部分发电资产被剥离,新组建了五家全国性的发电集团公司,成立国家电网公司和南方电网公司;2003年,设立五大区域电网公司,同时,国家电力监管委员会相继出台《电力市场运营基本规则》、《关于区域电力市场建设的指导意见》、《关于建立东北区域电力市场的意见》等指导性文件,我国电力市场的构建正式拉开帷幕。

2003 年 7 月 9 日,《国务院办公厅关于印发电价改革方案的通知》提出在全面引入竞争机制前的过渡时期,上网电价主要实行两部制电价,其中容量电价由政府制定,电量电价由市场竞争形成;各地也可以根据实际采取部分电量竞价等其他过渡方式。2004 年 5 月 24 日,电监会以电监供电[2004]18 号文发出通知,印发了《东北区域电力市场实施方案》,决定在东北区域电力市场实施两部制上网电价改革试点,其中容量电价由政府价格主管部门制定和调整,电量电价由市场竞争形成。非竞价机组仍实行政府定价,上网电价由政府价格主管部门按全国统一政策制定和调整。2005 年 4 月 5 日,国家发改委又出台了《上网电价管理暂行办法》、《输配电价管理暂行办法》和《销售电价管理暂行办法》。其中指出,对于发电企业的上网电价,在竞价上网前,将由政府价格主管部门按照合理补偿成本、合理确定收益和依法计入税金的原则核定,或通过政府招标确定。政府价格主管部门制定的上网电价,同一地区新建设的同类型发电机组将实行同一价格,并事先向社会公布;原来已经定价的发电企业上网电价也将逐步统一。同时,上网电价将与燃料价格实行联动。竞价上网后,上网电价将实行两部制电价,其中,容量电价由政府制定,电量电价由市场竞争形成。各区域电力市场可以实行全部电量集中竞价上网,也可以同时允许大用户和独立核算的配电公司与发电公司进行双边交易。

重组后的电力工业有其自身的特点,如有限的商品(电力)提供者,很大的投资规模(市场进入障碍),电力网络传输限制了用户有效地面向更多的发电厂,线路传输损耗使用户难以向较远的电厂购电,等等。这些特点决定了在给定的地区只有有限的几个发电厂商参与竞争,发电厂商的报价对市场有一定的影响力。因此,电力拍卖市场具有明显的寡头市场特性,且由于发电领域依然存在规模经济性,所以电力拍卖市场的定价规则出现了多种选择,如基于边际成本的统一出清定价、按报价支付(Pay as Bid, PAB,即歧视价格拍卖)和当量电价。我国也已经开始了电力工业的重组,一些电网和省电业局在电力市场方面也作了一些有益的尝试,我国试点发电市场采用的电价方法大部分为基于边际成本的统一出清电价(uniform price,即统一价格拍卖)法,上海也曾经采用过歧视价格拍卖。

在电力拍卖设计中,除了我们前面所关注的收益和效率问题,拍卖串谋、电力供给安全、电力品质保证等因素也十分重要。这提高了电力拍卖制度设计的难度。目前对电力拍卖的制度设计研究是多单位同质物品拍卖研究的一个重要问题。

2. 债券拍卖[1]

作为中央银行调控宏观货币市场、进行公开市场业务操作的重要手段和政府实施财政政策的融资工具,政府债券在金融和经济发展中扮演着重要角色。自20世纪初英美率先拍卖发行政府债券以来,拍卖已经成为世界主要国家(或地区)最重要的债券价格形成机制之一。债券拍卖发行实质上是债券拍卖卖方制定拍卖规则,债券一级市场投资者通过报价披露私人信息,形成债券一级市场均衡价格,最后实现债券在市场中均衡分配的过程。

在债券拍卖中,投资者向发行方递交一条需求曲线,表明自己在不同价格(或收益)水平下的购买意愿。所有向债券发行方提交的报价从高到低排列(或收益要求从低到高排列),靠前的报价先得到满足,直到市场出清。目前,世界各国采用的债券拍卖方式主要包括如下三种:统一价格拍卖,又被称为非歧视性价格拍卖(nondiscriminatory auction)、单一价格拍卖(single-price auction)或竞争性拍卖(competitive auction),这一种拍卖方式在债券拍卖制度中又被称为荷兰式拍卖;歧视性价格拍卖,又被称为多种价格拍卖(multiple-price auction)或报价价格拍卖(pay-as-bid auction),这一种拍卖方式在债券拍卖制度中又被称为美国式拍卖;混合式拍卖(Hybrid auction),又称为西班牙式拍卖(Spanish auction)。

前两种拍卖在前面的分析中已经作了说明。混合式拍卖下,在所有报价都呈送债券卖方后,采用混合式拍卖的债券发行方将所有获胜价格进行加权平均,即计算加权平均获胜价格(Weighted Average Winning Price, WAP)。对高于WAP与低于WAP的报价,混合式拍卖的支付方式是不同的。一方面,混合式拍

---

[1] 本部分内容参考了夏晓华的博士论文《中国债券拍卖发行的微观机理与实证研究》(2009)。

卖与荷兰式拍卖类似,所有高于 WAP 的投标支付相同的价格;另一方面,混合式拍卖又与美国式拍卖类似,所有低于 WAP 的投标支付自己的报价。有时,债券拍卖中允许非竞争性投标(non-competitive bid),非竞争性投标仅要求投标人提供自己的需求数量,而最终发行价格由竞争性投标价格决定。在荷兰式拍卖下,非竞争性投标的最终价格就是市场出清价格;在美国式或混合式拍卖下,非竞争性投标的最终价格一般为市场加权平均价格。在中国债券拍卖市场中,卖方事前对承销团设定的认购额度可以视为非竞争性投标的一个变种。

在此,我们对债券拍卖历史作一个简单的回顾。20 世纪 20 年代,出于战争融资的需要,美国采用固定价格认购方式发行政府债券。在美国债券融资操作的实践中,这一发行方式逐渐显现出严重的缺陷:承销银行长期超额认购债券,表明债券发行价格长期被过低设定;债券融资时间要先于实际需求,降低了政府融资收益;税收与债券发行之间的时间差不利于美国财政部管理,并导致银行系统隔夜拆借利率的不合理波动;银行的超额认购致使非银行投资者的需求减少,导致债券二级市场长期弱势。1929 年年初,纽约联邦储备银行副行长 J. Herbert Case 对英国债券发行制度作了深入考察,并向美国政府建议改革债券发行制度。[①] 1929 年 6 月 17 日,美国总统胡佛签署法令对债券发行制度进行改革。1929 年 12 月 10 日,美国首次以荷兰式拍卖方式发行了总额为 1 000 万美元、期限为 90 天的政府债券。1929 年美国政府的债券拍卖改革,有效地弥补了美国债券发行制度的缺陷,促进了美国债券一级市场的发展。1947 年,美国在债券拍卖中引入了非竞争性投标,1983 年,美国债券拍卖开始采用收益率投标,而以往的投标标的均为债券价格。1987 年 1 月,西班牙银行(Bank of Spain)将荷兰式拍卖与美国式拍卖结合起来,采用一种新的拍卖方式发行政府债券,即混合式拍卖。此后,所有由西班牙银行发行的政府债券均采用混合式拍卖发行。1992—1998 年间,美国对荷兰式拍卖和美国式拍卖作了"实验"。在此期间所有两年期和五年期债券均采用荷兰式拍卖发行,而其他期限的债券均采用美国式拍卖发行。从 1998 年 11 月开始,美国所有债券采用荷兰式拍卖发行。随后众多国家开始向荷兰式拍卖转变。而在此之前,采用拍卖方式发行债券的国家中,绝大多数国家采用美国式拍卖发行债券。2000 年欧洲中央银行(European Central Bank,ECB)在经过激烈讨论后,决定采用美国式拍卖发行债券。目前,世界主要经济体的政府债券均以拍卖方式发行。表 14.2 列出了不同国家政府债券发行制度。

---

① 英国在 1877 年就开始发行政府债券,债券拍卖发行的时间也早于美国,但由于资料来源的局限性,无法获得英国首次债券拍卖发行的准确时间。

表 14.2　不同国家政府债券发行制度比较

债券发行制度	国家
仅以荷兰式拍卖发行政府债券的国家	阿根廷、爱尔兰
仅以美国式拍卖发行政府债券的国家	孟加拉国、柬埔寨、厄瓜多尔、匈牙利、以色列、立陶宛、马其顿、毛里求斯、巴拿马、所罗门群岛、瑞典、委内瑞拉、波兰
仅以荷兰式拍卖和美国式拍卖发行政府债券的国家	巴西、加纳、意大利、韩国、拉脱维亚、蒙古、挪威、新西兰、新加坡、斯洛文尼亚、土耳其、美国
以荷兰式拍卖发行政府债券的国家(也采用过其他非拍卖方式)	澳大利亚、哥伦比亚、芬兰、特立尼达和多巴哥、瑞士
以美国式拍卖发行政府债券的国家(也采用过其他非拍卖方式)	比利时、法国、德国、希腊、牙买加、马耳他、葡萄牙、塞浦路斯
以荷兰式拍卖和美国式拍卖发行政府债券的国家(也采用过其他非拍卖方式)	中国、加拿大、日本、墨西哥、塞拉利昂、英国、奥地利
除拍卖方式外,采用过承销团制(syndication)发行政府债券的国家	中国、比利时、加拿大、芬兰、法国、德国、希腊、葡萄牙
除拍卖方式外,采用过随卖式(Tap)发行政府债券的国家	澳大利亚、墨西哥、英国
不采用拍卖方式发行债券的国家	印度尼西亚、沙特阿拉伯

注:根据相关资料整理(至 2007 年年底)。

　　自 20 世纪 80 年代我国政府恢复债券发行以来,债券发行规模逐年扩大,但我国早期债券拍卖均以派购方式发行。1998 年,国家开发银行采用拍卖方式发行总额为 410 亿元的金融债券,由此开始了我国债券发行的市场化改革和债券拍卖发行的实践。随后,我国债券拍卖发行市场规模逐步扩大,并承担起债券价格发现的重要职能。图 14.5 描绘了我国历年拍卖发行债券的数量。我国采用拍卖方式发行的债券主要分为两类:国债和金融债。金融债最主要的发行主体是国家开发银行、中国农业发展银行和中国进出口银行。中国银行、上海浦发银行和招商银行等也拍卖发行过少量金融债券。债券招标内容包括:利率招标、利差招标、价格招标和数量招标四种。采用的拍卖方式包括:美国式拍卖、荷兰式拍卖和混合式拍卖。另外国家电网公司、中国石油天然气集团公司等也以拍卖方式发行过企业债券。

　　正是因为债券拍卖发行数量如此巨大,市场运用如此频繁,运用区域如此广泛,才致使拍卖规则的微小差异也将导致债券拍卖参与主体利益分配的显著不同,影响债券投资者的资产结构、风险平衡和发行机构的实际收益,改变债券在金融市场上的投资价格,进而使社会福利和经济效率产生实质性重大变化。债

343

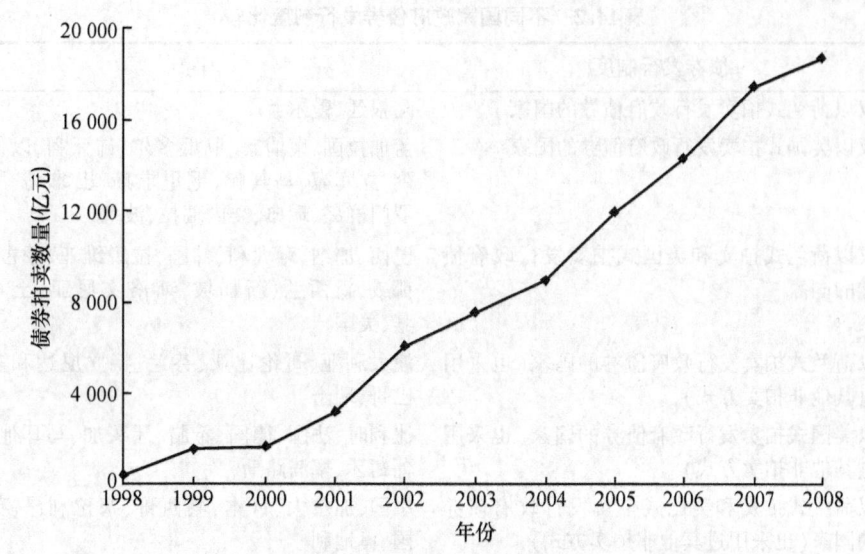

图 14.5　我国历年债券拍卖数量(不包含美元债券)

券拍卖制度的设计和优化,将提高债券一级市场和二级市场的效率,以充分发挥其价格发现的功能。债券拍卖市场中的拍卖制度选择分析与比较是具有重要现实意义和理论价值的课题。

3. 政府采购与招投标

在具有自然垄断特性的行业中,政府采购和规制策略的关键,是如何选择最有效的承包商以设定承包合同。比如说,大多数西方国家将市内公交系统、有线电视网、垃圾回收处理等服务承包给私人企业运营;美国国防部利用拍卖方式选择军火商研制新型战斗机;大公司选择长途电话公司提供商务电话服务。Dem-setz (1968) 等人最早提出,如果存在多家企业可以承揽某项目或服务,则应当采取招标方式,选择最有效率的企业。招标常用于三大类情况:政府部门采购某些物品;私有公司采购某些商用产品;政府规制或监管私有公司。在第三类情况下,通常是政府帮助消费者间接采购某些物品,比如私人用电、电话、公交汽车等。这三种情况下的招标问题非常类似,我们着重介绍我国政府采购实践。

政府采购制度是在长期的政府采购实践中形成的旨在管理政府采购行为的一系列规则和惯例。政府采购最早始于 18 世纪末和 19 世纪初的西方资本主义国家,至今已有 200 多年历史,因其具有经济有效、调控宏观经济、促进产业结构升级优化和推动廉政建设等多重功效而受到世界各国政府的推崇。20 世纪 30 年代的经济危机后,发达国家相继制定了有关政府采购的国内法律法规,世界银行、欧共体(欧盟前身)、WTO、联合国国际贸易委员会、亚太经济合作组织等国

344

际和区域组织也相继制定了各自关于政府采购的规则,政府采购经过不断发展和完善,逐步走上制度化和法制化的轨道。

我国政府采购试点开始于 1996 年。1998 年以后,我国的政府采购事业蓬勃发展,全国政府采购制度的各项改革逐步推进,采购规模快速增长,采购范围不断扩大,采购程序日益规范。我国于 2003 年 1 月 1 日实施的《政府采购法》中将政府采购(Government Procurement)定义为各级国家机关、事业单位和团体组织使用财政性资金采购依法制定的集中采购目录以内的或者采购限额标准以上的货物、工程和服务的行为。我国的政府采购已经走上了法制规范的轨道。我国政府采购规模增长迅速。图 14.6 列示了我国政府采购的规模增长情况。

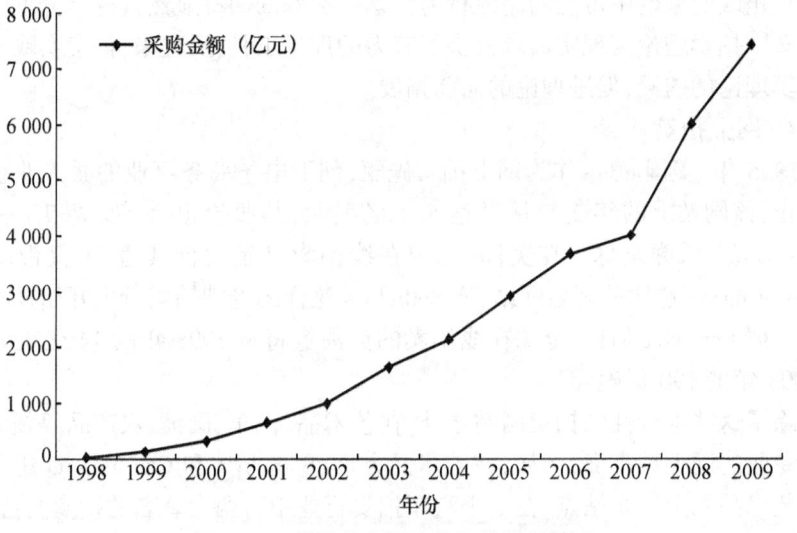

图 14.6　我国政府采购的规模增长情况

以 2009 年为例,2009 年我国国内政府采购总规模达 7 413.2 亿元,这在 2008 年总规模 5 990.9 亿元的基础上增加了 1 422.3 亿元,实现了同比超两成的增长幅度。在货物、工程及服务三大采购对象中,2009 年全国货物类采购规模为 3 010.6 亿元,比 2008 年同期增长 17.6%;工程类采购 3 858.4 亿元,比 2008 年同期增长 29.5%;服务类采购 544.2 亿元,比 2008 年同期增长 20%。从采购方式来看,2009 年通过公开招标采购方式进行的政府采购规模为 5 576.4 亿元,占采购总规模的 75.2%,比 2008 年增长 3.6 个百分点。全国集中采购机构采购 5 106.4 亿元,比 2008 年同期增长 26.1%;全国部门集中采购 1 340.5 亿元,比 2008 年同期增长 22%。

另外,通过政府采购,政府可以诱导产业政策作出调整,促进经济健康增长。例如,为适应节能减排和协调发展的需要,2009 年,财政部会同发改委、环保部

345

调整扩大了环境标志产品、节能产品政府采购范围,完善了公示制度、供应商承诺机制和退出机制,《环境标志产品政府采购清单》和《节能产品政府采购清单》的发布也由一年一次调整为一年两次。此举进一步强化了政府采购支持节能环保产品的执行力。此外,政府采购支持自主创新、重点产业等方面的政策在这一年也频频出台。《关于调整信息安全产品强制性认证实施要求的公告》、《关于鼓励政府和企业发包促进我国服务外包产业发展的指导意见》等政策的出台,使部分产业开始获得政府采购的政策扶持。

随着我国市场经济机制的完善,政府采购的公开透明性将越来越重要。在政府采购中,何种拍卖制度更有利于社会福利? 如何促进政府采购中的公平性? 如何防止政府采购中可能的腐败行为? 这些问题的回答显然具有十分重要的现实意义。拍卖理论为现实需求提供了有力的理论工具,反过来,拍卖实践也将充实拍卖理论的内涵,促进理论的向前拓展。

4. 网上拍卖

1995 年,美国 eBay 作为网上拍卖先驱,创下电子商务事业的骄人业绩。迄今为止,该网站上的年交易量已达 5.4 亿美元,其股价也是持续攀升,一时间"eBay 效应"风靡全球。在美国,如今在线拍卖已是大行其道,不仅带动了像 Yahoo、Amazon 这样的著名网站,连 Sotheby's 这样的老牌拍卖行也开始投身网上拍卖。据 Forrester 估计,全球在线拍卖的交易量将从 1998 年的 14 亿美元上升到 2003 年的 190 亿美元。

除了这些综合性的拍卖网站之外,在艺术品、汽车、国债、农产品等领域还有一些专业的网上拍卖商,例如,在艺术品方面,Sotheby's 和 Christie's 都建立了在线的艺术品网上拍卖站点;在二手汽车拍卖行业中有两大著名的拍卖商:日本的 AUCNET 和美国的 Manheim,AUCNET 是由一位名叫藤崎雅教的二手汽车经销商于 1985 年创建的,其目标是将计算机和先进的通信技术应用于批发市场中的二手汽车拍卖生意。为阻止日本 AUCNET 公司渗透进美国的汽车拍卖市场,美国人成立了 Manheim 在线(MOL)来销售二手汽车,现在 Manheim 每年大约拍卖 600 万辆汽车;欧洲各国在农产品的网上拍卖业方面比较发达,欧洲水产市场每年的交易额高达 100 亿美元,因此一些企业家在欧洲 450 家大型水产拍卖市场建立了网上交易系统,在荷兰,渔民每次出海周期为五天,出海两天后,就开始通过互联网售鱼,五天后回到岸上,他们的捕捞物也卖得差不多了。在西方国家各个行业中,一些网上拍卖商正日益发挥出其重要的作用。

在我国,一些著名的网站很早就参与到网上拍卖中来,许多网络服务商准备将网上拍卖作为其发展电子商务的切入点。1999 年 6 月正式开通的雅宝竞价交易网(www.yabuy.com),是中国内地开通最早,也是目前访问人数最多、物品数量和种类最丰富、交易最活跃的专业竞价交易平台之一。开通仅半年其日访问量已超过5万人次,注册用户超过30万人,在线物品数量约20 000余件,竞标率达到70%左右。

1999—2000年,中国的拍卖网站一度也多达上百家,其中以雅宝、易趣(www.eachnet.com)、酷必得(www.coolbid.com)、6688(www.6688.com)等最为知名,随着.COM泡沫的破灭,只有易趣发展壮大起来。随着网络经济逐渐趋于理性,没有强力竞争对手的易趣得到了迅速发展,成为中国拍卖网站事实上的霸主,也被称为"中国的eBay"。易趣网开办不到3个月的时间内,注册用户达43 000余人,登录物品超过35 000件,网上成交数高达10 000余件。2002年3月,eBay以3 000万美元的代价取得了易趣33%的股权,开始正式进军中国网上拍卖市场,6月11日,eBay以1.5亿美元的现金购买了易趣网的剩余股份,成为易趣网的最大股东。

2003年7月8日,已在B2B领域巩固了领先地位的阿里巴巴突然宣布投资1亿元成立C2C电子商务网站——淘宝网(www.taobao.com)。2004年1月13日雅虎和新浪共同在纽约和北京两地同时宣布签署一项建立合资公司的最终协议,参与中国网上拍卖市场的竞争,建立了网上拍卖网站一拍网(www.1pai.com.cn),为中国的中小型企业、买家和卖家提供全新的基于网上拍卖的电子商务服务。中国网上拍卖市场持续升温。随着雅虎和新浪的加入,中国的网上拍卖市场逐步形成了eBay+易趣、阿里巴巴+淘宝、雅虎+新浪三足鼎立的格局,这些实力派网络巨头的加入,一方面显示了中国网上拍卖市场的巨大前景,另一方面也会使这个市场逐步走向正轨,真正的竞争也将从此开始。

2007年,整个中国网络购物市场全年销售额为594亿元人民币,第一次冲破零售业的"500亿天花板"。2008年9月1日,使用支付宝的用户已经超过1亿,支付宝日交易总额超过4.5亿元人民币,日交易笔数超过200万笔。2008年淘宝网年交易额为999.6亿元,成为中国最大的综合卖场。统计数据显示,2008年,淘宝网年交易额为999.6亿元,与2007年的433亿元比较,同比增长了131%,约占全国社会消费品零售总额的1%。这相当于2008年每一个中国人在淘宝网上平均消费80元。

相对于传统的拍卖方式来说,网上拍卖的方式有它独特的优势。不管是从时间上还是从空间上来说,网上拍卖均为竞标者提供了更大的方便。竞标者可以在家里或者办公室里参与拍卖过程,而不用亲自到拍卖行去。传统的拍卖方式要求所有的竞标者同时参与拍卖,而网上拍卖通常持续好几天或几个星期,竞标者在决定参与拍卖的时间上有很大的自由度。网上拍卖也给卖主带来好处,因为它扩大了被拍卖物品的市场。在互联网上,卖主可以很容易地在很短的时间内找到人数相对较多的竞标者,而不用提前很长时间计划,并且在寻找竞标者时,也不用局限在当地。此外,通过搜索引擎以及可点击的分类细致齐全的浏览条目,竞标者可以更方便地找到他所要的物品。同在列仅有千余条拍卖物品的拍卖册上找一件物品相比,电脑科技使得在列有几百万条拍卖物品的拍卖网站里找一件物品要容易得多。

但是,网上拍卖也存在一些弊端。首先,在网上拍卖中,竞标者很难事先检查拍卖品的质量。为解决这个问题,拍卖人通常使用以下几种方法:将被拍卖物品的电子图像放在网上;提供大段的、尽可能详细的文字描述;通过电子邮件回答竞标者的问题。但同传统的拍卖方式相比,在网上拍卖中,竞标者很难获得关于被拍卖物品的最直观的信息。网上拍卖遇到的另外一个问题是欺诈问题。在传统拍卖中,中标者付款后即可拿到物品。而在网上拍卖中,中标者在付款后,不得不寄希望于拍卖人会按承诺将物品运到。在实践中,确实发生过一定数量的欺诈行为。当然,同总的交易数量相比,欺诈行为的数量是可以忽略不计的;并且,网上拍卖人也采取一些方法降低欺诈的影响,比如,鼓励第三方代保管服务。

由于许多在网上拍卖的物品同报纸上的分类广告里的物品很相似,因此人们还通常将网上拍卖同分类广告作比较。同在报纸上刊登分类广告相比,网上拍卖成本会更低一些,部分原因是网上拍卖的广告条通常是拍卖人自己输入的,因此能节约人工费。同时,通过将买方和卖方撮合在一起,网上拍卖能提高效率;在一个地方也许会被扔进垃圾堆的物品,或许能在另一个地方找到狂热的收藏者。此外,通过拍卖这种形式,卖方也不再因为在定价时不知道对物品的需求而大伤脑筋了。通过拍卖,卖方可以让市场来告诉自己该如何定价,而不至于因为定价太低,让第一个对广告作出反应的人"偷"走物品,也不至于因为定价太高而无人问津。由于互联网科技的缘故,拍卖这种方式比以往销售了更多不同种类的物品。

关于网上拍卖的实践,有许多值得深入讨论的问题。比如拍卖使用的方式,拍卖物品的种类,拍卖者的收费标准,拍卖中信誉机制如何发挥作用,由网上拍卖引起的一些新拍卖行为如何影响拍卖均衡等。这些问题的研究建立起计算机科学、心理学和经济学等学科的交叉联系。

本章小结

1. 拍卖是一种重要的资源分配方式和价格形成机制。

2. 拍卖的基本功能包括:价格发现,加快销售速度,显示市场估计信息,防止不诚实交易等。

3. 拍卖方式优劣的评价标准包括:收益,效率和社会福利。

4. 常见的单物品拍卖方式有四种。

5. 拍卖在分析市场竞争行为、市场微观结构中有重要意义;电力竞价上网、债券拍卖、政府采购和网上拍卖等都是拍卖在现实生活中的运用。

思考题

1. 如何理解公司并购可以视为一种拍卖行为? 从拍卖理论的角度,你对公司并购各方有何政策建议?

2. 电力竞价、高速公路投标、债券拍卖在拍卖属性上有什么特征? 它们为什么可以视为同一类拍卖问题来研究?

3. 古董拍卖市场中,你认为合理的价值假设是什么? 为什么?

4. 为什么说收益等价定理是拍卖收益理论的基石?

5. 在对称 IPVP 假设下,n 个潜在投标者,不存在保留价格,假设投标者价值估计概率分布函数为:

$$F_V(v) = \frac{v}{\theta}, \quad \forall v \in [0,\theta]$$

概率密度函数为:

$$f_V(v) = \frac{1}{\theta}, \quad \forall v \in [0,\theta]$$

(1) 求在一价密封拍卖下,对称贝叶斯纳什均衡报价函数 $\sigma(v)$。

(2) 记 Y 为价值的次高顺序统计量 $V_{(2)}$,求 Y 的概率分布函数。

(3) 求 Y 的均值。

(4) 求 Y 的方差。

(5) 记 Z 为价值的最高顺序统计量 $V_{(1)}$,求 Z 的概率分布函数。

(6) 求 Z 的均值。

(7) 求 Z 的方差。

(8) 求一价密封拍卖下,获胜报价 W 的概率密度函数,即 $\sigma(V_{(1)})$ 的概率密度函数。

(9) 求 W 的均值。

(10) 求 W 的方差。

(11) (选做)你认为风险规避的卖方更偏好何种拍卖?

进一步阅读文献

［1］Krishna, V. (2002), *Auction Theory*, Academic Press.

［2］Milgrom, Paul and Robert Weber (1982), A theory of auctions and competitive bidding, *Econometrica*, 50, 1089—1122.

［3］Milgrom, P. (2004), *Putting Auction Theory to Work*, Cambridge University Press.

［4］Menezes, F. M. and Monteiro, P. K. (2005), *An Introduction to Auction Theory*, Oxford University Press.

参考文献

［1］谭国富(2001),拍卖理论,加拿大不列颠哥伦比亚大学.

［2］Ausubel, L. M. (2000a), An efficient dynamic auction for heterogeneous commodities, Working Paper, University of Maryland.

［3］Ausubel, L. M. (2000b), System and Method for an Efficient Dynamic Auction for Multiple Objects, U. S. Patent 6,026,383, issued February 15, 2000.

［4］Elmar Wolfstetter (1999), *Topics in Microeconomics: Industry Organization, Auction and Incentives*, Cambridge University Press.

［5］Harsanyi, J. C. (1967), Games of incomplete information played by "Bayesian" players, parts I—III, *Management Science*, 159—182,320—334,486—502.

［6］Klemperer, P. (1999), Auction theory: A guide to the literature, *Journal of Economic Surveys*, 13(3): 227—286.

［7］Klemperer, P. (2004), *Auctions: Theory and Practice*, Princeton University Press.

［8］Krishna, V. (2002), *Auction Theory*, Academic Press.

［9］McAfee, R. and McMillan, J. (1987), Auction with a stochastic number of bidders, *Journal of Economic Theory*, 43,1—19.

［10］Milgrom, Paul and Robert Weber (1982), A theory of auctions and competitive bidding, *Econometrica*, 50, 1089—1122.

［11］Milgrom, P. (2004), *Putting Auction Theory to Work*, Cambridge University Press.

［12］Menezes, F. M. and Monteiro, P. K. (2005), *An Introduction to Auction*

Theory, Oxford University Press.

[13] Meyer, B. D. and Saley,H. M. (2003), On the strategic origin of Brownian motion in finance, *International Journal of Game Theory*, 31(2), 285—319.

[14] Paarsch,H. J. and Hong, H. (2006), *An Introduction to the Structural Econometrics of Auction Data*, MIT Press.

[15] Selten,R. (1975), Reexamination of the perfectness concept for equilibrium points in extensive games, *International Journal of Game Theory*, 4,25—55.

[16] Tian,G. Q. (2010), *Lecture Notes Auction Theory*, Texas A&M University.

[17] Vickery, W. (1961), Counterspeculation, auctions and competitive sealed tenders, *Journal of Finance*, 16, 8—37.

后记

本教材从起止时间上讲可以说是跨世纪"工程"。从 1999 年秋季学期承担北京大学经济学院产业经济学课程，迄今已有 12 年时间，跨越两个世纪。作为经济学系本科专业必修课，我用课件的形式已对 12 届学生讲授这门课程。正式出版耗时如此之长，不仅仅是本人的懒怠，而且更重要的原因是，尽管产业组织理论作为大学课程，早在 20 世纪 30 年代的哈佛大学就开始讲授，并且在美欧主要大学逐步形成成熟的经济类相关专业的必修课程，但在中国尤其是新中国成立以来，产业组织理论作为一门独立的课程只是从 20 世纪 90 年代中后期才在少数高校的经济类学科开设，其中包括北京大学经济学院。起初大多是在参阅国外产业组织理论的教材基础上编写讲课教案的，随后又翻译国外教材甚至引进原版教材，国内也逐渐推出部分教材。使用国外成熟的甚至顶尖级产业组织理论方面的教科书，我做过尝试，但不仅教师，学生也都感到别扭，因为表达方式上的差异尤其是案例等都是国外的，有隔靴搔痒之感。国内出版的有限的同类教材，不是照搬国外教材的内容，就是把产业结构、产业布局和产业组织板块式地拼凑在一起，其实这三块内容在学科上风马牛不相及。鉴于此，匆忙出版所谓的教材，不过是简单的复制而已。本人在教学实践中所采取的对策是，不断修改和补充课件和教案，尽可能详细地做好电子课件，让学生以课件为主，指定若干国内外教材或论文作为辅助材料，因而，本教材源于不断修改和充实的教学课件。

作为北京大学经济学教材系列的副主编，本书的"难产"不时被出版社和经济学院催促，为此甚感愧疚，好在当年与出版社签订的出版合同中没有因延误应受处罚的条款，否则，作为甲方的我可能就被罚成穷光蛋了。但是，值得说明的是，在国内严格意义上的产业组织理论与政策的研究成果几乎仍然属于"空白"或者说严重不足的条件下，本教材的出版不是属于"太晚"，而是属于"过早"。这本"过早"教材的基本内容仍然属于"借鉴型"的，不成熟、缺陷甚至错误无疑在所难免，只有留待读者提意见后改进了。

我要真诚感谢历届听课的学生，拿着我的课件听课、复习而很少有怨言。若你"有幸"得到这本教材，权当是我课程后迟到的补充材料和对你过去无教材听课的纪念。正是不想对未来我的学生再重复这样的歉疚，所以还是"匆忙地"出版了这本教材。

真诚感谢刘伟教授！当年他把他讲授多年的课程"转让"与我，并不时鞭策我不仅要讲好课程，而且督促我要推出一本对得起这门课程的教材。讲课得到的认可程度有每届学生在期末评估中给我打的分数让我去总结经验和挖掘潜力，至于这本教材是否对得起这门课程，是否对得起学生，是否对得起刘伟教授，我只能静待大家的意见了。

衷心感谢北京大学经济学院的同事和北京大学出版社的王明舟社长、张黎明总编辑、林君秀主任、陈莉女士等同仁多年来的支持和对本教材的督导，尤其感谢责任编辑郝小楠女士认真负责、细致入微的工作，在她的编辑建议中我深知她没有放松对任何一个细节的考证，哪怕是那些枯燥乏味模型的推导过程。

需说明的是，我们尽可能把每章涉及的研究文献详尽地在参考文献中列出，一是对原创性研究成果作者的尊重，二是便于读者检索相关研究成果，遗憾的是为保持系列教材框架的一致性，遵照责任编辑的意见，对参考文献作了大量压缩。为弥补遗憾，我将永久地保存电子版，有需要的读者可以通信索取。

最后要感谢的是将我的讲稿转化成书稿初稿的博士后、博士生们，他们大多数或者在本科阶段听过我开设的这门课程，或者在研究生阶段担任过我的助教。值得指出的是，他们的工作不是简单地把讲稿转化成书稿，而是进行了尽可能的考证、修订和补充。在这一意义上，他们各自所负责的部分也属于他们的研究成果：第二章(林卫斌，谢利平)，第三章(齐伟)，第四章(谢利平)，第五章(谢超，何石军)，第六章(谢超)，第七章(孙露晞)，第八章(徐肇涵)，第九章(何石军)，第十章(夏晓华)，第十一章(尹志锋)，第十二章(林卫斌)，第十三章(刘超)，第十四章(夏晓华)。

感谢阅读、使用本教材的各位！

黄桂田

2011 年 12 月于经济学院办公室

教辅申请说明

　　北京大学出版社本着"教材优先、学术为本"的出版宗旨，竭诚为广大高等院校师生服务。为更有针对性地提供服务，请您按照以下步骤通过**微信**提交教辅申请，我们会在 1~2 个工作日内将配套教辅资料发送到您的邮箱。

◎扫描下方二维码，或直接微信搜索公众号"北京大学经管书苑"，进行关注；

◎点击菜单栏"在线申请"—"教辅申请"，出现如右下界面：

◎将表格上的信息填写准确、完整后，点击提交；

◎信息核对无误后，教辅资源会及时发送给您；
如果填写有问题，工作人员会同您联系。

温馨提示：如果您不使用微信，则可以通过以下联系方式（任选其一），将您的姓名、院校、邮箱及教材使用信息反馈给我们，工作人员会同您进一步联系。

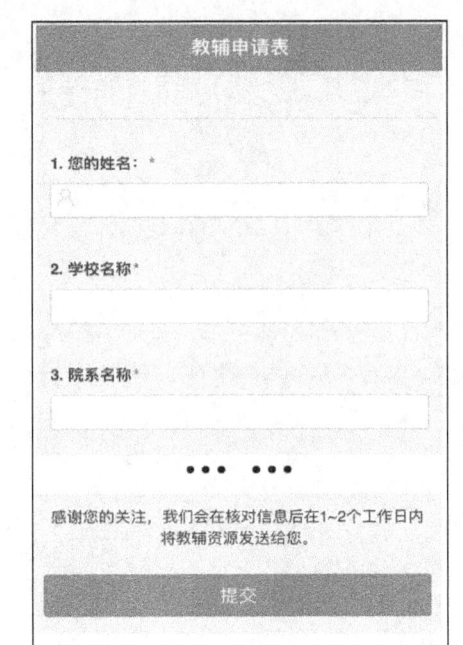

联系方式：

北京大学出版社经济与管理图书事业部

通信地址：北京市海淀区成府路 205 号，100871

电子邮箱：em@pup.cn

电　　话：010-62767312 /62757146

微　　信：北京大学经管书苑（pupembook）

网　　址：www.pup.cn